Die Küche in Frankreichs Provinzen

Internationale Speisekarte

Die Küche in Frankreichs Provinzen

von

M. F. K. Fisher

und der Redaktion der

TIME-LIFE Bücher

photographiert von Mark Kauffman

Unipart-Verlag, Stuttgart

DIE AUTORIN: M. F. K. Fisher ist eine der geistreichsten, gewandtesten und vernünftigsten der großen modernen Gastronomen. Einen Großteil ihrer Kochkenntnisse erwarb sie in Südfrankreich und hat sie in fast einem Dutzend Büchern – darunter *The Art of Eating* – und in verschiedenen Magazinen – darunter *The New Yorker* – ihren Lesern vermittelt. Sie lebt in ihrem Heimatstaat Kalifornien, in St. Helena, einer von Weinbergen umgebenen Stadt im Napa Valley.

DER REDAKTIONELLE MITARBEITER: Der inzwischen verstorbene Michael Field *(ganz links)* gehörte zu Amerikas führenden Experten auf kulinarischem Gebiet. Unter seiner Leitung wurden die in diesem Buch enthaltenen Rezepte getestet, bearbeitet und geschrieben. Zu seinen Büchern zählen *Michael Field's Cooking School* und *Michael Field's Culinary Classics and Improvisations.*

DIE BERATENDE MITARBEITERIN: Julia Child war mit ihrem Fernsehprogramm *The French Chef* ein gerngesehener Gast in Millionen Wohnungen. Mrs. Child studierte an der berühmten Cordon-Bleu-Kochschule und gründete mit zwei anderen Frauen die Schule L'École des Trois Gourmandes in Paris. Sie ist Mit-Autorin von *Mastering the Art of French Cooking* und Autorin von *The French Chef Cookbook*. Sie und ihr Mann, ein Maler und Photograph, leben einen Teil des Jahres in Cambridge, Massachusetts, einen anderen Teil in Südfrankreich.

DER PHOTOGRAPH: Mark Kauffman gehört zum Bildberichterstab von LIFE und ist einer der besten journalistischen – und gastronomischen – Photographen der Welt. Er kam 1941 zu LIFE und machte bedeutende Bildberichte in allen Erdteilen; seit 1961 arbeitet er als freier Photograph. Für dieses Buch durchreiste er ganz Frankreich und verbrachte dann 6 Wochen in der Versuchsküche des Verlags, um Bilder von der Zubereitung und von fertigen Gerichten aufzunehmen.

DER FACHLICHE BEARBEITER DER DEUTSCHEN AUSGABE: Holger Hofmann *(links)* ist Herausgeber des Pressedienstes *Freude am Essen,* der monatlich an Zeitungen und Zeitschriften im deutschen Sprachgebiet verschickt wird. Seit 1960 arbeitet er als kulinarischer Fachjournalist und Kolumnist in verschiedenen Medien. Er betätigte sich als Fernsehkoch und Moderator großer gastronomischer Veranstaltungen. Regelmäßig schreibt Hofmann Rezepte in der Zeitschrift *Madame* und ist als Autor und Verlagsberater für die Zeitschrift *Feinschmecker* tätig. Unter anderem erschienen von ihm die Bücher *Der perfekte Gastgeber, Mixen mit und ohne Alkohol, Mixen als Hobby* und *Exotische Früchte und Gemüse.*

EINBAND: Ein Soufflé zum Dessert, das schön aufgegangen und oben goldbraun ist, stellt ein Gericht dar, das – wenn man es richtig macht – jederzeit perfekt zubereitet werden kann. Rezept auf Seite 189.

Aus dem Englischen übertragen von Horst Scharfenberg

Genehmigte deutschsprachige Lizenzausgabe
für den Unipart-Verlag GmbH, Stuttgart 1983

ISBN 3 8122 0134 8

Inhalt

Das Rezeptheft, das diesem Bande beiliegt, ist zum praktischen Gebrauch in der Küche bestimmt. Es enthält außer den 61 hier abgedruckten Rezepten 40 weitere. Das Heft hat einen abwaschbaren Einband und einen Spiralrücken, so daß man es aufgeschlagen auf den Tisch stellen oder legen kann.

Einführung: Willkommen in den Landesküchen Frankreichs

Der Titel dieses Buches über das Essen und die Küche der französischen Provinzen enthält Worte mit einem gewissen Beiklang. Es handelt ganz einfach von der französischen Küche. Aber neun von zehn Personen halten „französische Küche" für sehr arbeitsaufwendig, kostspielig und je komplizierter um so echter. Wenigstens sollte man nach ihrer Meinung Speisen mit Saucen übergießen, die zu Recht – aber manchmal auch zu Unrecht – als „französische" Saucen bezeichnet werden. (Als ich mit meinen kleinen Kindern nach einem längeren Aufenthalt in der Provence in Schottland Station machte, waren alte und recht insulare Freunde verwundert darüber, wie gut wir die Reise überstanden hatten, „trotz dieses schrecklich dicken, schweren Mischmaschs, der alles überzieht und einen gallenleidend und gichtkrank macht".) Leider bieten, selbst in Paris, sogar anspruchsvolle Restaurants mit entsprechendem Aufwand „französische Küche" an, die mehr als mittelmäßig und bescheiden ist und bei der man sich übervorteilt vorkommt.

Es gibt natürlich noch eine andere Seite der französischen Kochkunst. Das, was man klassische oder *grande cuisine* nennt, kann dem modernen Menschen das Tor zu höchstem Genuß öffnen. Jedes Gericht muß dabei mit Geschick und Kunstfertigkeit von Köchen zubereitet werden, die jahrelang in der großen Tradition erzogen wurden, so einfache Zutaten wie Butter, Eier und frische Kräuter zu mischen, aufeinander abzustimmen und in zarteste Meisterwerke zu verwandeln. Der Beweis für die Güte ist der stets gleichbleibend gute Geschmack eines Gerichts, ebenso wie ein guter Schauspieler allabendlich in der zweiten Szene die Bühne mit dem gleichen herzzerreißenden Schluchzen betritt.

Die Küche in Frankreichs Provinzen ist etwas ganz anderes als die *grande cuisine*. Zunächst sei gesagt, daß „Provinz" in diesem Zusammenhang nicht bäurisch, primitiv, engstirnig, beschränkt, einfältig, intolerant oder unbeholfen bedeutet. Solche Assoziationen haben sich in unserem Gedächtnis oft wegen nur einer Interpretation des Begriffs festgesetzt. Man versteht darunter einfach die Küche, die aus denjenigen Gebieten stammt, die man seit Jahrhunderten als die Provinzen Frankreichs bezeichnet. Die *grande cuisine* verdankt der echten Provinzküche sehr viel, hat aber wenig mit ihr gemein. Es stimmt, daß die meisten großen Küchenchefs aus Dörfern der Provinz stammen. Sie wissen mit Geschick und Fachkenntnis Forellen ihres heimatlichen Baches oder die Sahne ihres Weideviehs zu verwenden. Dann sind sie gewöhnlich in die Küchen berühmter, bekannter und vor allem sehr reicher Leute gekommen, zu Menschen, für die ewige Abwechslung die Würze des Lebens bedeutet und denen Trüffel und Kaviar nur so in den Mund wachsen. Solche Leute müssen jederzeit bereit sein, ihre Gäste mit zahllosen Gängen und mit unbegrenzten Vorräten an seltenen teuren Leckerbissen zu bewirten.

Escoffier, den man noch immer den großen modernen Küchenchef nennt, obwohl er schon lange tot ist, sagte, die gesamte französische Küche – was für ihn natürlich *grande cuisine* bedeutete – stehe und falle mit ihren wesentlichen Zutaten und den fünf warmen Grundsaucen: *espagnole, velouté, béchamel,* Tomaten- und Holländische Sauce.

Etwas früher stellte Queen Victorias Francatelli, der in Italien geboren und in Frankreich ausgebildet wurde, seine eigene Liste – natürlich – „Großer Saucen" auf: *espagnole* oder braune Sauce, *velouté* oder weiße Sauce, Sahne-*béchamel*, *béchamel* und *allemande*. Er schrieb die folgenden Zutaten für Grundbrühe vor: Zwei Keulen oder 20 kg weißes Kalbfleisch, die gleiche Menge saftiges Rindfleisch, ebensoviel Rinderkeule und Kalbsknöchel; Karotten, Rüben, Sellerie und Lauch. Für braune sowie weiße Saucen mageren Schinken, außerdem Wildkaninchen für die erste und Hennen für die zweite und so weiter. (Nach kniffligen Erläuterungen für die Herstellung der Grundbrühe und Rezepten für die „Großen Saucen" gibt er Anweisungen für 83 warme und 11 kalte Saucen.)

Die echte Landesküche hat diesen Aufwand nicht nötig, weil die meisten Gerichte ihren eigenen Saft direkt in den Töpfen, in denen sie gekocht werden, produzieren. All das, was zu den unerläßlichen Kunstgriffen eines großen Küchenchefs gehört – Abgießen, Zugeben, Abrunden –, ist nicht erforderlich.

Hier natürliche und dort kunstvoll gefertigte Saucen, das ist wahrscheinlich der Hauptunterschied zwischen der echten Landesküche und der *grande cuisine*. Eine andere bedeutsame Eigenart besteht darin, daß eine Landesküche trotz der heute schnellen und ausgezeichneten Transportmöglichkeiten das verarbeitet, was in der Nähe wächst.

In vielen Ländern – wie auch in großen Teilen Frankreichs – bekommt man heute die Grundlebensmittel fast überall gartenfrisch oder tiefgefroren. Die Konservierungstechnik wurde vervollkommnet. Die Vermarktung frischer und konservierter Lebensmittel ist ein hochspezialisierter Beruf. Mit anderen Worten: Es gibt gute Lebensmittel zu angemessenen Preisen für uns alle; man kann sie aussuchen, bezahlen und sie dann mit Verstand und Freude zubereiten.

Die französische Kochkunst, so, wie sie sich in den Provinzen entwickelt hat, kann bis zu einem gewissen Grad von jedermann praktiziert werden. Zugegeben, Lauchstangen, die man in Plastik verpackt im Supermarkt kauft, mögen nicht den gleichen Wohlgeschmack haben (und nicht den gleichen knirschenden Sand) wie jene, die man im Küchengarten eines französischen Bauernhofes zieht. Übergroße Erdbeeren in prächtigen Verpackungen sind keine *fraises des bois,* jene winzigen Walderdbeeren, die es in Frankreich gibt. Doch wenn wir den ernsthaften Wunsch haben, in unserer wechselvollen Welt die Freude am Essen möglichst lange zu erhalten, so können wir gern dem Vorbild jener Leute folgen, denen es jahrhundertelang gelungen ist, sich von dem zu ernähren, was ihnen die Hügel, Bäche und Wiesen ihrer Umgebung boten. Sie haben überlebt, weil sie Verstand und Zähne gleichermaßen gebrauchten, und dazu sind wir heute auch noch imstande.

Es ist gut, wenn man sich – in der Küche oder außerhalb – des soliden Rates von Escoffier erinnert, der in der westlichen Welt einer der größten Küchenchefs des letzten – oder vielleicht aller Jahrhunderte – war. Aus einem kleinen Dorf in der Nähe von Nizza kommend, stieg er zum obersten Küchenchef aller Ritzhotels auf. Er lehrte und praktizierte die *grande cuisine* in ihrer reinsten Form. Er erfand mehr als 7000 Gerichte über die ländlichen Rezepte hinaus, die er zunächst daheim gelernt hatte, und er sagte immer noch zu allen seinen Schülern: *„Faites simple!"* – „Macht es einfach!"

M. F. K. Fisher

I

Provinzen und Geschmack

Ein düsteres Herrenhaus hält Wacht über einer kleinen Atlantikbucht in der Bretagne, einer Provinz, die reich an Früchten des Meeres ist. Photographisch einkopiert sind Austern, die wie Steine aussehen, fein gemusterte Muscheln, gefiederte Hummerkrabben und die seltenen, winzigen schwarzen Uferschnecken.

Die Provinzen Frankreichs bestehen seit der Revolution von 1789 nicht mehr als gesetzmäßig festgelegte Départements der Regierung. Sie umfassen mehr als 30 verschiedene Regionen und sind jeweils abgeschlossene Gebiete mit eigenem Volkstum und eigener Kultur, Geschichte und Sprechweise, so, wie sie ihre jeweils besondere geographische Lage geprägt hat.

Die Jahrhunderte haben unumstößlich bewiesen, daß ein Mensch sich entsprechend seinen Speise- und Arbeitsgewohnheiten entwickelt. Man kann einen Burgunder von einem Provenzalen am Knochenbau ebenso wie am Dialekt unterscheiden, einen Weinbauern von einem Fischer und einen Bergbewohner von einem Flachlandbauern. Die dürftigen, steinigen Weiden der Auvergne, im Gebirge westlich von Lyon, haben einen anderen Menschen hervorgebracht als den, der inmitten der anmutigen Wiesen des Jura lebt. Der eine züchtet Schafe, der andere Kühe, und die Lebensmittel, von denen sich diese Franzosen über Jahrhunderte hin ernährten, prägten unwiderruflich die Art, wie sie aussehen, fühlen und denken. (Ein Schwede mit feiner Nase und mit der Überheblichkeit, wie sie nur ein Ausländer besitzt, der viele Jahre in Paris gelebt hat, sagte mir einmal: „Ich kann sofort – und mit geschlossenen Augen – sagen, wenn ich neben jemanden in der Métro stehe, aus welcher Provinz er kommt. Knoblauch? Provence! – Apfelschnaps? Normandie! – Sauerkraut? Elsaß! – Es spielt keine Rolle, vor wie langer Zeit er seine Heimat verließ; er ist daraus *gemacht!*“ Mein Freund schüttelte sich dann ein bißchen, weil er Schwede war und deshalb heikel gegenüber Gerüchen, die anders sind als die ihm angeborenen, „unverdächtigen“ von Hering und Aquavit.)

Manche Völker haben ein kurzes Gedächtnis, wenigstens im gastronomischen Sinn. In Australien und Neuseeland, den Vereinigten

Staaten, Kanada und in anderen, relativ spät besiedelten Ländern haben sich die Menschen innerhalb weniger Generationen von Eßgewohnheiten losgelöst, die ihre Vorväter in einem kleinen Hochtal oder auf der großen salzigen Ebene angenommen hatten. Nur gelegentlich noch erinnern sie sich voll Heimweh der Sachertorte, des Borschtsch oder der Steak-and-kidney-pies, die ihre Großmütter bei besonderen Gelegenheiten machten. Es sind die Familienversammlungen, bei denen Erinnerungen an das „Alte Land" und die „Alten Zeiten" mit den letzten, köstlichen Krumen und der Neige in den Gläsern hervorgekramt werden. Aber heute leben wir in einer neuen gastronomischen Welt der Halbfertigwaren, was nicht unbedingt besser ist.

Die geduldig erwarteten jahreszeitlichen Feste

Das gleiche gilt auch für die modernen französischen Hausfrauen, selbst in kleinen Fischerstädtchen und felsigen Dörfern der Provinzen. Sie haben bereits abgefüllte, konservierte und aufbereitete Lebensmittel, die vor zehn oder zwanzig Jahren noch unbekannt waren. Aber die meisten von ihnen leben in der Nähe des Ortes, an dem ihre Vorfahren aufwuchsen, oft sogar in deren Häusern. Noch pflanzen und benutzen sie – ohne zu fragen – die alten Kräuter für die alten Gerichte, und sie kochen und essen auch noch so, wie es den Jahreszeiten entspricht. Wenn Lamm am besten ist, hat der Thymian an den Hängen neue, zarte Schößlinge getrieben, die man zum Braten darumbindet. Erbsen und Salat sind am zartesten; alles ist bereit für ein Fest, auf das Familien in der Provinz so geduldig und instinktiv warten, wie die Vögel auf den kommenden Frühling. Wenn die Kirschen reif sind, ißt sie jeder, so schnell es nur geht, oder backt sie in warme, mürbe *clafoutis* oder macht sie ein. Die schönsten läßt man an den Stielen und übergießt sie als besonderen Leckerbissen mit gutem Branntwein oder *eau de vie*. – Sie werden gepflückt, wenn sie ganz reif sind, gerade recht zum unmittelbaren Gebrauch oder für den raschen Transport zu den nächstgelegenen großen Märkten.

In den größeren Städten der französischen Provinzen dienen die von den Stadtverwaltungen veranstalteten Märkte noch immer der Versorgung mit vollreifem, frischem Obst, mit Gemüse, Käse und Wurst. Auf seltsame Art triumphieren diese Plätze über die neuen Supermärkte, zum mindesten durch ihre stets wechselnde Vielfalt und ihre frisch angebotenen Gaumenfreuden.

In Dörfern von mehr als 50 Seelen gibt es mindestens einen Laden, in dem die Bauern alles absetzen können, was an diesem Tag zu verkaufen ist: Einen Korb grüner Bohnen oder Tomaten, einen Sack Kartoffeln, einige Zöpfe Knoblauch oder ein kleines Faß frisch eingelegter Oliven. Das Angebot mag weniger reichhaltig und weniger regelmäßig sein als in den Marktstädten, aber es ist immer frisch.

Überall, wo einige Leute zusammen wohnen, gibt es Bäckereien. Ich selbst kenne nur ein einziges Dorf in ganz Frankreich ohne eigenes Brot. Es ist Le Truel im Aveyron, an den wilden Ufern des Tarn. Jetzt mag sich diese seltsame Situation geändert haben, aber als ich zuletzt davon hörte, kam alles Brot jahrelang aus Nachbarorten. Das geschah nach dem aufsehenerregenden Selbstmord eines Bäckers. Man machte ihm zum Vorwurf, seinen Beruf verraten und seine Dorfkundschaft betrogen zu haben, weil er so unerwartet verschwand, ohne etwas Eßbares in seinen Öfen zurückgelassen zu haben.

Man kann sicher sein, einen besonderen Laib – oder wenigstens eine Brotform – zu finden, die jeder Gegend eigen ist, manchmal sogar jedem kleinen Gemeinwesen: flach, um in eine Jagdtasche zu passen, oder lang und dünn, um neben einer Weinflasche in der tiefen Manteltasche eines Schäfers Platz zu finden. Einige Regionen schätzen ein Brot mit salzigem Geschmack, anderswo wird die Kruste mit Olivenöl, Eigelb oder Knoblauch bestrichen, oder das Mehl hat eine andere Farbe als in Paris. In Aix-en-Provence gibt es ein Brot, das man ganz einfach *pain d'Aix* nennt, das jedoch in den meisten Restaurants nicht zu bekommen ist. Nur wenige Leute wissen den Grund: Das berühmte Mineralwasser, das man für den Teig verwendet, macht dieses Brot ziemlich grau, schwer und für den herkömmlichen Geschmack weniger attraktiv. Mit anderen Worten, das Brot besitzt eine rein lokale Bedeutung.

Dann gibt es natürlich in jeder guten Bäckerei in ganz Frankreich die normalen Brote, die an allen sechs Wochentagen frisch vor Tagesgrauen gebacken werden: rund, lang, flach, dick, knusprig und weiß. Außerdem kleine feste, dunkle Laibe, die man etwas verächtlich „Gesundheitsbrot" nennt; vielleicht auch einige kurze Laibe für die Schulkinder, die meist ein kleines Stück Schokolade zu ihrem Nachmittagsimbiß essen. In mindestens einer der Städte, die ich kennenlernte, bereiteten daher die Bäckereien die Schulbrötchen mit einem eingebackenen Schokoladenstückchen. (Eine ältliche französische Musiklehrerin, die ich kannte, faszinierte ihre Schüler dadurch, daß sie jeden Morgen mit einem kurzen aufgeschnittenen Laib frischen Brotes ins Klassenzimmer kam. Sie legte einen kleinen Riegel bitterer Schokolade feierlich auf eine Brothälfte, klappte die andere darauf, umwickelte das Sandwich mit Papier und setzte sich bis zur Pause darauf, um dann den leicht angewärmten und geschmolzenen Imbiß zu verzehren.)

Auch Gewürze und Kräuter wechseln mit dem Klima und der Lage jedes Ortes, so daß die Küche in den hohen Gebirgen von Savoyen nach Wiesenpflanzen schmeckt und riecht, während die fast gleichen Gerichte (Eintopf, Suppe oder Omelette) in der Bretagne oder der Ile-de-France einen anderen Geschmack und Charakter haben.

Alte Bräuche dauern

Trotz ständiger politischer Unruhe, wiederholter Kriege und Invasionen hat sich die französische Nation seit 1789 eine verwaltungsmäßige Einheit erhalten, die ihr Erziehungssystem und ihr ganzes kulturelles Leben geschützt hat. Aber die erstaunliche Mannigfaltigkeit ihrer natürlichen Landschaften, die wir immer noch Provinzen nennen, hat sich niemals geändert. Früher einmal war jede dieser Regionen – mit ihrem eigenen Drang nach Unabhängigkeit – eine selbständige historische Einheit: Herzogtum oder sogar Königreich. Heutzutage ist Frankreich in 95 politische Départements aufgeteilt, aber man benutzt immer wieder die alten regionalen Namen, wie: Burgund, Provence, Elsaß und Lothringen. Wir betrachten diese Namen als die wahre wirtschaftliche, geographische und vor allem gastronomische Unterteilung des Landes.

Es gibt in einem so alten Land sehr große völkische Verschiedenheiten, die man aber auch in jüngeren Ländern kennt. Ebenso wie man heutzutage in Australien einen italienischen Akzent in Sydney hört oder eine slawische Sprache in Teilen Westkanadas, so fällt im Elsaß und in Teilen Lothringens den Menschen ein stiefkindliches Deutsch leichter als reines Französisch, da sie teilweise noch immer in den Tagen des französisch-preußischen Krieges leben (100 Jahre dauern in einem alten Land länger als in einem jungen). Ebenso beeinflussen die Sprachen und Dialekte Nordspaniens die Ausdrücke und Laute zwischen Bayonne und Perpignan. In Flandern, nahe der belgischen Grenze, hört und versteht man Flämisch, und in der Béarn Baskisch. In den französischen Provinzen Bretagne im äußersten Westen, Provence und Languedoc im Süden, gibt es ausgeprägte Sprachen, die jahrhundertelang gesprochen und gesungen wurden und noch immer geläufig sind. Mehr als eine Million Bretonen sprechen ihre eigene keltische Sprache, und entlang dem Mittelmeer mögen die melodiösen Klänge der *langue d'oc* noch ebenso

Die Provinzen Frankreichs: Alte Namen für edle Gerichte

Die historischen Provinzen Frankreichs bestehen nicht mehr als politische Einheiten, aber die Namen vieler von ihnen sind für die Bezeichnung traditioneller Lebensformen – insbesondere jedoch für Zubereitungsarten von Speisen – bedeutungsvoll wie eh und je. Auf dieser Karte sind die Provinzen zu 11 Regionen gruppiert (bezeichnet von A bis K). Einige ihrer denkwürdigen Beiträge zum guten Essen werden auf der gegenüberliegenden Seite beschrieben und ausführlicher im Text dieses Kapitels dargestellt.

A BRETAGNE: Essen und Kochen sind einfach. Das Meer liefert eine Unmenge von Fisch, und ausgezeichnete Belon-Austern züchtet man an sorgfältig gepflegten Bänken entlang der bretonischen Küste. Die Bretagne hat die französische Version der Pfannkuchen, den dünnen *crêpe*, erfunden.

B NORMANDIE: Sie kann sich der fettesten Milch, Sahne und Butter in ganz Frankreich rühmen. Normannische Sahne ist eine wichtige Zutat für einige der besten französischen Gerichte; ein Großteil der Milch kommt in den weltberühmten Camembertkäse. Das Fleisch ist ausgezeichnet, besonders von Schafen und Lämmern, die auf den salzigen Marschen der Küste weiden. Äpfel werden zu Apfelwein gekeltert, dem bevorzugten Getränk bei normannischen Mahlzeiten, oder zu einem scharfen Schnaps, den man Calvados nennt.

C CHAMPAGNE: Sie liefert einen erstklassigen Beitrag zur Tafel: den berühmten, perlenden Wein, der nach dieser Provinz genannt ist. Obwohl das Repertoire ihrer Lebensmittel begrenzt ist, produziert die Champagne ausgezeichneten Schinken, und das benachbarte Flandre kennt viele Arten der Heringszubereitung.

D TOURAINE: Sie wird oft der „Garten Frankreichs" genannt. Ihre Rezepte enthalten Köstlichkeiten wie Loire-Flußfisch in Aspik oder einen deftigen Schweinebraten mit Pflaumen, ein Überbleibsel aus dem Mittelalter. Das Loiretal, das sich durch die Provinz zieht, ist ein „Burgenland", in dem französische Könige sich im Prunk ihrer Landgüter erholten. Einige der feinsten Tafeltrauben Frankreichs wachsen in der Touraine.

E ILE-DE-FRANCE: Die fruchtbare, Paris umgebende Landschaft ist der Geburtsort der klassischen Kochkunst, die man *la grande cuisine* nennt. Hier erblühte in den höhlenähnlichen Küchen der Könige und Edelleute die französische Küche zu einer großen Kunst. Köche wetteiferten miteinander, immer vollendetere Gerichte zu erfinden, und ihre Dienstherren entwickelten immer empfindlichere Gaumen, um das Gebotene zu genießen. Der Küche der Ile-de-France mangelt es an einer ausgeprägten regionalen Eigenheit, sie schöpft jedoch aus dem kulinarischen Genie aller Provinzen.

F ALSACE und LORRAINE gehörten lange Zeit zu Deutschland, was sich in ihrer Küche widerspiegelt. Elsässische Speisen – mit ihren Würsten und dem Sauerkraut – besitzen eine germanische Herzhaftigkeit. In Lothringen hat das Essen mehr französischen Charakter. Das berühmteste Gericht ist die *quiche lorraine*, eine Art Torte mit Eiern, Sahne und Speck. Die Provinz ist ebenfalls berühmt wegen ihrer *potée*, einer Krautsuppe mit Schweinefleisch und Gemüsen. Die fruchtigen Rheinweine des Elsaß sind jenen aus Deutschland nahe verwandt.

G BOURGOGNE (Burgund) ist in der ganzen Welt zu Recht wegen seiner Weine bekannt. Diese Weine – aristokratische weiße oder zartrote – spielen eine beherrschende Rolle in der burgundischen Küche. Roter Burgunder ist ein wichtiger Bestandteil vom *bœuf bourguignon*, der Krönung aller Rindfleisch-Stews. Alljährlich wird in Dijon, der „Senfhauptstadt" Frankreichs, eine gastronomische Messe abgehalten. Sie ist ein Anziehungspunkt für Gourmets der ganzen Welt.

H BORDEAUX und Umgebung hat zusammen mit Burgund die besten Weine der Welt hervorgebracht. Die Köche von Bordeaux haben eine raffinierte Kochkunst entwickelt, die zu diesen Weinen paßt, und der *grande cuisine* eine grundlegende Fleischsauce geschenkt, die *sauce bordelaise*. Ihre 13 Zutaten werden durch den aristokratischen Geschmack des roten Bordeaux verbunden, den man in die langsam kochende Sauce gießt. Am Nordrand dieser Region liegt die Weinbrandhauptstadt Cognac sowie Périgueux, deren schwarze Trüffeln zur Herstellung von *pâté de foie gras* verwendet werden. Es ist vielleicht die ausgefallenste Delikatesse der französischen Tafel, die man in der Asche rösten oder zu Saucen und ausgezeichneten *pâtés* verwenden kann.

I FRANCHE-COMTÉ ist, wie die Nachbarprovinzen Savoie und Dauphiné, größtenteils Bergland, und die Speisen sind robust wie das Klima. Der wohl bedeutendste Beitrag dieser Gegend zur nationalen Küche ist das Huhn aus der Bresse. Das Fleisch dieses kleinen Tieres ist so köstlich, daß es selbst die erfindungsreichen Franzosen am liebsten einfach gebraten essen, ohne Saucen oder Gewürze. Die Kühe der Franche-Comté geben so viel Milch, daß der Überschuß zu Käse verarbeitet wird, dessen berühmtester der Comté ist, ein französischer Verwandter des mit Löchern durchsetzten Schweizer Gruyère.

J LANGUEDOC, FOIX, ROUSSILLON: Languedoc war einst ein Vorposten des Römischen Weltreiches, und es hat die Spuren davon in seiner Küche erhalten. Die Bevölkerung des Languedoc ist dem altrömischen *cassoulet* zugetan, einer fetten Mischung aus Gans oder Ente, Schweinefleisch oder Hammel, nebst Wurst und weißen Bohnen. Entlang der Pyrenäen, in Foix und Roussillon, herrscht der kulinarische Einfluß Spaniens vor, besonders bei den Omeletts, die mit grünen Paprikaschoten, Tomaten und Schinken zubereitet werden.

K PROVENCE: Sie ist seit 100 Jahren ein bevorzugtes Feriengebiet. Wie in vielen anderen Landschaften des nördlichen Mittelmeers, basiert die Küche auf Knoblauch, Olivenöl und Tomaten. Ein Gericht, das alle diese Zutaten in sich vereint, ist die *bouillabaisse* aus Marseille. Diese berühmte Fischsuppe enthält oft ein Dutzend Sorten von Fischen und Schalentieren aus dem Mittelmeer. Im allgemeinen hat die Provence eine Küche, die schärfer gewürzt ist als die des nördlichen Frankreichs.

lebendig sein wie zu der Zeit, als die Troubadoure sie im 13. Jahrhundert verwandten.

Im erweiterten Sinne, nicht eingeengt durch die Grenzen der Provinzen, kann der Süden Frankreichs lateinisch, der Norden hingegen mitteleuropäisch genannt werden. Seit dem Zweiten Weltkrieg, speziell aber seit Bestehen des Gemeinsamen Marktes, haben sich völkische Umschichtungen bemerkbar gemacht. Italiener kamen überall in das Baugewerbe, Polen gingen in Bergwerke, es kamen Algerier, Spanier und Portugiesen – und doch bleibt der einzigartige Charakter jeder Provinz dieses außergewöhnlichen Landes anscheinend unerschütterlich erhalten, selbst der Zeit gegenüber. Käse kommt noch von den Weiden des Hochlandes. Austern wachsen noch immer entlang der nördlichen und westlichen Küsten. Oliven und Tomaten wuchern wie Unkraut im Süden. Weinberge gedeihen. Getreide reift. In der zeitlosen Anpassungsfähigkeit von Leuten, die entschlossen sind, ihre Lebensart zu behaupten, egal, woher gerade der Wind weht, sind sich die Franzosen in allen Gegenden ihres so vielfältigen Landes gleich.

Die Normandie und die Bretagne

Zum besseren Verständnis der gastronomischen Seite des französischen Lebens sind die gut 30 Provinzen zu den Landschaften zusammengefaßt, die auf der Karte von Seite 12 angegeben sind.

Die Normandie und die Bretagne gleichen sich darin, daß sie die Nordküste Frankreichs bilden und daß sie Fisch, Äpfel und saftiges, mit salzigem Marschgras gefüttertes Lamm auf ihre Märkte liefern. Doch unterscheiden sie sich auf ebenso subtile wie evidente Weise in vielen anderen Dingen. Die Küste der Normandie ist anschmiegsamer, die Wellen des Ärmelkanals plätschern viel eher dagegen, als daß sie an ihr hochpeitschen. Lange flache Sandstrände reichen bei Ebbe meilenweit hinaus. Kleine, betriebsame Häfen bieten Fischerbooten Schutz, die köstliche Seezungen anlanden. Die Fischer fahren oft wochenlang auf die Nordsee hinaus, um Kabeljau und Heringe zu fangen. Fast unmittelbar hinter den flachen Stränden und den Häfen befinden sich reiche Weiden und Obstgärten, die so grün und lieblich im Frühling sind, daß Leute, die sie nicht gesehen haben, oft über zutreffende Beschreibungen lächeln. Als ich noch recht jung war, wanderte ich langsam durch diese zauberhafte Landschaft von Cherbourg, an ihrer Nordspitze, in Richtung Paris. Obgleich das nicht ganz den Tatsachen entspricht, sah ich die kleinen fetten Kühe damals so, wie ich sie noch heute in meiner Vorstellung sehe: in vielen zarten Schattierungen eines cremefarbenen Rosa, wie rosa Butter. Sie standen ruhig im saftigen Gras, und Apfelbäume, behängt mit Granat und Rubin, neigten sich über sie.

Die Bevölkerung der Normandie ist stark und tapfer, wie es einer Rasse zukommt, welche Wilhelm den Eroberer hervorbrachte und die mehr als tausend Jahre hindurch ein Machtzentrum innerhalb der französischen Nation war. Sie ißt gut, arbeitet hart und ist mutig. Sie lebt in einer der wenigen Provinzen ohne Weinberge, aber ihr Apfelwein *(cidre)* und sein Destillat, Calvados, sind ein guter Ersatz. Die Küche, die im Laufe von Jahrhunderten Gestalt annahm, basiert auf juwelengleichen Äpfeln und der Sahne der kleinen rosa Kühe. Sie ist eine der besten der Welt. Man verbinde nur diese Elemente mit dem köstlichen Kanalfisch, den feinen Marschlämmern und Weidekälbern, dem Käse, dem Honig aus Apfelblüten, und „Wunder werden zu sehen sein“, wie Brillat-Savarin einst sagte.

Die Bretagne hat auch Wiesen, aber sie liegen weit landeinwärts, entfernt von den wilden Felsenküsten, die in den Atlantik hinausspringen und von der Biskaya bis nach Bordeaux hin reichen. Auch die Bretonen pflanzen Äpfel, die aber kleiner und saurer sind. Es gibt

herrliche Schafe auf den Marschen, doch ihr Fleisch ist salziger und muß anders als das meiste Hammelfleisch zubereitet werden. Selbst die Gemüse schmecken in der Bretagne nach dem Meer; denn der Tang, der während der Ebbe am Strand gesammelt wird, kommt als Dünger in die dortigen Gärten. Die vor der Küste gefangenen Fische – Sardinen, Heringe, Makrelen und Thunfische – werden meist konserviert oder gesalzen. Lebewesen, die bei schlechtem Wetter in ihrer eigenen Schale Schutz finden können, wie Hummer und Austern, gibt es in Massen am Rande des Atlantik. Sie werden in alle Landesteile verschickt, sogar quer über den Kanal nach England. Es gibt Pfahlmuscheln und Kammuscheln. Und Seezungen gibt es auch. Am besten sind sie gehäutet, mit gesalzener Butter gefüllt und kurz gebraten. So nennt man sie *à la bretonne*.

Dann gibt es noch den einzigen erwähnenswerten Wein der Gegend, den herben, leichten und spritzigen Muscadet, den man zu all den Köstlichkeiten trinkt. Der weniger elegante Apfelwein fließt überall in der Bretagne wie himmlisches Wasser. Er wird von seinen Liebhabern so ernst genommen, wie jeder Wein in Burgund oder Bordeaux. Sein Alter ist bekannt, sein Wachstum, und – wenn er nicht einfach aus einem Krug serviert wird – sogar der Abfüller.

Auf dem im Freien abgehaltenen Markt in Villeneuve-de-Marsan in der Gascogne mischen sich Kauflustige unter die Verkäufer, die Tomaten, Spinat, Knoblauch, Zwiebeln, Karotten, Artischocken und andere Gemüse in ihrem eigenen Garten geerntet haben.

Die Bevölkerung dieses klippenreichen Landes, das manche der besten Seeleute und Fischer der Welt hervorbrachte, scheint Fremden gegenüber verschlossener zu sein als die Normannen. Sie ist rein keltisch, im Gegensatz zu der vielfältigen Blutmischung ihrer Nachbarn. Viele Leute sprechen immer noch – oder verstehen wenigstens – die bretonische Sprache, die sie mitbrachten, als sie vor fast 1500 Jahren aus den britischen Inseln flohen. Auf diese oder jene Weise sind sie alle innig mit dem Meer verbunden, seiner geheimnisvollen Macht vermählt. Ihr tief religiöses Fühlen geht weit über das Christentum, das sie schon früh annahmen, hinaus. Es vereinigt sie in einem anderen mystischen Bund mit den prähistorischen Sonnenanbetern, deren rätselhafte Steindenkmäler, Menhire und Dolmen genannt, überall verstreut zu finden sind.

Besucher, die kommen, um diese seltsamen Steine zu malen oder zu photographieren oder die weihevollen, religiösen Pilgerzüge und Feiern (die man *pardons* nennt) zu sehen, sind geneigt, sich von den Bretonen gastronomisch vernachlässigt zu fühlen. Es ist wahr, daß viel von dem, was Land und See hervorbringen, nach Paris und auf andere große Märkte geschickt wird und daß nur wenige bekannte, regionale Gerichte existieren. Es gibt aber immer köstliche Würste und eine gewürzte Fischsuppe, *cotriade* genannt, die gewöhnlich überall zu haben ist. Pfannkuchen gibt es auch, nicht dick, wie manche Abarten dieses fast primitiven Gerichtes, sondern groß und dünn, in drei- oder viereckige Paketchen gefaltet, um Butter, Käse, Marmelade,

Boote liegen bei Sonnenuntergang in der nördlichen Bretagne entlang einer sandigen Küste auf dem Strand, der bei Ebbe trockengefallen ist. Die Häuser, die sich an der Küste hinziehen, gehören zu dem Ort Cancale, einem kleinen Fischerhafen, der in Frankreich wegen seiner nahegelegenen Muschel- und Austernbänke berühmt ist.

Honig oder was immer darin sein mag zu umschließen. Sie werden direkt aus der Pfanne mit etwas Zucker oder Salz heiß serviert. Man bekommt sie an Markttagen am Kai und in zahllosen bretonischen Restaurants.

Am besten sind Hummer, frische Seezungen, Rochen und Makrelen. Sie werden ganz einfach zubereitet: Butter, ein Schuß Apfelwein oder Muscadet, gelegentlich etwas Zitronensaft. Wer will schon eine gekochte Muschel oder Auster, wenn sie frisch und zuckend direkt aus dem Meer zu haben ist? Fremde mögen aus den Pfannkuchen vielleicht Pariser *crêpes Suzette* machen, oder einen Hummer in den verdächtig provenzalisch anmutenden *homard à l'américaine* verwandeln. In der Bretagne können sie noch immer so gegessen werden, wie man sie jahrhundertelang gegessen hat. Den guten Apfelwein kann man nach wie vor trinken, wenn man als Besucher weiß, wie man sich langsam durch die Masse anderer Zugereister zu zwängen hat, um eine Fischerkneipe oder ein einladendes, kleines Gasthaus hinter den Postkartenläden und sogar hinter den Dolmen und Menhiren zu finden.

Die Champagne und das Land im Norden

Der nördliche Teil dieser Landschaft ähnelt an der Küste der Normandie mit der reißenden Kanalströmung am Pas de Calais und mit Boulogne, dem größten Fischereiplatz Frankreichs. Im Innern ist die Landschaft jedoch nicht in hügelige Weiden und Obstgärten zerteilt, sondern flach und gibt ein Gefühl der Weite. Weizen- und Roggenfelder scheinen dort endlos zu sein. Riesige, gut gepflegte Kartoffel- und Rübenkulturen liefern Lebensmittel für einen großen Teil Frankreichs wie auch für die kräftigen Nordländer, die sich weitgehend von stärke- und zuckerreicher Kost ernähren. Alles ist kräftig, selbst der Käse hat bereits seinen Eigengeruch, wenn er noch nicht überreif ist. Bier, und zwar starkes Bier, ist dort ein allgemein verbreitetes Getränk.

Es wird für regionale Gerichte verwandt wie für den Rindfleischtopf, den man *carbonade à la flamande* nennt. Beliebt ist Wildschweinfleisch, das man mit einiger Gefahr aus den Wäldern holt. Wenn es nicht gerade von jungen Tieren stammt, ist es vielleicht das am strengsten schmeckende Fleisch in Europa. Es muß lange Zeit in einer kräftigen Marinade liegen, um genießbar zu werden.

Weiter südlich, in der eigentlichen Champagne, bleibt die Landschaft flach oder sanft geschwungen. Hier beginnen die großen Weinberge. Stattliche Flüsse, wie Marne und Seine, fließen durch diese berühmte, aber wenig besuchte Provinz. Durch jahrhundertelange umsichtige Planung ist das Land bestens für den menschlichen Ertrag kultiviert. Die schönen Wälder sind nicht, wie in anderen Teilen Frankreichs, während der vergangenen 1500 Jahre abgeholzt worden. Wegen ihres erstaunlichen Wildreichtums, der dem Franzosen fast so wichtig wie Brot und Wein ist, wurden sie erhalten. Die tiefen Kalkschichten unter dem Humus blieben bewahrt. Sie reinigen und entwässern die Weinberge und sind ideal für das kilometerlange, kühle Tunnelsystem, in denen die Flaschen gelagert werden.

Die Herstellung von perlendem Champagner ist so schwierig, wie sein Verzehr einfach ist. Schaumwein aus anderen Teilen Frankreichs darf laut Gesetz nicht als Champagner, sondern nur als *vin mousseux* verkauft werden. Leider verteuert die Herstellung den Champagner derartig, daß es undenkbar ist, ihn zum Kochen zu verwenden. Bei Rezepten, die Champagner vorschreiben und ein Erhitzen des Weines erfordern, sind die kostspieligen Luftperlchen vergeudet. Sie sollten daher mit der ruhigen oder natürlichen Version des Weines zubereitet werden, die in Flaschen gefüllt wurde, ohne in den wundervollen, sprudelnden Trunk verwandelt worden zu sein, den der alte Dom

Ein bretonischer Fischer nimmt lebende Hummer aus einem Vorratskorb und steckt sie in einen Eimer, um sie zum Markt zu bringen. In solchen Körben, die im Salzwasser liegen, verwahrt man die Hummer, nachdem sie gefangen sind. Im Hintergrund liegen eingedeichte Becken, die während der Flut vom Meer gefüllt werden und in denen man Jungaustern heranwachsen läßt.

Pérignon zum erstenmal gegen Ende des 17. Jahrhunderts gewonnen hat. Einfacher Champagnerwein ist auch köstlich zum Trinken. Doch sollte er weder zum Kochen noch zum Trinken zu haben sein, so kann man sehr gut jeden herben Weißwein verwenden, der aus Pinot-Blanc- oder Chardonnay-Trauben gekeltert ist. Natürlich ist ein Schaumwein bei Rezepten für eisgekühlte Desserts (wie *coupe Jacques* oder auch für Punsch) erforderlich.

Die Leute aus der nördlichen Champagne sind oft groß, blauäugig, blond und – entlang der nordöstlichen Grenze – von den Gewohnheiten Belgiens und Lothringens beeinflußt. Ihr germanischer Geschmack ist dem rauhen Klima angepaßt: viel Schweinefleisch, Kohl, Kartoffeln und Bier, alles Dinge, die im Flachland am besten gedeihen. Weiter südlich, wo die Jagd gut ist und der Wein in Strömen fließt, sind die Knochen kürzer, die Haare dunkler, gallischer, und die Küche ist komplizierter.

Elsaß und Lothringen

Lothringen steigt allmählich vom Flachland zu dem hochgelegenen Ackerland und den Wiesen des Elsaß an. Auf seinen reichen Feldern wächst gutes Getreide. Aus seinem Obst macht man einige der besten Destillate der Welt: vom Kirschwasser, Mirabellen- und Himbeergeist zu dem seltensten von allen, dem *eau de vie de houx,* der aus den roten Beeren der Stechpalme gebrannt wird. Allerdings sind die gleichen Schnäpse aus dem Elsaß berühmter, vielleicht, weil sie dort knapper sind. Die Erde der Gegend, möglicherweise die beste in ganz Frankreich, wird für ein Dutzend anderer Kulturen genutzt, unter denen die Trauben an erster Stelle stehen und die Provinz – gemeinsam mit Bordeaux und Burgund – zum führenden Produzenten französischer Weine machen. Danach kommt, wenigstens in den Augen der Liebhaber guten Essens, die Aufzucht von Gänsen, deren Hauptzweck es ist, übergroße Lebern zu liefern, die man aufschneidet und als *foie gras naturel* oder häufiger als *pâté de foie gras* serviert. Die Gänse wirken auch in Dutzenden von elsässischen Küchen wahre Wunder. Man verarbeitet sie so vollständig wie das Schwein, von dem nichts als sein Quieken übrigbleibt. Die Elsässer sind sehr sparsame und kluge Leute. Deshalb rangiert auf ihren Höfen das Schwein auch gleich hinter der gewinnbringenden Gans. Die Würste und Schinken der Landschaft sind zu Recht berühmt; desgleichen auch die Obsttorten.

Das Elsaß, so reich an Wein und Lebensmitteln, ist immer ein begehrenswerter Preis in den europäischen Machtkämpfen gewesen. Der grundlegende Charakterzug seiner Bevölkerung aber ist germanisch; ebenso auch die Sitten, die Speisen und die architektonischen Formen. Ob Krieg oder Frieden, die Lachse springen immer noch in den kleineren Flüssen des Elsaß, jedoch seltener im Rhein mit seinem starken Schiffsverkehr. Einige Störche klappern auf den Schornsteinen noch immer verliebt mit den Schnäbeln, und das sonntägliche Sauerkraut dampft, bis die Kirche beendet ist.

Nach Süden hin sind in der Ferne die Berge des Jura sichtbar. Zwischen Lothringen und dem Elsaß zieht sich die lange Kette der Vogesen hin. Hier gibt es Weinberge an den Osthängen, hochgelegene

Ein Stand am Straßenrand der bretonischen Stadt Saint-Malo bietet Pfahlmuscheln an, die am selben Tag aus einem Zuchtbecken bei dem nahegelegenen Le Vivier-sur-Mer geholt wurden.

Weiden, rauschende Forellenbäche und verstreut liegende kleine Bauerngüter, deren Ertrag an Eiern, Milch und Butter die fleißigen Besitzer wirklich wohlhabend macht.

Frischer Weißkäse ist in den elsässischen Häusern sehr beliebt. Er wird fast wie Butter verwendet. Der berühmteste gereifte Käse, der Münster, ist sahnig und aromatisch, wenn er gut abgelagert ist.

Als ich noch jung war, pflegte ich im Winter in Straßburg nach einem langen Sonntagsspaziergang in eine großes, geräuschvolles Bierlokal zu gehen und mir eine „Münsterplatte" zu bestellen. Ich bekam dann einen sehr scharfen, schon laufenden Käse, einen Haufen gehackter Zwiebeln, ein Schüsselchen Kümmel und viel kräftiges

Auf einer Wiese an der Küste nahe dem Mont Saint-Michel in der Normandie grasen Schafe. Herden wie diese liefern Lamm- und Hammelfleisch, das man *pré-salé* nennt. Man schätzt es wegen des einmaligen Geschmacks, den das Fleisch durch die salzigen Gräser bekommt.

Bauernbrot. Hierzu trank man ein schäumendes Straßburger Bier. Doch bei der Kälte und nach einem Marsch durch die kahlen Wälder entlang des Rheins und durch die eisigen Straßen der Stadt schien mir dies ein angemessenes Vesperessen zu sein.

Das gute Leben in der Touraine

Man hat verschiedene Gegenden „die wahren Gärten der Nation" und „ihre Marktkörbe" genannt. Doch auf das liebliche Land der Touraine mit seinen fruchtbaren Feldern, Flüssen und einladenden Weinbergen trifft das wahrscheinlich am ehesten zu. Es hat etwas

Elegantes an sich, weil dort jahrhundertelang Edelleute schöne Schlösser erbauten und mit ihrem hochentwickelten Geist den Überfluß der Ländereien und Flüsse zu krönen verstanden. Die Gastfreundschaft wird überall gepflegt und kultiviert, sei es in einem Schloß oder in einer der zahllosen Kalksteinhöhlen, die oft als gemütliche, kleine Wohnung oder auch als natürliche Weinkeller dienen. Gutes Benehmen und gewandte Ausdrucksweise sind typisch für die Lebensart in diesem irdischen Paradies. Die Weißweine, die man allzu global unter dem Namen „Vouvray" zusammenfaßt, können süß und herb sein. Sie passen glänzend zu der unaufdringlichen Feinheit der Landesküche, vom köstlichen Hecht bis zum duftigen Zwetschgenkuchen. Es gibt aber auch Rotweine, wie „Chinon" und „Bourgueil". Man schätzt sie bei Tisch ebenso wie in den Aaal- oder Wildkaninchengerichten, zu denen man sie serviert.

Schalotten sind für die Küche der Touraine ebenso charakteristisch, wie es der Knoblauch für die Provence ist. Estragon, Muskatnuß und frischer Weinessig tragen dazu bei, der Küche eine besondere Frische zu geben. Es gibt reichlich Sahne und Butter. Letztere verwendet man besonders zu einer köstlichen, *beurre blanc* genannten Sauce und auch bei der Zubereitung von *matelotes* oder Stews aus Aal und Fleisch.

Der Reichtum an Fischen aus den kleinen, stillen Flüssen und der großen, anmutigen Loire selbst scheint unerschöpflich und bietet der Küche großartige Leckerbissen: Lachs, Forelle, Hecht und schmackhafte Gründlinge. Von Nantes in der Bretagne, von dort also, wo die Loire ins Meer fließt, kommen Alsen, noch mehr Lachse, Muscheln und alle Schalentiere der Küste.

Für die Touraine sind eingefriedete Gärten ein typischer Ausdruck der Lebensart, gleichwohl ob sie ein Schloß oder ein einfaches Dorfhaus umgeben. Darin gedeihen fast das ganze Jahr hindurch Gemüse, und Obstbäume werden an den Mauern und an Spalieren gezogen. Die besten Gartenerträge können zwei Wochen, bevor sie in der Ile-de-France reifen, bereits in Paris sein.

Im Winter werden die reichen französischen Gourmets mit herrlichen Tafeltrauben erfreut, die bis zu ihrem Abtransport in Glasbehältern mit Wasser in dunklen, kühlen Räumen frisch gehalten werden. Das wundervolle Sommerobst wird getrocknet, eingemacht oder zu Marmelade und Gelee verarbeitet. Schüsseln, Krüge und sogar Kübel voll Honig, *pâtés, confits,* eingemachtem Schweine- und Kaninchenfleisch oder auch den berühmten *rillettes* und *rillons* aus Gänse- oder Schweinefleisch füllen die Schränke in eigentlich jeder Küche in der Touraine. In dieser höchst ausgeglichenen und anmutigen Provinz, die mit reichem Kalkboden, vielen Feldern und üppigen Flußufern gesegnet ist, konnten die Leute jahrhundertelang in Freuden leben. Wenn sie sich selbst als die echtesten Franzosen bezeichnen und ebenso ihre Kultur und Küche typisch „französisch" finden, werden sie wahrscheinlich recht haben.

Die Ile-de-France und Paris

Die Bewohner der Ile-de-France werden oft eifersüchtig, wenn eine andere Provinz „typisch französisch" genannt wird; denn abgesehen von dem, was diese sonst noch beanspruchen, haben sie Paris. Nur im Sinne der Provinz betrachtet, kann Paris eine Bedrohung sein: Es kann so aussehen, als sei die Metropole alles, ein Riese, der die ihn umgebende Landschaft aufsaugt und unterdrückt. Jedoch jeder, der mit dem Flugzeug in die *ville lumière* einfliegt, sieht, daß dies nicht stimmt, denn die unter ihm liegende Landschaft ist so lieblich, so reich an Feldern und Wäldern, die sich an den Rand der Großstadt drücken, daß die Stadt selbst nur ein Teil des Ganzen ist.

Es stimmt, daß die guten Dinge, die in den Wäldern, auf den Wiesen und in den Flüssen gedeihen, nach Paris gebracht werden,

dem eigentlichen gastronomischen Herzen unserer westlichen Welt. Das Waidwerk ist nach wie vor in der Ile-de-France eine edle Kunst. Dies ist eine jahrhundertealte Tradition in den riesigen, gepflegten Wäldern von Fontainebleau, Compiègne und anderen sowie in den entfernteren Waldungen bei Orléans. Rezepte für die Zubereitung des Wildbrets, angefangen von Fasanen und Drosseln bis zu Hirschen und Wildschweinen, stammen immer aus ländlichen Küchen. In den großen Restaurants der Hauptstadt erreichen sie dann ihre Vollendung. Bäche fließen von allen Richtungen her in die Seine und Marne, die von Fischen wimmeln. Ebenso wie das ausgezeichnete Rind- und Schweinefleisch der Gegend werden sie gewöhnlich einfach gekocht. Den besonderen Pfiff bekommen sie durch die kunstvollen Saucen, die dazu gereicht werden.

Bestes Obst und Gemüse wird in dem großen Gartengürtel rings um Paris angebaut. Nach Südwesten, nach Chartres hin, geht das Land in riesige Weizenfelder über. In Richtung Osten, zur Champagne, liegt das gute Weideland, dem der fette, sahnige Briekäse zu verdanken ist. Pilze und wilde Erdbeeren wachsen in den schattigen

Milchvieh grast auf einer elsässischen Weide im Vorland der Vogesen. Die Milch wird für das landesübliche Gebäck oder den sahnigen, weißen elsässischen Käse, wie den Münster, verwendet.

Wäldern dieser idyllischen Landschaft. Sie werden aber auch hervorragend in riesigen Kellern, Gewächshäusern oder im Freiland, je nach ihrer Eigenart, gezüchtet. Bienen produzieren den Gâtinais-Honig aus den Pollen wilder wie kultivierter Blüten: aus Fichten und Stechginster, aus Kräutern an den Flußufern, aus blühenden Apfel- und Pfirsichbäumen, aus Wiesenblumen. In einem Teil dieses riesigen Gartens wachsen Erbsen am besten und schnellsten, in einem anderen Spargel oder grüne Bohnen. Es gibt Tafeltrauben, die fast so berühmt sind wie jene der Touraine, Pfirsiche, Birnen und Mandeln. Alle Früchte haben einen Geschmack, der unmißverständlich ihre Herkunft erkennen läßt. Manche glauben, es sei der fette Boden an den Flußufern der Ile-de-France, der den besonderen Wohlgeschmack gibt, aber Generationen von Künstlern und die sensiblen Einwohner selbst machen den Himmel dafür verantwortlich. Er ist zart und lichtgrau oder von klarem freundlichem, nie grellem Blau.

Die Reichtümer Burgunds

Das im Südosten gelegene Burgund läßt die schmalen Weinbaugebiete der Ile-de-France wahrhaft armselig erscheinen. Das kleine Weißweingebiet von Chablis, im sanften burgundischen Hügelland, liegt Paris am nächsten. Bekannter noch ist die Côte-d'Or – ein einziger, mit Weinbergen bedeckter Hang, der die Flußniederung der Saône überragt. Die nördlichen Zweidrittel des Gebiets bringen gute Rotweinqualitäten hervor; der Rest die besten herben Weißweine Frankreichs. Beaune, das Zentrum des Weinhandels, steht buchstäblich auf einem phantastischen Irrgarten von Kellern, in denen einige der wertvollsten Kreszenzen der Welt lagern.

Die Speisen dieser Gegend sind glücklicherweise so reichlich und kräftig, daß sie es mit den Fässern und Flaschen aufnehmen können. Die Hühner von Bresse, das gute Charolais-Rindfleisch, die Schnecken, die sich von Weinblättern ernähren, die Senfsaat, alles trägt zur herzhaften Küche bei, die seit 2000 Jahren so typisch „burgundisch" ist.

Die Menschen, die dort leben, sind große Esser. Ihre Feste sind historisch, ob sie zu Caesars Zeiten oder in der vergangenen Woche abgehalten wurden. Sie trinken ihre eigenen Weine und die ihrer Nachbarn. Die Gerichte verdanken ihre besondere Eigenart dem gleichen Wein, den man überall herausschmeckt: einen *coq au vin* und *bœuf bourguignon*. Selbst Seezungenfilets, Birnen und Pflaumen werden mit Rot- oder Weißwein zubereitet. In Burgund rechnet man dabei nach Flaschen, nicht nach Vierteltassen. Die Saucen, die sich ganz natürlich beim Marinieren und dem langsamen Kochen bilden, sind voll und fruchtig, doch verlangen sie mehr Wein im Glas daneben. Fisch und Wildbret werden großzügig in der gleichen weinfrohen Art behandelt. Es gibt guten Honig für die Berge von Pfefferkuchen, die aus den Backöfen von Dijon kommen. Feine Marmeladen werden aus Früchten dieses Landes gemacht. Ganze Felder mit schwarzen Johannisbeeren liefern ihre herbschmeckenden Früchte für den berühmten Likör *cassis*. Senf wird mit Weinessig zu der einzigartigen Würze verarbeitet, die man überall als Dijonsenf kennt. Eine andere Spezialität ist *jambon persillé,* Schinken mit Petersilie in einem Aspik aus Schinkenbrühe.

Die Franche-Comté: Schön und wild

Die Franche-Comté schließt – zu unserer eigenen Vereinfachung – die Gebiete Savoyen und Dauphiné ein. Im Norden liegen das Elsaß und Lothringen, im Osten die Schweiz, dann Italien; südlich davon befindet sich die Provence. Es ist eine schöne, oft auch wilde Gegend mit den Jurabergen, die zum Genfer See hin abfallen und an die sich die emporragenden Alpen anschließen.

Es gibt stille Seen, anmutige Felder und Weiden auf den tiefer gelegenen Abhängen der Berge. Ausgezeichnete Weine wachsen weit unterhalb der Gipfel. Sie gehören zur täglichen Nahrung der Bevölkerung. Viele Arten von Fischen schwimmen im Überfluß in den kalten, rauschenden Gewässern, und selbst Krebse sind vorhanden, so daß fast jeder Gasthof Gerichte anbieten kann wie *truite au bleu* aus eben erst getöteten und schnell gekochten Forellen oder ein *gratin de queues d'écrevisses* aus winzigen Krebsschwänzchen, die einen Pariser Restaurateur vor Neid zum Erblassen bringen könnten. Wildwachsende Pilze – einschließlich der köstlichen Trüffeln – gedeihen auf den Wiesen und im Schatten der Wälder. Ähnlich gut steht es auch mit dem Wild, so daß man die Rezepte dieser Landschaft für Hasenpfeffer, Rot- und Schwarzwild überall in guten Küchen schätzt.

Auch Gebirgskräuter spielen in dieser Küche eine große Rolle. Einige der Frikassees und Omeletts dieser Gegend werden überall auf der Welt nachgemacht, allerdings wohl nicht immer mit der gleichen Frische und Einfachheit. Es gibt auch Schweine für herzhafte Eintopfgerichte, an denen sich die Menschen während der langen, strengen Winter wärmen können. Man bereitet aus ihnen auch köstliche Würste. Am besten gedeihen hier wohl Ziegen und Kühe. Im Sommer ziehen sie hinauf auf die Almen. Im Winter werden sie in der Nähe ihrer Besitzer in den Stall gebracht, mit kräftigem Heu gefüttert und wie Prinzessinnen verwöhnt, damit sie Sahne und Butter für die Gerichte geben, vor allem aber Milch für den berühmten Käse dieser Landschaft, den Comté oder französischen Gruyère. Weiter südlich

Im elsässischen Dorf Ittenheim hilft eine Bäuerin, den Weißkohl von Hand zu Hand auf den Wagen zu laden. Die Strünke und Außenblätter sind schon von den frischgeernteten Köpfen abgeschnitten worden.

stellt man den Reblochon her, von dem man zahllose örtliche Spielarten kennt, die nie auf den Markt einer Großstadt kommen.

Die Leute sind hart und ausdauernd, mögen sie nun Bauern oder Bergbewohner sein. Ihre Küche spiegelt die ehrliche Achtung vor dem wider, was ihnen Wälder, Gewässer und Weiden bieten. Wenn sie nicht in den Schnee hinausgehen können, dann sitzen sie in ihren behaglichen, einfachen Häusern, schnitzen, bauen Uhren und lassen es sich mit den Vorräten, die sie während der reichen Sommertage auf die Seite gelegt haben, gut ergehen. Die Kühe, Schweine und Hühner im Stall sind gesund; die Käse reifen; der Wein ist abgefüllt ...

Das exotische und das schlichte Leben der Provence

Weiter im Süden, in der Provence, ist das Leben erstaunlich anders. Die Menschen sind ein besonderer Schlag, geformt von den vielen Rassen rings um das Mittelmeer: gesetzt, dunkel, aufbrausend, mit eigener Sprache und eigenen religiösen Traditionen. Der Himmel kann von einem stechenden Blau sein, oder er ist von furchterregenden, kalten Staubwolken überzogen, sobald der Mistral aus dem Norden weht. Das Licht, das über die Landschaft fällt, steht in krassem Gegensatz zu der sanften Helligkeit in der Ile-de-France und dem leicht diesigen, oft grauen und selten aufklarenden Himmel der Bretagne. An der Küste der Provence holen die Fischer, die oft nachts

Auf dem Anhänger neben dem Vélosolex-Moped steht ein Korb mit Petersilie. Der Bauer fährt auf den Markt der Provencestadt Cavaillon.

Außerhalb der Stadt Lourmarin saugt ein Karottenfeld die Hitze des provenzalischen Nachmittags ein. Die Lebensmittel aus der Provence werden durch die längste Vegetationszeit, die es in Frankreich gibt, begünstigt.

bei Laternenlicht arbeiten, von den Felsen und aus den Buchten seltsame Fische für die berühmten Eintöpfe und Suppen wie *bouillabaisse, bourride* oder die einfache *soupe aux poissons*.

Gute Weine wachsen entlang der Rhône und auf dem hügeligen Land. Olivenbäume, die von den Griechen eingeführt wurden, gedeihen, wo immer sie ihre Wurzeln in die trockene felsige Erde der Bergabhänge senken können. Sie liefern ihre Früchte und auch das Öl, auf dem die regionale Küche basiert. Tomaten und Knoblauch, zu Recht gleichbedeutend mit den meisten Gerichten *à la provençale*, wachsen wie Unkraut. Überall, selbst in den Gräben, sprießen Kräuter. Sie machen die Luft schwer und werden, immer gleich eine Handvoll, benutzt, sofern sie frisch sind. Zahllose Bündel trocknet man, um sie bis zur nächsten Saison in Töpfen und Flaschen aufzuheben. Man mischt sie auch mit gestoßenem Lavendel, getrockneter Apfelsinenschale und anderen fremdländischen Dingen. Jeder Haushalt hat hierfür seine eigene Mischung, um den Geschmack zu erreichen, der von der Familienküche bevorzugt wird.

Auf den flachen Ebenen rings um Avignon, die gegen den verheerenden Mistral durch große, schiefstehende Windbrecher aus Zypressen und Schilfzäunen geschützt sind, wächst schönes Frühgemüse. Melonen und Baumobst gedeihen in solcher Fülle, daß auch noch dann, wenn die Nachfrage aus dem Norden befriedigt ist, die Provence vollauf genug für ihre Freiluftmärkte hat, die in diesem

Aus diesen Cabernet-Sauvignon-Trauben, die in einem Weinberg an der Mündung der Gironde reifen, wird der gute rote Haut-Médoc-Wein gekeltert, der St. Estèphe heißt. Das Dorf, nach dem der Wein genannt wird, liegt nördlich von Bordeaux und grenzt an das Gebiet, das die drei weltberühmten Weine Château Lafite, Château Latour und Château Mouton-Rothschild hervorbringt.

südlichen, milden Klima das ganze Jahr hindurch abgehalten werden. In der Provence wachsen Trüffeln, es gibt Schnecken und winzige Drosseln, die zu nahrhaften, anregenden *pâtés* verarbeitet werden. In den öden, salzigen Marschen der Camargue gibt es Lamm- und Rindfleisch sowie Reis von ganz besonderem Geschmack, der die Liebhaber guten Essens erfreut – und zu diesen gehören in erster Linie die Bewohner der Provence selbst. Sie essen und trinken alles, was in ihrer Küstenprovinz wächst, mit nie erlahmendem Interesse und Genuß, niemals aber in Mengen oder gar maßlos, wie dies die Franzosen gelegentlich tun, die härter vom Klima betroffen sind.

Zum Osten hin findet man den italienischen Einfluß in Gerichten wie *ratatouille* (Tomaten, Auberginen und kleine Kürbisse) und *salade niçoise*. Im Westen, nach Spanien hin, in der Languedoc, gibt es *cassoulet,* den von Legenden umrankten Eintopf aus Bohnen und verschiedenen Fleischsorten, der endlose Streitigkeiten hervorruft, ob man ihn in Toulouse, Carcassonne oder Castelnaudary „richtig" macht. (Alle machen ihn sehr gut.) Der Streit darüber, welche der drei historischen Versionen des französischen Rezepts die „wahre" ist, währt schon lange oder köchelt wenigstens seit langem so, wie das auch ein richtiges *cassoulet* tun sollte. Man kam nicht umhin, einen Club seiner *compagnons* zu gründen. Bei der letzten Zählung waren es schon über 200, aber neue Mitglieder werden für fünf Francs pro Kopf noch aufgenommen. Der Präsident und Gründer, der gerade dabei war, ein Restaurant in Paris zu eröffnen, als der Club gegründet wurde, drückte sich elegant um die dreifache Spaltung, indem er seine Spezialität in aller Bescheidenheit *cassoulet du Languedoc* nannte. „Auf diese Weise kann niemand verärgert sein", sagte er.

Es bleibt jedoch die Tatsache, daß ein Getreuer aus Toulouse mehr als verärgert wäre, wenn man ihm ein Gericht vorsetzen würde, von dem er fest glaubt, daß es aus *seiner* Stadt kommt, das aber nicht *sein* eingemachtes Gänsefleisch enthält. (Was sonst können sparsame Franzosen mit all dem Gänsefleisch anfangen, das von den Gänsen übrigbleibt, die für die *terrine de foie gras* dieser Gegend sterben müssen, die ebenso berühmt wie jene aus dem Elsaß, aber reicher an Trüffeln ist?) Ein Mann aus Carcassonne andererseits könnte sich sehr wohl durch das Allgemeinrezept beleidigt fühlen, das den Aficionados der Compagnons du Cassoulet von ihrem Restaurateur-Präsidenten vorgesetzt wird, falls es sich als lammfleischlos erweisen sollte. Ein annehmbar chauvinistischer Bürger von Castelnaudary würde dagegen auf Gänse- und Lammfleisch verzichten, solange das Gericht viel zartes Schweinefleisch enthält. Man einigte sich diplomatisch dahingehend, daß die Maison du Cassoulet alle Zutaten dieser gastronomischen Dreifaltigkeit in einer einzigen hervorragenden Mischung servieren kann, die sowohl Geist als auch Körper eines jeden Essers befriedigt.

Allgegenwärtig sind im Süden das herrliche Mittelmeer, die Luft und die Erde, die gutes Olivenöl, aufplatzende, aromatische Tomaten und perlenähnlichen Knoblauch hervorbringen. Das Hauptgetränk, *pastis* genannt, sendet seinen klaren Lakritzengeschmack immer dann in die flimmernde Luft, wenn eine Arbeit droht zur Last zu werden und ein Schwatz im Eckcafé angezeigt ist.

Das Gebiet von Bordeaux

Man kann im größten Teil des Südwestens gut leben. Das Gebiet von Bordeaux umfaßt die Provinzen Béarn und Gascogne längs der spanischen Grenze mit ihren herzhaften Krautsuppen, die man *garbures* nennt und die mit Speck, eingemachtem Gänsefleisch oder dem, was an fettem Fleisch zur Verfügung steht, zubereitet sind.

Ein anderes Gericht aus dem Land der Basken im südwestlichen Béarn ist die beliebte *pipérade* aus Eiern und Gemüsen, ein angenehmes Sommeromelett, während eine *garbure* sich für die Wintermonate eignet. Gänse und Enten gibt es überall: Man macht daraus *pâtés* und *confits,* die mit Trüffeln „parfümiert" sind. Auf der kahlen Hochfläche der Rouergue, in Südost-Guyenne, weiden die Schafe, von denen der weltberühmte Roquefortkäse stammt.

Entlang der Atlantikküste, besonders in der runden Bucht von Arcachon, gedeihen Austern, die zu den besten der Welt zählen. In den weiten Mündungen und in allen Flüssen gibt es beliebig viele Fische. Wälder, die kompromißlos urig und wildreich gehalten werden, sorgen für eine gute Jagd, die für die Leute von Bordeaux ebenso wichtig ist wie der Weinbau. Dort wachsen auch die *cèpes* genannten Steinpilze, die ihren Wohlgeschmack zahllosen Wildbret- und Fischgerichten verleihen.

Überall in der Welt verbindet sich mit Bordeaux der Gedanke an Wein. Für die Menschen, die in dem sagenhaften Land an der Mündung der Gironde und rings um seine Hauptstadt wohnen, ist der Wein ihr Leben. Sie kultivieren die Trauben, bringen sie behutsam von der Rebe in die Flasche und zu Tisch, diskutieren darüber, trinken den Wein – und natürlich passen sie ihr Essen dem an, was sie so produziert haben. Der Wein wird notgedrungen zu einem Mythos, und die Menschen des Bordelais, die ihn hervorbringen, bleiben gesund und tüchtig, und dem Rest der Welt geht es dank ihrer Hingabe um so besser. Nach einer vollendeten Mahlzeit gibt es als Krönung der für diesen Tag ausgewählten Flaschen immer einen Schluck – oder zwei – von einem der beiden großen Branntweine der Welt, Cognac oder Armagnac, die aus dieser traubenreichen Gegend kommen. Der erste ist bekannter. Beide aber sind wirklich edel, wenn sie richtig in Eichenfässern gealtert sind. Sie sind jedoch offensichtlich unedel – wenigstens gesetzlich –, wenn sie aus irgendeinem anderen Teil der Welt stammen und sich diese Namen zugelegt haben.

Weiter ostwärts, in der Gegend des Périgord in der Guyenne – ein Gebiet, das in der ganzen Welt wegen seiner Trüffeln berühmt ist –, ist die Haltung dem Wein gegenüber etwas nachlässiger. Die Landschaft besitzt alles, was man braucht, um eine Küche hervorzubringen, die guten Getränken angepaßt ist. Aber die Leute des Périgord halten beides lieber auseinander. Hier machen die Flaschen dem Gaumen keine Vorschriften, wie das in richtigen Weingegenden der Fall ist. Man hat das übliche Wild aus dem Wald und Fische aus den Flüssen. Dazu kommen Trüffeln, Gänse, Enten und Hühner. Es gibt sogar frischen Kaviar von den Stören, die die lange Mündung der Gironde hinaufschwimmen. Gemüse wächst gut und macht die fetten Gerichte bekömmlicher (gewöhnlich wird es mit ihnen zusammen und nicht extra gekocht). Mit Walnußöl werden herzhafte Salate angemacht. Tafeltrauben und Früchte gedeihen an den unteren Berghängen. Besonders Pflaumen werden auf zahllose Arten verwendet: frisch, eingemacht, zu *clafoutis* oder Obsttorten gebacken, die in anderen Provinzen mit Kirschen oder Birnen bereitet werden.

Das gastronomische Gebiet, dessen Metropole Bordeaux ist, stellt eine Art von Zusammenfassung dessen dar, was die regionale Küche zum Urquell aller anderen Küchen macht: Es verläßt sich auf Naturprodukte, die vom Menschen veredelt sind. In anderen Teilen des so unglaublich vielgestaltigen Frankreichs kämpfen Menschen immer noch mit dem unerbittlichen Meer und den Stürmen des Kanals. Doch haben sie den Unbilden der Natur eine ausgefeilte Lebensart entgegengestellt, die große Würde und Stil hat. In der Bretagne zum Beispiel ist die Küche ein Teil des Geheimnisses der See und der unbekannten Rassen, die dieses Land in grauer Vorzeit besetzten. In der Provence wie im Elsaß wurde das Leben durch eine Jahrhunderte dauernde Besatzungszeit fremder Volksgruppen und deren Kulturen geformt. Aber in der Landschaft, die zu Bordeaux gehört und in der sich auch viele dieser Einflüsse bemerkbar machen, gibt es einen Zusammenklang von Klima, Meer und Seen, Bergen und Ebenen, der es den Menschen dort möglich macht, sich frei zu entfalten. Der Lebensstil wird keinem aufgedrängt. Sie können Winzer, Bauern oder Jäger sein. Sie können Gänse züchten. Sie können Trüffeln suchen. Sie können fischen, Austern züchten, Käse machen oder Reineclauden anbauen. Jahrhunderte haben es immer wieder bewiesen, daß jeder in der Gegend von Bordeaux gut leben kann.

Ein burgundischer Weinleser spült sein Butterbrot mit Wein hinunter, den er von daheim mitgebracht hat. Aus den Pinot-Noir-Trauben, die in dem traditionellen Korb sind, wird Vosne-Romanée, ein guter Rotwein der Côte de Nuits, gekeltert.

II

Eine Familien-angelegenheit

In der Rue Mouffetard in Paris kauft Mme. Annie Boulat *(links)* für ein Abendessen mit Gästen ein. Neben ihr kauft eine alte Frau Melonen. Sie probiert den frischen Duft, schätzt das Gewicht und fühlt, ob sie weich, also reif sind.

In fast jeder Landschaft Frankreichs ist das aufwendigere Kochen, das ausgesuchte Gericht, einem besonderen Tag vorbehalten: Beispielsweise dem Sonntag, gewöhnlich jedoch einem besonderen Sonntag wie Ostern, einer Taufe, einer Hochzeit oder einer Verlobung. Dazu kommen private Familienfeste wie „Der erste warme Tag", „Der erste Frost", „Der Tag zu Ehren der größten Forelle" (von Onkel René 1903 gefangen), „Die letzte Erdbeertorte bis zum nächsten Jahr". Diese fast kindlichen Entschuldigungen dafür, daß man sich um einen sorgsam gedeckten Eßtisch versammelt, sind ein Teil des Landlebens, an dem auch die Stadtbevölkerung mit Zähigkeit festzuhalten sucht, um dem überall wachsenden Druck der Verstädterung zu entgehen. Die Franzosen sind besonders konservativ, und selbst in Paris werden solche Feste ernst genommen. Ein paar Elsässer aus der Gegend nördlich von Mühlhausen kann man immer zusammenrufen, um die letzte Flasche eines prämiierten Zwetschgenwassers zu trinken, oder einige Savoyarden, um ein paar Reblochonkäse zu verzehren.

In vielen Ländern sind die Menschen in ihren Eßgewohnheiten labil und wechselhaft. Vielleicht verfolgen sie ihre unbewußten Erinnerungen an andere Lebensformen, und sie sind deshalb so schnell bereit, ein balinesisches Essen zusammenzustellen, ein hawaiisches Luau im Garten zu versuchen oder Rosenblätter für ein armenisches Konfekt zu pflücken. Obwohl auch in Frankreich „ausländische Gerichte" in guten Restaurants auf dem Vormarsch sind, geben sich dort die Leute völlig damit zufrieden, dieselben Speisen, die ihre weit zurückliegenden Vorfahren mochten, immer wieder zu genießen. Wenn die Ehefrau oder ein gleichermaßen vertrauenswürdiger Besucher aus einem anderen Département heimatliche Spezialitäten richtig zubereitet – wie *tripes à la mode de Caen* aus der Normandie, *carbonade de bœuf à la flamande,* wie es in einem Dorf südlich von Dünkirchen gemacht wird, ein *cassoulet de Carcassonne* —, so verzehren sie es mit großem Genuß und viel Freude.

Aus derselben Veranlagung heraus wird ein Mädchen, das von seiner heimatlichen Provence aus nach Nordwesten zieht, um einen Mann aus der Gegend von Bordeaux zu heiraten und dort ihre Kinder aufzuziehen, gewöhnlich schnell und gut lernen, das zu kochen, was er als die einzige, richtige Nahrung betrachtet: Bordelaiser Speisen. An besonderen Tagen – oder wenn ihre Familie zu Besuch kommt – wird es provenzalische Gerichte geben. Wenn andererseits ein Mann von einer Provinz in eine andere zieht, die sich gastronomisch von seiner Heimat stark unterscheidet, so wird seine Frau soweit wie möglich nach der ihm vertrauten Art kochen und die erhältlichen Nahrungsmittel entsprechend verwenden.

Sowohl die physikalische als auch moralische Achtung vor den Tafelfreuden in Frankreich ist in früheren Zeiten allen denen lächerlich vorgekommen, die von klein auf im kalvinistischen, viktorianischen oder dem Geist einer ähnlichen Tradition erzogen wurden. Für diese Leute galt, daß man essen mußte, was einem vorgesetzt wurde. Man hatte dafür dankbar zu sein und stillzuschweigen, besonders was die Frage des Wohlgeschmacks betraf. Diese Anschauung scheint jedoch keine Rückwirkung auf die Entwicklung der Küchen der französischen Provinz gehabt zu haben.

Das Schema der Mahlzeit

Wenn es so etwas wie eine typische französische Mahlzeit geben könnte, so wie sie jeden Tag von einer normalen Familie eingenommen wird, würde sie natürlich je nach der Landschaft und noch mehr nach den Jahreszeiten variieren. Sie würde jedoch einem allgemeinen Schema folgen – ob auf dem Land, in der Kleinstadt oder einer Metropole –, ungefähr so, wie die Grundzüge verschiedener Menschen ein bestimmtes Menschenbild ergeben.

Annie trägt ihren großen Einkaufskorb über den Markt und füllt ihn mit Zwiebeln, Salatköpfen und einer Tüte mit frischen Weintrauben.

Diese Mahlzeit, die man in Frankreich *déjeuner* nennt, würde mittags serviert werden. Mit dem gesteigerten Tempo des Lebens kommen in den Großstädten Snack-Bars und Lokale für schnelle Mahlzeiten auf, aber die meisten Franzosen nehmen sich mittags Zeit für eine gemütliche, solide Mahlzeit, und essen abends sehr einfach und viel bescheidener. Am Mittag haben die Kinder zwei Stunden in der Schule frei. Die Büros sind geschlossen. Es ist die angemessene Zeit, sich seiner gesunden Verdauung hinzugeben, und zwar möglichst daheim.

In Frankreich spricht man viel von „Amerikanisierung", was in Wahrheit die allgemeine Beschleunigung der Lebensgewohnheiten bedeutet. Natürlich ist einer der lebenswichtigsten Punkte, der dabei betroffen wird, der Eßtisch. Tausende von Regierungsangestellten in Paris machen jetzt eine 45-Minuten-Pause für das Mittagessen an Stelle der alten Freizeitregelung von 12 bis 14 Uhr. Allgemein war man damit nach einer Probezeit einverstanden, und die meisten fanden es annehmbar, weil ihre Arbeitswoche gleichzeitig auf fünf Tage verkürzt wurde und sie außerdem auch noch früher nach Hause kommen. Manche Arbeitgeber sind der Meinung, daß ihr Personal nach einem Imbiß in einer Snack-Bar (eine heute korrekte Bezeichnung in „Franglais") mit glänzenden Augen, angeregt und voller Begeisterung für ihre Büromaschinen, zur Arbeit zurückkehren. Das mag vielleicht in der Metropole zutreffen, wo es keinen anderen Platz als das Stammcafé gibt, wo man zwei Stunden verbringen kann, wo man schwatzt und noch ein Gläschen Beaujolais oder Sancerre kippt. In der Provinz ist das ganz anders. Sehr wahrscheinlich wird die Umstellung der Tischzeiten und des Zu-Hause-Essens bei Kleinstädtern und der Landbevölkerung noch recht lange dauern. Genauso wie es Zeit beanspruchen wird, sie davon zu überzeugen, daß geschnittenes, ab-

Nachdem sie Preis und Qualität diskutiert hat, kauft Annie frischen Schnittlauch, Estragon und Kerbel für ihren Salat. Ein paar Meter weiter sind Stände, die Käse, Obst, Wurst und gebratene Hühner anbieten.

gepacktes Brot, das aus gewaltigen Zentralbäckereien kommt, ebenso gut sein kann wie das Brot, das vor dem Morgengrauen in der benachbarten Bäckerei entsteht und das man warm, knusprig und ohne Wachspapier oder Folienverpackung nach Hause tragen kann.

In Paris kommen immer noch viele Schulkinder mittags nach Hause, um entweder mit einem oder beiden Elternteilen, mit einem Halbtagsmädchen oder mit einem freundlichen Nachbarn zu essen und sich auszuruhen. In abgelegenen, ruhigeren Orten braucht man sie, wenn sie klein sind, nicht durch den Verkehr zu begleiten. Werden sie älter, so wollen sie nach dem Mittagessen eine halbe Stunde über die Hauptstraße bummeln, wo immer diese auch sein mag, um sich mit anderen zu treffen und mit ihresgleichen zu klatschen. Ältere Männer, die nicht daheim sind, weil sie sich zeitweise auf Reisen befinden, sitzen in irgendeinem angenehmen Café und trinken langsam ein Glas Schnaps oder Mineralwasser, gerade wie es ihnen im Moment gefällt. Aber der Gedanke, nach weniger als zwei Stunden auf den Schulhof oder ins Büro zurückzugehen, ist für die meisten Franzosen einfach unvorstellbar.

Das typische Mittagessen braucht nicht aufwendig oder umfangreich zu sein, obwohl es sich nach einem Schema richtet, das in fast jeder sozialen Schicht gleich ist. Das trifft zum großen Teil auch deshalb zu, weil die Gespräche beim Mittagessen fast ebenso wichtig sind wie das Essen selbst. Das ist in jedem einigermaßen normalen französischen Haushalt so, und es trägt dazu bei, daß alles besser schmeckt und länger dauert. Beunruhigende Themen wie etwa Prüfungen in der Schule, Geldsorgen oder Politik werden vornehm vermieden, bis die Verdauung eingesetzt hat. Selbst so banale Gesprächsstoffe wie das Wetter sind willkommen, wenn man sie zum Tomatensalat mit gehacktem Basilikum, zum gekochten Rindfleisch mit Kartoffeln oder zum Käse erörtert.

Wenn eine Zeitungsmeldung über eine kürzere Mittagspause, die mit Pariser öffentlichen Angestellten ausprobiert werden sollte, die bisherige Tischzeit so darstellte, als würde sie normalerweise aus sechsgängigen Mahlzeiten mit Wein, Kaffee und Cognac in freundlichen Bistros oder daheim bestehen, so war das eine grobe und vielleicht böswillige Übertreibung. Wenige Gehaltsempfänger könnten sich ein solches Festessen jeden Tag leisten (oder würden es überhaupt mögen), und Mahlzeiten, die aus sechs Gängen bestehen, sind den großen Restaurants oder Staatsbanketten vorbehalten.

In der Pariser Innenstadt mit ungefähr drei Millionen Einwohnern, in Arles mit etwa 40000 Menschen, in Plascassier mit weniger als 300 Seelen wird jeder Franzose, der mehr als eine halbe Stunde für sein Mittagessen zur Verfügung hat, zuerst ein Hors d'œuvre essen: Es sind keine Häppchen, wie man sie zum Cocktail serviert, sondern es ist ein richtiger Gang, der wörtlich „außerhalb der Hauptarbeit" (das bedeutet Hors d'œuvre) steht und der immer am Tisch serviert wird. Er kann sehr einfach oder aufwendig sein, gewöhnlich kalt, aber auch warm, und vor allem wird er schmackhaft und leicht sein, um den Gaumen anzuregen und ihn auf das Kommende vorzubereiten. Er kann aus einem einfachen Gericht wie kalten Kartoffelscheiben mit Vinaigrettesauce und einer Büchse Anschovis oder Sardinen bestehen oder auch aus einer Scheibe exquisiter, getrüffelter Gänsepastete in Aspik. Aber man nimmt ihn in jedem Fall mit dem richtigen Zeremoniell – als ersten Gang des Essens – ein. In einer Familie des Mittelstandes wird es oft vorkommen, daß eines der Kinder gerade um die Ecke zur Bäckerei oder ins Pastetengeschäft springt, um ein kleines, heißes Käsetörtchen für jeden zu holen. Aber *irgend etwas,* frisch und verführerisch, serviert man immer vor dem Hauptgang, der gewöhnlich aus Fisch, Fleisch oder Geflügel besteht, selbst in den einfachsten französischen Häusern.

Unendlich viel grüne Salate

Manchmal reicht man Gemüse zum Hauptgang, jedoch nie, wenn dieser aus irgendeiner Art von Stew oder einem warmen Ragout besteht, das bereits Gemüse enthält. Oft wird ein zartes Kartoffelsoufflé, eine Schüssel mit frischen grünen Erbsen oder Bohnen oder gebackene Tomaten *nach* diesem Gang gereicht. Wenn es als Hors d'œuvre Artischocken, Spargel oder frisches Mischgemüse gab, so reicht man überhaupt keinen Gemüsegang mehr. Dafür serviert man nach dem Hauptgericht eine Schüssel grünen Salat, der mit einer einfachen Vinaigrette angemacht ist.

Tatsächlich ist dies das einzige Gericht, das Franzosen wirklich als Salat betrachten – kulturell und technisch. Die Salatarten, die dafür gezogen werden, müßten an Hand des größten verfügbaren Saatkataloges herausgesucht werden, denn sie sind anscheinend unübersehbar. Sie wachsen das ganze Jahr hindurch überall, auf Fensterbänken, an den steilen Böschungen der Bahnkörper, in Gewächshäusern und in blitzsauberen Küchengärten. Die Schüssel mit

In der Küche, die auf den Boulevard Montparnasse hinausblickt, schlägt Annie Eiweiß für ihr Dessert, eine *mousse au chocolat*. Auf dem Tisch stehen weitere Zutaten, unter anderem Butter, Zucker und Cognac. Ihre Küche ist klein, freundlich und gut eingerichtet.

Pierre Boulat serviert seinen Gästen roten Burgunder, der zu Lammbraten, gerösteten Kartoffeln und Salat gereicht wird.

frischen, grünen Blättern wird in der allerletzten Minute leicht mit der einfachsten Mischung aus gewürztem Essig und Öl angemacht. Salat ist – ganz grob gesagt – dazu bestimmt, wie Rabelais es ausdrückte, „den Magen zu putzen". Er ist eine Erfrischung, eine Art Stärkungsmittel für den Gaumen. Salat kommt nie vor dem Hauptgang. Gelegentlich serviert man ihn daheim auf demselben Teller, der für das Fleisch benutzt wurde, um den letzten, zarten Geschmack nicht verlorengehen zu lassen, gewöhnlich aber reicht man ihn nach dem Hauptgang auf frischen Tellern. Durch seine leichte, kühle Beschaffenheit gleicht er die Schwere des Hauptgangs aus.

Außer an Sonn- oder anderen Feiertagen werden gekochte Desserts in den Provinzhaushalten selten serviert. Dafür gibt es ein oder zwei Käse (stets solche, die morgens auf dem Markt oder im Milchgeschäft am vielversprechendsten erschienen) oder eine Schale mit dem reifen Obst der Jahreszeit. Man hebt sich gerade genug Brot neben seinem Teller auf, um damit den guten Geschmack von Gruyère, süßem Petit-Suisse oder sahnigem Bleu de Bresse zu genießen. Es ist dasselbe Brot, das während der ganzen Mahlzeit auf dem Tisch lag, ohne Butter, knusprig und einzigartig in der westlichen Welt.

Dann kommen die reifen Kirschen, Pflaumen, Birnen und Äpfel in ihrem jahreszeitlichen Turnus und als Überraschung ein Korb mit frischen Mandeln. Es gibt verführerisch reife Stachelbeeren, herbsüße Johannisbeeren, eine Handvoll Walderdbeeren, vielleicht kleine Bananen aus den Tropen oder intensiv schmeckende Datteln oder Feigen und im Winter Walnüsse.

Wenn mit diesem typisch französischen Essen irgend etwas gefeiert werden soll, dann gibt es gewöhnlich mittags auch ein Dessert. In einem einfachen Hause wird es die Stelle des Obstes und möglicherweise auch die des Käses einnehmen, aber nie die des Salats (sofern ein grüner Salat nach dem Hauptgericht passend erscheint). Es kann eine Karamelcreme sein, Großmutters Apfeltorte, frische Walderdbeeren mit dicker Sahne oder auch eine gefrorene *diplomate au kirsch* aus der besten Konditorei der Stadt. Danach gibt es Kaffee.

Alte Küchen im neuen Gewand

Dieses Grundschema der Hauptspeisen in einem französischen Haushalt wird in Küchen durchgeführt, die den meisten Ausländern solange unangenehm klein oder zu einfach erscheinen, bis sie darin gearbeitet und ihren inneren Aufbau begriffen haben. Sie befinden sich oft in Häusern (selbst in den großen Städten), die vor Jahrhunderten gebaut wurden und deren Rohre und Leitungen notgedrungen auf den dicken Steinwänden verlegt sind. Ihre Fenster sind oft klein, damit die kalte Winterluft draußen bleibt.

Aber in den Jahrzehnten seit dem letzten Krieg wurden in Frankreich viele Veränderungen zugunsten der Annehmlichkeiten des täglichen Lebens durchgeführt. Viele Verbesserungen fanden in der Küche statt, denen das häusliche Klima so viel verdankt. Es gibt heute nur noch wenige Häuser in entlegenen Bergdörfern des Jura oder im primitivsten *mas* der Provence, die kein Stadt- oder Propangas bzw. Elektrizität zum Kochen haben. Viele haben fließendes Wasser, obwohl daneben der alte Brunnen oft noch immer benutzt wird. Man findet gelegentlich in sehr alten Küchen supermoderne, weißemaillierte Herde, sogar Geschirrspülmaschinen, die fein säuberlich unter dem breiten, tiefen Mantel des altertümlichen Herdes installiert sind. Es wird nur selten vorkommen, daß man in einem Haushalt, ob arm oder wohlhabend, keinen elektrischen Kühlschrank findet, den man immer „Frigidaire" nennt, gleichgültig, welche Marke es ist.

Die meisten französischen Küchen, selbst die recht düsteren der älteren Häuser, sind ansprechend eingerichtet, nicht zuletzt wegen des hinlänglich bekannten „Dienstbotenproblems".

Junge Französinnen, die aufgewachsen sind, als ein Hausmädchen noch zu jedem normalen Haushalt gehörte, kochen heute fast alles selbst, und ihr angeborener Sinn für das Schöne hilft ihnen, ihre Küchen so anziehend wie jeden anderen Teil ihrer Wohnung auszugestalten. Sie fangen dabei nicht in neuen Häusern oder Wohnungen an, sondern richten sich liebevoll in Altbauten mit besserer, moderner Beleuchtung und praktischen Schränken, die es heute fast für jeden Geldbeutel gibt, ein. Sie behalten den alten Eichenschrank, der zu groß ist, um durch eine moderne Tür zu gehen, und drapieren ihn mit heller Tapete oder mit Klebefolie. Sie hängen neue Vorhänge an die Fenster, die das Licht hereinlassen.

Aus einer Küche, die ich in Frankreich kenne, schaut man durch hohe, tiefe Fenster über die provenzalischen Weizenfelder und bis zu den Kiefernhügeln von Châteaunoir. Aus einer anderen, größeren, blickt man auf die Baumwipfel und das Gewimmel des Boulevard Montparnasse in Paris. In der schönen Dachwohnung, in der ich einst in Aix lebte, gaben zwei kleine Fenster in gebogenen Nischen das schwache Licht für die Küche – ein nördliches Licht, das besser geeignet war, Stilleben zu malen, als Omeletts herumzuwerfen. Doch es gab immer Luft, und das Geräusch von Springbrunnen kam ganz früh am Morgen über die rosa gedeckten Dächer.

Die meisten Küchen in Frankreich besitzen einen Tisch mit Holzplatte, manchmal aus Platzmangel an die Wand gestellt, aber meistens in der Mitte des Raumes. Es gibt Bänkchen oder Schemel, die man darunterschiebt, damit sie nicht den geschäftigen Köchen im Wege sind. Manchmal sind die Tischplatten aus wundervollem, gewachstem, dunklem Holz, öfter aber sind sie abgezogen und weiß geschrubbt, zeigen die Narben vom Hacken, Schneiden und Tranchieren früherer Generationen und sind etwas verfleckt von verschüttetem Öl, Fruchtsaft und anderen Ingredienzen. Wenn sie überdeckt sind, dann mit einem Stück des fröhlich – und oft sehr schön – gemusterten Überzugs, den man früher Wachstuch nannte und der nun aus einem Plastikmaterial besteht, das man meterweise in jedem guten Geschäft einer Kleinstadt kaufen kann. Mit dem alten Herd, nun umgestellt auf Elektrizität oder Gas, kann dieser Küchentisch zum Mittelpunkt der ganzen Familie werden. Mehr und mehr ermuntern die jungen Französinnen (die selbst kochen und für die Familie mitverdienen und notgedrungen ihre Lebenshaltung vereinfachen) ihre Ehemänner und Kinder, wenigstens abends dort zu essen, in dem Raum, der angefüllt ist von Wärme und guten Düften. Noch vor wenigen Jahren hätten dieselben Französinnen es für selbstverständlich gehalten, nur das offizielle Eßzimmer für alle Mahlzeiten der Familie zu benutzen.

Die Bedeutung des Auswärtsessens

Abwechslung zu diesem verhältnismäßig intensiven häuslichen Leben bieten Restaurants. Sie haben in Frankreich seit Jahrhunderten eine unvergleichliche Position, gleichgültig, ob es die großen Etablissements in Paris oder die Gasthöfe außerhalb der Dörfer im Elsaß oder Béarn sind. Der öffentliche Eßplatz – vom Schubkarren mit Austern, der auf einem Bürgersteig steht, bis zu einem kleinen Speisesaal im besten Hotel am Platze – hat die gallischen Liebhaber gastronomischer Abwechslung immer so lange angezogen, wie er der Beachtung wert war. Es gibt in Frankreich keine Familie, die so ärmlich ist, daß es ihr nicht gelungen wäre, im Restaurant irgendeine Hochzeit, Verlobung oder Taufe zu feiern.

In Provinzstädten findet man ebenso wie in der *métropole* die eleganten, ruhigen Lokale, die modernen und lauten, die teuren und die einfachen. In vielen kleineren Städten und Dörfern gibt es sicher einen guten Gastwirt (oder wenigstens einen Bäcker-Wirt), der zum Selbstkostenpreis eine gute, lange Tafel aufschlägt, grüne Girlanden an die

Wände hängt und für ein rauschendes und gewöhnlich ausgedehntes Fest sorgt.

Vor nicht allzu langer Zeit schaute ich mir die Rechnung für ein Essen an, das mit etwa 40 Verwandten in einem Dorf im Aveyron (nicht weit von Roquefort) für einen meiner Freunde gegeben wurde. Man wollte ihn zu seinem 100. Geburtstag mit einem Bankett im Rathaus ehren, in dem sich gleichzeitig auch die Meierei, das Gericht und das Gefängnis befanden. Es gab eine lange Liste der Zutaten und ihrer Preise, die von dem Bäcker-Koch ausgefertigt worden war: 10 große Dosen *rillettes de Tours,* 80 frische Forellen, 8 Lammviertel, 40 Laibe Brot usw. Dann gab es eine Rechnung, auf der die Kosten verschiedener vorgeschlagener Zubereitungsarten der Lebensmittel verzeichnet waren: Fleischbraten in der Bäckerei des Kochs, Fertigstellen der Hors d'œuvres, Zurichten und Dünsten der Forellen, Arrangieren der Salatschüsseln in der Wirtschaft (die von der Bäckersfrau geführt wird, aber zu eng für ein solches Fest war) und die Bestellung der Käse und Eisbecher in der nächsten Stadt. Es gab ferner eine bemerkenswerte Weinkarte und eine andere Rechnung für die Aufwartung, die von einer pensionierten Lehrerin – Kusine meines alten Freundes – und einigen ihrer früheren Schüler von den benachbarten Bauernhäusern übernommen wurde. Es gab auch eine bescheidene Rechnung von einem Photographen, der unbedingt zu einer so wichtigen Zusammenkunft gehört.

Alles zusammen ergab eine schöne Feier, die jeden sauer verdienten, gesparten und dann von den Verwandten gern ausgegebenen Centime wert war. Ich konnte nicht dabei sein, aber ich hörte, daß sie vom Mittag – mit Ansprachen des Bürgermeisters und der Verwaltungsbeamten des Départements – bis zu den letzten Trinksprüchen und Dankreden in der Dämmerung dauerte. Obwohl gewiß wenige Leute in Frankreich an diesem Tag 100 Jahre alt wurden, bin ich ziemlich sicher, daß viele andere würdige Feiern gleichzeitig in jeder Provinz begangen wurden, denn sie sind ein Teil des dortigen Lebens und ein Teil jeder privaten Geschichte.

Jeder Tag kann ein Festtag sein

Das gilt auch für die gelegentlichen Sonntagsessen außerhalb. Wenn das Wetter gut ist, und die Familie über ein Auto verfügt, können sie in einem bis zu 50 km entfernten Gartenrestaurant, andernfalls in einem kleinen, rauchgeschwängerten Bistro auf der anderen Seite des Platzes einer Kleinstadt eingenommen werden. Die religiösen Verpflichtungen sind erledigt. Jeder ist im Sonntagsstaat, und wahrscheinlich kehrt die ganze Familie einschließlich der mitgenommenen Verwandten, die als willkommener Anlaß dafür dienen, in ein Café ein, um irgendeine Art Apéritif zu nehmen, vom Himbeersirup in Milch für Klein-Jeanne bis zu einem gewagten Vermouth-Gin für die Mutter.

Im Restaurant angekommen, das wegen seiner Spezialitäten, die durch Heirat oder Zufall aus einer anderen Provinz eingeführt wurden, oder einfach wegen seiner Art, eine Henne zu kochen, bekannt sein mag, macht es sich die ganze Familie bequem und speist. Das Mahl dauert gewöhnlich lange, ist großzügig und gut umrahmt von besseren Weinen als denen, die man alle Tage trinkt. Mit Freunden tauscht man Begrüßungen aus und nimmt vielleicht einen „Nachtischschnaps" ein. Die Kinder werden schließlich unruhig oder schläfrig. Ist es ein schöner Tag, so schließt sich nun ein langsamer Verdauungsspaziergang für die kleinen Kinder und älteren Leute an, während die jungen losziehen, um ihre Freunde zu treffen und vielleicht zu tanzen. Es ist Sonntag, der beste Tag der Woche, um sich zu erholen und neue Kräfte bei einem Schmaus zu sammeln – gleichgültig ob daheim oder auswärts.

Auf einem Ausflug in den Wald gibt Pierre seiner Tochter Sandra eine *girolle* (Pfifferling), eine der vielen Pilzarten, die in der Nähe ihres Hauses wachsen. Für viele französische Familien ist das Pilzesammeln ein großer Spaß auf den sonntäglichen Ausflügen. Ihr feiner Wohlgeschmack ist eine Hauptstütze der französischen Küche.

Die Achtung vor dem Landleben

Selbst die Pariser sind der Ansicht, daß man das wahre Frankreich immer noch auf dem Lande findet. Dort sind die Tage ruhiger, die Freuden unmittelbarer, das Essen solide, farbig und voller Gartendüfte.

Die Pariser Pierre und Annie Boulat besitzen ein altes steinernes Bauernhaus *(unten)*, ungefähr 70 km südlich von Paris, das sie selbst wieder hergerichtet und ausgestaltet haben. Annies Tage auf dem Land ranken sich weitgehend um die Mahlzeiten, die sie ihrer Familie serviert. Morgens geht sie mit ihren Kindern zum Nachbarhof, um Gemüse zu kaufen. Den Rest des Tages verwendet sie auf die Zubereitung des Essens, mit viel Sorgfalt ohne jede Hast, denn diese Arbeit ist ihr ein Vergnügen. Der Geschmack ländlicher Gerichte kommt im gleichen Maße von der Frische der Zutaten und von der Zubereitungsart. Besonders in der ländlichen Küche lassen die Franzosen die Zutaten gern für sich selbst sprechen.

Annie, Sandra und Antoinette verlassen früh am Morgen das Haus, um für das Mittagessen frische Lebensmittel auf dem Hof ihres Nachbarn, M. Marchiset, einzukaufen.

Die zweijährige Antoinette Boulat probiert die Himbeeren *(links)*, während ihre Mutter mit Hilfe von M. Marchiset Bohnen pflückt. Ehe sie ihre Wahl traf, hat Annie Boulat mit ihm gesprochen, um herauszufinden, welches das grünste und reifste Gemüse des Tages sei. Während sie arbeitet, macht sie zuweilen eine Pause, um Antoinette (und Sandra) zu erklären, wie man die besten, gartenfrischen Gemüse, Früchte und Kräuter von weniger guten unterscheidet. Das ist ein Unterricht, den die Mädchen nie vergessen werden. Gute Himbeeren zum Beispiel müssen fest, dick, sehr leuchtend in der Farbe und außen trocken sein.

Annie kocht das Gemüse mit eingelegtem Schweinefleisch, um eine *potée* zu machen, die im Steinguttopf zubereitet wird.

Pierre gießt einen Tropfen Beaujolais in Sandras Wasserglas. Er liebt Wein und will seinen Kindern beibringen, seine Wertschätzung dafür zu teilen. Auf Sandras Teller liegt eine Portion *potée*. Der Salat ist aus geviertelten Tomaten, Zwiebeln, Kopfsalat, Kerbel, Estragon und Schnittlauch zubereitet. Annie hat alles auf ihrem Morgenausflug in M. Marchisets Garten gesammelt.

Die Boulats setzen sich zum Mittagessen im Freien an einen Tisch aus Birnbaum, den Pierre selbst gezimmert hat.

III

Ein eigener Weg

Der vierjährige Jean-Baptiste Goethals beißt mit herzhaftem Appetit während eines sonntäglichen Picknicks *(Seite 47)* in ein Brot. Es ist mit Butter und Radieschen belegt. An den Geschmack eines solchen Brotes muß man sich erst gewöhnen, am besten natürlich schon in jungen Jahren.

Die Küche der französischen Provinzen, die mehr oder weniger typischen Familienmahlzeiten, die dort gekocht werden, die Sonntagnachmittage daheim oder draußen, alles weist auf eine besondere, gefühlsbetonte französische Einstellung dem Kochen und Essen gegenüber hin. Hieraus lernt man aber zu verstehen, warum die Franzosen so französisch sind.

So haben sie zum Beispiel, wie schon erwähnt, ihre Hauptmahlzeit am Mittag, an dem die Familien mancher Länder nicht zusammen sind. Und dann gehören zu dieser Mahlzeit mehr Gänge, als Frauen anderer Nationalitäten je erwägen oder gar gutheißen würden. Die Franzosen wechseln die Teller viel öfter. Sie verabscheuen es, ausgesprochen unterschiedliche Geschmacksrichtungen miteinander zu vermischen, und da sie die Vielfalt lieben, wobei ein Gericht das vorige übertreffen soll, müssen natürlich die Teller nach jedem Gang gewechselt werden. Selbst in einfachen Haushalten werden weder Bestecke noch Teller, die zum Beispiel für Fisch benutzt wurden, auch zum Fleisch, Gemüse oder Salat genommen. (Ein Besteckteil, das von den meisten provinziellen Tafelgedecken verschwindet, das es jedoch noch vor wenigen Jahren gab, ist das Messerbänkchen. Es konnte aus beliebigem Material sein, von Holz bis zu Sterlingsilber oder Kristall. Es stand rechts vom Teller, damit man zwischen den Gängen die Spitzen der gebrauchten Messer und Gabeln darauf legen konnte. In den Tagen des traditionellen weißen Tischtuchs zum Mittagessen waren diese Messerbänkchen ein wahrer Segen für die Hausfrauen, besonders für jene mit vielen Kindern.) Gabeln und Löffel legt man gewöhnlich mit der Höhlung nach unten.

Die Franzosen wünschen und erwarten, sofern sie finanziell dazu in der Lage sind, mindestens eine Mahlzeit am Tag, die sie über die reine Nahrungsaufnahme hinaus interessiert und erfreut. Sie betrachten ein

Essen, das aus ein oder zwei Gängen besteht, nicht als richtige Mahlzeit. Einmal am Tag wollen sie sich an einen korrekt gedeckten Tisch setzen und die Speisen vorbildlich serviert bekommen. Aus unerfindlichen und für viele andere Kulturen vielleicht lächerlichen Gründen glauben sie, daß einem guten Hauptgang eine Kleinigkeit vorausgehen muß, die man Hors d'œuvre nennt. Selbst wenn ein Mann sehr arm ist, erwartet er von seiner Frau zum kärglichen Mittagessen doch wenigstens ein hartgekochtes Ei, geschält, halbiert, schön mit einem Hauch frischem Pfeffer und mit einigen Gurkenscheiben dekoriert, das er vielleicht mit ihr teilt. Dann wird er sein Stielglas oder seinen Becher absetzen, Messer und Gabel hinlegen und freudig auf den bedeutsamen Teil der Mahlzeit warten, auf das warme, angenehm nach Kräutern schmeckende Gericht, das noch so billig sein kann. Er würde sich beleidigt fühlen, wenn er von der Arbeit heimkommen und sich unvermittelt zu diesem köstlichen Gericht hinsetzen sollte.

Brot – in ein Ritual verpackt

Noch ein weiterer Unterschied liegt darin, daß in Frankreich immer frisches Brot auf dem Tisch steht, vom ersten Gang, bis das Dessert serviert oder das Essen vorüber ist. Das Brot wird, wenn es mehr als ein paar Stunden alt ist, gewöhnlich leicht getoastet. In den meisten Haushalten schneidet man es mehrere Zentimeter dick, oft schräg, und legt es in einen länglichen flachen Korb. Manchmal wird auch ein ganzes Brot auf den Tisch gelegt und von der Person am Kopfende der Tafel gebrochen oder geschnitten. Jeder am Tisch, der es zum Hors d'œuvre ißt, zerteilt es mit den Fingern in mundgerechte Stücke. Gelegentlich benutzt er es auch diskret, um etwas von der Sauce des Hauptgerichts aufzustippen, und genießt es schließlich als Unterlage für den Käse.

Wenn man Brötchen in verschiedenen Formen serviert, legt man sie links neben oder über jedes Gedeck bzw. in ein Körbchen. Man sieht in normalen französischen Haushalten keine Butterteller. Wenn Butter gereicht wird, so nur zum Hors d'œuvre, wobei sie auf den Teller gelegt wird. Allerdings servieren viele Restaurants sie jetzt während der gesamten Mahlzeit. Sie bleibt bis zum Nachtisch auf kleinen Tellern mit Messern stehen, da die Touristengäste dies anscheinend erwarten. Zum häuslichen Abendessen gibt es gelegentlich ein dunkles Brot, rund, dick und fest, das unmittelbar am Tisch geschnitten wird. Es tritt dann an die Stelle der langen und verhältnismäßig dünnen Laibe, die man zum Mittagessen reicht und morgens je nach Geschmack mit Butter und Marmelade ißt.

Es gibt meines Wissens nur drei andere Gelegenheiten, bei denen die Franzosen Butter zum Brot (oder etwas anderem) essen: wenn es scharfe, neue Rettiche, gepfefferte Wurstscheiben und vielleicht Krabben in der Schale gibt. Außerdem darf man Butter zu einem sehr strengen Käse, wie krümeligem Roquefort, am Ende des Essens mit Brot nehmen, bevor das Obst serviert wird. Schließlich noch, wenn ein ausländischer Gast am Tisch sitzt. Sonst betrachtet man die ungesalzene, köstliche Butter (einst am besten in den nördlichen Provinzen und im Jura, aber heute überall zu bekommen, so daß sie in einem Dorf, in dem es keine einzige Milchkuh gibt, fast ebenso frisch ist wie in der Normandie oder in Savoyen) als etwas zum Kochen, und verwendet sie deshalb nur in der Küche, wohin sie gehört.

Es gibt dann noch gewisse andere Speiseregeln. Kartoffeln werden in Frankreich als Gemüse betrachtet, nicht als automatisch gereichte und oft geschmähte Beilage zu Fleisch und Fisch. Das stets vorhandene Brot dient bei den meisten aller Essen als wichtigstes Kohlehydrat. Auch werden Salate, wie schon gesagt wurde, immer nach dem Hauptgericht serviert. Eine andere, ziemlich willkürliche Regel besagt, daß Suppen selten zum Mittagessen gereicht werden, wenn es

 Fortsetzung Seite 50

Die Goethals und Duponts lassen sich nieder, um den Blick auf den Fluß und den Korbinhalt zu genießen.

Ein Familienpicknick hoch über der Seine

Die Franzosen schätzen die Freuden einer Mahlzeit unter freiem Himmel irgendwo draußen in der Natur – und nichts ist so herzhaft wie ein französisches *pique-nique*.

Zu dem Ausflug, der auf diesen Seiten gezeigt wird, luden Philippe und Caille Goethals, ein aufgeschlossenes Vorstadtehepaar, das oft zum Picknick fährt, ein. Dazu nehmen sie drei ihrer Kinder und zwei Freunde, Georges und Jeanne Dupont, mit. Ziel war ein Hang, von dem aus man – 80 km von Paris entfernt – weit über die Seine schauen kann. Caille brachte einen Tomaten-Käse-Auflauf mit, den sie nach einem Rezept ihrer Mutter gebacken hatte. Dazu noch Lammfleisch, Nieren und Leber. Das wird über dem offenen Feuer gebraten, das ihr Mann aufschichtet. Dann hat sie noch Brot, Obst, Käse, reichlich Apfelmost und einen guten einheimischen Wein dabei. Jeanne bereicherte das Essen um einen würzigen provenzalischen Thunfischsalat, und Philippe krönte dann das Mahl mit Gitarrenmusik.

Jean-Nicolas Goethals, der drei knusprige Brote schleppt, schaut seinem Vater beim Feuermachen zu.

Georges Dupont *(links)* und Philippe Goethals halten die Leinen gerade, während ihre Kinder in einem Nebenfluß der Seine angeln.

Die Forellen, die in der Pfanne bruzzeln, während Christophe Goethals das Feuer anbläst, wurden sicherheitshalber mitgebracht.

Saftiges Lammfleisch, gut gewürzt mit Salz, Pfeffer und Rosmarinzweigen, wird auf einen Stahlspieß gesteckt, um langsam über dem Holzfeuer zu braten.

Jean-Baptiste Goethals macht sich über sein Lieblingsgericht her, einen Teller mit Thunfischsalat, der mit Brot und Radieschen gegessen wird.

Glimmendes Birkenholz gibt den Lammspießen, die, bis sie braun sind, auf Astgabeln liegen, ihr ganz besonderes Aroma.

Der Tomaten-Käse-Auflauf, der über dem Feuer aufgewärmt wurde, wird hingestellt, wenn das Hauptessen beginnt. Das Rezept ist auf der nächsten Seite zu finden.

Tarte à la Tomate

TOMATEN-KÄSE-AUFLAUF

(siehe vorhergehende Seite)

Für einen Auflauf von 20 bis 22 Zentimeter Durchmesser:

1 Auflaufboden aus *pâte brisée* *(Rezept auf Seite 67)*
500 g Gruyère oder Schweizer Käse, in dünne Scheiben geschnitten
2 oder 3 große Tomaten, in 1 cm dicke Scheiben geschnitten
Salz
Frisch gemahlener schwarzer Pfeffer
1 TL getrocknetes Basilikum oder
1 EL feingeschnittenes, frisches Basilikum
2 EL geriebener Parmesankäse
2 EL zerlassene Butter

Der Auflaufboden wird gemäß der Anweisung auf Seite 67 gebacken und muß dann abkühlen. Die Tomatenscheiben werden kräftig gesalzen und etwa eine halbe Stunde auf ein Tortengitter gelegt, damit sie abtropfen können. Den Backofen auf 180° vorheizen. Die Käsescheiben leicht überlappend auf dem Auflaufboden verteilen und die Tomatenscheiben dicht nebeneinander darauflegen. Mit etwas Pfeffer, Basilikum und dem geriebenen Parmesankäse bestreuen. Nun noch die zerlassene Butter über die Tomaten träufeln und den Auflauf im oberen Drittel des Ofens 25 Minuten lang backen. Der Käse muß zerschmolzen und die Oberseite leicht gebräunt sein. Heiß oder warm servieren.

ANMERKUNG: Man kann auch ein 20 cm breites Kuchenblech benutzen. Will man einen großen Auflauf machen, so verdoppelt man alle Zutaten und verwendet ein größeres Backblech oder eine Springform von 30 cm Durchmesser.

nicht ein berühmtes regionales Gericht wie eine *bouillabaisse* gibt, die dann als Hauptgang angesehen wird. Suppe gehört in den Provinzen Frankreichs für jung und alt vorwiegend zum Abendessen, mehr noch, sie *ist* ein Abendessen. Die Leute auf dem Land essen einfach einen großen Teller davon, oft mit Kartoffeln oder Brot zubereitet, und gehen danach zu Bett. Auch in der Stadt tut man sich richtig gütlich daran. Vielleicht ißt man danach noch ein Omelett, einen leichten Pudding oder ein Kompott. Eine Ausnahme von dieser ungeschriebenen Regel wird nur bei großen, mittäglichen Banketten des Staates, der Stadtverwaltung oder anläßlich einer Hochzeit gemacht. Dann kann eine Suppe, wie doppelte Consommé mit Sherry oder Schildkrötensuppe mit Madeira, zwischen frischem Kaviar und *soles financière* aufgetischt werden.

Kaffee später, nicht „dazu"

Kaffee wird niemals zusammen mit dem, was man mit Fug und Recht eine Mahlzeit nennen kann, serviert, sondern man reicht ihn danach – gewöhnlich schwarz und in kleinen Tassen. Mit Zucker und heißer Milch erscheint er zum Frühstück und manchmal (daheim) als sehr einfaches Abendessen, das vielleicht auf ein großes Sonntagsessen folgt. Ein Grund für diese strenge Ablehnung von Kaffee zum Essen ist, daß sich Kaffee nicht mit dem Wein verträgt, der in Frankreich ein selbstverständlicher Bestandteil des Essens ist. Ein weiterer Grund liegt darin, daß die Franzosen ihn sehr stark trinken. Sie würden sich schnell vergiften, wenn sie zahllose Tassen davon während der Mahlzeiten und auch dazwischen tränken.

Was die Weine betrifft, so denkt man (oder vielmehr: man denkt nicht einmal an sie), daß sie so selbstverständlich zu einer Mahlzeit gehören wie Brot oder Fisch oder Fleisch. Kühle trockene Weißweine zu den meisten Hors d'œuvres und Fisch, Rotweine, die Zimmertemperatur haben, zu den meisten Fleischsorten und zum Käse und etwas süßere oder moussierende Weine an Feiertagen zu den traditionellen Torten, Backwaren und Puddings.

Verhältnismäßig wenige Franzosen besitzen – im Gegensatz zu gewissen romantischen Vorstellungen – ihre eigenen Keller. Sie kaufen, möglichst ganz bequem, beim nächsten angesehenen Weinhändler an der Ecke gerade nur so viel, wie sie sich zur jeweiligen Zeit leisten oder unterbringen können. Traditionsbewußte Weinfreunde, seien es Erzeuger oder Verbraucher, bedauern die Tatsache, daß die modernen Lebensbedingungen es den meisten Familien immer schwerer machen, Wein richtig zu lagern und auch zu lernen, wie man ihn pflegt. Aber ein oder zwei gute Flaschen können gewöhnlich für eine besondere Gelegenheit bereitgehalten werden. Man kann ihnen dabei auch Zeit zum „Ausruhen" geben. Die Regeln, die zuerst in Bordeaux, einem der großen Weinzentren der Welt, in aller Form festgelegt wurden, werden fast instinktiv befolgt: Trockene Weißweine werden immer vor Rotweinen serviert, welche ihrerseits immer vor süßen, schweren Weißweinen gereicht werden – den seltenen, guten Kreszenzen, die man Dessertweine nennt. Wenn zwei weiße oder rote serviert werden sollen, so wird der leichte und trockene immer vor dem schwereren kommen. Der weniger bedeutende kommt vor dem edleren, und falls die Jahrgänge nicht einen außergewöhnlichen Unterschied aufweisen, wird man den jüngeren vor dem älteren servieren.

Zum Mittag- oder Abendessen wird der Wein oder Apfelwein, mit Ausnahme von Festtagen, in der Flasche oder dem Krug gelassen, in dem er vom Händler geholt wurde, oder er wird in der Küche aus Literflaschen in handliche Karaffen umgefüllt. Man benutzt je eine Karaffe für Rot- und eine für Weißwein. In einigen Gegenden füllt man ihn auch in Kannen und Krüge aus glasiertem Steingut, die dort hergestellt und noch genauso geformt sind wie vor Jahrhunderten bei den einfallenden Griechen, Römern, Sarazenen und Kelten. Es gibt gewöhnlich auch eine Karaffe oder einen Krug mit Wasser. Wasser wird so ernsthaft wie jeder Wein nach Frische und Geschmack beurteilt. Wenn der Ort nicht mit eigenen guten Brunnen oder Quellen gesegnet ist, wird man selbst in bescheidenen Häusern eine Flasche „gekauftes" Wasser auf dem Tisch finden. Es wird eher ruhig als sprudelnd sein und ist höchstwahrscheinlich den letzten Diätforderungen des Familienhypochonders, genau nach Alkalität oder Nicht-Alkalität und so weiter, angepaßt.

Gewöhnliche Tischweine werden für Kinder, alte Leute oder Gesundheitsfanatiker, die das tatsächlich mögen, oft mit Wasser vermischt. Man glaubte früher, daß Wasser auf diese Weise antiseptischer würde. Meine erste Wirtin in Dijon, eine so wundervoll geizige Frau, die ehrlich beunruhigt war wegen meiner offensichtlichen Freude an ihrer täglichen Zuteilung von algerischem Faßwein, versuchte mich erfolglos davon zu überzeugen, daß mein Genuß ebenso wie meine Lebensaussichten sich verdreifachen würden, wenn ich damit einverstanden wäre, die Feinheiten jedes Weines (nicht nur ihrer eigenen mysteriösen Mischung) durch großzügige Verdünnung besser zur Geltung zu bringen.

Die meisten Franzosen des Mittelstandes vertreten die Meinung, daß nur Arbeiter, Bauern, Bergleute und Tagelöhner zwischen den Mahlzeiten Wein trinken. Es stimmt, daß Leute, die sich den ganzen Tag über im Büro aufhalten, sich nach der Arbeit selten zu einer kleinen Karaffe oder einem Glas Weiß- oder Rotwein in ein Café setzen. Sie werden statt dessen ein Bier bestellen oder eines der zahllosen süßlichen Erzeugnisse, die man Apéritifs nennt und die für ihr Land charakteristischer sind als für jedes andere, selbst Italien. Diese Apéritifs basieren meist auf verstärktem Wein mit Kräuter- und Gewürzzusätzen. Sie regen den Appetit an, und man trinkt sie pur, mit Wasser oder in den größeren Städten immer häufiger mit Gin zur zusätzlichen Aufmunterung.

Mutters Verschwörung zur Cocktailstunde

Diese sogenannten Tonics und Anreger gehörten einst zu den französischen Cafés, und es gelang den Hausfrauen selten, sich dort mit ihren Männern zu treffen, um sich auch einen zu genehmigen. Später konnte jeder mit Verbindungen zum Mittelstand feststellen, daß ein paar Minuten vor dem Mittag- oder Abendessen gewöhnlich im Wohnzimmer verbracht werden. Dies ist ein Teil der nie endenden Verschwörung aller guten Französinnen, die das Ziel haben, ihre Männer zufriedenzustellen und im Hause zu halten.

Vater versucht dabei, sein Lieblingscafé zu vergessen, Mutter nimmt die Schürze ab und betrachtet befriedigt die frischen Blumen auf dem Klavier. Die Kinder von 3 bis 18 machen es sich rings um ein Tablett gemütlich, auf dem sich Flaschen und Gläser befinden, die man dort vor dem Zweiten Weltkrieg nie gesehen hatte. Vielleicht gibt es auch – nach amerikanischer Art – einen kleinen Behälter mit Eis aus dem Kühlschrank. Ein Siphon mit Sodawasser steht da. Es gibt zwei oder drei Flaschen, die im Süden *pastis* enthalten und sonst fast überall Whisky. Man hat einige süßliche Kräuterweine, die man pur trinkt oder für die Jungen mit Wasser verdünnt, falls diese nicht Fruchtsaft bevorzugen. Es ist eine Art Verschwörung, die sogar erfolgreich zu sein scheint, denn sie breitet sich schnell aus. Die Familien mögen es. Sie haben mehr voneinander, sie fühlen sich modern und mit der Zeit gehend, und es kostet viel weniger als zwei oder drei mittägliche Drinks im Café oder zwei schnelle Cocagetränke in der Studenten-Snack-Bar.

Eine Zeitlang hat man es als vornehm angesehen – selbst in kleinen Provinzstädten –, Cocktails zu reichen, wenigstens zu besonderen Ge-

Nach einem morgendlichen Gang in den Gasthausgarten kommt Marcel mit frischen Sauerampferblättern und Blumen zurück.

Ein einfaches Gasthaus in Essarts-le-Roi liegt abseits der Hauptverkehrsstraße zwischen Paris und Chartres. Marcel, Gärtner und Hausbursche, gießt die Blumen über der Tür. Seit mehr als 40 Jahren kommen die Gäste hierher wegen der Erdbeertorte, des *steak au poivre* und anderer Spezialitäten.

legenheiten. Heute erlebt man das nur selten oder nur in der internationalen Gesellschaft. Die Franzosen, die den Wein wirklich als notwendigen Partner allen guten Essens betrachten, fanden heraus, daß Mischungen aus starken Alkoholika, Fruchtsäften und ähnlichem, selbst in kleinen Mengen genossen, nicht zu ihrer Freude beitragen – wenigstens nicht nach dem ersten Augenblick einer oberflächlichen Erheiterung. Warum, so fragten sie, soll man Geld und Zeit für etwas verschwenden, das dem eigentlichen Zweck, nämlich Geld und Zeit für ein anständiges Essen auszugeben, nicht zugute kommt?

Viele Übereifrige verdammen die überall zu findenden und beliebten Apéritifs mit der gleichen Logik. Sie servieren vor dem Mittagessen nur einen eisgekühlten, herben Weißwein, der ruhig oder moussierend sein kann. Die Durchschnittsfamilie jedoch genießt es, gemeinsam einen bescheidenen und etwas abwechslungsreicheren Drink vor einem kräftigen Mittagessen und dem einfacheren Nachtmahl einzunehmen. Er besteht, wenn man sparsam ist, aus ziemlich billigen Mischungen. Zuweilen gibt es trockenes Salzgebäck oder einige gesalzene Nüsse dazu.

Wir, die wir nicht in Frankreich leben, könnten versuchen, die guten Seiten der Mahlzeiten in der französischen Provinz unseren eigenen Gegebenheiten und unserer Essenslust anzupassen. Auch wir können uns *en famille* zu einem angenehmen, ruhigen Drink vor einer Mahlzeit zusammenfinden, anstatt die Kinder mit alkoholfreien Getränken vor den Fernsehschirm ins Spielzimmer zu setzen, während wir Erwachsenen uns mit einigen Whiskys oder Cocktails im Wohnzimmer stärken. Auch wir können langsam, gut und in harmonischer Gemeinschaft essen, wenn wir das wirklich wollen – und französische Familien scheinen zu glauben, daß es der Mühe wert ist. Und wenn wir es wegen größerer Entfernungen zum Arbeitsplatz und kürzeren Pausen nicht am Mittag schaffen, so gibt es die Abendbrotzeit – wenigstens dann und wann.

Wir können schönen grünen Salat, gutes Brot und gute Käse, Fleisch und Gemüse finden, wenn wir nur wollen. Wir können versuchen, den langsameren Schritt einer Lebensart, die älter ist als unsere eigene, neue und nervöse, zu finden, indem wir einen kleinen schmackhaften Gang zu Beginn unserer Mahlzeit, vor dem Haupt-

Im Gartenrestaurant der *auberge* serviert Mlle. Renée Bracquemond zwei Stammgästen Hühner, die in Wein geschmort sind. Überall in den Provinzen Frankreichs spielt das Lieblingsgasthaus mit seinen überlieferten, einheimischen Rezepten eine wichtige Rolle im wohlgeordneten und vom guten Essen bestimmten Leben seiner Gäste.

gericht, servieren und dann den Pudding oder den Eisbecher ausfallen lassen. Zur ersten Freude wird der Reiz der Neuheit kommen, und der offenkundige Genuß wird die Sitte in fast jeder Familie festigen (und die Kalorien beschneiden). Wir können lernen, wie man eine feine, frische Torte als Geburtstagsüberraschung macht und wie man dann und wann einen guten Käse aufstöbert.

Wir können eine Menge Dinge wieder lernen, die unsere Vorväter kannten, die wir aber inzwischen vergessen haben. Wenn unsere Vorfahren Bergbewohner waren und Ziegen hielten, so aßen sie Ziegenkäse. Wir können ausreichend Ziegenkäse essen, um ihn mit den Dingen zu vergleichen, die so fortschrittlich, so verpackt und schon geschnitten sind, daß die Aufschrift sie „Käsezubereitung" nennt, anstatt einfach „Käse".

Es hätte ganz sicherlich viel für sich, sowohl ästhetisch als auch wissenschaftlich, wenn man in sein eigenes Leben einige der fremden Tafelsitten aufnehmen würde, die in anderen Ländern so viele Jahrhunderte überdauert haben.

Der Supermarkt-Kompromiß

Es gibt heute zahllose französische Familien, in denen es selbstverständlich ist, daß beide, Vater und Mutter, arbeiten müssen; die Frau mindestens halbtags. Oft hat sie weder Dienstmädchen noch Nachbarin, die für sie einkaufen können, und sie muß abends von ihrer Arbeit weghetzen zu einem der vielen, neuen Supermärkte, die man in Frankreich findet. Viele Menschen, die an alten Sitten festhalten, mißbilligen Supermärkte als ruinös für die kleinen Läden, die lange Zeit so bedeutsam für die Einkäufe der Familie waren. (Das gleiche gilt bedauerlicherweise für viele Teile der Welt.) Aber sie sind eine große Erleichterung für die modernen berufstätigen Eltern, da man dort alle Lebensmittel schnell und praktisch unter einem Dach kaufen kann.

Der Reiz der Neuheit der Selbstbedienungsläden, wie solche Geschäfte heißen, hat sich abgenutzt, und in einigen Kleinstädten und Wohnvierteln, in denen die meisten Hausfrauen keinem Beruf nachgehen, sind sie bereits wieder verschwunden. Frauen, die von Jugend an daran gewöhnt waren, zu einer Stelle wegen des guten Käses zu gehen, zu einer anderen wegen der besten, frischen Eier, zu einer dritten wegen eines nützlichen Plausches mit ihrem Metzger, werden von der sterilen Leistungsfähigkeit des neuen Stils angeödet. Vielleicht wird sich jedoch die etwas abgeänderte französische Version des Supermarktes auch in anderen europäischen Ländern allmählich durchsetzen.

Junge Hausfrauen überhören höflich die Vorhaltungen ihrer Eltern über mögliche Mängel an dargebotener Qualität und Warenkenntnis, weil die Lebensmittel in Massen dargeboten würden, was angeblich ganz anders sei, wenn man sie mühsam auf den Märkten unter freiem Himmel oder in zahllosen kleinen Läden kaufe. Sie wissen, daß sie den bestmöglichen Kompromiß zwischen der alten und neuen Art machen und dadurch in die Lage versetzt werden, nach Büroschluß in ein bequem gelegenes, sauberes und gut beleuchtetes Geschäft gehen zu können, wo sie alles für ein gutes Abendessen mit ihrem Mann und ihren Kindern erhalten können.

Viele französische Hausfrauen jeden Standes kennen einige grundlegende kulinarische Regeln: wie man eine gute Brühe kocht, einen Fisch entgrätet, ein Huhn schmort oder als Frikassee zubereitet, „weiße" oder „braune" Grundsaucen anrührt, ein Stück Fleisch brät, einen grünen Salat anmacht, zwei oder drei Desserts richtet und einen Pudding oder eine Torte mit der richtigen Garnierung herstellt. Nimmt man dazu noch die Tatsache, daß sie diese Regeln mehr oder weniger instinktiv gelernt haben als notwendigen Teil ihrer Rolle als ledige oder verheiratete Frauen, so kann man ihnen durchaus schon bescheinigen, kochen zu können.

Alle diese Kenntnisse lassen sich auf Rezepte zurückführen, die ein wesentlicher Teil ihres Erbes sind. Für die französischen Frauen ist daher das Kochen, ob sie es nun gern tun oder nicht, ebenso natürlich wie das Atmen. Glücklicherweise tun es viele gern, denn sie haben es während ihres ganzen Lebens mit Menschen, speziell mit Männern jedes Alters und jeder Stellung zu tun, die glauben, daß genußvolle Mahlzeiten für ihr Wohlbefinden und ihre Würde unerläßlich seien.

Die Französinnen gehen einen Schritt weiter, als es ihre Mütter taten, und benutzen konzentrierte Brühen und Suppen, abgepackte Produkte, Konservengemüse, aber immer mit ihrem anerzogenen Sinn für das Ab- und Zugeben, um die besten Resultate zu erzielen. Sie erfinden und vervollkommnen Vereinfachungen und haben einige gute Tricks für das Herrichten eindrucksvoller Schnellgerichte „aus dem Handgelenk" für unerwartete Gäste parat. Sie tun alle diese Dinge zum Teil deshalb, weil sie sich in ihrem Beruf behaupten müssen, aber zuerst und hauptsächlich, weil sie so handeln müssen, wie gute französische Ehefrauen jahrhundertelang gehandelt haben, um ihre Ehemänner und ihre Familien zu erfreuen.

In diesem neuen Lebensstil mußten die traditionellen, gemütlichen Zusammenkünfte zur Mittagszeit von Eltern und Kindern bei einer guten Mahlzeit in dieser oder jener Weise geändert werden. In solchen Fällen, und ich kenne deren viele, hält man es für so wichtig wie die Gesundheit, daß man am Abend eine Weile zusammen verbringt und daß die Sonntage und, wenn möglich, die ganzen Wochenenden für Familienspaziergänge und für besondere Mahlzeiten reserviert werden. Jedes Mitglied der Familie kennt sie und hilft in irgendeiner Art mit, besonders bei Familienpicknicks und Familienbesuchen. Der Begriff „Familie" ist natürlich sehr dehnbar, und er kann manchmal 2 Personen anstatt 10 umfassen, aber es kommt selten vor, daß ein Franzose seine Frau sonntags alleine läßt, um zum Fußballspiel oder in ein Café zu gehen, während sie vor dem Fernsehapparat sitzt. Selbst wenn sie sich miteinander langweilen, werden sie einen gemeinsamen Spaziergang machen, zu einem Konzert oder Film gehen, auf einer Caféterrasse sitzen – aber zuvor hatten sie ein gutes Essen, das die Ehefrau extra zubereitete, um ihren Mann zu erfreuen.

Eine Küche von bleibendem Wert

Französische Mädchen und Frauen nehmen die Vorrangstellung der Küche sehr viel leichter und natürlicher als viele der geschäftigen, jungen Hausfrauen, die ihnen sozial und wirtschaftlich in anderen Ländern entsprechen. Viele von uns leben nicht dort, wo unsere Mütter und Väter geboren wurden. Vielleicht wissen wir nicht einmal, wie die Wohnungen unserer Großeltern aussahen, geschweige denn, wie sie aßen. Es hat für uns kaum eine Bedeutung, eine besondere Art Gebäck an einem bestimmten Tag für unsere Kinder zu backen, einfach nur deshalb, weil vor 903 Jahren ein Heiliger durch unser Gebirgstal kam und das gleiche Backwerk machte, um damit wunderbarerweise eine große Pilgerschar zu speisen. Welcher Heilige? Welches Tal? Wir haben einfach keine Anlässe für viele der Speisen, die sich überall in Frankreich in der Alltagsküche finden. Es gibt auch keinen uns angeborenen Trieb, der den Fortbestand solcher Sitten gewährleistet. Aber wir können sehen und nachdenken. Dabei werden wir beruhigt sein über die grundsätzliche Solidität dessen, was so viele Jahrhunderte des Friedens, des Krieges und der Invasionen in einem so mannigfaltigen Land wie Frankreich überdauert hat. Die berühmtesten Küchen der Welt haben sich wahrscheinlich aus den Landesküchen entwickelt, die alles überdauert haben und die uns gehören, wenn wir sie nur probieren wollen.

IV

Hors d'œuvre: Auftakt des Mahls

Dieser breite Schneebesen, der in einer Kupferschüssel herumwirbelt, schlägt Eiweiß für das Soufflé, das auf den Seiten 64–65 beschrieben ist. Von all den Techniken, die man auf der Welt zum Schlagen von Eiern anwendet, bevorzugen französische Köche diese, da der Schaum am schnellsten steif wird und besonders luftig ist.

Der erste Gang ist für das Mittagessen in französischen Familien der Provinz ebenso wichtig wie das Licht, in dessen Schein man es einnimmt. Dieser Gang ist dazu bestimmt, das Auge zu erquicken und anzureizen, den Gaumen zu kitzeln und die Magensäfte auf die folgenden, schweren Speisen vorzubereiten.

Er ist die Ouvertüre des Mahls. Als solcher ist seine Vielfalt unbegrenzt. Er wird weitgehend durch die Jahreszeiten und auch die Gegenden bestimmt, in denen man die Speisen ißt – in den Bergen, an Flüssen oder an der Küste.

Ein Hors d'œuvre steht in der heimischen Küche immer in Beziehung zum Hauptgericht, und es sollte ebenso sorgfältig geplant werden, als ob man es im Restaurant bestellt. So würde Madame Durosier niemals gefüllte Eier vor einem Omelett servieren. Genausowenig würde weder sie noch irgend jemand anders mit gesundem Menschenverstand ein Sonntagsessen zusammenstellen, das mit einer auf Eiern aufgebauten *pipérade* beginnt und mit einer Eierspeise, wie einem *soufflé au rhum,* endet.

Aus dem gleichen Grund, nämlich die Speisen gut aufeinander abzustimmen, würde eine herzhafte *anchoïade* mit ihrem kräftigen Nachgeschmack nie vor einer mild gewürzten *blanquette de veau* serviert werden. Wahrscheinlich würde man auch die recht schwere *quiche* nicht vor einem gleich kräftigen *bœuf bourguignon* anbieten.

Die wirksame Darbietung eines richtigen Hors d'œuvre, ob nun daheim oder im Restaurant, ist wahrscheinlich einer klassischen japanischen Speisenform ähnlicher als jedem anderen Gericht der westlichen Gastronomie. Die einzelnen Bestandteile müssen in Farbe und Form ebenso künstlerisch sein wie in Qualität und Wohlgeschmack. Wenn das Hors d'œuvre sehr vielfältig ist, so sagt man gewöhnlich und auch mit Recht, daß etwas Frisches und Herzhaftes dazugehört (Gemüse), etwas Salziges (Sardinen, Anschovis oder Heringe), ein trockener Fleischgeschmack (wie Schinken oder Würste) sowie eine milde, zarte Geschmacksnote (etwa frischer Fisch oder Eier, die mit Mayonnaise überzogen sind). Wenn ein einziges Gericht serviert wird, sei es warm oder kalt, so wird es so sorgfältig vorbereitet wie eine künstlerische Darbietung. Es soll dem Auge ebenso schmeicheln wie den Geschmacksnerven.

Das Hors d'œuvre ist ein so selbstverständlicher Teil der französischen Eßgewohnheiten, daß bei ihm soziale Unterschiede keine Rolle spielen. Bei üppigen Diners der Reichen, Hochzeitsessen, Geburtstagsmenüs oder generell irgendwelchen Feiern können es kostspielige Zutaten wie herrliche Pasteten, teure Hummer oder prall mit schwarzen Trüffeln gefüllte Omeletts sein. Andererseits wird die Frau eines Straßenkehrers, wohl aus der ärmsten Familie, die ich selbst je in Frankreich kennengelernt habe, jeden Mittag sorgfältig einen ansprechenden ersten Gang zubereiten. Mal mochte es eine Tomate vom Markt sein, dünn geschnitten, mit gehackter Petersilie, einer halben Olive, mit ganz wenig Salz und Olivenöl auf jeder Scheibe; im Winter vielleicht drei oder vier Anschovisfilets aus der allerkleinsten Dose, die säuberlich in Streifen auf einer Brotscheibe liegen. Sie ist von dem einen Laib abgeschnitten, der die tägliche Ration des Ehepaares darstellt. Dieser Gang wurde so förmlich serviert, wie es in einem guten Restaurant nicht besser hätte sein können. Dabei aßen der Straßenkehrer und seine Frau in einem dürftigen Zimmer mit Bett, offener Herdstelle zum Kochen und einem Tisch mit zwei Stühlen. Mehr besaßen sie nicht. Auch wurde das Essen ruhig eingenommen, wie sich das für alle Hors d'œuvres gehört, mit Genuß und Vorfreude auf das, was folgen mochte. An guten Tagen war das Hauptgericht vielleicht ein halbes Huhn; an kargen vielleicht eine kleine Wurst und eine Kartoffel, die in gleiche Hälften geteilt wurde.

Oft wird in guten Restaurants der Provinz eine verlockende Folge örtlicher Spezialitäten als Eröffnungsgang angeboten: Gemüse der Jahreszeit, wie im Frühling winzige Radieschen, daumengroße Artischocken oder Bohnen, die roh und rustikal mit Salz gegessen werden; Oliven und Champignons, die nach Geschmack oder Laune des Kochs in Öl und Kräutern gedünstet sind; dünne Scheiben Wurst und Schinken der Gegend und eine Pastete (oder auch zwei oder drei). Alles ist jedenfalls sehr appetitanregend.

Die Kunst, Verführerisches zu genießen

Wenn diese kleinen Verführer echt und frisch (Tomaten noch vom selben Morgen) oder richtig sachgerecht gealtert sind (so wie eine Pastete, die in der Kruste ausgereift ist, anstatt einer, die man verzehrt, sobald sie kalt geworden ist), dann sind sie unwiderstehlich. Zu lernen, was und wieviel man davon ißt, das ist eine schwere Kunst, denn die Vorspeisen können leicht ihren wahren Zweck zunichte machen und das, was dann kommt, ruinieren: den Hauptgang, *raison d'être* der Mahlzeit.

Manchmal wird diese Gefahr – wie jeder hungrige Reisende weiß – absichtlich gesucht, um die schlechte Qualität oder Dürftigkeit des Hauptgerichts und natürlich auch des Lokales selbst zu verbergen. Oft sind die Hors d'œuvres langweilig oder mittelmäßig. Wenn aber ihr Aussehen appetitlich genug ist und die Tischgäste reichlich Hunger und Durst haben, so wird es dem Gastwirt gelingen, seine schlechte Küche zu tarnen.

Daheim läuft man natürlich diese Gefahr nicht. Wenn hier eine Hausfrau aus wirtschaftlichen, religiösen oder Vernunftsgründen ein leichtes Hauptgericht zu servieren gedenkt, wird es zuvor verschiedene Arten von „Appetitanregern“ auf Platten oder in Schalen geben: etwas Frisches oder Rustikales aus dem Garten oder vom morgendlichen Einkauf: Sardinen, gefüllte Eier (falls kein Omelett danach kommt), eine Schüssel mit Oliven neuer Ernte, eingelegt in Öl und Kräutern, oder zwei bis drei Sorten dünn aufgeschnittener Wurst. Sie kann auch frisch geöffnete Schalentiere servieren, die man lebend mit Zitrone und dunklem Brot anbietet; ferner Muscheln in einer Marinade; ein Häufchen Nordseekrabben oder eine andere Garnelenart mit Zitronensaft und vielleicht etwas Butter zum Brot. Seegetier ist immer eine willkommene Einleitung für ein gutes Essen gewesen. Man serviert es in seiner jeweiligen Saison und fast in jeder Gegend eines Landes, dessen Küsten, wie die Frankreichs, länger sind als die Grenzen zu benachbarten Staaten.

Ein erster Gang im Vorbeigehen

Sobald kühles Wetter kommt, werden Verkaufsstände mit Schalentieren in fast jeder Stadt und jedem Dorf an der Küste und im Binnenland auf den Bürgersteigen aufgeschlagen. Hausfrauen eilen in der letztmöglichen Minute vor dem Mittagessen zu den Ständen und lassen sich drei Dutzend Austern öffnen und auf die Platten legen, die sie mitgebracht haben. Kleine Lehrbuben kommen aus nahegelegenen Cafés oder Restaurants mit flachen Schüsseln gerannt. Darauf werden ein oder zwei Portionen frischer Pfahlmuscheln, stacheliger Seeigel oder anderer Schalentiere gelegt. Man nimmt sie von einer Sorte oder gemischt, doch immer spricht man phantasievoll von *fruits de mer* – Früchten des Meeres. Alle möglichen Leute, vom Schuljungen bis zum Bankier, stehen ohne Hemmung am Rinnstein und schlürfen und schlucken einen schnellen Imbiß, der keine Garnierung kennt, außer der halben Schale, in der die Molluske noch immer lebt. Man nimmt nur einen Spritzer Essig aus dem Essig-Flakon oder den Saft aus einem Stück frischer Zitrone.

In einem südlichen Hafen, den ich gut kenne, gibt es einen ganzen Marktplatz, auf dem man kaum etwas außer Schalentieren findet, die auf Dutzenden von Ständen angeboten werden. Sie erstrecken sich hinaus auf die Straßen, die zum alten Hafen hinunterführen, wo die Frauen der Fischer den Fang des Morgens vom Bug oder Heck des Familienbootes aus verkaufen. Dank moderner Errungenschaften wie billigem Eis und streng durchgeführter Gesundheitsverordnungen, vielleicht auch dank der Tatsache, daß die meisten Lebewesen des Mittelmeers an warmes Wetter, auch im Wasser, gewöhnt sind, scheinen die Stände in Marseille das ganze Jahr hindurch geöffnet zu sein. Viele Male habe ich mit großem Genuß ein halbes Dutzend dieser oder jener Schalentiere, die da auf ihrem dicken Bett aus frischem Seetang und gehacktem Eis lagen, an den Verkaufsbuden gegessen, die wie kleine Oasen in der heißen, strahlenden Julisonne unter freiem Himmel stehen.

Ein Hors d'œuvre, das von der Saison ebenso abhängt wie von dem darauffolgenden Gang, besteht oft aus einem „zubereiteten" Gericht, das warm oder kalt sein kann, je nachdem, ob ein warmer oder kalter Hauptgang serviert wird. Zum Beispiel könnte eine leichte, aber sättigende *quiche* oder Torte (aus Zwiebeln, Fisch, Käse oder, wie in Lothringen, aus Sahne und Speck), die heiß aus dem Ofen kommt, einem Hauptgericht von kaltem, gebratenem Wild oder Geflügel vorausgehen. Es würde ein grüner Salat folgen und dann natürlich etwas Käse, Obst oder ein Dessert, je nach der Bedeutung der Mahlzeit.

Viele der zubereiteten Gerichte eignen sich ebenso als Hauptgang eines leichten Mittag- oder Abendessens wie als ein verführerischer Gaumenreiz des ersten Ganges eines größeren Essens. Einige davon können ebensogut kalt serviert werden. Ein frisch gebackener Zwiebelkuchen läßt sich zum Beispiel leicht auf ein Picknick mitnehmen, das gilt auch für die provenzalische Spielart der Pizza, die *pissaladière*. Die meisten der Gerichte können auf zwei gemeinsame Nenner gebracht werden. Fast alle sind in einzelnen kleinen Schüsseln oder in Teighüllen zu machen, und viele von ihnen basieren auf Eiern. Sie werden als Soufflé gebacken, verrührt oder gekocht und dann ganz beliebig, je nach Sitte, Wetter und den Gewohnheiten des Kochs, zusammengestellt.

Die Beherrschung der Kunst, ein gutes Soufflé zu machen, hängt nur davon ab, daß man einige wenige wesentliche Techniken erlernt *(Seite 64)*. Ein anderes, leicht zu machendes und nützliches Gericht ist die *crêpe*. Obwohl man sie in vielen Teilen der Welt als ein recht aufwendiges Dessert betrachtet, beruht sie in Wirklichkeit auf einem Grundrezept, das sich in Dutzenden von Variationen *(Seite 70)* als Anfangsgericht einer Mahlzeit eignet.

Oft werden Gemüse wie Auberginen, Sellerie, Chicorée, Tomaten und Gurkenkürbisse (*courgettes* in Frankreich, *marrows* in England, *zucchini* in Italien und den Vereinigten Staaten) warm oder kalt auf zahllose Arten, die vom nächstfolgenden Gang abhängig sind, serviert. Ein Vorteil und gewisser Trick liegt darin, daß solch ein Gericht dazu verwendet werden kann, drei oder vier verschiedene Zwecke zu erfüllen: warm oder kalt als Hors d'œuvre, warm als Hauptabendgericht nach der unbedingt notwendigen Suppe und warm oder kalt als Hauptgericht zum Mittag, wenn man das schwerere Mittagessen meidet, wie es in den Provinzen Frankreichs üblich ist.

Courgettes, kleine Auberginen oder runde Melonenkürbisse kann man füllen, genauso wie man es auch mit Gurken machen kann. Die Art, wie Tomaten in der Provence für den Backofen hergerichtet werden – gefüllt mit Weißbrotbröseln, Knoblauch und Kräutern, um der Milde des Gemüses Würze zu verleihen –, ist gleichzeitig Grundregel für alle die anderen Gemüse, die von Natur aus oder mit List dazu gebracht werden können, ein bißchen Füllung aufzunehmen. Alle schmecken gut als erster Gang, als Beilage für viele Hauptgerichte, als Gemüsegericht, das man getrennt nach dem Hauptgang reicht, oder zum Abendessen, wenn ein Pudding oder Kompott folgt. Man kann sie sehr gut warm und vielleicht sogar noch besser kalt essen.

Fast jedes Gemüse kann man *à la grecque* zubereiten (in einer Marinade gekocht und kalt serviert), solange es seine Form und seine geschmackliche und farbliche Note behält. Viele Gemüse, besonders dann, wenn sie vollreif sind, werden in der französischen Provinz roh serviert. Man stippt sie entweder in eine kräftige Mayonnaise oder schwenkt sie in einer gleichkräftigen Variation der Vinaigrette.

Grundsaucen und ihre Anwendung

Drei der großen Saucen, Mayonnaise, Sauce Hollandaise und Vinaigrette, sind die Grundlage für die Zubereitung vieler Hors d'œuvres. Die erste ist eine glatte Emulsion aus Eigelb und Oliven- oder Pflanzenöl, der entweder Essig oder Zitronensaft zugefügt wird. Die zweite, eine kräftigere Verwandte der Mayonnaise, basiert auch auf Eiern, wird aber warm serviert. Die Eier sind mit reiner Butter gebunden, damit sie zu einer dicken, gelben, sahnigen Sauce werden. Die dritte Sauce, Vinaigrette, wird aus Öl und Essig zubereitet (ohne Eier) und bleibt dünn und klar, ist aber mit Kräutern gewürzt.

Diese drei Grundsaucen können endlos abgewandelt werden und werden es auch. Wenn man Gemüse *à la grecque* zubereitet, so ist die Marinade, in der alles leicht gekocht wird, offensichtlich eine Art Vinaigrette. Auch die Béarnaise, die zu dem Steakrezept in Kapitel IX gereicht werden kann, ist als eine Art scharfer Holländischer Sauce anzusehen.

Eine der elegantesten aller Abwandlungen ist *sauce aux fines herbes,* eine Mayonnaise, die ihre Farbe durch frische, grüne Kräuter be-

Will man einen halben Liter frische Mayonnaise selbst herstellen, so beginnt man mit drei Eigelb (Zimmertemperatur), einer angewärmten Rührschüssel und einem Schneebesen oder einem anderen Gerät zum Schlagen. Dann zieht man vorsichtig Zitronensaft oder Weinessig, Senf, Salz, Pfeffer, Öl und kochendes Wasser gemäß dem Rezept auf Seite 74 darunter.

kommt und die man zu kaltem, gekochtem Barsch, Lachs oder jedem anderen Fisch mit recht trockenem Fleisch reicht. Sie ist ebenso nützlich (und farblich eindrucksvoll) für viele Hors d'œuvres mit kaltem Fisch, zarten rosa Hummerkrabben bis hin zu den einfachen, hartgekochten Eihälften.

Auf eine besonders köstliche Mayonnaise-Variation pflegte ich in Frankreich während des Frühlings im Hause eines guten Freundes zu warten, wenn der Spargel, lauwarm und abgetropft, zum Beginn eines langen Mittagessens angerichtet wurde. Man nannte sie jedenfalls dort *sauce à la neige*. Es war halb Mayonnaise und halb steif geschlagene Sahne, leicht miteinander vermischt. Ich glaube, in der Mayonnaise war etwas Senf, denn die Sauce war kraftvoll genug, um die ihr eigene Lieblichkeit auszugleichen.

Die Wandlungsfähigkeit der Vinaigrette

Die Vinaigrette ist vielleicht noch wandlungsfähiger als Mayonnaise. Sie kann nach allem schmecken, was man ihr zusetzt, um die Eigenheiten des Gerichts zu unterstreichen, das die Sauce dann verfeinern soll. Ein guter Koch jedoch wird Escoffiers klassische Regel „Mach es einfach" stets beachten und sich nicht in Überspitztheiten verlieren – das heißt, sie nicht mit einer Fülle von Kräutern und Fertigsaucen überladen.

Eine einfache Vinaigrette ist für die Franzosen die einzig akzeptable Sauce zu den sauberen, knackfrischen Blättern der Gartensalate, die sie nach dem Hauptgericht der meisten guten Mahlzeiten essen. Zum Hors d'œuvre kann man die Vinaigrette öliger oder saurer machen, je nach ihrem Verwendungszweck. So können sehr dünn geschnittene Champignons vor dem Servieren in einer ziemlich dicken Vinaigrette gewendet werden, um sie richtig zu überziehen. Fast rohe grüne

Bohnen dagegen, die ganz kleine Sorte, die man außerhalb Frankreichs kaum findet, werden besser mit einer senfgewürzten Vinaigrette, die reichlich mit gutem Weinessig zubereitet ist, angemacht, da sie von Natur aus genügend süß im Geschmack sind.

Oft bildet ein salatähnliches Gericht den ersten Gang eines französischen Essens. Es ist aber nie die einfache Mischung von Grünem aus dem Garten, die man *salade simple* oder *verte* nennt und die auf den Hauptgang folgt. Es ist statt dessen eine kunstvolle, aber nicht zu überladene Mischung von beispielsweise frischem Fisch, vom einfachen gekochten Heilbutt bis zum Hummer, der mit Mayonnaise, Vinaigrette oder Sahnesauce, je nach Belieben des Kochs, gebunden wird. Es kann eine herzhafte Mischung aus Fleisch, Geflügel oder Wurst sein, die ähnlich und entsprechend ihrem Geschmack und ihrer Beschaffenheit angerichtet wird. Oft besteht sie aus gekochten Kartoffeln oder Reis. Es kann auch ein dekorativer, in den Grundzügen roher *salade niçoise* sein. Aber herzhaft oder nicht, dieser *salade composée* wird verständnisvoll serviert und mit dem Ziel gegessen, den Appetit eher anzuregen als zu stillen.

Eines der im Ursprungsland und in Europa bekanntesten Hors d'œuvres ist *pâté en croûte,* eine kunstvolle Verbindung gewürzter Fleischsorten in einer Teighülle. Eine bäuerliche *terrine* (das Wort bedeutet sowohl die Backform aus Steingut als auch das Gericht, das darin gegart wird) ist in der Struktur viel gröber als die zartere und reichhaltigere Version, die oft in Restaurants serviert wird.

Sehr häufig werden in ländlichen Küchen gleich mehrere Pasteten gemacht, wenn Jagd auf Hasen oder anderes Wild besonders erfolgreich war oder eine ungewöhnlich reiche Beute an Trüffeln oder Drosseln heimgebracht wurde.

Bäuerliche Pasteten schmecken kräftig nach den Kräutern der Gegend, in der sie gemacht sind, sowie auch nach dem Alkohol der Landschaft: Trester in Burgund, Calvados im Norden, Armagnac südöstlich von Bordeaux. Sie sind in jeder Hinsicht weniger zart und viel weniger reichhaltig als Pasteten, die man in besseren Restaurants serviert oder für besondere Gelegenheiten aufspart. In *terrines* wird viel häufiger der Geschmack eines örtlichen Produktes vorherrschen: Gans oder Ente im Périgord oder Schweinefleisch oder Schinken in der Touraine.

Die Terrine: Der Schlüssel zur guten Küche

Seriöse französische Tischgäste – was soviel wie typische Franzosen bedeutet – messen meist die Qualität einer Küche, ob groß oder bescheiden, an ihrer *terrine* (oder *pâté*) *maison,* der Spezialität des Hauses oder Restaurants. Es ist sehr interessant, Pasteten zu machen, und sehr lohnend, sie zu servieren. Sie brauchen keineswegs das zu sein, wofür sie viele halten, nachdem sie sie in minderwertigen Restaurants bestellt haben: „nichts weiter als glorifizierte Hackbraten!"

Es ist selbstverständlich, daß Brot und Wein zu diesem ersten Gang auf dem Tisch stehen. Das Brot ist dabei fast immer jenes lange, knusprige Meterbrot aus der nächsten Bäckerei. Wenn allerdings ein Gericht, wie eine *anchoïade,* serviert wird, so braucht man nichts weiter als das recht krustige Brot, auf das die so köstlich kräftig und geschmackvoll gewürzte Anschovismischung gestrichen und dann gegrillt wird.

Der Wein schließlich gehört so selbstverständlich dazu wie die Luft zum Atmen. Jeder Wein, der einen ersten Gang begleitet, sollte leichter und wahrscheinlich jünger und weniger „bedeutend" sein als jener, der mit dem Hauptgericht folgt. Bei einem einfachen Essen wird gewöhnlich nur ein Wein durchgehend gereicht.

Ein guter Anhaltspunkt dafür, welche Weine am besten zum ersten (oder jedwedem) Gang des Essens getrunken werden, ist, daß man versucht herauszufinden, aus welcher Landschaft oder Provinz das Gericht oder die Gerichte kommen. Die Weine, die in derselben Gegend gewachsen sind, werden zweifellos die sein, welche sich durch viele Generationen als die gerade richtigen zu den betreffenden Speisen erwiesen haben. Zu einer *quiche lorraine* scheint es völlig selbstverständlich, einen gut gekühlten, leichten Weißwein zu trinken; zu einer salzigen *anchoïade* paßt ein herber Weißwein, Rosé oder Rotwein aus der Provence.

Die einzige Ausnahme davon, daß man Wein zum Hors d'œuvre serviert, käme dann in Frage, wenn das folgende Gericht ein gutes, leichtes Bier verlangt. In diesem Fall sollte das gleiche Bier – oder ein leichteres – auch zu dem ersten Gang gereicht werden. Wenn es zum Hauptgericht Apfelwein geben soll, dann serviert man ihn auch zum Hors d'œuvre.

Die Geschmacksnerven umschmeicheln

In jedweder Umgebung, zu Hause oder in kleinen Restaurants, haben die Weine (oder das Bier), die man zum Hors d'œuvre reicht, gewöhnlich Kellertemperatur oder sind gekühlt. Mit Rücksicht auf den Appetit trinkt man vorher die gleiche Sorte. Dies ist viel besser als stark alkoholische Apéritifs oder Cocktails. Die meisten Weißweine oder Rosés sind zu ausgeprägt und zu fein in ihrer Art, als daß sie die Geschmacksnerven genügend anregen, die vom Alkohol betäubt worden sind. Dasselbe gilt auch für einen guten Rotwein.

Im Idealfall sollten die Geschmacksnerven diesen Teil der Mahlzeit, das Hors d'œuvre – mit oder ohne Wein – überstehen, indem sie sich geschmeichelt, aber nicht befriedigt fühlen.

Zu einer goldenen Krone hoch über den Rand seiner Form hinaus aufgegangen, kommt das vollendete Soufflé aus dem Ofen. Es ist außen knusprig und innen sahnig. Es muß sofort serviert werden, denn es fällt zusammen, wenn es kalt wird. Zu jeder Portion gehört ein reichlicher Schöpflöffel voll aus der Mitte und etwas von der Kruste.

Für 4 Personen

4 EL Butter
1 EL geriebener Schweizer Käse
3 EL Mehl
1 Tasse heiße Milch
$^1/_2$ TL Salz
1 Prise weißer Pfeffer
4 Eigelb
6 Eiweiß
1 Tasse geriebener Schweizer, Gruyère- oder Comté-Käse

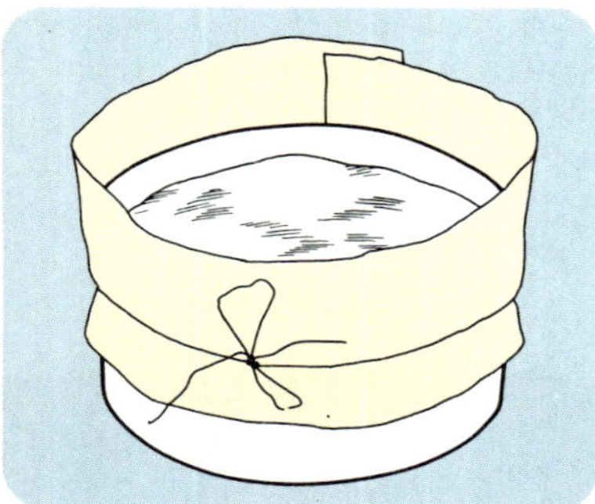

Benutzt man eine flache Kuchenform oder eine Kasserolle mit senkrechtem Rand anstelle einer Souffléform, so bindet man einen gut gebutterten Papierkragen darum, um das Soufflé beim Aufgehen zusammenzuhalten.

Soufflé au Fromage

KÄSESOUFFLÉ

Der Backofen wird auf 200° vorgeheizt. Boden und Seiten einer französischen Souffléschüssel oder einer Auflaufform von 8 Tassen Inhalt werden mit 1 EL Butter ausgefettet und dann mit 1 EL geriebenem Schweizer oder Gruyère-Käse ausgestreut. Dabei kippt man die Form, um den Käse so gleichmäßig wie möglich auf dem Boden und allen Seiten zu verteilen. Die Form zur Seite stellen.

In einem 2 bis 3 l fassenden Topf läßt man 3 EL Butter bei mäßiger Hitze zergehen. Sobald der Schaum verschwindet, rührt man mit einem Holzlöffel 3 EL Mehl hinein und kocht auf schwacher Hitze unter ständigem Rühren 1 oder 2 Minuten. Der *roux* (Mischung aus Butter und Mehl) darf nicht braun werden. Man nimmt den Topf vom Feuer und gießt die heiße Milch dazu. Dabei schlägt man kräftig mit dem Schneebesen, bis *roux* und Flüssigkeit völlig miteinander vermischt sind. Man fügt Salz und Pfeffer hinzu, setzt wieder auf schwache Hitze und kocht unter ständigem Rühren, bis die Sauce glatt und dick ist. Man läßt sie einen Augenblick aufwallen, nimmt dann den Topf vom Feuer und schlägt die Eigelb nacheinander hinein. Hierbei rührt man, bis jedes völlig untergezogen ist, ehe man das nächste zufügt. Zur Seite stellen.

Mit einem großen Schneebesen schlägt man die Eiweiß so steif, daß sie kleine Spitzen bilden, die aufrecht stehen ohne zu schwanken. (Man kann auch einen Handrührer oder einen Elektrorührer benutzen, aber die Eiweiß werden dann nicht so gut aufgehen oder keine so feine Struktur haben.) Man rührt zunächst einen großen Löffel voll Eischnee in die bereitstehende Sauce, um sie leichter zu machen. Danach kommt – bis auf 1 EL – der restliche, geriebene Käse hinein. Mit einem Spachtel zieht man leicht den Rest des Eischnees unter, wobei man mehr eine von oben nach unten hebende Bewegung vollführt, als daß man rührt.

Vorsichtig gießt man die Soufflémasse in die vorbereitete Form. Sie sollte etwa drei Viertel voll sein. Die Oberfläche glättet man leicht mit einem Gummispachtel und streut den restlichen Eßlöffel Käse darauf. Als dekorativen Effekt macht man eine „Kappe" auf das Soufflé, indem man mit einem Spachtel einen 2 cm tiefen Graben rings um die Form, etwa 2 cm vom Rand entfernt, einschneidet. Dann stellt man das Soufflé auf den mittleren Einschub des Ofens und dreht die Hitze sofort auf 180° herunter. Man backt etwa 25 bis 30 Minuten, bis das Soufflé ungefähr 2 cm über den Rand aufgeht und die Oberfläche leicht gebräunt ist. Sofort servieren.

SOUFFLÉ AU FROMAGE ET AUX ŒUFS MOLLETS (Käsesoufflé mit gekochten Eiern): Man bringt 2 l Wasser in einem 3 bis 4 l fassenden Topf zum Kochen. Dann legt man 4 Eier hinein und kocht sie 6 Minuten lang schwach weiter (7 Minuten kochen, wenn die Eier aus dem Kühlschrank kommen). Sofort danach abgießen und kaltes Wasser in den Topf laufen lassen. Die Eier unter kaltem Wasserstrahl schälen. Der Backofen wird wiederum auf 200° vorgeheizt. Die Souffléмischung bereitet man gemäß den Anleitungen in obigem Rezept. Dann schöpft man die Hälfte davon in eine ausgebutterte und mit Käse bestreute, 8 Tassen fassende Auflaufform oder eine französische Souffléschüssel. Die Eier verteilt man in einem Kreis darüber und bedeckt jedes mit einem Häufchen der restlichen Soufflémischung. Jedes Häufchen versieht man mit 1 TL geriebenem Käse und stellt dann das Soufflé auf den mittleren Einschub des Ofens. Man dreht die Hitze sofort auf 180° zurück und backt 25 bis 30 Minuten lang. Für das Soufflé rechnet man ein Ei pro Portion.

Ein Eßlöffel geriebener Käse, der über die ganze Innenseite der ausgebutterten Form gestreut wird, gibt dem Soufflé eine Kruste mit delikatem Käsegeschmack.

Das Geheimnis eines hoch aufgehenden Soufflés ist einfach: Man schlägt das Eiweiß, bis es steif genug ist, um am Schneebesen in festen, nicht umkippenden Spitzen zu halten. Die besten Ergebnisse erzielt man, wenn das Eiweiß Zimmertemperatur hat.

Das vorsichtige Unterziehen (nicht Rühren!) des Eiweißes unter das Soufflé mit einem Gummispachtel erhält das Volumen und garantiert ein leichtes und luftiges Gericht.

Den ausgewalzten *quiche*-Teig rollt man vorsichtig auf das Nudelholz.

Man rollt den Teig über eine *quiche*-Form und drückt ihn an den Seiten nach unten.

Man rollt das Nudelholz fest über den Rand und entfernt den überstehenden Teig.

Die *quiche* kommt als ein herrlich duftendes zartes Gericht auf den Tisch und sollte mit einem passenden trockenen Weißwein serviert werden.

Quiche au Fromage

UNGEDECKTER KÄSEAUFLAUF

Für eine *quiche* von 20 bis 25 cm Durchmesser

PÂTE BRISÉE (Gebäckteig oder Pastetenteig)
6 EL eisgekühlte Butter, in ¹/₂ cm große Stücke geschnitten
2 EL eisgekühltes Pflanzenfett
1¹/₂ Tassen Mehl
¹/₄ TL Salz
3 bis 5 EL Eiswasser

PÂTE BRISÉE: In eine große, eisgekühlte Rührschüssel gibt man Butter, Pflanzenfett, Mehl und Salz. Mit den Fingerspitzen reibt man Mehl und Fett schnell zusammen, bis sie sich verbinden und wie Flocken groben Mehls aussehen. Dann gießt man 3 EL Eiswasser gleichzeitig über die Mischung, wendet leicht um und formt den Teig zu einer Kugel. Wenn der Teig krümelig zu sein scheint, gibt man noch 2 EL Eiswasser tropfenweise dazu. Man bestäubt den Teig mit etwas Mehl und wickelt ihn in Pergamentpapier oder in einen Plastikbeutel. Er muß nun mindestens 3 Stunden bzw. so lange, bis er fest ist, im Eisschrank gekühlt werden.

Fünf Minuten vor dem Ausrollen nimmt man den Teig aus dem Kühlschrank. Wenn er widerstandsfähig und hart erscheint, klopft man seine Oberfläche mit einem Nudelholz. Man legt die Kugel auf ein bemehltes Brett oder einen Tisch und formt sie mit dem Handballen zu einem flachen, runden, etwa 2¹/₂ cm dicken Fladen. Von beiden Seiten mit Mehl bestäuben und von der Mitte her bis etwa 2 cm vom Rand entfernt ausrollen. Den Teig anheben und um etwa 45° verschieben. Mehl unterstäuben und wieder von der Mitte zum Rand hin mit dem Holz bearbeiten. Dies wird wiederholt – anheben, drehen, ausrollen –, bis das Stück etwa 3 mm dick ist und 27 bis 30 cm im Durchmesser hat. Wenn der Teig auf dem Brett oder Tisch festklebt, so hebt man ihn vorsichtig mit einem Metallspachtel an und streut ein wenig Mehl darunter.

Nachdem die *quiche* gebacken ist, nimmt man den Rand der mit einem losen Boden versehenen Form ab, indem man die Form auf einen Topf oder eine Dose setzt.

Man buttert Bodenfläche und Seiten einer *quiche*- oder Springform mit etwa 20 bis 25 cm Durchmesser. Sie soll nicht tiefer als 3 cm sein. Man schlägt den Teig über das Nudelholz und läßt ihn über der Form abrollen bzw. faltet ihn behutsam über der Form auf. Den Teig sorgfältig am Boden und den Seiten der Form festdrücken, wobei man sich bemüht, ihn nicht auseinanderzuziehen. Dann rollt man mit dem Nudelholz über den Rand der Form und drückt dabei fest nach unten, um den überhängenden Teig abzuschneiden. Mit einer Gabel sticht man vorsichtig in den Teigboden, doch ohne ihn ganz zu durchstechen. Danach 1 Stunde im Eisschrank kühlen.

Den Backofen auf 200° vorheizen. Um zu verhindern, daß der Boden des Gebäcks sich aufbläht, breitet man ein Stück gebutterte Alufolie über die Form und drückt sie leicht in die Innenkante, um den Rändern während des Backens Halt zu geben. Auf dem mittleren Einschub des Ofens 10 Minuten backen, dann die Folie entfernen, nochmals in den Boden einstechen und das Blech für etwa 3 Minuten in die Röhre zurücksetzen, bis der Teig beginnt, sich an den Seiten von der Form zu lösen und zu bräunen. Aus dem Ofen nehmen und auf einen Tortenuntersatz zum Abkühlen setzen.

KÄSECREME-FÜLLUNG
1 TL Butter
6 Scheiben magerer geräucherter Speck in 6 mm große Stücke geschnitten
2 Eier und 2 Extra-Eigelb
1 ¹/₂ Tassen süße Sahne
¹/₂ TL Salz
Eine Prise Pfeffer
³/₄ Tasse geriebener Schweizer Käse oder Schweizer und frisch geriebener Parmesankäse gemischt
2 EL Butter, in kleine Stücke geschnitten

KÄSECREME-FÜLLUNG: Den Backofen auf 180° vorheizen. In einer schweren Pfanne von 20 bis 25 cm Durchmesser läßt man auf mäßiger Hitze die Butter zergehen. Sobald der Schaum verschwindet, brät man den Speck leicht braun und läßt ihn auf Küchenkrepp abtropfen. Mit einem Schneebesen schlägt man die Eier, die Extra-Eigelb, Sahne und Gewürze zusammen und rührt den geriebenen Käse dazu. Den abgekühlten Tortenboden setzt man auf ein Kuchenblech, verteilt den Speck über den Boden und schöpft die Käsecreme darauf. Die Creme darf nicht bis an den Rand des Tortenbodens herankommen. Die Oberseite belegt man mit Butterflöckchen und backt etwa 25 Minuten im oberen Drittel des Ofens, bis sie aufgegangen und gebräunt ist. Um die *quiche* herauszuheben, setzt man die Form auf einen großen Topf und schiebt den äußeren Rand nach unten. Dann einen Metallspachtel unter der *quiche* durchschieben, um sie eventuell vom Boden der Form zu lösen. Man läßt die *quiche* auf eine vorgewärmte Platte gleiten. Heiß oder warm anrichten.

Für 4 bis 6 Personen

750 g bis 1 kg ungekochte, einfache Fleisch- oder Knoblauchwurst, ungefähr 30 cm lang und 5 cm dick, frisch oder geräuchert
Wasser
Pâte brisée (Seite 67)
1 Ei, geschlagen mit 1 TL Wasser
Dijon-Senf

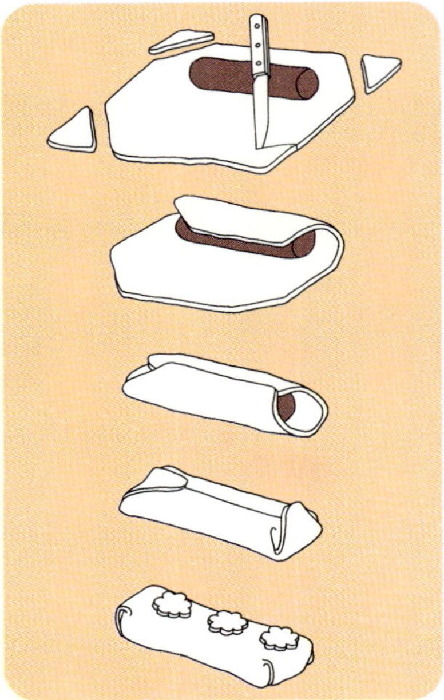

Um eine Wurst einzuwickeln, schneidet man den Teig in die oben dargestellte Form, faltet ihn über die Wurst und klappt die Enden hoch. Dann dreht man um und dekoriert mit Teigstückchen.

Saucisson en Croûte

IN TEIG EINGEBACKENE WURST

Mit einer Nadel oder Spickgabel sticht man die Wurst an 5 oder 6 Stellen ein, um zu verhindern, daß die Haut platzt, und damit sie beim Kochen ihr Fett abgeben kann. Man legt sie dann flach in eine große, tiefe Pfanne und gibt so viel kaltes Wasser dazu, daß sie völlig bedeckt ist. Auf mäßiger Hitze zum Kochen bringen und 45 Minuten ohne Deckel ziehen lassen. Danach legt man die Wurst auf Küchenkrepp, damit sie abtropfen und abkühlen kann. Dann ritzt man die Haut mit einem scharfen Messer ein und schält sie ab.

Den Backofen auf 180° vorheizen. Die *pâte brisée* 3 mm dick zu einem Rechteck ausrollen, das groß genug ist, um die Wurst darin einzuwickeln (etwa 20 cm breit und 35 cm lang). Die abgekühlte Wurst legt man in die Mitte, schneidet von jeder Ecke Teigdreiecke ab und faltet behutsam, ohne den Teig auszudehnen, die langen Seiten über der Wurst zusammen. Der Teig soll oben ungefähr 2 cm überlappen. Alles, was darüber hinausgeht, schneidet man mit einem Messer ab. Die untere Kante des Teigs bestreicht man mit der Ei-Wasser-Mischung und drückt die obere Kante fest darauf, damit sie hält.

Die briefumschlagähnlichen Klappen an den Enden der Rolle mit etwas Eimischung bestreichen, über die Enden der Wurst heben und die Ränder sorgfältig andrücken, damit sie gut schließen. Die eingepackte Wurst nun herumdrehen und mit ihrer Saumseite nach unten auf ein gebuttertes Backblech legen. Die Teigabschnitte in dekorative Formen wie Halbmonde, Karos oder Blätter schneiden und diese oben auf die Rolle legen. Mit der Ei-Wasser-Mischung befestigen. Die ganze Rolle nun noch mit der restlichen Eimischung einpinseln und 45 bis 60 Minuten auf dem mittleren Einschub des Ofens backen, bis sie goldbraun ist. Die Rolle serviert man in 2 cm dicken Scheiben auf einer Platte.

Für 1 bis 2 Personen

3 Eier
Salz
Frisch gemahlener schwarzer Pfeffer
1 EL Butter
1/2 TL weiche Butter

Omelette

FRANZÖSISCHES OMELETT

Die Eier schlägt man in eine kleine Rührschüssel, würzt mit Salz und Pfeffer und rührt kräftig 20 bis 30 Sekunden mit einer Gabel, bis die Eiweiß völlig mit den Dottern vermischt sind. Eine ungefettete Omelettpfanne von 18 bis 20 cm Durchmesser erhitzt man, bis sie sehr heiß ist, wirft 1 EL Butter hinein und schwenkt sie herum. Sobald der Schaum zu verschwinden beginnt, aber ehe sie noch braun wird, schüttet man die Eier hinein.

Mit der flachen Seite der Gabel rührt man, schnell arbeitend, die Eier, während man zur gleichen Zeit die Pfanne heftig hin- und herschüttelt, um zu verhindern, daß sie festbacken. In wenigen Sekunden werden die Eier einen Film auf dem Boden der Pfanne bilden, und die Oberseite wird zu einer leichten, geronnenen Eiercreme stocken. Während man weiter mit der einen Hand die Pfanne schüttelt, rührt man behutsam mit der anderen, damit die noch flüssigen Eier in die festeren Teile der Eiercreme eindringen können. Man muß sich dabei bemühen, den Bodenfilm nicht zu durchstechen. Dann hebt man den Rand, der einem am nächsten ist, mit der Gabel an und klappt das Omelett leicht zur entfernten Seite hin zusammen. Man läßt es einen Augenblick auf dem Rand der Pfanne ruhen, hebt dann die Pfanne an und kippt das Omelett auf einen vorgewärmten Teller. Die Oberseite bestreicht man mit etwas Butter und serviert sofort.

ANMERKUNG: Um ein gefülltes Omelett zuzubereiten, streut man einige Eßlöffel geriebenen Käse, feingeschnittene Kräuter oder gedünstete Pilze über die Eier, bevor man das Omelett zusammenklappt. Die Füllung nicht einrühren. Für 1 oder 2 Personen macht man mehrere einzelne Omeletts. Große Omeletts gelingen selten.

Man benutzt den Rücken der Gabel, um die Eier auszubreiten und eine geronnene Eiercreme herzustellen.

Die Seite der Gabel wird benutzt, um das Omelett zusammenzuschieben und übereinanderzuklappen.

Wenn das Omelett vom Boden gelöst und leicht auf die Seite der Pfanne geklappt ist, hält man mit einer Hand die Pfanne und mit der anderen einen angewärmten Teller. Behutsam kippt man die Pfanne hoch, dreht das fertige Omelett um und kippt es auf den Teller. Die Oberseite des Omeletts bestreicht man mit Butter und serviert es ganz heiß und innen noch ein bißchen weich.

Für 16 gefüllte *crêpes*

CRÊPES
150 g Mehl
3 Eier
1 Tasse Milch
$^1/_4$ Tasse Wasser
$^1/_2$ TL Salz
3 EL Butter, zerlassen und abgekühlt, oder Kochbutter
3 EL zerlassene Butter, verrührt mit 1 EL Pflanzenöl

DUXELLES
375 g frische Champignons, fein gehackt (ungefähr 3 Tassen)
4 EL Butter
4 EL feingeschnittene Schalotten oder Frühlingszwiebeln
1 TL kleingeschnittene frische Petersilie
1 TL kleingeschnittener frischer Schnittlauch
Salz
Frisch gemahlener schwarzer Pfeffer

VELOUTÉ-SAUCE
6 EL Butter
75 g Mehl
$2^1/_2$ Tassen heiße Hühnerbrühe, frisch, aus Würfeln oder aus der Dose
2 Eigelb
1 bis $1^1/_2$ Tassen süße Sahne
1 TL Salz
$^1/_4$ TL weißer Pfeffer
1 TL Zitronensaft

FÜLLUNG UND ÜBERZUG
250 g gedünstete und gewürfelte Hühnerleber oder 1 Tasse gekochte und gewürfelte Hummerkrabben (ungefähr 500 g rohe Krabben mit Schale) oder $^1/_4$ Tasse feingehackte Artischockenherzen (Dosenware), die in 2 EL Butter zusammen mit $^1/_4$ Tasse gewürfeltem, geräuchertem oder gekochtem Schinken gedünstet wurden
1 TL kleingeschnittene frische Petersilie oder frischer Estragon
Zitronensaft
Salz
Weißer Pfeffer
1 Tasse geriebener Käse (Schweizer- oder Parmesankäse bzw. beide gemischt)
4 EL Butter, in winzige Stückchen geschnitten

Crêpes Fourrées Gratinées

GEFÜLLTE FRANZÖSISCHE PFANNKUCHEN

DIE CRÊPES: Macht man den Teig in der Küchenmaschine, so gibt man Mehl, Eier, Milch, Wasser, Salz und 3 EL zerlassene Butter in den Mixbecher und mischt sie einige Sekunden bei hoher Geschwindigkeit. Dann schaltet man den Motor ab, kratzt die Seiten des Bechers ab und mischt nochmals 40 Sekunden. Macht man den Teig von Hand, so rührt man Mehl und Eier in einer Rührschüssel zusammen und gibt nach und nach Milch, Wasser und Salz hinzu. Mit dem Schneebesen oder einem Hand- oder Elektrorührer schlägt man, bis die Mehlklumpen verschwinden, passiert die Masse durch ein Haarsieb in eine andere Schüssel und rührt 3 EL zerlassene Butter darunter. Der Teig soll die Konsistenz von Sahne haben; ist er zu dick, schlägt man teelöffelweise kaltes Wasser darunter. Man kühlt den Teig ein oder zwei Stunden lang, bevor man ihn benutzt.

Nun erhitzt man eine *crêpe*-Pfanne von 15 cm Durchmesser auf großer Flamme, bis ein hineingespritzter Wassertropfen sofort verdampft. Mit einem Kuchenpinsel bestreicht man Boden und Seiten der Pfanne dünn mit der Mischung aus zerlassener Butter und Öl. Mit einem kleinen Schöpflöffel gießt man ungefähr 2 EL Teig in die Pfanne und hebt sie an, damit der Teig schnell den Boden bedeckt. Der Teig soll an der Pfanne haften und im Augenblick fest werden. Man backt die *crêpe* etwa eine Minute lang, bis sich ein brauner Kranz um den Rand herum zeigt. Mit einem Spachtel wendet man sie dann um und backt eine weitere Minute auf der anderen Seite. Die fertige *crêpe* läßt man auf einen Teller gleiten, pinselt wieder Butter und Öl in die Pfanne und fährt fort, die anderen *crêpes* zu backen. Die *crêpes* sollen nicht dicker als $1^1/_2$ mm sein. (Man verdünnt den Teig, falls nötig, indem man tropfenweise eiskaltes Wasser darunterrührt.) Die *crêpes* kann man Stunden oder Tage im voraus machen und gut zugedeckt im Kühlschrank aufheben. Sie lassen sich jedoch erst trennen, wenn sie bei Zimmertemperatur aufgetaut sind.

DUXELLES: Man preßt jeweils eine Handvoll der gehackten Champignons in einem Handtuchzipfel, um möglichst viel Flüssigkeit herauszudrücken. In einer schweren Pfanne von 20 bis 25 cm Durchmesser zerläßt man 4 EL Butter auf mäßiger Hitze. Ehe der Schaum verschwindet, rührt man die Schalotten hinein und dünstet sie unter ständigem Rühren 1 oder 2 Minuten, bis sie weich, aber nicht braun sind. Nun gibt man die ausgedrückten, gehackten Pilze dazu und dünstet unter häufigem Rühren 10 bis 15 Minuten, bis die Flüssigkeit, die sie abgeben, verdampft ist und sie zu bräunen beginnen. Man schüttet sie dann in eine Schüssel, mischt Petersilie und Schnittlauch darunter und würzt mit Salz und Pfeffer. Das ergibt ungefähr 1 Tasse.

VELOUTÉ-SAUCE: In einem schweren, 2 bis 3 l fassenden Topf zerläßt man 6 EL Butter, rührt $^1/_2$ Tasse Mehl ein und läßt es auf schwacher Hitze und unter ständigem Rühren etwa eine Minute angehen. Dann vom Feuer nehmen, einen Augenblick abkühlen und die heiße Hühnerbrühe kräftig darunterschlagen. Wenn *roux* und Flüssigkeit miteinander vermischt sind, geht man auf Mittelhitze zurück und rührt ständig, bis die Sauce aufwallt. Unter weiterem Rühren kocht man 1 Minute lang und nimmt sie vom Feuer. Mit einem sauberen Schneebesen vermischt man in einer Schüssel die Eigelb mit $^3/_4$ Tasse süßer Sahne. Dann schlägt man, immer 2 EL zugleich, die heiße Sauce dazu, bis $^1/_2$ Tasse zugefügt ist. Man kehrt nun – immer noch abseits vom Feuer – den Vorgang um und gießt die Mischung aus Eigelb und Sahne langsam in die verbliebene heiße Sauce zurück; dabei schlägt man, bis sie glatt und sahnig ist. Auf mäßiger Hitze läßt man die Sauce – immer noch rührend – 10 Sekunden lang schwach kochen. Dann nimmt man den Topf vom Feuer und würzt mit Salz, Pfeffer und Zitronensaft. Das ergibt ca. $3^1/_2$ Tassen sehr dicke Sauce.

FÜLLUNG UND ÜBERZUG: Man heizt den Backofen auf 180° vor. In einer großen Rührschüssel vermengt man Hühnerlebern, Hummerkrabben oder gedünsteten Schinken und Artischockenherzen mit 1 TL Petersilie. (Man dünstet die Artischockenherzen in 2 EL Butter 1 bis 2 Minuten, gibt dann den Schinken zu und dünstet noch etwa eine Minute.) Nun rührt man die *duxelles* und ½ Tasse *velouté* dazu. Die Mischung soll gerade dick genug sein, um ihre Form in einem Löffel zu halten. Falls nötig, noch bis zu ½ Tasse *velouté* zufügen. Abschmecken und mit Zitronensaft, Salz und Pfeffer würzen. Knapp 2 EL Füllung auf das untere Drittel einer jeden *crêpe* geben und sie zusammenrollen, ohne die Enden hochzuklappen. Die verbliebene *velouté* verdünnt man mit Sahne, bis sie dick vom Löffel fließt. Ein feuerfestes Geschirr ausbuttern und den Boden dünn mit *velouté* bedecken. Die *crêpes* dicht nebeneinander in das Geschirr legen, mit der restlichen Sauce überziehen, Käse darüberstreuen und mit Butterflöckchen belegen. Man backt im oberen Drittel des Ofens 15 bis 20 Minuten, bis die Sauce Blasen wirft. Die Oberseite soll leicht gebräunt sein. Ist sie das nicht, so schiebt man das Gericht für einige Sekunden unter den Grill. Sofort servieren.

Crêpes zum Hors d'œuvre werden mit einer Kombination aus Champignon-*duxelles (oben links)* mit Hühnerlebern, Hummerkrabben (auf den Estragonblättern zu sehen) oder Schinken und Artischockenherzen *(rechts)* angerichtet. Die *crêpes* werden dann mit Sauce überzogen und überbacken.

Die Marinade für die Gemüse wird gekocht, damit sich das Aroma der Kräuter und anderen Gewürze entfaltet.

Mit der Spitze eines scharfen Messers prüft man, ob die Zwiebeln weich und gar sind

Nachdem die Zwiebeln, Zucchini, Paprika und Bohnen abgekühlt und mariniert sind, werden sie zu einer verlockenden Platte garniert.

Légumes à la Grecque

MARINIERTE GEMÜSE, GRIECHISCHE ART

Für 8 bis 10 Personen

MARINADE
- 3 Tassen Hühnerbrühe, frisch, aus Würfeln oder aus der Dose
- 1 Tasse herber Weißwein
- 1 Tasse Olivenöl
- 1/2 Tasse Zitronensaft
- 6 Petersilienstengel
- 2 große Knoblauchzehen, gehackt
- 1/2 TL getrockneter Thymian
- 10 Pfefferkörner
- 1 TL Salz

GEMÜSE
- 24 frische weiße Zwiebeln, 2 1/2 cm im Durchmesser, geschält
- 500 g kleine Zucchini ungeschält, in 2 cm dicke Scheiben geschnitten
- 500 g kleine Melonenkürbisse (sonst Schmorgurken oder Gurkenkürbisse), ungeschält, in 2 cm dicke Scheiben geschnitten
- 3 mittelgroße grüne Paprika, entkernt und der Länge nach in 1 cm breite Streifen geschnitten
- 250 g ganze grüne Bohnen, geputzt
- 2 Zitronen, in 1/2 cm dicke Scheiben geschnitten

Zuerst macht man die Marinade. Dazu alle Zutaten in einen 3 bis 4 l fassenden Topf aus Email oder rostfreiem Stahl geben, aufkochen lassen, den Deckel lose aufsetzen und 45 Minuten kochen lassen. Dann gießt man die Marinade durch ein feines Sieb in eine große Schüssel und drückt dabei mit dem Rücken eines Löffels fest auf die Zutaten, um ihren Saft auszupressen, bevor man sie wegwirft. Die Marinade gießt man in den Topf zurück und schmeckt sie ab. Sie kann ruhig etwas überwürzt sein. Man erhält ungefähr 5 Tassen Flüssigkeit.

Die Marinade wieder aufkochen, die Zwiebeln hineingeben, zudecken und auf mäßiger Hitze 20 bis 30 Minuten garen, bis die Zwiebeln weich sind, wenn man mit der Spitze eines scharfen Messers hineinsticht. Mit dem Schaumlöffel die Zwiebeln in eine große Backschüssel aus Glas oder Edelstahl legen.

Nun kommen die Zucchini- und die Melonenkürbisse in die köchelnde Marinade und bleiben nicht zugedeckt 10 bis 15 Minuten auf schwacher Flamme, bis sie knapp gar sind. In die Backschüssel zu den Zwiebeln geben. Anschließend die grünen Paprika und Bohnen in der Marinade langsam ohne Deckel 8 bis 10 Minuten kochen, bis sie gerade weich sind. Die Gemüse dürfen nicht zu sehr gekocht werden, weil sie beim Abkühlen und Marinieren noch weicher werden. Man nimmt Paprika und Bohnen aus dem Topf und schüttet sie zu den anderen Gemüsen. Die Marinade abschmecken, würzen und so über die Gemüse gießen und verteilen, daß alle gleichmäßig von der heißen Flüssigkeit bedeckt sind.

Die Schüssel mit Alu- oder Plastikfolie bedeckt in den Kühlschrank stellen, um die Gemüse frischzuhalten. Sie bleiben dort mindestens 4 Stunden, besser über Nacht, ehe man sie serviert. Zum Anrichten nimmt man die Gemüse mit dem Schaumlöffel aus der Marinade und arrangiert sie ansprechend auf einer Servierplatte. Man befeuchtet sie mit etwas Marinade und garniert sie mit Zitronenscheiben.

ANMERKUNG: Das Gericht kann mit jedem anderen festen Gemüse wie Pilzen, Sellerieknollen, Lauch, Gurken, roten Paprika und Artischockenherzen hergestellt oder ergänzt werden.

Anchoïade

HEISSES ANSCHOVIS-CANAPÉ

Für 4 bis 5 Personen

- 2 kleine Dosen Anschovisfilets (ca. 70 g)
- 2 mittelgroße Knoblauchzehen, feingehackt
- 1 TL Tomatenmark
- 1 bis 1 1/2 EL Olivenöl
- 2 TL Zitronensaft oder Rotweinessig
- Frisch gemahlener schwarzer Pfeffer
- 8 bis 10 Scheiben Meterbrot (1 bis 2 cm dicke Scheiben)
- 1 TL feingeschnittene frische Petersilie

Man gießt alles Öl von den Anschovis ab und gibt sie zusammen mit dem Knoblauch und dem Tomatenmark in einen großen Mörser oder in eine schwere Schale. Mit dem Stößel, einem hölzernen Stampfer oder Holzlöffel reibt man, bis die Mischung zu einem sehr feinen Brei geworden ist. Dann tröpfelt man das Öl, immer nur wenige Tropfen gleichzeitig, unter ständigem Rühren dazu, bis die Mischung dick und glatt wie Mayonnaise wird. Nun rührt man noch den Zitronensaft und etwas Pfeffer darunter.

Den Backofen auf 260° vorheizen. Unter dem Grill das Brot leicht auf einer Seite bräunen. Solange es noch warm ist, die nicht getoastete, weiche Seite mit der Anschovismischung bestreichen und sie dabei mit dem Rücken einer Gabel oder eines Löffels fest in das Brot drücken. Das Brot nun auf ein Backblech legen und 10 Minuten im Ofen erhitzen. Dann wird das Gericht mit Petersilie bestreut und sofort serviert.

ANMERKUNG: Damit das Gericht weniger salzig wird, wässert man die Anschovis, nachdem man sie abgegossen hat, 10 Minuten in kaltem Wasser und tupft sie dann sorgfältig mit Küchenkrepp trocken.

Sauce Mayonnaise

Für ungefähr 2 Tassen

- 3 Eigelb, Zimmertemperatur
- 1 bis 3 TL Zitronensaft oder Weinessig
- 1/2 TL Senfpulver
- 1/2 TL Salz
- 1/8 TL weißer Pfeffer
- 1 1/2 Tassen Olivenöl, Pflanzenöl oder eine Mischung aus beiden
- 2 EL kochendes Wasser (nach Belieben)

Man wärmt eine große Rührschüssel in heißem Wasser an, trocknet sie schnell, aber gründlich ab und gibt die Eier hinein. Mit dem Schneebesen, einem Hand- oder Elektrorührer schlägt man die Eigelb etwa 2 Minuten, bis sie dicken und an dem Schneebesen oder Rührer haften. Man fügt 1 TL des Zitronensaftes oder Essigs und das Senfpulver, Salz und den Pfeffer hinzu. Dann das Öl, jeweils immer nur 1/2 TL, darunterschlagen. Jede Zugabe muß absorbiert sein, ehe man mehr zutröpfelt. Nachdem 1/2 Tasse Öl so verarbeitet ist, sollte die Sauce dick wie Sahne sein. Das weitere Öl kann man unter ständigem Rühren teelöffelweise zugeben. Abschmecken und dabei nach Bedarf mit Zitronensaft, Salz und Pfeffer nachwürzen. Um die Mayonnaise sahniger zu machen und die Gefahr des Gerinnens zu verringern, schlägt man kochendes Wasser eßlöffelweise darunter. Die Mayonnaise bis zum Gebrauch fest zugedeckt im Kühlschrank aufheben. Für *mayonnaise aux fines herbes* fügt man 2 EL kleingeschnittene Petersilie und jeweils 1 EL feingeschnittenen frischen Schnittlauch und Estragon hinzu.

Sauce Hollandaise

Für etwa 1 1/2 Tassen

- 175 g Butter
- 3 Eigelb
- 1 EL Zitronensaft
- 1 EL eisgekühlte Butter
- 1 EL Sahne
- Salz
- Weißer Pfeffer

In einer kleinen, schweren Pfanne zerläßt man auf niederer Flamme die Butter, ohne sie zu bräunen, stellt sie beiseite und hält sie warm. Abseits vom Feuer schlägt man in einem 1 1/2 bis 2 l fassenden Email- oder Edelstahl-Topf die Eigelb 1 Minute kräftig mit dem Schneebesen, bis sie dick werden. Der Boden des Topfes muß durchscheinen, wenn man den Schneebesen darüberzieht. Den Zitronensaft dazuschlagen. Dann setzt man den Topf auf sehr schwache Hitze und rührt 1 EL eisgekühlte Butter hinein. Bis die Butter absorbiert und die Mischung dick genug geworden ist, um die Drähte des Schneebesens leicht zu überziehen, muß man ständig rühren und den Topf gelegentlich vom Feuer hochheben, damit er nicht zu heiß wird. Dann nimmt man den Topf vom Feuer und schlägt die Sahne hinein. Immer noch abseits vom Feuer gießt man die warme, zerlassene Butter tropfenweise zu und rührt dabei ständig mit dem Schneebesen. Die Flüssigkeit muß so dick wie schwere Sahne werden. Zum Schluß die Holländische Sauce abschmecken und mit Salz und weißem Pfeffer nachwürzen.

Sauce Béarnaise

HOLLÄNDISCHE SAUCE MIT ESTRAGON UND WEISSWEIN

Für ungefähr 1 1/2 bis 2 Tassen

- 1/4 Tasse Estragon-Weinessig
- 1/4 Tasse herber Weißwein
- 1 EL kleingeschnittene Schalotten oder Frühlingszwiebeln
- 2 EL feingeschnittener frischer Estragon oder 2 TL getrockneter Estragon und 1 EL feingeschnittene frische Petersilie
- 1 1/2 Tassen *sauce hollandaise* (Rezept oben), ohne Zitronensaft gemacht
- Salz
- Weißer Pfeffer

In einem kleinen Topf kocht man Essig, Wein, Schalotten und 1 EL frischen oder 2 TL getrockneten Estragon auf 2 EL Flüssigkeit ein. Diese gießt man durch ein Haarsieb in eine kleine Rührschüssel und drückt dabei die Kräuter fest mit dem Löffelrücken aus, ehe man sie wegwirft. Dann schlägt man die durchgesiebte Flüssigkeit zusammen mit 1 EL frischem Estragon oder frischer Petersilie in die *sauce hollandaise*. Abschmecken und mit Salz und Pfeffer nachwürzen.

Sauce Vinaigrette

FRANZÖSISCHE SALATSAUCE MIT ÖL UND ESSIG

Für 1/2 Tasse

- 2 EL weißer oder roter Weinessig
- Salz
- Frisch gemahlener schwarzer Pfeffer
- 1/4 TL Senfpulver (nach Belieben)
- 6 bis 8 EL Olivenöl

Mit einem Schneebesen oder einer Gabel schlägt man Essig, etwas Salz, Pfeffer und das Senfpulver (sofern man es verwendet) so lange, bis sich das Salz aufgelöst hat. Dann gibt man das Öl tropfenweise hinein und schlägt so lange, bis es absorbiert ist. Abschmecken und würzen.

ANMERKUNG: Man kann den Essig durch Zitronensaft ersetzen, oder man kann die Sauce mit halb Zitronensaft, halb Essig zubereiten.

Terrine Maison

PASTETE NACH HAUSFRAUENART

Für 10 bis 12 Personen

500 g frischer Schweinespeck, durchgedreht
750 g mageres Schweinefleisch, durchgedreht
750 g Schweine- oder Kalbsleber, durchgedreht
250 g mageres Kalbfleisch, durchgedreht
5 EL Butter
1/3 Tasse kleingeschnittene Schalotten oder Frühlingszwiebeln
1/2 TL feingehackter Knoblauch
250 g ganze Hühnerlebern
1/4 Tasse Weinbrand
3 EL süße Sahne
2 TL Zitronensaft
2 EL Mehl
1 Ei, leicht geschlagen
1/2 TL Nelkenpfeffer oder Pariser Gewürz (aus amerikanischen Gewürzsortimenten)
1 1/2 EL Salz
Frisch gemahlener schwarzer Pfeffer
125 g gekochte und geräucherte Ochsenzunge oder gekochter Schinken, in halbzentimeter große Würfel geschnitten (ungefähr 1 Tasse) (nach Belieben)
250 g frisches Schweinerückenfett, Fett von einem Kotelettstück oder fetter, gesalzener Speck, in 3 mm dicken Streifen oder Scheiben
1 großes Lorbeerblatt

Zunächst vermischt man in einer großen Rührschüssel die durchgedrehten Fleischsorten. In einer schweren Pfanne von 20 bis 25 cm Durchmesser zerläßt man 3 EL Butter auf mäßiger Hitze. Sobald der Schaum verschwindet, rührt man Schalotten und Knoblauch hinein und dünstet unter häufigem Rühren 5 Minuten, bis sie weich, aber noch nicht braun sind. Mit einem Spachtel kratzt man alles in die Schüssel mit Fleisch.

In derselben Pfanne zerläßt man 2 EL Butter und brät darin die Hühnerlebern 3 oder 4 Minuten an, bis sie steif geworden, aber innen noch rosa sind. Mit dem Schaumlöffel nimmt man die Lebern heraus und stellt sie auf einem Teller beiseite. Nun gießt man den Weinbrand in die heiße Pfanne und kocht ihn, bis er auf 2 EL reduziert ist; dabei rührt man ständig und kratzt allen braunen Satz, der auf dem Boden und an den Seiten der Pfanne haftet, los. Diese Sauce gießt man über das Fleisch und die Schalotten. Die Pfanne zur Seite stellen.

Zu der Fleischmischung gibt man nun Sahne, Zitronensaft, Mehl, Ei, Nelkenpfeffer oder Pariser Gewürz, Salz und kräftig Pfeffer aus der Mühle. Man knetet mit beiden Händen gut durch, schlägt dann mit einem Holzlöffel (oder mit dem Knethaken in der Rührschüssel der elektrischen Küchenmaschine), bis alle Zutaten völlig miteinander verbunden sind und die Mischung glatt und luftig ist. Gegebenenfalls mischt man noch die Zungen- oder Schinkenwürfel darunter. Weil die Mischung rohes Schweinefleisch enthält, brät man einen Eßlöffel davon in der bereitstehenden Pfanne an, ehe man abschmeckt. Wenn nötig, fügt man mehr Gewürze zu.

Den Backofen auf 180° vorheizen und eine tiefe, rechteckige Form von 2 l Inhalt, die einen Deckel hat (eine *terrine* oder eine Backform aus Metall oder Glas), mit dünnen Streifen oder Platten aus Speck auslegen. Je nach ihrer Größe können die Speckstreifen längs oder quer gelegt werden, aber sie sollen leicht überlappen und Boden und Seiten der Form völlig bedecken. Wenn sie lang genug sind, läßt man sie über die Seiten hängen und klappt sie später über der Füllung zusammen; wenn nicht, so hebt man genug Speckstreifen auf, um damit die Oberfläche der *terrine* bedecken zu können.

Die Hälfte der Fleischmischung in der ausgelegten Form verteilen, fest nach unten drücken und mit dem Rücken eines Löffels oder einem Gummispachtel glattstreichen. Die Hühnerlebern je nach ihrer Größe in Viertel oder Achtel schneiden und in einer Reihe in die Mitte der Form legen, die man dann mit der restlichen Fleischmischung ausfüllt.

Die Oberfläche mit einem Löffel oder Spachtel glätten und die Speckstreifen von den Seiten über das Fleisch klappen bzw. zusätzlich darüberlegen. Auf den Speck kommt ein Lorbeerblatt. Die Oberseite der Form gut mit Alufolie abdichten und zudecken.

Die Form in eine große Schmorpfanne auf den mittleren Einschub des Backofens stellen und so viel kochendes Wasser eingießen, daß es mindestens bis zur halben Höhe der Form reicht. Die *terrine* 2 Stunden im Wasserbad garen, bis das Fett und der Saft, die nach oben kommen, hellgelb sind.

Nun nimmt man die *terrine* aus dem Ofen und hebt Deckel sowie Alufolie ab. Die Form wird dann lose mit frischer Folie abgedeckt und die *terrine* beschwert, indem man einen schweren Topf, eine Kasserolle oder ein Schneidebrett von mindestens mehreren Pfund Gewicht daraufstellt. Man läßt bis auf Zimmertemperatur abkühlen und stellt die beschwerte *terrine* nun so lange in den Kühlschrank, bis sie fest geworden ist. Zum Servieren entfernt man Gewicht und Folie und schneidet Scheiben direkt aus der Form, in der die *terrine* gebacken wurde.

Traditionsgemäß wird eine *terrine* in einer besonderen Steingutform gebacken wie der oben abgebildeten. Aber jede Backform aus Metall, Glas oder glasiertem Steingut tut es ebenso.

Zubereitung einer klassischen Terrine

Eine würzige *terrine* stellt einen eindrucksvollen ersten Gang dar und ist überraschend einfach zuzubereiten. Ähnlich den Pasteten – und oft auch so bezeichnet – sind *terrines* aus der französischen Provinz, wie diese, aus fein durchgedrehtem, sorgfältig gewürztem Fleisch gemacht und werden in mit Speck ausgelegten Formen gebacken.

1. Man bedeckt Boden und Seiten der Form mit dünnen Speckstreifen, die man längs oder quer legt.

2. Die Hälfte der Mischung verteilt man auf dem Boden der Form und drückt sie mit einem Gummispachtel fest.

3. Die angebratenen Hühnerleberstücke ordnet man in der Mitte an und fügt den Rest der Mischung hinzu.

4. Die Oberseite des Fleisches bedeckt man mit den restlichen Speckstreifen, die sich überlappen sollen.

5. Man legt ein Lorbeerblatt darauf und verschließt die *terrine* möglichst dicht mit einem Stück Alufolie.

6. Die zugedeckte Form kommt fürs Wasserbad in eine große Schmorschüssel, in die man kochendes Wasser gießt.

7. Eine Scheibe *terrine,* Brot und Wein sind ein gutes Hors d'œuvre.

V

Brot: Der gute knusprige Laib

Diese Laibe, *baguettes* und *petits parisiens,* noch warm vom Ofen des Bäckers in Paris, stecken in einem Korb, um in die Häuser der Nachbarschaft getragen zu werden. Sie werden nicht lange im Korb bleiben. Die französischen Hausfrauen verlangen Brot, das wirklich frisch ist.

Es klingt überzeugend, wenn man in statistischen Erhebungen liest oder behauptet, daß Brot für den Franzosen dasselbe bedeutet wie Reis für den Chinesen, Kartoffeln für den Deutschen und so weiter. Sobald jemand aber einmal am eigenen Leib das Geheimnis des französischen Brotes erfahren hat, fällt es ihm schwer, es auf die gleiche Stufe mit anderen stärkehaltigen Nahrungsmitteln zu stellen.

Sicherlich hätten Chinesen den stärksten Widerwillen, sich daran zu gewöhnen, Brot an Stelle von Reis zu essen, ebenso wie Deutsche sich in Massen auflehnen würden, wollte man es ihnen an Stelle der zahllosen Kartoffelgerichte vorsetzen. Aber man kann ziemlich sicher behaupten, daß die meisten Durchschnittsfranzosen es als schwere Prüfung empfänden, die tägliche Ration ihres eigenen Brotes durch andere, entsprechend stärkehaltige Nahrungsmittel zu ersetzen.

Die Franzosen sind äußerst anspruchsvoll in bezug auf das, was buchstäblich der Grundstoff ihres Lebens ist. Es muß frisch und nicht zu lange vor seinem Genuß gebacken sein. Nur widerstrebend machen sie als Ausnahme den Bäckern das Zugeständnis, die Backöfen jede Woche einen Tag abkühlen zu lassen. An diesem Tage werden ziemlich verzweifelte Maßnahmen ergriffen: Das leicht altbackene Brot (einen ganzen Tag alt!) wird getoastet, um sein Alter zu überdecken. Oder die Familie mag sogar ihre Zuflucht zum Verzehr des feuchteren Vollkornbrots nehmen, das zynisch „Gesundheitsbrot" genannt wird.

Unter idealen Bedingungen wollen manche Leute ihr Brot sehr braun und krustig, andere aber mögen es verhältnismäßig blaß, aber immer noch so, daß rasiermesserscharfe Krustenränder entstehen, wenn man es bricht. Der Brotlaib muß eine bestimmte Form haben, je nach den besonderen Wünschen der Familie. Obwohl es den Bäckereien der Gegend gewöhnlich gelingt, die meisten Wünsche ihrer Kunden bezüglich dieses Strukturproblems zu befriedigen, habe ich französische Hausfrauen gekannt, die quer durch die Stadt gingen, um Brot zu bekommen, das vielleicht drei Zentimeter breiter in der Mitte oder 30 Zentimeter länger oder ein nicht einmal sichtbares Stück dünner oder kürzer war als die Laibe, die im eigenen Wohnbezirk einfacher zu haben waren.

Die meisten Kleinstadtbäcker sind so entgegenkommend, die drei Brotstangen für Monsieur Dupont auf die Seite zu legen, damit er sie nach der Arbeit abholen kann, oder die morgendlichen zwei *croissants* der alten Frau Simiot direkt zu ihrem Fensterbrett zu bringen, weil sie wegen einer steifen Hüfte im Bett liegt.

In kleinen Orten ist es immer noch Sitte, Gerichte in die Bäckerei zu bringen, damit sie dort gebacken werden (einen Auflauf, ein *cassoulet,* sogar Spanferkel oder Truthahn), jedoch im allgemeinen kommt nichts in die großen Öfen als Brot und Brötchen, die auf hölzernen Schiebern, die so biegsam wie Sprungstäbe sind, hin- und hergerückt werden. Brioches und kompliziertere Brotsorten benötigen eine andere Backtemperatur und werden daher in den Konditoreien gebacken.

Ist es so gut wie früher?

Man findet heute selten Bäcker, die noch Holz, Kohle oder Holzkohle als Brennmaterial benutzen. Doch die moderne Ausstattung ihrer alten Öfen, die nun mit Gas und Elektrizität geheizt werden, erlaubt, Brote zu backen, die der jungen Generation genauso schmackhaft erscheinen, wie die Laibe ehemals, nach dem alten Verfahren, der älteren Generation vorkamen. (Als ich das letztemal in Paris war, fand ich nur einmal Brot, das so gut war wie jenes vor vielen Jahren, an das ich mich zu erinnern glaubte. Waren es die neuen Methoden, die neuen Mehlqualitäten – oder war ich es selbst, der sich seit dem letzten Besuch verändert hatte, vielleicht nicht zu meinem Besten?)

Brot ißt man in Frankreich gewöhnlich zu allen drei Mahlzeiten des Tages. Jeden Morgen gibt es Brot mit heißem Milchkaffee oder mit Schokolade, jeden Mittag steht es während der ganzen Hauptmahlzeit auf dem Tisch, bis das letzte Häppchen Käse gegessen ist bzw. der Tisch für das Dessert abgeräumt wurde, und abends gehört es zum großen Teller kräftiger Suppe.

Brotreste, die mit der Achtung behandelt werden, die einem so wesentlichen Nahrungsmittel gebührt, sind ziemlich selten, denn die meisten Hausfrauen wissen fast bis aufs letzte Krümelchen genau, was ihre Familien an einem Tage essen werden. Wenn aber irgendwelches Brot übriggeblieben ist, wird es zu Füllungen oder Puddings benutzt, oder es bildet ein wohlschmeckendes und einfaches Dessert, das man in anderen Ländern oft zum Frühstück ißt – besonders in den Vereinigten Staaten. Dort wird das Brot mit geschlagenem Ei überzogen und gebacken, um mit Honig oder Ahornsirup serviert zu werden. Man nennt es Französischen Toast. In Frankreich werden die knusprig-goldgelben Scheiben oft wohlüberlegt mit einem kleinen Schuß Likör (etwa mit Grand Marnier) parfümiert, leicht mit Zucker bestreut und mit etwas Gelee oder Butter am Ende einer Mahlzeit gereicht. Auf welche Weise man diese Gerichte auch zubereitet, am besten gelingen sie mit Scheiben von richtigem französischem Brot.

Eine gute Einkaufsquelle für vollendet gebackenes, knuspriges Brot ist schwer zu finden. Hat man sie aber einmal entdeckt, so ist sie den Ausflug quer durch die Stadt wert. Dabei sind Form, Höhe, Breite oder Länge des Brotes gleichgültig. Die ganze Mahlzeit eines Franzosen kann von der Güte des Brotes abhängen, sein ganzer Tag – ja, seine ganze Existenz, zumindest nach seiner eigenen Vorstellung.

Frische Brote in vielen Formen, Größen und Geschmacksnuancen

Einige der vielen Sorten französischen Brotes werden auf dem Photo der Seiten 82 und 83 und auch auf der erläuternden Darstellung unten gezeigt. Die in Frankreich bei weitem populärste Sorte ist die *baguette* (5), ein goldbrauner, stangenförmiger Laib, ungefähr 60 Zentimeter lang. Danach kommt der *petit parisien* (3), der kürzer und dicker als die *baguette* und gewöhnlich weicher im Innern ist. Viele der jetzt in ganz Frankreich alltäglichen Brotsorten haben ihren Ursprung in den Provinzen oder sogar in fremden Ländern (die Franzosen sind schnell bei der Hand, ein gutes Brot zu erkennen und zu übernehmen, gleichgültig woher es stammt). Die meisten der Vollkornbrote, wie die dunkle, aus Roggen gemachte *tourte d'Auvergne* (8), stammen aus der Provinz. Die *natte ordinaire* (20) und die *natte au cumin* (28) sind aus Österreich übernommen; das *pain espagnol* (13) stammt, wie der Name sagt, aus Spanien. Zusätzlich zu den traditionellen Broten erfinden viele französische Bäcker ihre eigenen Spezialitäten, auf die sie sehr stolz sind. Das wie eine durchbrechende Sonne geformte *petit Saint-Ouen* (21) ist eine Spezialität der Pariser Bäckerei, welche diese Ausstellung zusammengetragen hat. Ein anderes Brot, das besondere Erwähnung verdient, ist das leichte, mit Butter hergestellte Gebäck, das als *croissant* oder Hörnchen (23, 24) bekannt ist. Das *croissant* ist, gemeinsam mit der *brioche* (26), ein geheiligter Bestandteil des Frühstücks und wird mit Schokolade oder Kaffee verzehrt.

ANMERKUNG: In diesem Kapitel finden sich aus zwei Gründen keine Brotrezepte: traditionsgemäß backen die Franzosen ihr Brot nicht selbst, sondern kaufen es. Auch ist es fast unmöglich, französisches Brot ohne französisches Mehl und andere Zutaten richtig zu backen.

Die Brotsorten auf dem Photo der beiden folgenden Seiten werden unten aufgeführt.

1. Épi de Charente
2. Couronne Tressée
3. Petit Parisien
4. Palette
5. Baguette
6. Pain Bis de Campagne
7. Pain de Seigle
8. Tourte d'Auvergne
9. Couronne Sarthoise
10. Soleil
11. Pain au Levain (verschiedene Größen)
12. Pain Alsacien
13. Pain Espagnol
14. Pain Cuit au Bois
15. Fendu de Gruau
16. Sarthoise
17. Cassadière Corse
18. L'Empereur
19. Bagnat
20. Natte Ordinaire
21. Petit Saint-Ouen
22. Petit Pain Ordinaire
23. Croissant au Beurre
24. Croissant Ordinaire
25. Natte aux Pavots
26. Brioche
27. Main Provençale
28. Natte au Cumin

Pain Espagnol
l'Empereur
Natte Ordinaire
Petit Pain Ordinaire
croissants Beurre

Soleil
natte au Pavot

VI

Suppen: Herzhaft und leicht

Eine herzhafte Suppe, wie eine von diesen, kann als volle Mahlzeit dienen. Von oben nach unten: Erbsensuppe, Gemüsesuppe mit Knoblauch und französische Zwiebelsuppe. Alle befinden sich in den rustikalen Töpfen, in denen sie gekocht wurden. In Frankreich besteht ein Abendessen oft aus solch einer gehaltvollen Suppe, die nur mit Brot serviert wird.

Es gibt eine Legende, derzufolge ein Kessel auf der hinteren Ecke jedes ländlichen französischen Ofens steht, aus dem von Tag zu Tag ein immer feinerer Wohlgeschmack aufsteigt. Knochen, Schwarten und Geflügelgerippe werden hineingeworfen.

Jeder, der einmal versucht hat, diesen Traum zu verwirklichen, weiß es besser: Mit Sicherheit herrscht innerhalb einer Woche der Knochengeschmack vor. Eine gute Suppe muß frisch sein.

Aber die meisten französischen Familienköche werden keine voller Geschmacksstoffe steckenden Hühnergerippe oder andere gute Knochen und Reste wegwerfen. Sie kochen sie mit Kräutern, seihen den Saft ab und heben ihn auf, um ihn als Brühe zu verwenden.

Sie halten eine Bratpfanne nicht automatisch unter den Heißwasserhahn, sondern spülen sie mit etwas Rot- oder Weißwein aus, nachdem Huhn, Hammelkotelett oder andere Dinge, die Rückstände hinterlassen haben, in die Servierschüssel gegeben wurden. Die angereicherten, natürlichen Säfte werden dann entweder über das tafelfertige Gericht gegossen oder für zukünftigen Gebrauch beiseite gestellt. Die Brühe wird gewöhnlich für Suppen verwendet, klug veredelt durch einige schnell gehackte frische Gemüse, die man in Butter schwenkt. Der gerettete Wohlgeschmack der Pfannenflüssigkeit kommt mit einer Handvoll Nudeln und etwas frischer Petersilie zum Schluß dazu.

In vielen Familien aus der Provinz, die ihre suppenlose Hauptmahlzeit zu Mittag einnehmen, wird die Suppe zum Abendessen serviert, wonach dann möglicherweise ein leichtes Eiergericht oder Gemüse und ein gleich einfacher Nachtisch wie Pudding oder gedünstetes Obst folgen.

Bei der einfachen französischen Kost wird auch eine Suppe einfach gehalten. Weil sie dazu bestimmt ist, am Ende des Tages gegessen zu werden, soll sie dazu beitragen, daß man gut schläft, ohne durch zu aktives Verdauen schwerer oder ungewohnter Zutaten gestört zu werden. Wenn es keine Brühe gibt, wird die Suppe gewöhnlich mit Wasser zubereitet. Es kann auch Kochwasser von irgendeinem Gericht wie gekochtem Rindfleisch sein oder gelegentlich Milch. Die ganze Familie ißt sie mit dem Rest des täglichen Brotes und geht dann schlafen.

In Sonderfällen wird auch zum Mittag Suppe serviert, wenn beispielsweise ein guter *pot-au-feu* oder ein *poule-au-pot* als Hauptgericht kommt. Dessen Brühe wird dann zuerst serviert. Seltener und gewöhnlich zu offiziellen Anlässen wird eine klare warme oder kalte Suppe zur mittäglichen Mahlzeit gereicht. In Ausnahmefällen wird dabei eine kalte Suppe mit Gelatine angedickt. Sie hat ihre Konsistenz eigentlich von ihren sonstigen Zutaten.

Ein verhältnismäßig reichhaltiges Gericht, wie eine *bouillabaisse,* wird kaum am Abend serviert, da es schwer und auch in anderer Hinsicht äußerst ungeeignet für einen friedvollen Schlaf ist. Zu dieser Kategorie von Suppen-Hauptgerichten, die gewöhnlich zur Mitte des Tages gereicht werden, gehören außerdem regionale Gerichte wie *cotriade,* eine scharfe bretonische *bouillabaisse; bourride,* ein mit Knoblauch gewürzter Fischeintopf, und *soupe au pistou,* eine scharf gewürzte Gemüsesuppe. Jede dieser Suppen hat eine entsprechende Sauce, die zuweilen in die Suppe gemischt wird, um den Wohlgeschmack zu steigern, und die man auf alle Fälle separat anbietet, um die Schärfe des Gerichtes zu verstärken.

Rouille, eine gepfefferte Mischung, die zu dem Geschmack der *bouillabaisse* paßt, wird getrennt von der Suppe serviert, um nach Wunsch des einzelnen Tischgastes hineingeschöpft zu werden. Die *aïoli* für *bourride* ist eine kräftige Knoblauchmayonnaise, von der ein Teil in die Brühe gemischt wird, um ihr ein zartes Dottergelb zu verleihen. Der Rest wird denen angeboten, die unersättliche Knoblauchesser sind. Die *soupe au pistou,* eine Gemüsemischung der Provence, erhält ihren Namen von dem *pistou,* einem Gemisch aus Knoblauch, Kräutern, Tomatenmark und Käse, das zur Suppe gegeben wird.

Viele Suppen, die sich im Laufe von Jahrhunderten in den französischen Provinzen entwickelten, basieren mehr auf Gemüsen als auf Fleisch oder auch nur Fleischbrühe. Da sie im Ruf standen, besonders gesund zu sein, erhielten sie den Namen *potages de santé.* Die Rezepte sind sehr alt und so selbstverständlich wie das Bedürfnis der Hüttenbewohner, an den ersten Frühlingstagen mit ihrem Vieh hinauszuziehen und Gräser und Wurzeln auf den erwachenden Wiesen zu sammeln.

Für diese Suppen braucht man Spinat und Sauerampfer, viele Kräuter und Pilze sowie frische Milch, Sahne und Butter. Alles schmeckt in jedem Jahr nach den langen, dunklen Monaten aufs neue unvorstellbar köstlich, nachdem man so lange eingelagerte Möhren, Rüben, Kartoffeln, Kohl, Zwiebeln und Knoblauch gegessen hat. Die Art und Weise, auf die man diese allzeit verläßlichen Dinge möglichst gesund zubereitet, muß natürlich in einem Land mit einer so alten Eßkultur wie Frankreich auch gut sein. Vielleicht ist es unmöglich, die Gewohnheiten jener Völker zu ändern, für die ein umfangreiches Abendessen die Regel ist. Aber eine herzhafte Suppe im Winter nach einem langen Arbeitstag oder eine leichte mit frischen Kräutern und Gemüsen im Sommer bestätigt die Redensart, daß „Suppe genug ist, wenn genug Suppe da ist".

Leichte Suppen, die als erster Gang eines offiziellen Essens dienen können, von oben nach unten: Spargelcreme, Kartoffel-Lauchsuppe (*vichyssoise* genannt, wenn sie kalt serviert wird) und Karottencreme.

KAPITEL VI REZEPTE

Potage Purée de Pois Cassés

GRÜNE ERBSENSUPPE

Für 4 bis 6 Personen

- 2 Tassen getrocknete grüne Spalterbsen
- 5 Tassen Wasser oder Hühnerbrühe
- *Bouquet garni* bestehend aus 2 Petersilienstengeln, 2 gehackten Selleriestengeln und 1 Lorbeerblatt, zusammengebunden
- 1/4 TL getrockneter Thymian
- Schinkenknochen (nach Belieben)
- 2 EL Butter
- 125 g frischer Speck, in kleine Würfel geschnitten
- 1/2 Tasse kleingeschnittene Karotten
- 1/2 Tasse kleingeschnittene Zwiebeln
- 1 große Lauchstange, geschnitten (weißer Teil plus 5 cm vom Grünen) oder 1 Zwiebel extra, kleingeschnitten
- 1 Tasse grobgeschnittene Spinat- oder Salatblätter
- 1/2 Tasse geschälte, frische grüne Erbsen (ungefähr 250 g ungeschält) oder dafür aufgetaute Tiefkühlerbsen
- Salz
- Frisch gemahlener schwarzer Pfeffer
- 250 g gekochter Schinken, in 1 cm große Würfel geschnitten
- 2 EL weiche Butter

Die Spalterbsen wäscht man gründlich unter fließendem, kaltem Wasser. In einem schweren, 4 bis 5 l fassenden Topf oder Suppenkessel bringt man 5 Tassen Wasser oder Hühnerbrühe zum Kochen und schüttet die Erbsen hinein. Man fügt das *bouquet garni,* den Thymian und ggf. auch den Schinkenknochen dazu. Die Hitze verringern und halb zugedeckt 30 Minuten bis 1 Stunde schwach kochen lassen, bis die Erbsen weich, aber nicht matschig sind.

Während die Erbsen garen, läßt man 2 EL Butter in einer schweren Pfanne von 20 bis 25 cm Durchmesser zergehen und brät darin den gewürfelten Speck, bis er knusprig ist und sein Fett abgegeben hat. Den Speck herausnehmen und wegwerfen. In dem Fett, das in der Pfanne zurückbleibt, dünstet man die Karotten, Zwiebeln, den Lauch und die Spinat- oder Salatblätter 5 Minuten auf mäßiger Hitze. Wenn die Spalterbsen weich sind, gibt man alle Gemüse einschließlich der frischen grünen Erbsen zu der Suppe und läßt sie im offenen Topf noch weitere 30 Minuten köcheln. Das *bouquet garni* und ggf. den Schinkenknochen nimmt man heraus und wirft sie weg. Die Suppe püriert man durch einen Durchschlag in eine große Schüssel, und dann passiert man sie durch ein feines Sieb in den Topf zurück. Abschmecken und mit Salz und frisch gemahlenem schwarzen Pfeffer würzen. Die Schinkenwürfel zufügen und schwach erhitzen. Wenn die Suppe zu dick erscheint, so verdünnt man sie mit etwas Hühnerbrühe oder Wasser. Vor dem Servieren nimmt man den Topf vom Feuer und rührt die weiche Butter eßlöffelweise in die Suppe.

Soupe à l'Oignon

FRANZÖSISCHE ZWIEBELSUPPE

Für 6 bis 8 Personen

- 4 EL Butter
- 2 EL Pflanzenöl
- 1 kg Zwiebeln, in dünne Scheiben geschnitten
- 1 TL Salz
- 3 EL Mehl
- 2 l Fleischbrühe, frisch, aus Würfeln, Instantbrühe oder aus der Dose

CROÛTES

- 12 bis 16 Scheiben Meterbrot, 2 1/2 cm dick
- 2 TL Olivenöl
- 1 Knoblauchzehe, halbiert
- 1 Tasse geriebener Schweizer Käse oder eine Mischung von Schweizer- und Parmesankäse

In einem schweren, 4 bis 5 l fassenden Topf oder Suppenkessel zerläßt man auf mäßiger Hitze die Butter mit dem Olivenöl. Dann gibt man die Zwiebeln und 1 TL Salz hinein und dünstet ohne Deckel auf kleiner Flamme unter gelegentlichem Rühren 20 bis 30 Minuten, bis die Zwiebeln tief goldbraun sind. Mehl über die Zwiebeln stäuben und noch 2 oder 3 Minuten im Topf schwenken. Den Topf vom Feuer nehmen. In einem anderen Topf läßt man die Brühe aufwallen und rührt sie dann zu den Zwiebeln. Nun setzt man die Suppe wieder auf schwache Hitze zurück und läßt sie, teilweise zugedeckt, 30 oder 40 Minuten schwach kochen, wobei man gelegentlich das Fett abschöpft. Falls nötig, Salz und Pfeffer hinzufügen.

Während die Suppe auf dem Herd steht, macht man die *croûtes.* Der Backofen wird auf 160° vorgeheizt. Die Brotscheiben legt man nebeneinander auf ein Backblech und röstet sie ca. 15 Minuten. Mit einem Kuchenpinsel bestreicht man beide Seiten jeder Scheibe dünn mit Olivenöl, dann dreht man die Scheiben um und röstet nochmals 15 Minuten, bis das Brot vollkommen trocken und leicht gebräunt ist. Jede Seite reibt man mit der zerschnittenen Knoblauchzehe ein.

Man legt die *croûtes* in eine Terrine oder auf Suppenteller und schöpft die Suppe darüber. Den geriebenen Käse reicht man separat.

ANDERE MÖGLICHKEIT: Um gratinierte Zwiebelsuppe zu machen, erhitzt man den Ofen auf 180°. Man schöpft die Suppe in eine feuerfeste Terrine oder in feuerfeste Portionsschälchen, belegt sie mit *croûtes* und streut den geriebenen Käse darüber. Den Käse beträufelt man mit etwas zerlassener Butter oder Olivenöl. Man backt 10 bis 20 Minuten, bis der Käse geschmolzen ist, dann schiebt man die Suppe für ein oder zwei Minuten unter einen heißen Grill, um, falls gewünscht, die Oberfläche zu bräunen.

Fonds de Cuisine

FLEISCH- UND HÜHNERBRÜHEN NACH HAUSMACHERART

Für 3 bis 4 Liter

- 1 kg Beinfleisch vom Rind und 2 kg Rinderknochen oder 3 kg Hühnerklein
- 4 bis 5 l kaltes Wasser
- 2 Zwiebeln, geschält
- 2 geputzte Karotten
- 2 Stiele Sellerie mit Blättern, geschnitten
- *Bouquet garni* bestehend aus 6 Petersilienstengeln, 1 Lorbeerblatt, 2 Zehen Knoblauch und 1/2 TL getrocknetem Thymian, in einem Stück Mull
- 1 EL Salz

Gute Suppen sind abhängig von guten Brühen – und das gilt auch für Stews, Eintopfgerichte, geschmortes Fleisch, Gemüse und viele Saucen. Hier sind die Rezepte für drei Brühen (oder *fonds de cuisine*).

EINFACHE BRÜHE: Man legt das Rindfleisch und die Knochen oder das Hühnerklein in einen Suppentopf oder Kessel und gibt so viel kaltes Wasser dazu, daß es 2 cm darüber steht. Auf großer Flamme zum Kochen bringen und den sich bildenden Schaum abschöpfen. Gemüse, *bouquet garni* und Salz zufügen. 4 Stunden lang ganz schwach kochen. Danach nimmt man die Knochen heraus und gießt die Brühe durch ein feines Sieb in eine große Schüssel, wobei man die Gemüse und Kräuter gut ausdrückt, bevor man sie wegwirft. Abschmecken und würzen. Alles Fett von der Oberfläche abschöpfen. Die Brühe hält sich im Kühlschrank 3 oder 4 Tage, sie kann jedoch auch tiefgefroren werden. Um einen volleren Geschmack zu bekommen, kann man die durchgesiebte und entfettete Brühe einkochen.

BRAUNE FLEISCHBRÜHE: Den Backofen auf 235° vorheizen. Die Rinderknochen, Zwiebeln und Karotten in einem flachen Bräter unter gelegentlichem Umdrehen 30 bis 40 Minuten lang rösten. Dann die Knochen und Gemüse in einen Suppentopf geben. Aus dem Bräter gießt man das Fett ab, schüttet 2 Tassen Wasser hinein und bringt es auf großer Flamme zum Kochen, dabei kratzt man allen braunen, am Bräter haftenden Satz in die Flüssigkeit. Die Brühe in den Suppentopf gießen und Sellerie, *bouquet garni* und Salz hinzufügen und mit kaltem Wasser bedecken. Nach obigen Anweisungen weiterbehandeln.

BRAUNE GEFLÜGELBRÜHE: Auf starker Hitze bräunt man das Hühnerklein in einer großen Pfanne in 2 EL Pflanzenöl. Dann gibt man es in den Suppentopf und schüttet etwas Wasser in die Pfanne. Dieses kommt zusammen mit Zwiebeln, Karotten, Sellerie, *bouquet garni* und Salz in den Suppentopf und wird mit kaltem Wasser aufgefüllt, bis alles bedeckt ist. Wie einfache Brühe weiterbehandeln.

Soupe au Pistou

GEMÜSESUPPE MIT KRÄUTERSAUCE

Für 10 bis 12 Personen

- 3 Tassen Wasser
- 3/4 Tasse getrocknete weiße Bohnen
- 4 EL Olivenöl
- 1 Tasse Zwiebelwürfel
- 500 g Tomaten, geschält, entkernt und grobgeschnitten
- 3 l Wasser
- 1 1/2 Tassen gewürfelte Karotten
- 1 1/2 Tassen gewürfelte Kartoffeln
- 1 Tasse grobgeschnittener Lauch (nach Belieben)
- 1/2 Tasse grobgeschnittene Sellerieblätter
- 1 EL Salz
- Frisch gemahlener schwarzer Pfeffer
- 1 1/2 Tassen geschnittene grüne Bohnen
- 1 1/2 Tassen gewürfelte, ungeschälte Zucchini
- 1/2 Tasse gebrochene Stückchen dünner Spaghetti
- 2 Prisen zerriebene Safranfäden

PISTOU

- 5 Zehen Knoblauch, feingeschnitten
- 1/2 Tasse gehacktes frisches Basilikum oder 5 EL getrocknetes Basilikum
- 2 EL Tomatenmark
- 1/2 Tasse frisch geriebener Parmesankäse
- 6 EL Olivenöl
- 1 kleine Scheibe trockenes Meterbrot, fein zerkrümelt (nach Belieben)
- 1 1/2 Tassen frisch geriebener Parmesankäse

In einem 2 bis 3 l fassenden Topf bringt man 3 Tassen Wasser zum Kochen, schüttet die getrockneten Bohnen hinein und läßt sie 2 Minuten sprudeln. Vom Feuer nehmen und die Bohnen 1 Stunde weichen lassen. Danach setzt man den Topf wieder auf den Herd, wo er 1 bis 1 1/2 Stunden ohne Deckel köcheln muß, bis die Bohnen weich sind. Die Bohnen abgießen und die Flüssigkeit aufheben. In einem schweren Suppentopf oder Kessel erhitzt man 4 EL Olivenöl, gibt die Zwiebeln hinein und dünstet sie auf mäßiger Hitze, bis sie weich und goldgelb sind. Dann folgen die Tomaten und kochen noch weitere 3 bis 4 Minuten mit den Zwiebeln. Nun werden 3 l Wasser zugegossen und auf großer Flamme zum Sprudeln gebracht. Karotten, Kartoffeln, Lauch, Sellerieblätter, Salz und etwas Pfeffer aus der Mühle zugeben, die Hitze verringern und ohne Deckel 15 Minuten ziehen lassen. Die weißen Bohnen, ihre Kochflüssigkeit, die grünen Bohnen, Zucchinis, Spaghettistücke und den Safran in den Topf schütten und 15 Minuten auf kleiner Flamme lassen, bis die Gemüse weich sind. Abschmecken und nachwürzen.

Inzwischen bereitet man den *pistou*. Mit einem Mörser und Stößel (oder einem Holzlöffel und einer schweren Schale) zerstampft man Knoblauch und Basilikum zu einer Paste. Das Tomatenmark und 1/2 Tasse Käse unterrühren. Dann schlägt man 6 EL Olivenöl in kleinen Portionen darunter. Zum Anrichten schöpft man die Suppe in eine Terrine. Der *pistou* wird mit 1/2 Tasse Brühe verdünnt und in beliebiger Menge in die Suppe gerührt. Gegebenenfalls kann man die Brotkrumen einstreuen. Der Rest des Käses wird getrennt gereicht.

Für 4 bis 6 Personen

- 1 kg frische Spargel
- 6 Tassen Hühnerbrühe, frisch, aus Würfeln oder aus der Dose
- 1 TL Salz
- 7 EL Butter
- 6 EL Mehl
- 2 EL kleingeschnittene Schalotten oder Frühlingszwiebeln
- 2 Eigelb
- 3/4 Tasse süße Sahne
- 2 EL weiche Butter
- Salz
- Weißer Pfeffer

Potage Crème d'Asperges

SPARGELCREMESUPPE

Mit einem kleinen, scharfen Messer (keinem Gemüseschäler) schält man von jedem Spargel die Haut und das zähe, äußere Fleisch ab. Am unteren Ende kann das Abgeschälte fast 2 mm dick sein, aber wenn sich das Messer dem Kopf nähert, sollte es allmählich papierdünn werden. Die Köpfe schneidet man an der Stelle ab, wo die Schale endet.

Etwa 1/2 cm vom unteren Ende wirft man fort. Die übrigen Stangen teilt man in 1 cm lange Stücke, die man zur Seite stellt. In einem 3 bis 4 l fassenden Topf bringt man auf mäßiger Hitze die Hühnerbrühe und das Salz zum Sprudeln, schüttet die Spargelköpfe hinein und läßt sie 5 bis 8 Minuten schwach kochen, bis sie gerade weich sind. Die Brühe gießt man in eine Schüssel ab, und die Köpfe stellt man in einer anderen beiseite.

In demselben Topf schmilzt man 5 EL Butter auf mäßiger Hitze, rührt 6 EL Mehl hinein und erhitzt unter ständigem Rühren 1 oder 2 Minuten auf schwachem Feuer. Dieser *roux* darf nicht braun werden. Man nimmt den Topf vom Feuer, läßt ihn einige Sekunden abkühlen und gießt dann die Brühe hinein. Dabei schlägt man ständig mit einem Schneebesen, um Brühe und *roux* miteinander zu vermischen. Man setzt den Topf wieder auf schwache Hitze und rührt, bis die Basis der Cremesuppe zum Kochen kommt, dick wird und vollkommen glatt ist. Dann dreht man die Hitze herunter und läßt die Suppenbasis ganz sachte köcheln.

Die restlichen 2 EL Butter in einer emaillierten oder rostfreien Pfanne von 20 bis 25 Zentimeter Durchmesser schmelzen. Sobald der Schaum verschwindet, gibt man die geschnittenen Spargelstücke und die Schalotten hinein und wendet sie auf mäßiger Hitze 3 Minuten in der Butter. Dann schüttet man die Spargelstücke und Schalotten in die heiße Suppenbasis und kocht auf kleiner Flamme unter gelegentlichem Umrühren noch 15 Minuten, bis die Spargel weich sind.

Die Suppe püriert man durch eine Gemüsemühle oder einen Durchschlag in eine Rührschüssel und dann wieder durch ein feines Sieb in den Topf zurück. Mit dem Schneebesen schlägt man in einer kleinen Schale Eigelb und Sahne und gibt dabei 1/2 Tasse pürierte Suppe, immer 2 Eßlöffel gleichzeitig, dazu. Dann dreht man den ganzen Vorgang um und zieht die jetzt erwärmte Mischung aus Eigelb und Sahne langsam unter die Suppe.

Zum Kochen bringen und unter ständigem Rühren 30 Sekunden aufwallen lassen. Dann den Topf vom Feuer nehmen und nach und nach die 2 EL weiche Butter einquirlen. Die Suppe abschmecken und nach Belieben mit Salz und Pfeffer würzen. Die aufgehobenen Spargelköpfe hinzufügen und die Suppe in eine Terrine oder in einzelne Suppenteller schöpfen.

Für 4 bis 6 Personen

- 2 EL Butter
- 3/4 Tasse feingeschnittene Zwiebeln
- 3 Tassen feingeschnittene Karotten
- 1 l Hühnerbrühe, frisch, aus Würfeln oder aus der Dose
- 2 TL Tomatenmark
- 2 EL roher Reis
- Salz
- Weißer Pfeffer
- 1/2 Tasse süße Sahne
- 1 EL weiche Butter
- 8 bis 12 Karottenspäne (nach Belieben)

Potage Crécy

KAROTTENPÜREESUPPE

In einem schweren, 3 bis 4 l fassenden Topf läßt man die Butter auf mäßiger Hitze zergehen. Die Zwiebeln hineingeben und unter gelegentlichem Rühren ca. 5 Minuten dünsten, bis sie weich, aber nicht gebräunt sind. Dann fügt man Karotten, Hühnerbrühe, Tomatenmark und Reis hinzu und läßt ohne Deckel 30 Minuten sacht köcheln. Danach die Suppe durch eine Gemüsemühle in einen sauberen Topf pürieren. Man würzt mit Salz und weißem Pfeffer und legiert mit der süßen Sahne.

Vor dem Servieren kocht man die Suppe kurz auf, nimmt sie vom Herd und rührt den EL weiche Butter ein. Die Suppe wird in eine Terrine oder in einzelne Suppenteller geschöpft und, falls gewünscht, mit Karottenspänen garniert.

Potage Parmentier: Vichyssoise

KARTOFFEL-LAUCH-SUPPE

Für 6 bis 8 Personen

- 4 Tassen geschälte und grobgeschnittene Kartoffeln
- 3 Tassen in dünne Scheiben geschnittene Lauchstangen (weiße Teile plus 5 cm vom Grünen) oder statt dessen 3 Tassen Zwiebeln, in dünne Scheiben geschnitten
- 2 l Hühnerbrühe, frisch, aus Würfeln oder aus der Dose oder statt dessen Wasser oder eine Mischung aus Hühnerbrühe und Wasser
- 1 TL Salz
- Frisch gemahlener schwarzer Pfeffer
- 1/2 Tasse süße Sahne
- 3 EL feingeschnittener frischer Schnittlauch oder feingehackte frische Petersilie

In einem schweren, 6 l fassenden Topf oder Suppenkessel kocht man Kartoffeln, Lauch, Hühnerbrühe und Salz mit lose aufgelegtem Deckel 40 bis 50 Minuten, bis die Gemüse weich sind. Dann passiert man die Suppe durch eine Gemüsemühle oder einen Durchschlag in eine Rührschüssel und schüttet sie wieder in den Topf zurück. Man würzt sie mit Salz und etwas Pfeffer und rührt die Sahne ein. Vor dem Servieren die Suppe bis zum Siedepunkt erhitzen. Sie wird dann in eine Terrine oder auf einzelne Suppenteller geschöpft. Man serviert mit frischem Schnittlauch oder frischer Petersilie garniert.

VICHYSSOISE: Als vor einem halben Jahrhundert Louis Diat Küchenchef im Ritz-Carlton-Hotel in New York war, erfand er die *vichyssoise glacé*, eine kalte Version der *potage Parmentier* für den Sommer. Um sie zuzubereiten, passiert man die Suppe erst durch eine Gemüsemühle oder einen Durchschlag und dann durch ein Haarsieb wieder in den Topf zurück. Man würzt und legiert mit 1 1/2 Tassen süßer Sahne. (Keinen Elektromixer benutzen, da die Mischung sonst zu glatt wird.) Die Suppe bleibt im Kühlschrank, bis sie sehr kalt ist. Man serviert sie mit feingeschnittenem Schnittlauch garniert.

Potage Crème de Champignons

CHAMPIGNONCREMESUPPE

Für 4 bis 6 Personen

- 750 g frische Champignons
- 125 g Butter
- 2 kleingeschnittene Schalotten oder Frühlingszwiebeln
- 6 EL Mehl
- 6 Tassen Hühnerbrühe, frisch, aus Würfeln oder aus der Dose
- 2 Eigelb
- 3/4 Tasse süße Sahne
- Salz
- Weißer Pfeffer

Die Champignonköpfe trennt man von den Stielen. Dann schneidet man die Hälfte davon in ungefähr 3 mm dicke Scheiben. Die restlichen Köpfe und alle Stiele grobhacken. In einer emaillierten oder Edelstahlpfanne von 20 bis 25 cm Durchmesser (Eisen oder Aluminium verfärbt die Pilze) läßt man auf mäßiger Hitze 2 EL Butter zergehen.

Sobald der Schaum verschwindet, schüttet man die Champignonscheiben hinein und dünstet sie unter ständigem Wenden mit einem Holzlöffel 2 Minuten, bis sie leicht gefärbt sind. Mit einem Schaumlöffel gibt man sie in eine Schüssel. Man zerläßt weitere 2 EL Butter in derselben Pfanne und dünstet die gehackten Pilzköpfe und -stiele sowie die Schalotten 2 Minuten lang. Dann stellt man sie in der Pfanne beiseite.

In einem schweren, 4 bis 6 l fassenden Topf läßt man die restlichen 5 EL Butter auf mäßiger Hitze zergehen. Man nimmt den Topf vom Feuer, rührt die 6 EL Mehl hinein und erhitzt dann unter ständigem Rühren auf kleiner Flamme 1 oder 2 Minuten lang. Der *roux* darf nicht braun werden. Den Topf wieder vom Feuer nehmen, einige Sekunden abkühlen lassen, die Hühnerbrühe hineingießen und kräftig mit dem Schneebesen durchschlagen, um Brühe und *roux* miteinander zu vermischen.

Danach wieder aufs Feuer setzen und so lange rühren, bis die Cremesuppenbasis zum Kochen kommt, dick wird und vollkommen glatt ist. Dann gibt man die gehackten Pilze und die Schalotten hinein und läßt die Mischung unter gelegentlichem Rühren 15 Minuten lang köcheln.

Die Suppe wird durch eine Gemüsemühle in eine Rührschüssel und dann wieder durch ein feines Sieb in den Topf zurück passiert. Mit dem Schneebesen vermischt man in einer Schüssel Eigelb und Sahne, und schlägt dann eßlöffelweise 1/2 Tasse von der heißen, pürierten Suppe dazu. Nun dreht man den Vorgang um und rührt die warme Mischung aus Eigelb und Sahne unter die Suppe.

Unter ständigem Rühren 30 Sekunden aufkochen und den Topf vom Feuer nehmen. Abschmecken und mit Salz und weißem Pfeffer würzen. Die aufgehobenen Champignonscheiben hinzufügen und die Suppe dann in einer Terrine oder auch in einzelnen Suppentellern servieren.

Der Fisch für die *bourride* soll festes weißes Fleisch haben wie der Schellfisch *(oben)*, das Kabeljaustück und die Goldbrasse auf diesem Bild; Heilbutt, Seezunge oder Rotbarsch sind ebenfalls geeignet.

Bourride soll in einem großen Suppenteller serviert werden *(unten)*, wobei die Suppe über eine *croûte* (getoastetes Meterbrot) und den Fisch geschöpft wird. Ein Klecks *aïoli*-Sauce *(Mitte rechts)* kommt obenauf.

Für 8 bis 10 Personen

COURT BOUILLON
1 kg Fischköpfe, Gräten und Flossen
1,5 l Wasser
1 Tasse herber Weißwein
2 Zwiebeln, in dünne Scheiben geschnitten
2 Lauchstangen, nur die weißen Teile, in dünne Scheiben geschnitten (nach Belieben)
2 EL Weinessig, möglichst weißer
2 Streifen frische Apfelsinenschale, 7 cm lang
2 Lorbeerblätter
1 TL Fenchelsaat
2 TL Salz

AÏOLI
1 EL feine trockene Brösel
1 EL Weinessig
6 Zehen Knoblauch, grobgehackt
7 Eigelb
$^1/_2$ TL Salz
$^1/_8$ TL weißer Pfeffer
$1^1/_2$ Tassen Olivenöl
1 EL Zitronensaft

FISCH
Je 1 kg von drei Sorten festen weißen Fischfilets wie Schellfisch, Goldbrasse, Kabeljau, Seezunge, Steinbeißer, Steinbutt, Pollack oder Heilbutt, in 5 cm große, serviergerechte Stücke geschnitten

CROÛTES
12 *croûtes* (siehe Rezept für *soupe à l'oignon*, Seite 88)

Bourride

PROVENZALISCHE FISCHSUPPE MIT KNOBLAUCHMAYONNAISE

In einem 4 bis 6 l fassenden Topf bringt man die Zutaten der *court bouillon* zum Sprudeln, deckt den Topf teilweise zu und kocht 30 Minuten auf kleiner Flamme. Fischköpfe und andere Abfallteile sind stets eine gute Grundlage für Suppen. In der Zwischenzeit bereitet man die *aïoli* zu. Man weicht die Brösel 5 Minuten in 1 EL Weinessig ein, dann preßt man sie mit einem Handtuch trocken. In einem großen Mörser mit Stößel (oder in einer kleinen, schweren Rührschüssel mit einem Holzlöffel) quetscht man Brösel und Knoblauch zu einer glatten Paste. Dann schlägt man nacheinander die 3 Eigelb darunter. Zusammen mit dem dritten Eigelb gibt man Salz und Pfeffer zu. Wenn die Mischung dick und zäh ist, beginnt man, das Olivenöl tropfenweise hineinzuschlagen. Sobald die Mischung einer dicken Sahne ähnelt, gibt man sie in eine große Rührschüssel. Mit einem Schneebesen, Hand- oder Elektrorührer mischt man den Rest des Öls teelöffelweise darunter. Die Sauce soll wie eine dicke Mayonnaise werden. Man würzt sie nach Belieben mit Zitronensaft, Salz und Pfeffer. Nun schöpft man $^2/_3$ Tasse *aïoli* in eine kleine Sauciere und bedeckt diese mit Folie. Den Rest der Sauce (ungefähr $1^1/_3$ Tassen) in einen 3 bis 4 l fassenden Topf geben.

Die *court bouillon* gießt man durch ein Sieb in eine Schüssel und drückt dabei die Gemüse und Fischteile mit einem Löffel fest aus, ehe man sie wegwirft. Der Topf wird ausgewaschen und die *court bouillon* wieder hineingegeben. Den Fisch zufügen, aufkochen und ohne Deckel 3 bis 8 Minuten ziehen lassen, bis sich der Fisch fest anfühlt. Man muß den Fisch sorgfältig beobachten; verschiedene Arten und unterschiedlich dicke Stücke garen nicht gleich schnell. Mit einem Schaumlöffel legt man die Stücke, sobald sie gerade fest sind, auf eine vorgewärmte Platte, die man lose zudeckt.

Abseits vom Feuer schlägt man nacheinander die 4 verbliebenen Eigelb zu der *aïoli* in den Topf. Man gibt unter ständigem Rühren 1 Tasse heiße Fischbrühe und dann nach und nach die restliche Brühe dazu. Auf schwacher Flamme erhitzen, bis die Suppe dick genug ist, um den Schneebesen leicht zu überziehen. Nicht zum Kochen kommen lassen. Wenn nötig mit Salz, Pfeffer und Zitronensaft würzen.

Zum Servieren gießt man die Suppe in eine große Terrine und bringt sie zusammen mit der Fischplatte, der Sauciere mit *aïoli* und den *croûtes* zu Tisch. Auf den Boden jedes Suppentellers legt man eine *croûte*, überdeckt sie mit einem oder mehreren Fischstücken und schöpft die Suppe ein. Man krönt mit einem Klecks *aïoli* und reicht die restliche Sauce separat.

Bouillabaisse

FISCHERSUPPE VOM MITTELMEER MIT SCHARFER PFEFFERSAUCE

In einem schweren, 4 bis 6 l fassenden Topf dünstet man Zwiebeln und Lauch in Öl unter häufigem Rühren auf schwachem Feuer 5 Minuten, bis sie weich, aber nicht braun sind (durch weitere Zwiebeln kann man den Lauch ersetzen). Dazu kommen Wein oder Wein-Wasser-Gemisch, die Fischabfälle, Tomaten, Kräuter und Gewürze, die man 30 Minuten auf mäßiger Hitze ohne Deckel kochen läßt.

DIE ROUILLE: In der Zwischenzeit bereitet man die *rouille* zu. In einem $1^1/_2$ bis 2 l fassenden Topf läßt man die grünen Paprika und die Chilischote in 1 Tasse Wasser 10 Minuten dünsten, bis sie weich sind. Dann gut abschütten und mit Küchenkrepp trocknen. In einem großen Mörser mit Stößel oder in einer Rührschüssel mit Holzlöffel zerquetscht man Paprika, Chilischote, eingelegte Paprika und Knoblauch zu einem glatten Brei. Langsam rührt man das Olivenöl darunter und fügt genügend Brösel zu, bis die Sauce steif genug ist, um in einem Löffel zu haften. Abschmecken, und falls man die Chilischote weggelassen hat, mit Tabasco würzen.

Eine schnellere, aber weniger authentische Art, *rouille* zuzubereiten, besteht darin, daß man die vorgekochten Paprika, Chilischote, ein-

Für 8 bis 10 Personen

COURT BOUILLON

2 Tassen in dünne Scheiben geschnittene Zwiebeln
1 Tasse in dünne Scheiben geschnittener Lauch
$^3/_4$ Tasse Olivenöl
2 l Wasser oder $^1/_2$ l herber Weißwein und $1^1/_2$ l Wasser
1 kg Fischköpfe, Gräten und Flossen
$1^1/_2$ kg reife Tomaten, grobgehackt
$^1/_2$ Tasse frischer Fenchel oder $^1/_2$ TL getrocknete Fenchelsaat, zerquetscht
1 TL feingehackter Knoblauch
1 Streifen frische Apfelsinenschale, 7 cm lang
1 TL getrockneter Thymian
2 Petersilienstengel
1 Lorbeerblatt
$^1/_4$ TL zerriebene Safranfäden
Salz
Frisch gemahlener schwarzer Pfeffer

ROUILLE

2 kleine grüne Paprikaschoten, entkernt und in kleine Vierecke geschnitten
1 Chilischote oder einige Tropfen Tabasco, die zu der fertigen Sauce gegeben werden
1 Tasse Wasser
2 eingelegte rote Paprikaschoten aus Dosen, abgetropft und getrocknet
4 Knoblauchzehen, grobgehackt
6 EL Olivenöl
1 bis 3 EL feine, trockene Brösel

gelegte Paprika, Knoblauch und das Olivenöl zusammen in den Mixbecher der Küchenmaschine gibt. Bei niederer Drehzahl wird alles glattgerührt. Man füllt die Sauce in eine Schüssel und rührt Brösel darunter, bis sie steif ist. Würzen wie angegeben. Beiseite stellen.

ZUSAMMENSTELLUNG DER SUPPE: Wenn die *court bouillon* gar ist, gießt man sie durch ein großes, feines Sieb in einen Suppentopf oder -kessel, wobei man die Fischabfälle und Gemüse kräftig mit dem Rücken eines Löffels preßt, um allen Saft auszudrücken, ehe man sie wegwirft. Die gesiebte Brühe bringt man auf großer Flamme zum Kochen und gibt den Hummer hinein. Fünf Minuten lang lebhaft sprudeln lassen, dann den Fisch (und eventuell den Aal) hinzufügen und noch 5 Minuten ziehen lassen. Dann gibt man nach Belieben die gut gesäuberten Muscheln dazu und gart noch 5 Minuten. Abschmecken.

Zum Anrichten nimmt man Fisch und Meeresfrüchte mit einem Schaumlöffel aus der Suppe und legt sie auf eine gewärmte Platte. Die Suppe schöpft man in eine große Terrine. Die *rouille* wird mit 2 oder 3 EL Suppe verdünnt und in eine Sauciere gegossen. Bei Tisch legt man eine *croûte* in jeden einzelnen Suppenteller, schöpft die Suppe darüber und arrangiert Fisch und Meeresgetier obenauf. Die *rouille* reicht man separat.

FISCH UND MEERESFRÜCHTE

2 zweipfündige Hummer, aufgeschnitten und gespalten (siehe Anleitung im Rezept Seite 116)

Je 750 g von drei Arten von festem weißem Fisch, in 5 cm große serviergerechte Stücke geschnitten: Heilbutt, Rotbarsch, Schellfisch, Pollack, Steinbeißer, Kabeljau, Hecht, Steinbutt und Seelachs

1 Aal, in 5 cm lange Stücke geschnitten (nach Belieben)

1 kg lebende Pfahlmuscheln

1 kg frische oder tiefgekühlte Kammuscheln in Hälften oder Viertel geschnitten

12 *croûtes* (siehe *soupe à l'oignon*, Seite 88)

Bouillabaisse wird am besten in einer Terrine zu Tisch gebracht. Die *rouille* serviert man separat.

RESTAURANT
PILS EXPORT
PASCALINE
Dégustation de Coquillages 1er Choix
Salubrité 4647
PASCALINE
Sa Reine des Coquillages
Maison PASCALINE
Dégustation de Coquillages
Passer la Commande avant d'Entrer
PASCALINE
Gde Dégustation de Coquillages

VII

Fisch: Exotisch und vertraut

Auf einem Markt der altertümlichen Vieux-Port-Gegend der Stadt warten schön sortierte Muscheln, die ganz frisch aus den Gewässern rings um Marseille kommen, auf die morgendlichen Käufer. Der Laden heißt nach seiner Eigentümerin „Pascaline, die Königin der Muscheln“.

Für viele Ausländer sind Franzosen häufig eigenartige Leute. Dies gilt besonders für Eßgewohnheiten. Ein Franzose wird sich gewisse Nahrungsmittel mühsam suchen, mit viel Liebe zubereiten und mit Vergnügen aufessen, die für weniger abenteuerlustige Gaumen einfach fremdartig sind. Wir gewöhnen uns jedoch allmählich an viele Früchte der Natur, die in Frankreich so köstlich zubereitet werden. Heutzutage gibt es wenige weitgereiste Menschen der westlichen Welt, die noch nicht die französische Küche kennenlernten, mit Verstand genossen und teilweise in ihren häuslichen Küchenplan aufnahmen.

Schnecken sind ein gutes Beispiel. Einst verachtet, sind sie neuerdings sogar zum Schmuggelgut geworden. Die Nachfrage von seiten der Touristen und des Exports wurde so groß, daß sie zu einem Zeitpunkt tatsächlich von der Ausrottung bedroht waren und schamlos über schweizerische und italienische Grenzen in französische Küchen geschmuggelt wurden. Zwei Drittel der verzehrten Schnecken werden aus allen Teilen von West- und Osteuropa eingeführt.

Schnecken werden gewöhnlich nach Burgunder Art zubereitet und in ihren Gehäusen in kräftig mit Knoblauch und Kräutern gewürzter Butter serviert. Bei wem sich nicht der Magen gegen diese Würzung sträubt oder wer keine unüberwindliche Abneigung gegen Mollusken im allgemeinen und kriechende und krabbelnde Tiere im besonderen hat, wird sie in der Tat als eine Delikatesse ansehen.

Sie werden normalerweise mittags als Hors d'œuvre gereicht, sechs oder zwölf auf einer sehr heißen, mit Vertiefungen versehenen Platte. Sie sind nahrhaft, schon wegen der Sauce, von der jeder Tropfen von einem richtigen Schneckenesser sorgfältig mit Brot aufgestippt wird. In Dijon habe ich sogar gesehen, wie kräftige Burgunder an einem kalten Markttag vier oder fünf Dutzend davon auf einen Sitz verschlangen und dann gleich einen kräftigen Eintopf oder ein *ragoût,*

UMGANG MIT SCHNECKEN

Schnecken, die in vielen Lebensmittelgeschäften in Dosen angeboten werden, haben einen Geschmack, an den man sich erst gewöhnen muß. Die Gehäuse sind separat verpackt. Das richtige Besteck, das man fast überall bekommt, ist unten gezeigt.

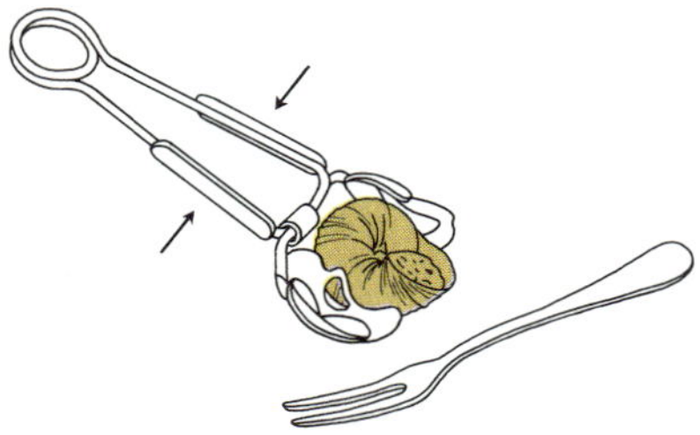

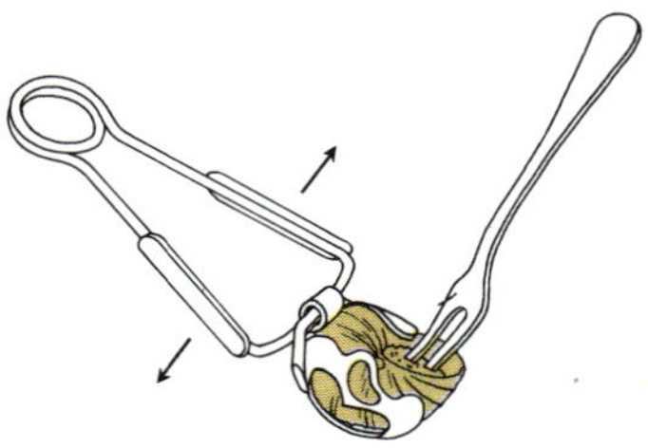

Schnecken werden mit einer Zange gehalten *(oben)*. Mit einer zweizinkigen Gabel nimmt man das Weichtier aus dem Gehäuse. *Unten:* Eine Pfanne mit runden Ausbuchtungen wird zum Backen und zum Servieren benutzt.

ESCARGOTS À LA BOURGUIGNONNE FÜR ZWEI PERSONEN: Eine Dose mit 24 Schnecken abgießen. 125 g weiche Butter, 1 EL sehr feingeschnittene Schalotten oder Frühlingszwiebeln, 1 TL gehackter Knoblauch, 2 EL kleingehackte, frische Petersilie, Salz und Pfeffer sahnig rühren. Diese Mischung in jedes Gehäuse füllen, die Schnecken hineinstecken und mit dem Rest der Mischung verschließen. Die Gehäuse auf Schneckenpfannen setzen und etwa 10 Minuten im heißen Ofen backen, bis die Butter schäumt.

einen Salat und eine gute Obsttorte folgen ließen. Man braucht wohl nicht zu betonen, daß eine solche Leistung nur durch jahrelange Übung erreicht werden kann.

Ein anderes Lebewesen, dem die Franzosen einen Ehrenplatz auf ihrem Tisch eingeräumt haben, ist der Frosch. Vor kurzem noch waren die Engländer über diesen fremdländischen Geschmack derart empört, daß sie die Franzosen, über die sie sich sowieso ärgerten, „Froschesser" oder einfach „Frösche" nannten. Jetzt hat sich der Ton geändert, was zum Teil einer Diplomatie der guten Verdauung zu danken ist.

Neuerdings gibt es in vielen Ländern dank der Tiefkühlkonservierung tropische Ochsenfroschschenkel, die so groß sind, daß sie zuweilen wie Hühnerschenkel zubereitet werden. Aber geschmacklich kann man sie nicht mit den herrlichen Leckerbissen vergleichen, die man fast überall in Frankreich findet, wo es belebte, kalte Flüsse und Seen gibt. Man nennt sie *cuisses de grenouilles,* sie sind vielleicht 5 Zentimeter lang, und sie werden enthäutet und so zubereitet, daß die beiden kleinen Schenkel miteinander verbunden bleiben. Man darf sie mit den Fingern essen (anscheinend sind sie besonders schmackhaft auf diese Weise), indem man die zwei winzigen Knöchel mit beiden Händen faßt und mit einem Biß die köstlichen kleinen Muskeln abzieht. Diese Happen werden heiß aus der Butter, in der sie schnell angebraten wurden, serviert. Dazu gibt es Zitrone und Petersilie, oder sie können nach dem Rezept *(Seite 112)* für *coquilles St. Jacques à la provençale* zubereitet werden. Man kann sie auch, wie ich herausgefunden habe, an Stelle von Muscheln verwenden. Jedes der entsprechenden guten französischen Rezepte eignet sich dafür, wie *à la crème, marinière* und so weiter.

Offenbar ist nach Meinung der Franzosen fast alles, was lebt, auch eßbar. Ein anderer schmackhafter Beweis für diese gallische Theorie sind *les goujons. Goujon* ist ein kleiner Fisch, den wir Gründling, Stint oder Elritze nennen. Laut Lexikon ist dies ein kleiner Süßwasserfisch, den man als Köder benutzt. Unter der einleuchtenden Voraussetzung, daß das, was für Lachs und Hecht gut genug zum Verspeisen ist, auch für ein zweibeiniges Lebewesen genießbar sein müßte, entwickelten die Franzosen eine Technik, diese Fischchen so zu kochen, wie man sie anscheinend nirgendwo anders in einer solchen Vollendung zubereitet.

In vielen Gegenden, die von Bächen und Flüssen durchzogen werden, sind *goujons* genauso eine Spezialität, wie *terrine de foie gras* oder Bar-le-Duc-Gelee es in anderen sein mögen. Sie werden einfach, schnell und in riesigen Mengen gekocht, so daß eine Portion *petite friture* („Gebratenes" aus kleinen Fischen), die auf einer heißen Platte aufgetürmt und mit Zitronenvierteln umlegt ist, jedes gute Sonntagsessen in einem Landgasthof einleiten kann. Sie kann auch das Hauptgericht eines einfachen Abendessens sein, das in der Dämmerung unter Bäumen an einem See oder auch vor einem schönen Winterfeuer gereicht wird.

Gewöhnlich werden die winzigen Fische in einen einfachen Backteig (aus Mehl und Bier im Norden) getaucht und im Fett schwimmend gebacken. Dabei hält man sie während der wenigen Sekunden, bis sie bräunen, mit der Gabel auseinander. In einigen Provinzen serviert man sie zusammen mit dünnen Kartoffelstreifen, das dann fast wie eine elegante Abwechslung zu dem gleichermaßen klassischen britischen *fish-and-chips* aussieht. Sind die *goujons* gerade richtig, so kann man sie mit Kopf und Schwanz essen, sind sie aber länger als sieben Zentimeter, so faßt man sie gewöhnlich an Kopf oder Schwanz (oder beiden) und beißt nur das zarte Mittelstück heraus, ohne den fast unsichtbaren Gräten Beachtung zu schenken.

Ganz kleine Fische werden auf diese Weise an den Küsten Frankreichs und auch in den Flußgebieten serviert. Ich habe sie oft in Marseille sowohl in den besten wie auch in den bescheidensten Restaurants gegessen. Größer als echte Sprotten, kleiner als Sardinen, sind sie knusprig und angenehm von der Platte zu naschen.

Ein Fisch, der in England, Skandinavien und Teilen Italiens ebensoviel gilt wie in Frankreich, ist der Aal. In einigen anderen Ländern – Kanada und Australien zum Beispiel – ist er eine Spezialität bestimmter Gegenden oder Bevölkerungsgruppen, die ihn nach Rezepten zubereiten, die sie aus ihrer Heimat mitgebracht haben.

In England schätzt man ihn seit Jahrhunderten in Pies, Stews und Suppen. Sein zartes weißes Fleisch wurde geräuchert, geröstet, gebraten, gegrillt und gekocht, aber niemals mit dem Einfallsreichtum der abenteuerlustigen französischen Köche zubereitet. Wie bei jeder echten Regionalkunst sind die Rezepte für Aal das natürliche Resultat dessen, was zum Kochen vorhanden ist. In der Provence habe ich Aal gegessen, der mit Safran gedünstet war und mit der gleichen *rouille* serviert wurde, die oft zur *bouillabaisse* gereicht wird. Sie ist so brennend scharf wie alles, was man in Mexiko *salsa fuerte* nennt. In der Touraine, im Norden und Westen, wird die berühmte *matelote* aus Aal oder anderen Süßwasserfischen mit Pflaumen angerichtet, in Burgund dagegen ist sie dunkel und duftet nach Wein.

Der Markt der Nahrungsmittel, die seit langem von Leuten mit toleranten oder wagemutigen Gaumen geschätzt wurden, vergrößert sich auf der ganzen Welt. Einmal erzählte mir ein Fischer in Monterey in Kalifornien, daß über 150 Sorten wohlschmeckender Seelebewesen in der Gegend gefangen und gegessen würden, daß aber nur 10 Arten gewerbsmäßig verkauft werden.

„Wer ißt dann ...?“ fragte ich.

„*Wir*“, sagte er mit Stolz und Freude, und nahm mich mit nach Hause zu einer der besten Fischsuppen, die ich je irgendwo gegessen habe. Darin waren ganz kleine Tintenfische und papierdünne Scheiben von Abalone-Muscheln, die in letzter Minute hineingeworfen worden waren, außerdem einige kleine Krebse, mit der Schale zusammen gesäubert, einige dicke Scheiben einer Art von Seewolf, die nicht marktgängig war, und eine Handvoll unbestimmbarer winziger Fische.

In Frankreich werden Austern gewöhnlich roh gegessen, aber Pfahlmuscheln, Kamm- und andere Muscheln finden ihren Weg in alle Arten von köstlichen, gekochten Hors d'œuvres oder Fischgerichten, die sich als zweiter Gang eines umfangreichen Essens oder als leichter Hauptgang eignen. Je nach der Gegend, in der sie gefunden werden, können diese Muscheln mit Butter und Sahne (im Norden) oder mit Olivenöl, Knoblauch, Kräutern und Tomaten (im Süden) zubereitet werden.

A l'Armoricaine gegen à l'Américaine

Eine interessante Verwirrung auf diesem regionalen Gebiet ist schon lange Grund zu hitzigen Auseinandersetzungen über ein Hummergericht. Sollte es heißen: *homard à l'armoricaine* (nach Armorica, wie die Bretagne einst genannt wurde) oder *à l'américaine* (nach Amerika)? Einige glauben, daß es unmöglich eine echte Kreation der Bretagne sein kann, sondern in seiner Anwendung von Tomaten, Knoblauch, Kräutern und Öl eher provenzalisch ist. Andere führen die unterschiedliche Schreibweise – *à l'américaine* – auf amerikanische Gäste zurück, die dieses Gericht vor langer Zeit zum erstenmal in einem Pariser Restaurant mit Genuß verzehrten. Eine andere Partei macht die Verwirrung noch größer, indem sie ein ganz anderes Tier ins Spiel bringt und sich auf die bretonische Zubereitungsart der hummerähnlichen Languste – *langouste à l'armoricaine* – bezieht. Was auch immer der Ursprung des Namens sein mag, das dazugehörige Gericht *(Seite 116)* ist ein Genuß und eine der zahllosen Arten, sich mit dem Hummer zu befassen.

Die sich ständig ausbreitende Kenntnis der Tiefgefriertechniken und der Verwendungsweisen tiefgefrorener Produkte hat es endlich möglich gemacht, daß auch Binnenländern ausgezeichnete Krebse, Hummer und Kammuscheln zur Verfügung stehen, obwohl sie natürlich nicht so sind wie in Nantes oder einer anderen Küstenstadt frisch vom Boot. Muscheln werden am besten im Dampf gegart und dann mit zerlassener Butter gegessen oder gekocht, um kalt mit einer Schüssel guter Mayonnaise serviert zu werden. Aber ob frisch oder tiefgefroren, sie sind vielen der einfachen Methoden der ländlichen französischen Kochkunst zugänglich. Kammuscheln können auf „Pariser Art" gebacken werden oder gedünstet *à la provençale*. Krebse, Hummer und Langusten werden auf alle möglichen Arten behandelt, entweder einfach in einer Fischbrühe gekocht und mit Mayonnaise serviert oder umständlich miteinander vermischt und mit Geschmackszutaten und Saucen verfeinert, die zu ihrer Landschaft oder ihren Köchen gehören. Schalentiere sind in großen Mengen auf dem Markt zu finden, und in gleich hohem Maße sind sie einfach oder besonders zubereitet auf dem Teller begehrenswert.

Was nun die zahllosen Meer- und Süßwasserfische betrifft, wie Stör, Heilbutt, Kabeljau, Karpfen, Hecht und Forelle, mit denen die Küchen Frankreichs gesegnet sind, so kann man sicher sagen, daß sie gewöhnlich nur einfach gekocht werden und daß sich aller Erfindungsreichtum in den Saucen ausdrückt, die ein Teil des Gerichtes oder die Beigabe sein können. Je nach den anderen natürlichen Reichtümern der Gegend, in der man sie fängt und kocht, werden die Fische in einer *court bouillon* pochiert oder gekocht wie in einer *bouillabaisse* der Provence, einer *cotriade* der Bretagne oder einer *matelote* aus Lothringen.

Die Behandlung und Mißhandlung von Fisch

In ländlichen Gasthöfen entlang den wilden Bächen der Juraberge und auch in großen Restaurants in Paris oder Lyon wird Fisch häufig *au bleu* zubereitet. Gewöhnlich handelt es sich um Forellen, die man schnell fachmännisch tötet und ausnimmt. In einer mit Weißwein angesetzten *court bouillon* werden sie gekocht und nach fünf oder sechs Minuten mit geschmolzener Butter und kleinen Dampfkartoffeln serviert. In einigen Gegenden wird eine Sauce, die man aus der Kochbrühe und Eiern macht, über den Fisch gegossen, der auf einem Bett aus kleinen frischen Karotten liegt. Der Fisch blickt einen wegen seines schnellen Endes etwas vorwurfsvoll an, und man kann nur hoffen, daß er vielleicht zufrieden ist – wenigstens philosophisch gesehen –, so wohlschmeckend zu enden. In Frankreich tun das alle Fische. Ich habe Forellen gegessen, die mehr oder weniger gut zubereitet waren. Ich aß auch welche, die – meiner Meinung nach – mehr ihrem eigenen Geschmack hätten überlassen werden können als dem allzu großen Enthusiasmus ihrer Köche. Das ist besonders in der Provence der Fall, wo an sich köstliches Meeresgetier wie Hummer den gnadenlosen Angriffen von Kräutern und Saucen ausgesetzt ist. Oder der natürliche Geschmack wird so überdeckt von aufwendigen Garnierungen und der Zugabe von Langustenschwänzen und Muscheln, daß der ursprüngliche Geschmack buchstäblich erstickt wird.

Wenn man durch die Welt reist, findet man viele Arten von Speiselokalen. Für mich gibt es eine sichere Methode zu beurteilen, ob das Restaurant sich selbst verdammt oder ob es erlebt, mich wiederzusehen. Ich bestelle eine Seezunge oder irgendeinen anderen Fisch, der als *meunière* auf der Karte steht. Obwohl die Bezeichnung verlangt, daß der Fisch leicht gemehlt und in Butter gebraten wird, habe ich es manchmal erlebt, daß er mit einem festen Teig überzogen und in tiefem und glücklicherweise nicht analysiertem Fett schwimmend gebraten war. Natürlich sah er nach etwas aus. Er hatte eine in einen kleinen Pappbecher gefüllte Garnierung von Sauce Tartare, war umlegt mit verschiedenen, fast unkenntlichen Gemüsen, die ich nicht bestellt hatte und die ihr verkochtes Äußeres nie auf einem Teller zusammen mit einem Fischgericht hätten zeigen dürfen.

Dafür denke ich entschlossen daran, nach Frankreich zurückzukommen, in irgendein Restaurant des Landes, das meinem Geldbeutel entspricht, von der einfachsten Studentenkneipe bis zum elegantesten Lokal in Paris. Ich werde dann, um meinen beleidigten Gaumen zu beschwichtigen, *sole meunière* bestellen.

In einem einfachen Restaurant werde ich sie selbst entgräten. Diese Übung meiner Geschicklichkeit entgeht mir in einem größeren Lokal, wo der Kellner gern seine Kunstfertigkeit zeigt. Der Fisch wird seinen knusprigen, braunen Schwanz über den Rand des Tellers hängen, wie das recht oft geschieht. (Ich esse auch den Schwanz, das ist der letzte pikante Bissen.) Die Seezunge wird nach nichts anderem schmecken als nach der frischen Butter, in der sie rasch gebraten wurde, und sie wird, im Unterschied zu einer richtig zubereiteten Forelle, ohne Kopf sein. Die in der Pfanne verbliebene Butter wird darübergegossen, und alles ist goldbraun und von köstlichem Wohlgeschmack, nicht beeinträchtigt von Kräutern, gestiftelten Mandeln oder selbst einem Schuß Weißwein.

Eine aufgeschnittene Zitrone wird zur Hand sein. Die beiden Hälften werden entlang dem Rücken sauber von meinem Fischmesser abgehoben, und die gebräunten Seitenflossen werden, so zierlich sie auch sind, grausam weggerissen, obwohl ich es immer bedaure, nicht auch sie noch essen zu können. Und wenn ich einmal die Oberseite fertig habe, kann ich das Rückgrat der schmackhaften Kreatur mit einem Ruck herauslösen und die andere Hälfte, die noch heiß und etwas butterig ist, angehen.

Ich werde glücklich aus meiner Erinnerung jede schlechtere *sole meunière* löschen.

Seeigel, diese Stachelschweine des Meeres, vor denen barfüßige Badegäste solche Angst haben, werden zusammen mit Seesternen in einem Hafenbecken von Marseille vom Heck eines Fischerbootes aus als Delikatessen angeboten.
Das korallenfarbene Fleisch der Seeigel wird mit einem Teelöffel herausgekratzt, mit Zitronensaft gewürzt und roh verzehrt.

Dieses Boot dient den Fischerfrauen als schwimmender Verkaufsstand für einen Fang Aale, Makrelen und Sardinen.

Die bunten Märkte im Hafen von Marseille

Als Frankreichs größte Stadt nach Paris und als dessen allerälteste verdient Marseille seinen Lebensunterhalt als Seehafen, in dem alles von Öl und Seife bis zu Weizengrieß verschifft wird. Der Gastronomie dient es durch seine Fischereiflotte. Jeden Morgen, außer sonntags, drängen sich kleine, von den Fanggründen kommende Boote in den Hafenbecken. Ihre Ladung wird direkt von Deck aus oder auf den nahegelegenen Fischmärkten verkauft, um dann bald auf Zehntausenden von französischen Eßtischen zu landen. Das Hafengebiet von Marseille hat einen der farbenprächtigsten Märkte der Welt. Hier liegen köstliche rosa Hummerkrabben neben blauen und weißen Muscheln, roten Meeräschen oder Tintenfischen. Alles, was das Meer bietet, ist hier wie zu einer riesigen *bouillabaisse* zusammengetragen.

Marseiller Geschäftsleute feilschen mit den Fischern um Meeräschen, die gerade in der Nacht zuvor gefangen wurden.

In einer Verkaufsbude am Hafen stehen Kästen mit Muscheln, die roh mit einem Spritzer Zitronensaft gegessen werden.

KAPITEL **VII** REZEPTE

Bar Poché au Beurre Blanc

POCHIERTER SEEBARSCH MIT WEISSER BUTTERSAUCE

Für 6 Personen

COURT BOUILLON

2 l Wasser
2 Tassen herber Weißwein
1/4 Tasse Weinessig
3 Zwiebeln, in dicke Scheiben geschnitten
2 Karotten, in 2 1/2 cm große Stücke geschnitten
4 Stiele Selleriekraut, in 2 1/2 cm große Stücke geschnitten
4 Stengel Petersilie
2 Lorbeerblätter
1 TL feingeschnittener frischer Estragon oder 1/2 TL getrockneter Estragon
1 TL feingeschnittener frischer Thymian oder 1/2 TL getrockneter Thymian
2 EL Salz
10 Pfefferkörner

FISCH

Ein drei- bis dreieinhalbpfündiger ganzer gestreifter Seebarsch (Seewolf), ausgenommen und entschuppt, aber noch mit Kopf und Schwanz (man kann auch jeden anderen weißfleischigen Fisch verwenden, wie Rotbarsch, Schellfisch, Kabeljau, Pollack oder Seeforelle)
Frische Petersilienstengel

BEURRE BLANC

1/3 Tasse Weinessig
1/3 Tasse herber Weißwein
2 EL feingehackte Schalotten oder Frühlingszwiebeln
1/2 TL Salz
1/8 TL weißer Pfeffer
250 g Butter, in 16 eßlöffelgroße Stücke zerteilt und eisgekühlt

In einem 6 bis 8 l fassenden, emaillierten oder rostfreien Stahltopf oder Suppenkessel bringt man alle Zutaten für die *court bouillon* auf großer Flamme zum Aufwallen. Man deckt dann den Topf teilweise zu, reduziert die Hitze und läßt 30 Minuten ziehen. Durch ein großes Haarsieb in einen Fischkocher oder einen großen tiefen Bräter mit Deckel gießen und zum Abkühlen auf die Seite stellen.

Wenn die *court bouillon* lauwarm ist, wäscht man den Fisch innen und außen unter fließendem, kaltem Wasser. Ohne ihn abzutrocknen hüllt man ihn in ein großes, doppelt gelegtes feuchtes Stück Mull, wobei man mindestens 15 cm an jeder Seite überstehen läßt, um anfassen zu können, wenn man den Fisch in den Topf einlegt oder herausnimmt. Die Enden des Tuches dreht man zusammen und bindet sie mit einem Faden zu, dann legt man den Fisch auf den Einsatz des Fischkochers oder Bräters und stellt ihn in die *court bouillon* hinein. (Wenn man einen Bräter benutzt, so bindet man die Enden des Mulls um die Griffe des Topfes.) Die *court bouillon* sollte 4 bis 5 cm über den Fisch reichen. Falls nötig, Wasser aufgießen.

Zudecken, bis zum Siedepunkt erhitzen lassen, die Temperatur verringern und etwa 15 Minuten ziehen lassen. Den Topf vom Feuer nehmen und den Fisch weitere 15 Minuten darin abkühlen. Nun hebt man an den Enden des Mulls den Fisch aus dem Topf und legt ihn auf ein großes Tranchierbrett oder eine Platte. Man öffnet den Mull und enthäutet den Fisch mit einem kleinen scharfen Messer, indem man die Haut am Schwanz einschneidet und sie behutsam in Streifen zu den Kiemen hin abzieht. An den beiden Enden des Tuches hebt man den Fisch vorsichtig hoch und wendet ihn um auf eine vorgewärmte Servierplatte. Die Haut auch auf der umgedrehten Seite abziehen. Mit Petersilienstengeln garnieren und vorsichtig zudecken, um den Fisch warmzuhalten. (Die *court bouillon* kann im Kühlschrank aufbewahrt oder zur Wiederverwendung eingefroren werden.)

BEURRE BLANC: In einem 1 1/2 bis 2 l fassenden, emaillierten Topf bringt man Essig, Wein, Schalotten, Salz und Pfeffer auf großer Flamme zum Aufwallen und kocht ohne Deckel unter gelegentlichem Umrühren, bis die Flüssigkeit auf ungefähr 1 EL reduziert ist – es sollte gerade noch ein Film auf dem Boden des Topfes sein. Den Topf vom Feuer nehmen und sofort 3 EL eisgekühlte Butter einrühren, wobei man ständig mit dem Schneebesen schlägt, bis die Flüssigkeit alle Butter aufgenommen hat.

Den Topf auf die niedrigste Temperatur setzen und den Rest der eisgekühlten Butter unter ständigem Schlagen stückweise zugeben. Jedes Butterstück muß aufgelöst sein, ehe man das nächste zufügt. Die fertige Sauce soll eine dicke, elfenbeinfarbene Creme sein. Sofort in einer warmen – nicht heißen – Sauciere anrichten.

Um den Fisch vor dem Anrichten zu entgräten, zerteilt man die obere Lage mit einem Fischserviermesser in einzelne Portionen, ohne bis zur Hauptgräte durchzuschneiden. Kopf und Schwanz unbeschädigt lassen. Die Portionen mit dem Fischvorlegebesteck abheben und sie auf einer anderen Platte arrangieren. Dann hebt man die Hauptgräte ab und zerteilt die untere Lage Fisch in Portionen.

ANDERE MÖGLICHKEIT: Um gekochten Seebarsch kalt zu servieren, kocht und enthäutet man ihn, wie oben beschrieben. Man deckt dann den Fisch mit Plastik- oder Alufolie zu und stellt ihn für einige Stunden in den Kühlschrank. Man serviert den Fisch mit *mayonnaise aux fines herbes (Seite 74)* und garniert ihn mit frischen Kräutern, ganzen kleinen Tomaten und Zitronenscheiben.

Fischabfälle ergeben eine nützliche Suppengrundlage (Rezept auf Seite 92).

Eine grundlegende Technik: Pochieren eines Seebarsches

1. Man gibt alle Zutaten für eine kräftige *court bouillon* *(siehe Rezept Seite 105)* in einen Topf, erhitzt auf 100° und läßt etwa 30 Minuten auf kleiner Flamme ziehen.

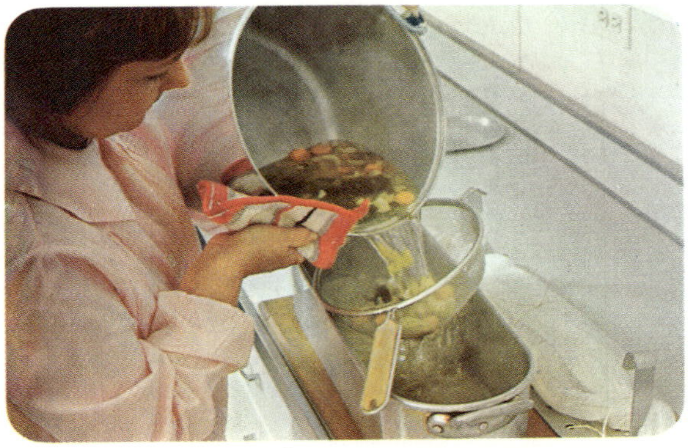

2. Durch ein Haarsieb in einen Fischkocher abgießen und die Brühe abkühlen lassen, bis sie lauwarm ist. Man kann auch einen Bräter mit Deckel benutzen.

3. Man drückt die Gemüse mit dem Rücken eines Löffels gut aus, damit sie alle Aromastoffe an die *court bouillon* abgeben, ehe man sie wegwirft.

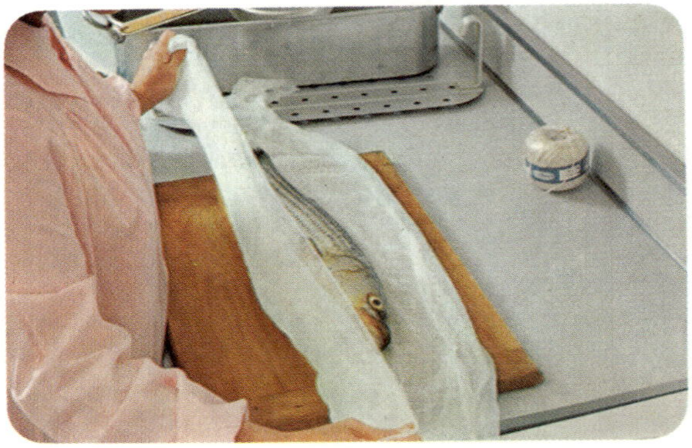

4. Nachdem man den Fisch unter kaltem Wasser gewaschen hat, schlägt man ihn lose in eine doppelte Lage Mull und bindet die Enden zusammen.

5. Den Fisch auf den Einsatz des Kochers legen und in die Flüssigkeit stellen. Bei einem Bräter bindet man die Tuchenden an die Griffe des Topfes.

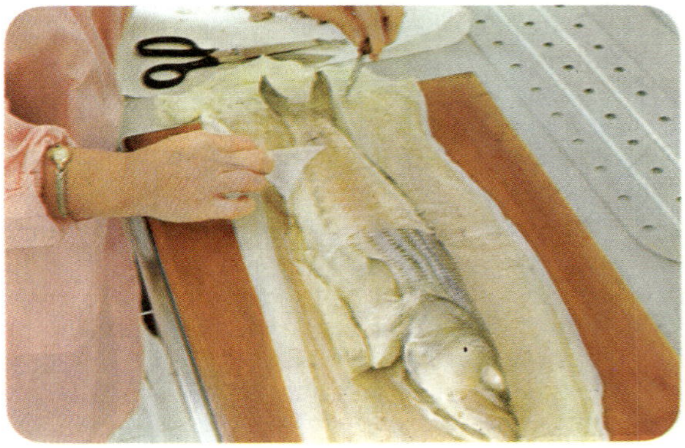

6. Will man den Fisch nach dem Kochen abziehen, macht man am Schwanz und an den Seiten Einschnitte und zieht die Haut behutsam ab.

7. Kalter, pochierter Seebarsch wird mit Zitronenscheiben, Brunnenkresse, Gurkenscheiben und kleinen Tomaten ansprechend garniert.

3. Beim Servieren des Fisches schneidet nan die Portionen bis zur Hauptgräte lurch und läßt die Hauptgräte zurück.

9. Man hebt die einzelnen Portionen mit einem flachen Fischmesser oder einem Spachtel oberhalb der Mittelgräte ab.

10. Ist die obere Lage Fischfleisch serviert, so kann die Hauptgräte gelöst und in einem Stück entfernt werden.

Poisson Farci à la Florentine

GEBACKENER FISCH MIT SPINATFÜLLUNG

Für 6 bis 8 Personen

SPINATFÜLLUNG

- 4 EL Butter
- 3 EL feingehackte Schalotten oder Frühlingszwiebeln
- 250 g feingehackter, gekochter frischer Spinat, fest ausgedrückt oder ein 300-g-Paket gehackter Tiefkühlspinat, aufgetaut und völlig trocken ausgedrückt
- 2 1/2 Tassen frisches, sehr fein gekrümeltes Weißbrot
- 2 bis 4 EL süße Sahne
- 1/4 TL Zitronensaft
- 1/2 TL Salz
- Frisch gemahlener schwarzer Pfeffer

FISCH

- Ein vier- bis fünfpfündiger Rotbarsch, ausgenommen und entschuppt, Hauptgräte entfernt, aber noch mit Kopf und Schwanz (oder Schellfisch, Kabeljau, Lachs und Makrele)
- 6 EL zerlassene Butter
- 1 Tasse herber Weißwein
- 1 EL Butter
- Teller- oder Brunnenkresse, Petersilie und dekorativ geschnittene Zitronen

SPINATFÜLLUNG: Man nimmt eine emaillierte oder rostfreie Stahlpfanne von 15 bis 20 cm Durchmesser, läßt darin auf mäßiger Hitze 4 EL Butter zergehen, in der man die Schalotten 2 Minuten dünstet, bis sie weich, aber noch nicht braun sind. Dann gibt man den Spinat dazu und kocht ihn unter ständigem Rühren 2 oder 3 Minuten auf großer Flamme, um den größten Teil der Feuchtigkeit zu verdampfen. Alles in eine große Rührschüssel geben, Brösel, Sahne, Zitronensaft, Salz und etwas Pfeffer zufügen und behutsam alles mischen. Falls nötig noch mit etwas Zitronensaft, Salz und Pfeffer würzen.

DEN FISCH BACKEN: Den Backofen auf 200° vorheizen. Den Fisch innen und außen unter fließendem Wasser waschen und sorgfältig mit Küchenkrepp trocknen. Nun gibt man die Füllung hinein, verschließt die Öffnung mit kleinen Spießchen und verschnürt kreuzweise mit Bindfaden (2. Photo auf der gegenüberliegenden Seite). Mit 2 EL zerlassener Butter bestreicht man den Boden eines flachen, feuerfesten Geschirrs, das groß genug ist, um den Fisch aufzunehmen. (Wenn man es vorzieht, den Fisch auf einer Platte zu servieren, so kleidet man das Geschirr mit einem langen Stück Folie aus, die auf beiden Seiten gebuttert ist, um später den Fisch leichter handhaben zu können.) Man legt den Fisch in das Geschirr, bestreicht die Oberseite mit weiteren 2 EL zerlassener Butter, salzt und pfeffert. Den Rest der zerlassenen Butter vermengt man mit dem Wein und gießt ihn rings um den Fisch. Auf dem Herd zum Siedepunkt bringen, dann gart man ihn ohne Deckel auf dem mittleren Einschub des Ofens und begießt ihn dabei alle 5 bis 7 Minuten mit dem Saft, der sich im Geschirr sammelt. Wenn der Wein verdunstet, gießt man, wenn nötig, bis zu 3/4 Tasse zu.

In 40 bis 50 Minuten soll der Fisch gerade fest sein, wenn man leicht mit dem Finger darauf drückt. Man nimmt das Geschirr aus dem Ofen und gießt – falls der Fisch darin serviert werden soll – den Saft in einen kleinen Topf ab. Wird der Fisch auf einer Platte angerichtet, so hebt man vorsichtig Folie und Fisch aus dem Geschirr, indem man die langen Enden als Griffe benutzt. Behutsam läßt man den Fisch von der Folie auf die Platte gleiten.

Den Saft kocht man auf großer Flamme ein, bis er sirupartig ist. Vom Feuer nehmen, 1 EL Butter einrühren und die Sauce über den Fisch gießen. Man serviert den Fisch allein oder mit *beurre blanc (Seite 105)* oder Holländischer Sauce *(Seite 74)*. Er wird mit Kresse oder Petersilie und dekorativ geschnittenen Zitronen garniert.

Darnes de Saumon Grillées au Beurre d'Escargots

GEGRILLTE LACHSSTEAKS MIT KRÄUTERBUTTER

Für 4 Personen

KNOBLAUCH-KRÄUTERBUTTER

- 125 g Butter
- 1 EL feingeschnittene Schalotten oder Frühlingszwiebeln
- 1 TL feingehackter Knoblauch
- 2 EL feingehackte frische Petersilie
- Salz
- Frisch gemahlener schwarzer Pfeffer

FISCH

- 4 Lachssteaks, 2 1/2 cm dick geschnitten, jedes ungefähr 375 g schwer
- 1/4 Tasse zerlassene Butter
- Salz
- Frisch gemahlener schwarzer Pfeffer
- 2 Zitronen, in Viertel oder Scheiben geschnitten

KRÄUTERBUTTER: Man rührt zunächst die Butter schaumig, indem man sie mit einem Holzlöffel gegen die Seiten einer kleinen Schüssel schlägt, bis sie ganz sahnig ist. Dann gibt man Schalotten, Knoblauch, Petersilie, Salz und nach Geschmack etwas Pfeffer dazu.

LACHSSTEAKS: Man heizt den Grill 15 Minuten lang vor, bis er sehr heiß ist. Die Lachssteaks trocknet man gründlich mit Küchenkrepp. Mit einem Kuchenpinsel bestreicht man beide Seiten der Steaks mit zerlassener Butter, legt sie auf den Rost und grillt sie – die Oberseite der Steaks 7 bis 10 cm vom Heizelement entfernt – 3 Minuten auf jeder Seite. Dann mit der verbliebenen, zerlassenen Butter oder mit der Butter aus der Grillpfanne bestreichen, salzen, pfeffern und weitere 3 Minuten grillen. Umdrehen, erneut bestreichen und noch etwa 5 bis 8 Minuten grillen, bis sie sich fest anfühlen. Mit einem Spachtel legt man die Steaks auf eine vorgewärmte Servierplatte und garniert mit Zitronenvierteln oder -scheiben. Die Kräuterbutter streicht man über die Steaks oder reicht sie separat in einer Sauciere.

1. Da die Füllung beim Backen aufgeht, stopft man den Fisch nicht zu fest.

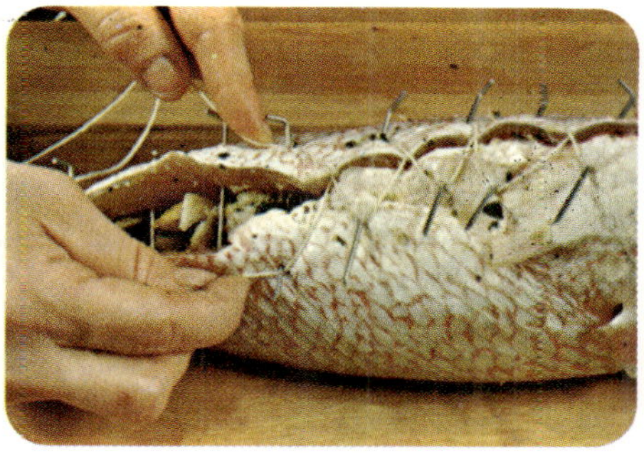

2. Man steckt die Öffnung mit Spießchen zu und verschnürt sie fest mit Garn.

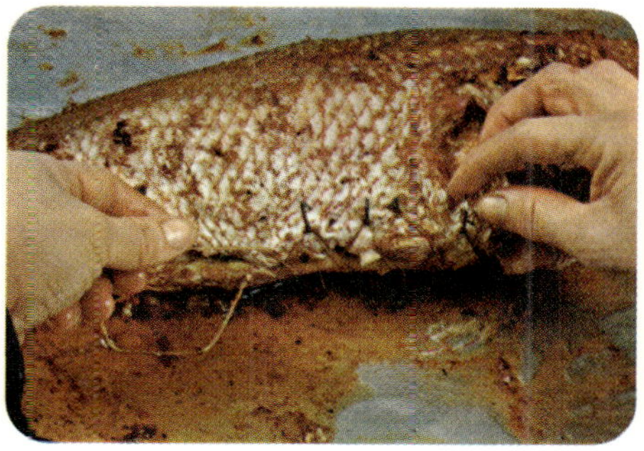

3. Nach dem Backen zieht man die Spießchen heraus und entfernt das Garn.

Ein ganzer Fisch, so wie dieser Seebarsch mit Spinatfüllung, ist mit Zitronenhälften und Petersilie garniert ein eindrucksvolles Gericht.

Für 6 bis 8 Personen

375 g frische Champignons
4 EL Butter
2 EL Pflanzenöl
1 EL feingehackte Schalotten oder Frühlingszwiebeln
1 TL Zitronensaft
1 1/2 kg Seezungen- oder Schollenfilets, abgezogen und in gleichgroße, serviergerechte Stücke geschnitten
Salz
Frisch gemahlener schwarzer Pfeffer
3/4 Tasse herber Weißwein
Wasser

Filets de Sole Bonne Femme

SEEZUNGENFILETS MIT CHAMPIGNONS UND WEINSAUCE

Den Backofen auf 180° vorheizen. Die Köpfe von 12 bis 16 Champignons abschneiden und den Rest sowie alle Stiele in Scheiben schneiden. In einer Email- oder Edelstahlpfanne von 15 bis 20 cm Durchmesser zerläßt man auf mäßiger Hitze 2 EL Butter mit 1 EL Öl. Man schwenkt die ganzen Champignonköpfe 1 oder 2 Minuten in dem heißen Fett, bis sie leicht gebräunt sind, dann stellt man sie in der Pfanne beiseite. In einer Email- oder Edelstahlpfanne von 20 bis 25 cm Durchmesser zerläßt man auf mäßiger Hitze 2 EL Butter mit 1 EL Pflanzenöl. Die in Scheiben geschnittenen Champignons dazugeben und unter ständigem Rühren 2 Minuten dünsten. Die Schalotten zufügen, 1 Minute dünsten und den Zitronensaft zugießen.

Man buttert ein flaches, feuerfestes Geschirr, das groß genug ist, die Filets in einer Lage aufzunehmen, gut aus, und legt die Filets nebeneinander hinein, wobei man sie einmal zusammenfaltet, wenn sie weniger als 6 mm dick sind. Salzen, pfeffern und die Champignon-Schalottenmischung über den Filets verteilen. Man gießt den Wein und so viel Wasser zu, daß es knapp bis zur Oberseite der Fische reicht. Auf der Herdplatte vorsichtig bis zum Siedepunkt erhitzen, mit gebuttertem Pergamentpapier bedecken und dann auf dem mittleren Einschub des Backofens 8 bis 10 Minuten garen, bis die Filets gerade fest sind, wenn man auf sie drückt. Aus dem Ofen nehmen und

Die Flüssigkeit, die sich während des Dünstens der Seezungenfilets angesammelt hat, wird mit einer Küchenpipette abgesaugt. Die Brühe gießt man durch ein Sieb in einen Topf. Die eingekochte Flüssigkeit ist die Grundlage der *sauce crème*.

Filets de sole bonne femme mit *sauce crème* und einer Garnitur von Champignons werden in dem gleichen feuerfesten Geschirr serviert, in dem sie gegart wurden.

das Pergamentpapier entfernen. Vorsichtig schöpft man die Flüssigkeit aus dem Geschirr und siebt sie in einen 1½ bis 2 l fassenden Topf. Das feuerfeste Geschirr stellt man lose zugedeckt zur Seite, um den Fisch warmzuhalten. Die Pochierflüssigkeit kocht man auf großer Flamme, bis sie zu 1 Tasse eingekocht ist.

SAHNESAUCE: In einem schweren, 2 bis 3 l fassenden Topf läßt man 4 EL Butter auf mäßiger Hitze zergehen. Sobald der Schaum verschwindet, nimmt man den Topf vom Feuer und rührt das Mehl hinein. Auf schwache Hitze zurücksetzen und ein oder zwei Minuten durchschwenken. Den Topf vom Herd nehmen und langsam die eingekochte Pochierflüssigkeit zugeben. Dabei ständig rühren. Dann schaltet man wieder auf hohe Temperatur und kocht, ständig mit dem Schneebesen schlagend, bis die Sauce aufwallt. Sie soll sehr dick sein. ½ Tasse Sahne zugeben und wieder zum Köcheln bringen. Eßlöffelweise mit Sahne verdünnen, bis die Sauce den Löffel leicht überzieht. Mit Zitronensaft, Salz und weißem Pfeffer würzen.

Unmittelbar vor dem Servieren erhitzt man die Champignonköpfe. Alle Flüssigkeit abnehmen, die sich in dem feuerfesten Geschirr gesammelt hat. Die Sauce vom Feuer nehmen und nach Belieben eßlöffelweise die weiche Butter einrühren. Den Fisch mit der Sauce überziehen und die Champignonköpfe darauf verteilen. Sofort servieren.

SAUCE CRÈME
4 EL Butter
4 EL Mehl
⅔ bis ¾ Tasse süße Sahne
1 EL Zitronensaft
1 TL Salz
Weißer Pfeffer
4 bis 8 EL weiche Butter

Coquilles Saint-Jacques à la Parisienne

MUSCHELRAGOUT MIT CHAMPIGNONS IN WEISSWEINSAUCE

Für 6 Personen

- 1 1/2 Tassen sorgfältig entfettete Hühnerbrühe, frisch, aus Würfeln oder aus der Dose, notfalls Wasser
- 1 1/2 Tassen herber Weißwein
- 3 in Scheiben geschnittene Schalotten oder Frühlingszwiebeln
- 3 Stiele Selleriegrün, in 5 cm große Stücke geschnitten
- 4 Petersilienstengel
- 1 Lorbeerblatt
- 10 ganze Pfefferkörner
- 1 kg Kammuscheln (Scallops aus Tiefkühlung oder Dosen), in 1 cm dicke Scheiben geschnitten
- 375 g frische Champignons, in Scheiben geschnitten

SAUCE PARISIENNE

- 4 EL Butter
- 5 EL Mehl
- 3/4 Tasse Milch
- 2 Eigelb
- 1/4 bis 1/2 Tasse süße Sahne
- Einige Tropfen Zitronensaft
- 1 TL Salz
- Weißer Pfeffer
- 1/4 Tasse geriebener Schweizer Käse

Den Backofen auf 180° vorheizen. In einem schweren, 3 bis 4 l fassenden Topf bringt man Brühe, Wein, Schalotten, Sellerie, Petersilie, Lorbeerblatt und die Pfefferkörner auf großer Flamme zum Kochen. Dann reduziert man die Hitze und läßt ohne Deckel 20 Minuten köcheln. Man gießt die *court bouillon* durch ein Sieb in eine Email- oder Edelstahlpfanne von 25 bis 30 cm Durchmesser, gibt die Muscheln und Champignons dazu, legt den Deckel auf und läßt 5 Minuten lang ziehen. Muscheln und Champignons in eine große Rührschüssel tun. Den Rest *court bouillon* reduziert man zu 1 Tasse.

SAUCE PARISIENNE: In einem 2 bis 3 l fassenden Email- oder Edelstahltopf zerläßt man 4 EL Butter auf mäßiger Hitze. Sobald der Schaum verschwindet, hebt man den Topf vom Feuer und rührt das Mehl ein. Wieder auf schwache Flamme setzen und unter ständigem Rühren ein oder zwei Minuten kochen. Dieser *roux* darf nicht braun werden. Den Topf vom Feuer nehmen und unter ständigem Schlagen mit dem Schneebesen die eingekochte Pochierflüssigkeit und die Milch langsam zugießen. Dann geht man wieder auf hohe Temperatur und kocht die Sauce, wobei man sie mit dem Schneebesen schlägt. Wenn sie dick wird und zum Aufwallen kommt, verringert man die Hitze und läßt sie noch 1 Minute auf der Flamme. Die Eigelb und 1/4 Tasse Sahne mischt man und rührt 2 EL Sauce dazu. Nach weiteren 2 EL Sauce die Eigelb- und Sahnemischung unter die im Topf verbliebene Masse schlagen. Auf mäßiger Hitze unter ständigem Rühren für 30 Sekunden zum Kochen bringen. Vom Feuer nehmen und mit Zitronensaft, Salz und Pfeffer würzen. Die Sauce soll einen Löffel ziemlich dick überziehen. Notfalls verdünnt man sie mit Sahne.

Den Saft, der sich unter den Muscheln und Champignons angesammelt hat, abschöpfen und fortschütten. Dann gießt man etwa 2/3 der *sauce parisienne* dazu und verrührt alles behutsam miteinander. Man buttert 6 Muschelschalen aus, die man auf ein Backblech oder eine Grillpfanne gesetzt hat –, oder auch 6 flache, feuerfeste Schälchen von 10 cm Durchmesser – und füllt die Muschelmischung hinein. Mit der verbliebenen Sauce überziehen, mit Käse bestreuen und im oberen Drittel des Ofens 10 bis 15 Minuten backen, bis die Sauce Blasen wirft. Dann schiebt man sie unter einen heißen Grill und bräunt die Oberseite 30 Sekunden. Sofort servieren.

Coquilles Saint-Jacques à la Provençale

PROVENZALISCHES MUSCHELRAGOUT

Für 4 Personen

- 1 kg Kammuscheln (Scallops aus Tiefkühlung oder Dosen), in 6 mm dicke Scheiben geschnitten
- Salz
- Weißer Pfeffer
- Mehl
- 2 EL Butter
- 3 EL Pflanzenöl

KNOBLAUCHBUTTER

- 125 g Butter
- 1 TL kleingeschnittener Knoblauch
- 2 EL feingeschnittene frische Petersilie
- 1 Zitrone, geviertelt

Man wäscht die Muscheln in kaltem Wasser und trocknet sie mit Küchenkrepp. Mit Salz und Pfeffer würzen, dann in Mehl tauchen und in einem Sieb oder Durchschlag schütteln, um alles Mehl bis auf einen leichten Überzug zu entfernen. In einer Email- oder Edelstahlpfanne von 25 bis 30 cm Durchmesser läßt man 2 EL Butter mit dem Öl auf mäßiger Hitze zergehen. Sobald der Schaum verschwindet, dünstet man die Muscheln in zwei Partien, damit sie nicht zu eng liegen, wobei man die Pfanne schüttelt und die Muscheln umrührt, bis sie leicht gebräunt sind. Mit dem Schaumlöffel oder einem Spachtel legt man dann die Muscheln auf eine vorgewärmte Platte.

KNOBLAUCHBUTTER: In einem 1 1/2 bis 2 l fassenden Topf klärt man 125 g Butter, indem man sie langsam zergehen läßt und dabei den Schaum abschöpft. Die oben schwimmende, klare Butter gibt man in eine Pfanne von 15 bis 20 cm Durchmesser, und die auf dem Boden des Topfes zurückbleibenden milchigen, festen Bestandteile gießt man fort. Die Butter wird nun so lange erhitzt, bis sie zischt, aber nicht bräunt. Vom Feuer nehmen und schnell den Knoblauch einrühren. Man gießt die Knoblauchbutter über die Muscheln, garniert mit geschnittener Petersilie und Zitronenvierteln und serviert sofort.

Kammuscheln werden in Einzelportionen auf Muschelschalen serviert. Dazu reicht man am besten einen herben Weißwein.

Koch gegen Hummer: Eine erfolgreiche Technik

Das Zerlegen und Reinigen eines Hummers ist nicht schwer, wenn man einmal die Technik gelernt hat. Aber *homard à l'américaine (Seite 116)* oder jedes andere Hummergericht schmeckt am besten, wenn der Hummer ganz frisch geschlachtet ist – notfalls von einem selbst. Drei Hinweise, die die Aufgabe erleichtern: ein Handtuch zum besseren Greifen benutzen; sich, wenn man einen lebenden Hummer kauft, vergewissern, daß die Scheren zusammengebunden sind; die Schale auftrennen, indem man mit einem Hammer auf das Messer schlägt. Die Operation scheint nur schrecklich, sie kann jedoch in jeder Küche durchgeführt werden, wenn man sich nach den folgenden Einzeldarstellungen richtet.

1. Mit einem kräftigen Messer schneidet man den Hummer hinter dem Kopf durch. Dadurch wird der Hummer getötet.

4. Der Darmtrakt des Hummers sollte entfernt werden, obwohl es nichts schadet, wenn man ihn ißt.

5. Man dreht oder schneidet die Scheren vom Körper des Hummers. Ein Handtuch hilft, den Körper fest zu greifen.

8. Man halbiert den Körper in der Längsrichtung, wobei man – falls nötig – wieder den Hammer benutzt.

9. Den gelatineartigen Sack im Kopf entfernen und wegwerfen. Er ist der einzige nicht eßbare Teil des Hummers.

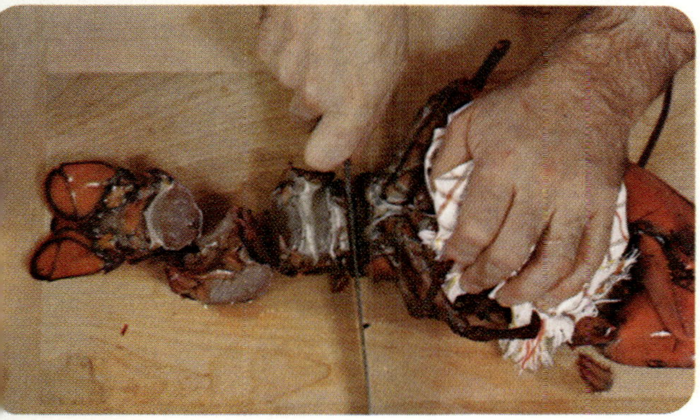

. Man durchschneidet den Schwanz in den natürlichen
urchen. Diese nennt man Medaillons. Oder . . .

3. . . . Eine andere Methode, als Bild 2 zeigt, besteht darin, daß man den Schwanz der Länge nach halbiert.

Die flache Unterseite jeder Schere wird mit einem
:hlag gespalten, um leichter an das Fleisch zu gelangen.

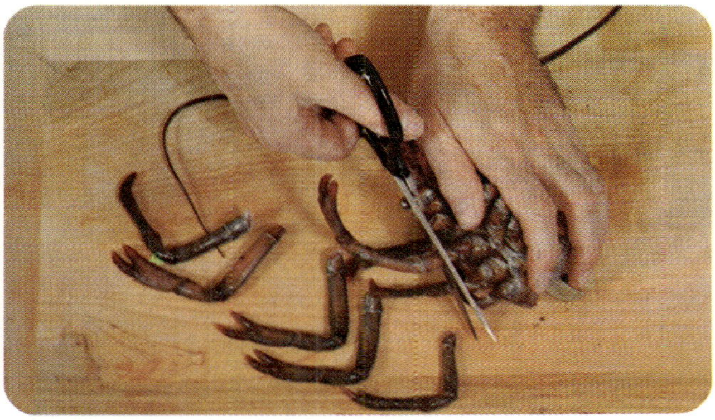

7. Die Glieder oder Fühler trennt man vom Körper. Sie können bei Bedarf das fertige Gericht garnieren.

. Zwei Delikatessen werden herausgeschält: die braun-
ine Leber und das schwarze Mark, wenn vorhanden.

11. Die ausgebreiteten Hummerstücke zeigen, welche kochfertigen Teile man erhält *(siehe nächste Seite)*.

Homard à l'Américaine

HUMMER NACH AMERIKANISCHER ART

für 4 bis 6 Personen

125 g Butter
1/4 Tasse kleingeschnittene Karotten
1/2 Tasse feingeschnittene Zwiebeln
2 EL feingehackte frische Petersilie
1 TL getrockneter Thymian
1 Lorbeerblatt
2 lebende Hummer, jeder 1 bis 1 1/4 kg, in serviergerechte Stücke geschnitten
2 TL Salz
6 EL Oliven- oder Pflanzenöl
1/3 Tasse Weinbrand
5 große Tomaten, geschält, entkernt und grob geschnitten
1/4 Tasse feingeschnittene Schalotten oder Frühlingszwiebeln
1 Tasse herber Weißwein
1 Tasse Hühnerbrühe, frisch, aus Würfeln oder aus der Dose
1 EL Tomatenmark
1 TL flüssiger Fleischextrakt
1 EL Mehl
1/2 TL Zitronensaft
1 EL feingeschnittener frischer Estragon oder 1 TL getrockneter Estragon, zerrieben
Salz
Frisch gemahlener schwarzer Pfeffer

In einer schweren, 3 bis 4 l fassenden, feuerfesten Kasserolle läßt man 4 EL Butter auf mäßiger Hitze zergehen. Sobald der Schaum verschwindet, rührt man die Karotten und Zwiebeln ein und kocht unter Rühren 5 bis 8 Minuten, bis sie weich, aber nicht braun sind. Vom Feuer nehmen, 1 EL Petersilie, den Thymian und das Lorbeerblatt dazugeben.

Man entfernt den gelatineartigen Sack im Kopf eines jeden Hummers und wirft ihn fort. Die Leber wird ausgekratzt und beiseite gestellt. Wenn es schwarzes Mark (oder Coral) gibt, hebt man es auf. Die Hummer werden mit 2 TL Salz bestreut. Dann erhitzt man das Öl in einer schweren Pfanne von 25 bis 30 cm Durchmesser fast bis zum Rauchpunkt und dünstet darin die Hummer unter häufigem Umwenden auf großer Flamme 4 oder 5 Minuten, bis die Schalen rot sind.

Man gießt alles Öl bis auf einen dünnen Film aus der Pfanne und flambiert – abseits vom Herd – die Hummer mit Weinbrand. Dazu erwärmt man den Weinbrand in einem kleinen Topf auf schwacher Hitze, zündet ihn mit einem Streichholz an und gießt ihn brennend – jeweils nur ein bißchen – über die Hummer. Die Pfanne wird leicht geschüttelt, bis die Flamme verlöscht. Mittels einer Küchenzange legt man die Hummerstücke in die Kasserolle, gießt den Saft aus der Pfanne darüber und rührt Tomaten und Schalotten dazu.

In derselben Pfanne vermengt man Wein, Brühe, Tomatenmark und Fleischextrakt. Man bringt die Sauce unter ständigem Rühren zum Aufwallen. 2 Minuten kochen und dann über die Hummer gießen. Nun vermengt man den Inhalt der Kasserolle, bis alle Hummerstücke mit Sauce überzogen sind. Auf großer Flamme zum Kochen bringen, dann sofort die Temperatur verringern, die Kasserolle fest zudecken und 30 Minuten garen und 2- oder 3mal mit dem Saft begießen.

In der Zwischenzeit rührt man die restlichen 4 EL Butter schaumig, indem man sie kräftig mit einem Holzlöffel gegen die Seiten einer kleinen Schüssel schlägt. Dann Mark, Leber, Mehl, Zitronensaft, Estragon, 1 EL der Petersilie und etwas Salz und Pfeffer einrühren. Durch ein Sieb passieren und beiseite stellen. Wenn die Hummer gar sind, legt man die Stücke auf eine große, vorgewärmte Platte und deckt sie lose zu, um sie warmzuhalten.

Den gesamten Inhalt der Kasserolle gießt man durch ein feines Sieb in einen 2 bis 3 l fassenden Topf. Dabei preßt man die Gemüse mit einem Löffel kräftig aus, ehe man sie wegwirft. Den Saft kocht man auf großer Flamme, bis er auf die Hälfte reduziert ist. Man verringert die Temperatur und schlägt die schaumige Buttermischung eßlöffelweise hinein. Die Sauce wird auf kleiner Flamme 5 Minuten erhitzt; abschmecken. Beim Anrichten gießt man die Sauce über die Hummer.

ZERLEGEN DER HUMMER: Der Hummer wird in kaltem Wasser gewaschen. Danach läßt man ihn abtropfen. Dann legt man jeweils einen Hummer mit dem Bauch auf ein großes Schneidebrett und packt ihn mit einem Küchenhandtuch, das zum Schutz um eine Hand gewickelt ist. Mit einem großen, schweren und scharfen Messer teilt man den Hummer hinter dem Kopf, um das Rückgrat zu durchtrennen und ihn zu töten. Den Schwanz zerteilt man quer in 4 oder 5 Stücke, oder man halbiert ihn der Länge nach. (Dieser und alle anderen Schneidevorgänge sind leichter zu bewerkstelligen, wenn man das Messer aufsetzt und mit dem Hammer scharf auf den Messerrücken schlägt.) Dann schneidet man die Scheren des Hummers ab und zertrennt die Gelenke der Scheren. Man spaltet die flache Seite jeder Schere, entfernt die Fühler und schneidet den Körper der Länge nach in 2 Hälften. Der gelatineartige Sack am Kopf (das darf man keinesfalls vergessen!) wird entfernt und weggeworfen, aber die Leber und das Mark werden herausgekratzt und aufgehoben.

Man kann die Hummerstücke auf einem Reisberg servieren. Die Sauce wird darübergegossen. Man kann auch mit gehackter Petersilie garnieren.

VIII

Geflügel: Ein reiches Repertoire

In dem kleinen baskischen Dorf Peyrehorade ist mittwochs Markttag, und Geflügel und Kleinvieh werden lebend verkauft. Zu Füßen dieser Käuferin hockt ein Quintett Moschusenten *(links)* neben einem Korb mit Kaninchen. Damit sie nicht weglaufen, sind ihre Beine zusammengebunden.

Während die meisten Standardgerichte der französischen Provinzen nur selten ohne Abänderungen in die klassische Kochkunst eingegangen sind, die Königen vorgesetzt wird, gibt es eine bemerkenswerte Ausnahme: *poule-au-pot*. Als im 16. Jahrhundert König Heinrich IV. von Navarra zum erstenmal „Huhn im Topf" aß, sagte er, daß er inbrünstig jedem Untertan in seinem Reich wünsche, er könne jeden Sonntag des Jahres dasselbe tun.

Das königliche Gericht wird heute ganz genauso zubereitet wie damals, und es gehört ebenso zur Küche der Provinzen wie das Huhn, das man dazu verwendet: eine schöne, dralle Henne, gefüllt mit ungeräucherter Bratwurst und mit Gemüse gekocht.

In seiner köstlich gewürzten Fülle ist *poule-au-pot* ganz anders im Geschmack, als man es sich bei den Worten „gekochtes Huhn" in den Rezeptbüchern vieler Nationen vorstellt, besonders nach jenen des viktorianischen Englands. Dies war eine Zeit strenger Mißachtung französischen Flitterkrams und Unsinns, und eine offensichtlich viel zu alte Henne betrachtete man als die einzige Zutat dieses Gerichtes. Obwohl Königin Viktoria sonst Politik – und selbst Haarmode – jenseits des Kanals beeinflußte, blieb ihr Einfluß auf die französische Küche zum Glück für Frankreich gleich Null.

In Frankreich gart das *poule-au-pot,* ob gefüllt oder nicht, ganz schwach in reichlich Wasser. Dann legt man den Vogel und die Gemüse auf eine Platte und stellt sie warm, während man den Tischgästen die Brühe serviert. Das Huhn wird tranchiert und mit vielerlei Saucen gegessen, die oft mit Sahne *à la normande* oder mit etwas Hühnerbrühe und Eiern zubereitet sind.

Es gibt zahlreiche andere Versionen von König Heinrichs Gericht, doch entsprechen gewöhnlich die Unterschiede den Provinzen, aus denen sie kommen. Auf jeden Fall aber braucht man dazu eine schöne fette Henne und keine „zähe Witwe", welche am besten völlig übergangen wird. Für die Hausfrau, deren Repertoire an gekochtem Huhn sich auf zwei oder drei Gerichte beschränkt, wird die Liste der französischen Zubereitungsarten dieses weitverbreiteten Hausgeflügels geradezu verblüffend sein. In Butter schwenken oder in der Pfanne braten, das sind sicher einige der einfachsten Arten. Hat man jedoch einmal ein Huhn *à la bordelaise* zubereitet *(Seite 123)*, mit Artischockenherzen, mit Auberginen, Oliven oder einer anderen der hundert möglichen interessanten Beilagen – so wird das wohlschmeckende, aber unter Umständen einförmige Sonntagshuhn nur noch ein Bruchteil des häuslichen Repertoires und nicht länger „die einzige Art, es zu machen" sein.

Und dann gibt es viele, von Hausfrauen zwischen der Picardie und Perpignan entwickelte Zubereitungsarten für Frikassees: cremige weiße, mit Sahne abgerundet und nach kleinen Pilzen und Zwiebeln schmeckend, oder kräftige dunkle, mit dem Aroma von Wein und Kräutern. Am besten sind die Hühner jedoch, wenn man sie einfach im Ofen brät, immer mit guter Butter, im Sommer gelegentlich mit frischem Estragon oder mit etwas Zitronensaft gewürzt und mit Petersilie überstreut. Sie kommen zart, saftig und mit knuspriger Haut auf den Tisch. Dazu gibt es nichts weiter als den Saft, den die Hühner beim Braten gezogen haben. Sie sind genau das, was Escoffier vor allem verlangt hat: „einfach".

Natürlich kann man alle diese Zubereitungsarten mit ein bißchen Phantasie für jedes zahme Geflügel anwenden. Bei Ente oder Gans muß man beachten, daß sie ja viel fetter als Huhn sind. Deshalb sollte man hier so verfahren wie bei dem Rezept „Ente mit weißen Rüben" auf Seite 126.

Um ein möglichst schmackhaftes *poule-au-pot* zu machen, bevorzugt die französische Hausfrau – wie diese Baskin – ganz frische Hühner, noch im Federkleid und gackernd.

Wildgeflügel ist wegen seiner Nahrung und des anstrengenden Lebens, das es führen muß, zäher, trockener, doch geschmackvoller. Es muß deshalb etwas anders zubereitet werden als Hausgeflügel, und zwar auf eine Art, die eher sachtes Köcheln als Braten vorsieht. Das Wildgeflügel scheint Tiefkühlung besser zu überstehen als das fettere zahme Federvieh, was natürlich für die Hausfrauen, die Jäger in der Familie haben, sehr angenehm ist. Aber in Frankreich wird das meiste Wildbret, das nicht sofort verzehrt wird, zu Pasteten und *terrines* verarbeitet, um später genossen zu werden.

Zarte junge und selbst noch etwas ältere Tauben werden wie junge Hühnchen behandelt und in Butter gebraten. Junge Hähne werden mit der Würde ausgewachsener Gockel bedacht und in kräftigen Weinsaucen gekocht, wie das auch mit den vielen Hennen geschieht, die als Männerdarsteller in manchem, sonst ehrlichem *coq au vin* auftreten. Nach demselben Schema werden junge Puter, die heute in Frankreich zunehmend beliebter werden, wie Hühner zubereitet, je nach Alter und Saftigkeit. Ihre Popularität war nach einer fast hysterischen Leidenschaft für Puten während des 18. Jahrhunderts weitgehend dahingeschwunden.

Es gibt in Frankreich Gegenden (wie die Bresse), in denen Hühner einer bestimmten Rasse einen besonderen Wohlgeschmack haben. Die Rezepte, die auf sie abgestimmt sind, heben diese Besonderheit hervor und kommen auch dem meisten anderen Geflügel mit weniger berühmter Herkunft zugute. In vielen Ländern glauben die Köche noch immer, daß man ganz gewiß ein gutes Huhn bekommt, wenn man es von einem ländlichen Geflügelhalter kauft, der sich in der Aufzucht und Pflege seiner Hennen auskennt. Einige gleich gute, aber etwas waghalsigere Köche glauben, daß die einzige Möglichkeit, an-

In größeren Städten wird Geflügel häufiger bratfertig als im Federkleid verkauft. Hier, in einem Pariser Geschäft, ist eine Auslage mit *première-qualité*-Hühnern. Einige von ihnen sind schon gebraten.

ständige Hühner in Supermärkten zu kaufen, wo das meiste sogenannte frische Geflügel viele Stunden und Tage lang in gehacktem Eis liegt, darin besteht, daß man ganze, tiefgefrorene Tiere kauft und sie auftaut. Wenigstens hat dieses Geflügel nicht die Hälfte seiner kostbaren Duft- und Geschmacksstoffe verloren, während es zu Hunderten in der kalten Luft der Kühltheke lagerte. In einem Punkt sind sich dabei alle französischen Hausfrauen einig: Ein ausgenommenes Huhn kann, wie gut der Laden, in dem man es kauft, auch immer sein mag, unmöglich den Wohlgeschmack eines unversehrten Tieres besitzen, das nicht einen Teil seines Saftes verloren hat. Wenn es in Stücken gebraten werden soll, so muß es vom Koch zerlegt werden und niemand anderem.

Ganz oder in Stücken, jung oder sogar „von einem gewissen Alter", ein Huhn wird immer ein Genuß sein, wenn es so zubereitet ist, wie das Hausfrauen der französischen Provinz tun; einfach und mit liebevoller Achtung.

KAPITEL VIII REZEPTE

Poulet Rôti

GEBRATENES HUHN

Für 4 Personen

- Ein 1½ bis 2 kg schweres Brathuhn
- 2 EL Butter
- ½ TL Zitronensaft
- Salz
- Frisch gemahlener schwarzer Pfeffer
- 3 EL zerlassene Butter
- 1 EL Pflanzenöl
- 1 Zwiebel, in Scheiben geschnitten
- 1 Karotte, in 1 cm große Stücke geschnitten
- 1 Selleriestengel, in 1 cm große Stücke geschnitten
- 1 Tasse Hühnerbrühe, frisch, aus Würfeln oder aus der Dose

Den Ofen auf 235° vorheizen. Das Huhn schnell unter fließendem kaltem Wasser waschen und gut innen und außen mit Küchenkrepp abtrocknen. Die Butter mit einem Holzlöffel kräftig gegen die Seiten einer Schale schlagen, bis sie schaumig ist. Dann den Zitronensaft, ¼ TL Salz und etwas Pfeffer aus der Mühle daruntermischen. Mit dieser gewürzten Butter das Innere ausstreichen, und das Huhn dann fein säuberlich mit Küchengarn zusammenbinden. Nun vermischt man die zerlassene Butter mit dem Öl und streicht ungefähr die Hälfte davon außen auf das Huhn.

Das Huhn wird seitlich auf einen Rost in einen flachen Bräter gelegt, der gerade groß genug dafür ist (ungefähr 22 × 30 cm) und den man auf den mittleren Einschub des Ofens stellt. Nach 10 Minuten dreht man das Huhn auf die andere Seite und reduziert die Ofenhitze auf 180°. Dann dreht man das Huhn auf den Rücken, bestreicht es mit Butter und Öl und salzt es leicht. Die Gemüse werden auf dem Boden des Bräters verteilt. Das Huhn wird zunächst alle 10 Minuten mit Butter und Öl bestrichen, später mit dem eigenen Bratensaft begossen. Nach 60 Minuten prüft man, ob es gar ist, indem man es mit einem in die Schwanzöffnung gesteckten Holzlöffel anhebt. Ist der herausfließende Saft gelb, so ist es gar. Ist er rosa, so brät man es einige Minuten länger. Danach legt man das Huhn auf ein Schneidebrett, entfernt die Fäden und läßt es ungefähr 5 Minuten ruhen, ehe man es serviert.

In der Zwischenzeit bereitet man die Sauce zu. Man gießt die Hühnerbrühe in den Bräter und bringt sie auf starker Hitze zum Kochen. Dabei rührt man und kratzt allen braunen Bratensatz los. 2 oder 3 Minuten lebhaft sprudeln lassen, bis die Sauce das gewünschte intensive Aroma hat. Dann wird sie durch ein Sieb gegossen, wobei man die Gemüse kräftig mit dem Rücken eines Löffels ausdrückt, bevor man sie wegschüttet. Von der Oberfläche der Sauce wird soviel Fett wie möglich abgeschöpft. Abschmecken. Das Huhn kann in der Küche oder bei Tisch tranchiert werden. Die Sauce wird separat gereicht.

Poulet Sauté à la Bordelaise

GEBRATENES HUHN MIT SCHALOTTEN UND ARTISCHOCKENHERZEN

Für 4 Personen

- Ein 1 bis $1\frac{1}{2}$ kg schweres Brathuhn, in Stücke geschnitten
- 6 EL Butter
- 2 EL Pflanzenöl
- 16 bis 24 große, ganze geschälte Schalotten oder 16 geschälte, weiße Zwiebeln von $2\frac{1}{2}$ cm Durchmesser
- Salz
- Frisch gemahlener schwarzer Pfeffer
- 2 Lorbeerblätter
- 1 TL Zitronensaft
- 1 Dose Artischockenherzen, abgetropft
- $\frac{1}{2}$ Tasse Hühnerbrühe, frisch, aus Würfeln oder aus der Dose

Das Hühnerfleisch wird schnell unter fließendem kaltem Wasser gewaschen, und die einzelnen Stücke werden sorgfältig mit Küchenkrepp abgetrocknet; wenn sie feucht sind, bräunen sie schlecht. In einer schweren Email- oder Edelstahlpfanne von 25 bis 30 cm Durchmesser oder einem Bräter läßt man 4 EL Butter zusammen mit 2 EL Öl bei mittlerer Hitze schmelzen. Sobald der Schaum zu verschwinden beginnt, bräunt man das Hühnerfleisch, nur wenige Stücke auf einmal und zunächst mit der Hautseite nach unten. Man wendet sie mit einer Zange. Sind sie goldbraun, legt man sie auf eine Platte.

Nachdem alle Hühnerstücke gebräunt sind, gibt man die Schalotten oder Zwiebeln in die Pfanne und brät sie an. Dabei die Pfanne schütteln, damit sie so gleichmäßig wie möglich werden und nur leicht Farbe annehmen. Nun alles Fett bis auf einen dünnen Film abgießen, und das Fleisch wieder in die Pfanne geben. Mit Salz und Pfeffer würzen, die Lorbeerblätter obenauf legen und die Pfanne zudecken. Auf schwacher Hitze braten, bis das Fett zischt. Sofort die Hitze verringern und die Hühnerteile langsam weiter garen. Alle 7 bis 8 Minuten den sich in der Pfanne sammelnden Saft über das Fleisch gießen. Mittlerweile läßt man die restlichen 2 EL Butter in einer Email- oder Edelstahlpfanne von 20 bis 25 cm Durchmesser schmelzen. Sobald der Schaum verschwindet, rührt man den Zitronensaft ein. Dann gibt man die Artischockenherzen dazu und schwenkt sie in der Zitronenbutter, bis sie glänzen. Salzen, die Pfanne zudecken und auf schwacher Hitze 5–10 Minuten dünsten, bis die Artischockenherzen heiß sind. Nachdem das Fleisch ungefähr 30 Minuten gebraten wurde, sollte es gar sein, und sein Saft wird gelb herausfließen, wenn man einen Schenkel mit der Spitze eines scharfen Messers ansticht. Man richtet die Stücke attraktiv auf einer großen vorgewärmten Platte an, umlegt mit den Schalotten oder weißen Zwiebeln und den Artischockenherzen.

Die Hühnerbrühe gießt man zu dem Bratensatz in die Pfanne und bringt sie auf starker Hitze zum Kochen. Dabei den braunen Satz vom Boden und den Seiten der Pfanne abkratzen und in der Brühe lösen. Man läßt 2 bis 3 Minuten kochen, bis die Sauce auf $\frac{1}{3}$ Tasse reduziert ist. Über das Huhn gießen und sofort servieren.

ANDERE MÖGLICHKEIT: Wenn man will, kann man die Artischockenherzen zusammen mit dem Hühnerfleisch garen. In diesem Fall läßt man die im Rezept erwähnten 2 EL Butter und den Zitronensaft weg. Man gibt die Artischockenherzen zu dem Fleisch, nachdem es mit den Schalotten zusammen 15 Minuten gebraten wurde, und begießt sie gut mit dem Bratensaft. Zudecken und 15 Minuten weiter garen, dabei alle 7 oder 8 Minuten begießen oder so lange, bis die Hühnerteile gar und die Artischockenherzen weich sind.

Jedes Hühnerteil wird zuerst mit der Hautseite nach unten angebraten.

In derselben Pfanne werden die Schalotten goldbraun geschwenkt.

Schließlich läßt man Hühnerteile und Schalotten zusammen köcheln.

Das gebratene Hühnerfleisch – gegart in Butter, Öl und eigenem Saft – wird mit den ganzen Schalotten und den halbierten

Artischockenherzen garniert. Wohlgeschmack von Huhn und Gemüsen ergänzen einander in diesem *poulet sauté à la bordelaise.*

Für 4 Personen

Eine 2 1/2 kg schwere Ente
1 TL Salz
2 EL Pflanzenöl
1 EL Butter
1 Zwiebel, in dünne Scheiben geschnitten
1 Karotte, in dünne Scheiben geschnitten
Salz
Frisch gemahlener schwarzer Pfeffer
1/4 TL getrockneter Thymian, zerrieben
Bouquet garni, bestehend aus 4 Petersilienstengeln und 1 Lorbeerblatt, zusammengebunden
750 g geschälte weiße Rüben, in Viertel oder 5 cm große olivenförmige Stücke geschnitten
3/4 Tasse kochende, braune Enten- *(Rezept s. unten)* oder Hühnerbrühe
Einige Tropfen Zitronensaft
1 EL feingeschnittene frische Petersilie

BRAUNE ENTENBRÜHE

2 EL Pflanzenöl
1 Zwiebel, grobgeschnitten
1 Karotte, grobgeschnitten
1 Stiel Stangensellerie, grob geschnitten
Hals, Magen, Herz und Leber der Ente, geschnitten
2 Tassen Hühnerbrühe, frisch, aus Würfeln oder aus der Dose

Caneton aux Navets

ENTE MIT WEISSEN RÜBEN

Der Backofen wird auf 165° vorgeheizt. Die Ente und das Entenklein unter fließendem, kaltem Wasser waschen. Die Innereien zur Seite stellen. Die Bauchhöhle mit 1 TL Salz einreiben und dann die Ente sorgfältig zusammenbinden. In einer schweren Pfanne von 25 bis 30 cm Durchmesser erhitzt man das Öl fast bis zum Rauchpunkt und brät darin die Ente auf allen Seiten an.

In einer schweren, emaillierten Kasserolle, die gerade groß genug ist, um die Ente bequem aufzunehmen, läßt man 1 EL Butter auf kleiner Flamme zergehen. Darin dünstet man die in Scheiben geschnittene Zwiebel und Karotte auf geringer Hitze unter gelegentlichem Rühren 10 Minuten, bis sie weich und leicht gefärbt sind. Die Ente wird daraufgelegt. Mit Salz, Pfeffer, Thymian sowie *bouquet garni* würzen. Man deckt die Kasserolle zu, wobei man ein Stück Folie über das Geflügel legt, falls der Deckel nicht dicht schließt, und läßt auf dem mittleren Einschub des Ofens 1 Stunde lang schmoren.

Die Ente aus der Kasserolle nehmen und den Schmorsaft sowie die Gemüse durch ein Haarsieb in eine kleine Rührschüssel gießen, wobei man die Gemüse gut mit einem Löffel ausdrückt, um ihre Säfte herauszupressen, ehe man sie wegwirft. Die Sauce läßt man sich setzen und schöpft dann soviel Fett wie möglich ab. Man gibt die Ente in die Kasserolle zurück und legt die weißen Rüben um sie herum. Nun gießt man den durchgeseihten Saft und kochende Enten- bzw. Hühnerbrühe zu. Die Flüssigkeit soll die Rüben fast bedecken, andernfalls mehr kochende Brühe zugießen. Bis zum Siedepunkt erhitzen, die Kasserolle zudecken und nochmals für 15 bis 20 Minuten in den Ofen stellen, bis die weißen Rüben weich sind, wenn man mit der Spitze eines scharfen Messers hineinsticht.

Nun nimmt man die Kasserolle aus dem Ofen und erhöht die Hitze auf 260°. Man legt die Ente auf einen Rost, der in einem flachen Bräter steht, und schiebt sie wieder für 10 Minuten in den Ofen, um sie zu einem tiefen Braun zu glasieren. (Glasieren ist nicht notwendig, aber es verbessert das Aussehen der Ente und macht die Haut knusprig.) Die Fäden durchschneiden und die Ente auf eine warme Platte legen. Die weißen Rüben legt man rings um das Geflügel oder an ein Ende der Platte. Von der Bratensauce schöpft man soviel Fett wie möglich ab und würzt mit Zitronensaft, Salz und Pfeffer. Die Ente wird in der Küche oder bei Tisch tranchiert. Die Bratensauce wird mit Petersilie bestreut und in einer Schüssel serviert.

BRAUNE ENTENBRÜHE: Während die Ente brät, erhitzt man 2 EL Öl in einem schweren, 2 oder 3 l fassenden Topf. Wenn das Öl sehr heiß ist, brät man die geschnittene Zwiebel, Karotte und den Sellerie auf mäßiger Hitze unter gelegentlichem Umrühren 10 Minuten an, bis alles leicht Farbe angenommen hat. Dann gibt man den Hals, Magen, Herz und Leber der Ente dazu und brät unter häufigem Rühren weiter, bis sie dunkelbraun sind. Mit 2 Tassen Hühnerbrühe ablöschen, aufwallen lassen, die Hitze reduzieren und mit lose aufgelegtem Deckel 1 Stunde lang garen. Die Brühe durch ein feines Sieb in eine Schüssel gießen und das Fett von der Oberfläche abschöpfen. Man sollte mindestens ³/₄ Tasse Brühe bekommen.

VARIATION I: MIT OLIVEN. Man läßt 2 Dutzend reife, grüne Oliven (falls keine frischen Oliven erhältlich, solche in Öl nehmen) ohne Deckel in 1 l Wasser 12 bis 15 Minuten schwach kochen, gießt sie ab und läßt sie an Stelle der Rüben mit der Ente schmoren.

VARIATION II: MIT ERBSEN. Man kocht 750 g geschälte grüne Erbsen ohne sie zuzudecken in 1 l siedendem Wasser 5 Minuten lang. Dann die Erbsen abgießen und in kaltem Wasser abschrecken. Sie werden nun an Stelle der Rüben mit der Ente zusammen geschmort.

Angebraten, geschmort und dann glasiert ist diese junge Ente – außen krachend knusprig, innen zart und saftig. Die Rübchen, mit denen sie garniert ist, sind die traditionelle Beilage.

IX

Fleisch: Mit Phantasie zubereitet

Am Markttag in Villeneuve-de-Marsan, im südwestlichen Frankreich, erzählen sich Viehzüchter und Fleischhändler Klatschgeschichten, während sie die Preise aushandeln. Das Vieh wird lebend in Wagen zum Markt gebracht und an einzelne Metzger zum Schlachten verkauft.

Als Wilhelm der Eroberer 1066 nach England kam, brachte er mehr als bewaffnetes Recht auf diese Insel. Seine Ritter mit ihren Damen und Hofhaltungen, die sich bald in dem feindlichen angelsächsischen Land ansiedelten, zeigten eine anmutige und wohlüberlegte Lebensart.

Die Normannen, die in verhältnismäßig komfortablen neuen Schlössern lebten, die sie überall in England bauten, aßen ihre Mahlzeiten in mehreren Gängen, oft zu Musik. Sie tranken Wein und machten „gekochte Gerichte“ aus ihrem Fleisch, anstatt es halbroh von den Knochen zu reißen. Sie aßen auch Puddings und Gebäck.

Den einheimischen Briten erschienen die Tafelsitten der Normannen zunächst lächerlich umständlich. Allmählich aber wurden solche Bräuche ebenso annehmbar wie die französische Sprache, und die oberen Klassen spiegeln noch immer, fast tausend Jahre später, die eleganten Seiten der normannischen Eroberung wider. Bis zur industriellen Revolution, zu Zeiten der Königin Victoria, schienen jedoch die niederen Klassen all dem gegenüber verschlossen zu sein. Sie bewahrten ihre eigenen alten Namen und Dialekte sowie ihre übernommene Abhängigkeit von Rindfleisch, Brot und Bier.

In Millionen englischen Häusern ist die „Keule“ oder der Braten noch immer das Symbol für eine kräftige Mahlzeit. Es fand aber nie eine echte kulinarische englische Eroberung Frankreichs statt. Ein großes Stück gebratenes Rindfleisch wird in Häusern der französischen Provinz selten serviert, so, wie das in England am Sonntag oder zum Festschmaus Brauch ist. Das besondere Gericht wird in Frankreich eher aus Lamm-, Kalb- oder Schweinefleisch bestehen, das einfach gebraten wird, um dann seinen vollen Wohlgeschmack durch die Zugabe von Knoblauch und Kräutern zu entfalten, was die meisten angelsächsischen Köche ablehnen würden.

Soll ein gutes Stück Rindfleisch serviert werden, so wird es auf dem Herd kurz angebraten, dann geschmort oder im eigenen Saft gedünstet. Dies geschieht im Backofen, wo es seinen Wohlgeschmack gleichzeitig an einige Gemüse weitergibt, die im selben Topf sind. Heiß serviert und mit den Gemüsen garniert, nennt man einen dieser Braten *bœuf à la mode (Seite 136)*. Kalt serviert, bleibt das Fleisch zart und aromatisch. Es kann zu einem sehr eleganten Hauptgericht gemacht werden, indem man einige Scheiben in einem Aspikbett, kunstvoll mit glasierten Gemüsen umlegt, anrichtet.

Während der letzten Jahrzehnte konnte man in Frankreich, besonders in Universitätsstädten, einen leichten angelsächsischen Einfluß feststellen. Junge Leute essen englisch gebratenes Rindfleisch, das in kleine Steaks geschnitten ist und mit Pommes frites und Brunnenkresse serviert wird. Vernünftig zubereitet, ist es ein gutes, einfaches, schnelles Essen, verläßlicher als zweifelhafte Eintopfgerichte, mit denen hungrige Studenten in vielen billigen Restaurants abgespeist werden, Restaurants, die sich heute eines gleichen Zuspruchs wie zu Rabelais' Zeiten überall da erfreuen, wo es gleichermaßen Hunger nach Büchern und Nahrung gibt.

Ältere Franzosen mit mehr Zeit, das zu genießen, was sie bereits kennen, neigen dazu, den klassischen, langsamen Gerichten, mit denen sie aufgewachsen sind, die Treue zu halten. Im allgemeinen haben sie für die englisch gebratenen, zu blutigen, zu rohen Beefsteaks, die man nach der heutigen Mode für so gesund hält, nichts übrig. Sie bevorzugen Saucen und zusammengekochte Gerichte. Und eine Sauce oder ein Eintopf, die vor fünfhundert Jahren gut waren, sind es auch heute noch.

Vielen Leuten, die durchgebratenes Rindfleisch verabscheuen, scheint es unlogisch, daß Lamm in Frankreich meistens rosa serviert wird, während sie es zu Hause selten in dieser Weise zubereitet sehen. Wenn jedoch einmal ein richtiges, wirklich junges Lamm auf französische Art gebraten wurde, wird es ganz oben auf der Liste der Lieblingsgerichte jeder Familie stehen. Wie viele der wesentlichen Dinge in der Küche der französischen Provinzen, ist es ein stärker jahreszeitlich bedingtes Gericht als in Neuseeland und den anderen Ländern, in denen man ein schwereres, strenger schmeckendes Fleisch das ganze Jahr hindurch zur Verfügung hat.

Zum Lob des Osterlamms

Lamm ist ein Frühlingsgericht, traditionsgemäß gerade richtig zum Osterfest, doch ist es auch während der drei folgenden Monate immer noch gut. Während dieser einsichtsvoll verlängerten Saison ißt es in Frankreich nach Möglichkeit jeder, zu Hause oder im Restaurant; zubereitet auf unendlich viele Arten, immer jedoch unmißverständlich und ganz schlicht nach Osterlamm schmeckend.

Beliebt ist die aus England übernommene Sitte, Lamm zu schmoren und dann mit kleinen weißen Bohnen zu servieren. Das ergibt, wie seine Köche sagen würden, eine vollkommene Ehe. Das beste Gericht dieser Art, das ich je in Frankreich aß, bekam ich in der England entgegengesetzten Ecke des Landes, in der Nähe von Vence und der italienischen Grenze. Die Lammkeule wurde nicht im Ofen geschmort, sondern senkrecht vor einem offenen Feuer geröstet. Ein gewandter junger Kochlehrling war ununterbrochen damit beschäftigt, den Braten mit seinem eigenen, abtropfenden Saft wohldosiert zu begießen. Das Fleisch wurde mit tagesfrischen, geschälten weißen Bohnen serviert, nicht mit getrockneten, wie in dem bretonischen Rezept. Sie waren so zart und süß wie winzige Weintrauben und erinnerten ganz schwach an Zwiebeln.

Bohnen sind wichtig für ein anderes, noch viel berühmteres französisches Regionalgericht: *cassoulet (Seite 148)*. Es müssen gute, jeweils die besten Bohnen sein, nicht ausgetrocknete schrumplige. Jede amerikanische Hausfrau, die in der Baked-beans-Tradition erzogen wurde, die man Neu-England – und besonders Boston – zuschreibt, wird dieser Feststellung zustimmen, und während die Mehrheit der Franzosen es vorzieht, getrocknete weiße Bohnen als *cassoulet* zubereitet zu essen, erweisen sie ihrem Yankeegroßneffen einen ehrerbietigen gastronomischen Gruß, sobald sie einmal eine anständige Version davon gekostet haben.

Cassoulets: nicht immer einfach, aber immer kräftig

Wie jede Art eines lange gekochten Eintopfgerichtes, das sich durch jahrhundertelangen Gebrauch in ländlichen Küchen entwickelt hat, kann das *cassoulet,* abgesehen von seinen Grundzutaten wie Bohnen und Fleisch, variieren, je nach dem Geschmack der Familie oder den vorhandenen Zutaten. Aber wie auch immer man es zubereitet, einfach oder kompliziert, es wird ein kräftiges Gericht bleiben, dazu bestimmt, zu wärmen, den Bauch zu füllen und ohne andere schwere Speisen genossen und verdaut zu werden. Zuerst einige kalte Austern, danach ein grüner Salat und ein Stück Obst (hier scheint selbst ein Eckchen guter Käse zu schwer sein): So vollzieht sich eine Mahlzeit, die behutsam um die Wucht eines *cassoulet* herum geplant ist.

Mutter, Sohn und Großmutter aus Villeneuve-de-Marsan verlassen den Markt. Sie haben zwei Paar erstklassige lebende Kaninchen gekauft, die in den Kochtopf wandern werden: zu einem *ragoût de lapin,* einem traditionellen Familiengericht.

Anatole France behauptete einmal, daß die besten *cassoulets* der Welt von einem Küchenchef namens Clémence gekocht wurden, dessen Gericht, wie er sagte, 20 Jahre lang auf dem Herd bruzzelte.

Das war sicher übertrieben, doch zeigt dies den wichtigsten Effekt dieses Gerichts: das ganz langsame Kochen, das den unbeschreiblichen Saft eines guten *cassoulet* zuwege bringt. Die meisten Rezepte schreiben mindestens fünf Stunden im Ofen vor, doch läßt sich diese Zeit durch das Vorkochen der Zutaten verkürzen.

Unter den besten französischen Köchen gilt es als verabscheuungswürdig, den Ofen zu öffnen und irgendeine Art von Zug zu erzeugen, ehe die Brösel auf der Oberfläche goldbraun sind und das *cassoulet* fertig zum Essen ist.

Übrigens meinen viele gute Köche, daß kein *cassoulet* seines verdienten Ehrenplatzes auf der Tafel für würdig befunden werden sollte, ehe nicht zwei gebräunte Bröselschichten behutsam unter den Inhalt des Topfes gehoben worden seien und noch eine dritte Lage ihre richtige Farbe erreicht habe. Wer bestimmt die Qualität und den Preis? Ein *cassoulet* kann teuer oder sehr billig sein, daß heißt: billig, mit Ausnahme der Zeit, die man darauf verwenden muß. Glücklicherweise ist es das Vorrecht eines Kochs aus der Provinz, selbst zu entscheiden, wieviel Zeit er aufwenden will, da er nicht an die strengen Richtlinien und Maßstäbe der klassischen Küche gebunden ist.

Innereien: gepriesen, nicht verachtet

Eine interessante Seite der klugen Sparsamkeit der Franzosen ist ihre Einstellung gegenüber dem, was andere mehr oder weniger verächtlich als Abfälle, Abgänge oder Innereien bezeichnen. Viele Leute sind geneigt, sie als billige Fleischsorten zu betrachten, mit denen man sich gastronomisch nur, wenn überhaupt, zu Zeiten, in denen die nächste Lohntüte gefährlich weit weg ist, befassen sollte. In Frankreich jedoch werden Innereien so respektvoll behandelt wie jeder andere Teil der fast gänzlich eßbaren Tiere, die für den Kochtopf bestimmt sind. Tatsächlich betrachten die Franzosen oft jene Fleischteile als besonders köstlich, die anderswo eher im Schlachthausabfall enden würden, als daß sie die Theke eines Fleischers zierten.

Mit hochgestellten Ohren schaut ein junges Mastschwein durch den Zaun eines elsässischen Bauernhofes. Wenn es fett geworden ist, wird es zusammen mit seinen Brüdern in Räucherschinken und Blutwurst verwandelt werden, die man beide mit Sauerkraut serviert.

Eine typische *charcuterie* (Wurstwarengeschäft) im Elsaß zeigt Schinken, Schweins-, Kalbs-, Rinds- und Knoblauchwürste, Hausmacherpasteten und gekochte Fleischstücke. In dem Laden ist am Montag, wenn die Fleischereien geschlossen sind, am meisten Betrieb.

Es gehört eine gewisse Überwindung dazu, sich für Innereien zu interessieren. Nieren brauchen, wenn sie richtig zubereitet sind, nicht hart und übelriechend zu sein. Bries und Hirn müssen nicht wabbelig und Ekel erregende Mahnungen an unsere rätselhaften Drüsen und Gehirnwindungen sein. Leber sollte nicht nur als unbeliebtes Mittel gegen Anämie betrachtet werden. Kutteln, in fast jeder Weise hergerichtet, besonders aber in der Zubereitungsart der normannischen Landschaft um Caen, brauchen nicht lediglich als Auskleidung des zweiten Kuhmagens angesehen zu werden!

Zwölf Stunden Backzeit – aber das sind sie wert

Am besten überzeugt man sich davon selbst, indem man alle Innereien einmal ausprobiert. Es ist wahr, daß *tripes à la mode de Caen* mindestens 12 Stunden backen müssen. Man versteht auch, daß eine rechnende Hausfrau empört sein muß, wenn sie alle sorgfältig zusammengestellten Zutaten, außer dem Saft und den Kutteln selbst, wegwerfen soll, sobald das Gericht gar ist. Aber wenn *tripes à la mode* serviert werden, ganz heiß und in warmen Suppentellern, mit viel knusprigem Brot (und für mich bitte einen Suppenlöffel!), dann bringen sie diese Schreckvorstellung vom „zweiten Magen" für immer zum Verschwinden.

Ebenso wie das Fleisch von freilebendem Wild, das faseriger, zäher und strenger im Geschmack als das von domestizierten Tieren ist, sind die Innereien für Spezialzwecke geschaffen und erfordern eine andere, oft kompliziertere Behandlung *(Seite 140)* als, sagen wir, ein gegrilltes Steak oder ein gebratenes Huhn.

Sobald sie sich jedoch einmal von überlieferten Vorurteilen befreit hat, wird jede Familie eine ganz neue Schatzkammer voller Genüsse in den Rezepten finden, die französische Landfrauen über Hunderte von Jahren hin entwickelt haben. Die meisten landschaftsgebundenen Rezepte passen sich im Geschmack den Grundstoffen an, die ihnen die Gegend bietet. Hier kommen reichlich Butter und Sahne vor, Speck dort, Olivenöl irgendwo anders; wilde Bergkräuter und Landwein gibt es in einer Region kostenlos in Massen, in der anderen Lauch, Karotten und herben Apfelwein. Besonders für Innereien gilt das Sprichwort: „Probieren geht über Studieren."

Der Sprung von der Glückwunschkarte zur Speisekarte

Ein anderes, aber leicht zu korrigierendes Vorurteil, das man in vielen Ländern antrifft, richtet sich gegen das Kaninchen. Zahlreiche Leute glauben, es sei wohl passend für Osterkarten, aber eine Beleidigung für das Huhn, das es in irgendeinem Topf ersetzen soll. In Frankreich ist eine Familie, die sich nicht wenigstens ein stattliches Kaninchen in einem Stall hinter dem Haus leisten kann, tatsächlich arm. Es ist ein alltäglicher Anblick, Arbeiter auf ihrem Heimweg vom Fahrrad springen zu sehen, um einige besonders saftige Kräuter aus dem Graben oder von der Wiese zu holen, die für den sanften Produzenten regelmäßiger Würfe von köstlichen Fleischgerichten für den Familientisch bestimmt sind.

Die Zubereitungsarten für Kaninchen sind natürlich zahllos und hängen weitgehend von den Vorräten ab, die sonst vorhanden sind. Im Norden, in der Picardie, können zerquetschte Wacholderbeeren und Pilze zu dem Gericht gehören. Weiter südlich gibt man Pflaumen und getrocknete Weintrauben in den Topf. In der Provence werden die Kaninchenstücke in Öl mit Knoblauch, Zwiebeln, Thymian, Tomaten und Weißwein geschmort.

In Ländern mit einem Vorurteil gegen Kaninchen ist dieses köstliche Fleisch nicht immer leicht zu finden, doch lassen sich bei gutem Willen auch dort Bezugsquellen erschließen. Selbst tiefgefrorene Kaninchen sind, wenn man sie erhalten kann, der Beachtung wert. Der wohl beste Weg, gute Kaninchen wie auch gute Hühner zu bekommen, ist der über einen ehrlichen Bauern, der seine Tiere sorgfältig füttert, damit sie schmackhaft und fest im Fleisch werden. Dann wird das Gericht, wenn es mit Liebe und Fachkenntnis zubereitet ist, auf der Zunge zergehen und damit jedes Mißtrauen auslöschen und beweisen, daß 50 Millionen Franzosen recht haben und genau wissen, was gut schmeckt.

Das Geheimnis französischer Fleischgerichte

Als die Normannen in England einfielen, brachten sie ihre eigenen Bezeichnungen für Fleisch mit. Die französischen Worte *bœuf, porc, mouton* und *veau* sind fast Buchstabe für Buchstabe in den englischen Sprachschatz aufgenommen worden: für Rindfleisch *beef,* Schweinefleisch *pork,* Hammelfleisch *mutton* und Kalbfleisch *veal.* *Longe* und *côtelette* wurden zu *loin* Lende und *cutlet* Kotelett.

Wie nützlich solche Ähnlichkeiten auch sein mögen: viele französische Fleischsorten bleiben doch so etwas wie ein Geheimnis. Die Franzosen belegen zum Beispiel jede Variation desselben Stückes mit einem anderen Namen. Ein Rippenstück ist eine *côte,* das Wort für Rippe; aber ausgebeint ist dasselbe Stück eine *noisette,* was „Nuß" bedeutet, doch zur Bezeichnung für ausgebeintes Fleisch wurde. Es gibt mehrere Namen für Steaks, die aus der Lende geschnitten werden. Der größte Teil der Lende ergibt, wenn man sie 5 Zentimeter dick schneidet, *Chateaubriand* (genannt nach einem Adligen des 19. Jahrhunderts, dessen Küchenchef das Gericht erfand); 2 Zentimeter dick geschnitten, wird sie zum *filet* (das Wort bedeutet Leckerbissen); der obere „Kopf" der Lende ergibt *tournedos* (manchmal auch *médaillons* genannt). *Filets mignons,* wahrscheinlich die schmackhaftesten und zartesten von allen Stücken, werden vom äußersten Kopf der Lende geschnitten.

An Stücken wie diesen werden die Köche aus anderen Ländern erkennen, daß man in Frankreich das Fleisch anders schneidet. Dort, wo die Fleischer in anderen Ländern gewöhnlich quer zur Faser schneiden und die Knochen darin lassen, schneiden die Franzosen entlang dem Muskel, um knochenlose Stücke und Braten zu bekommen. Das französische Vieh, selbst das berühmte weiße Charolais, wird gewöhnlich auf der Weide gehalten, und sein Fleisch ist mager. Einen Braten mit zusätzlichem Fett zu spicken (nach der Methode rechts auf dem Bilde), ist deshalb mehr eine Notwendigkeit als eine geschmackliche Verfeinerung.

Auf den kleinen Bauernhöfen in Frankreich werden neugeborene Kälber oft drei und mehr Monate nur mit Milch gefüttert. Daher kommt das köstlich schmeckende, fast weiße Kalbfleisch, das in Frankreich sehr beliebt ist.

Schweinefleisch kommt in Frankreich ebensooft auf den Tisch wie Rindfleisch. Es wird auf hundert Arten zubereitet und eingesalzen; die *charcuterie* (Wurstwarengeschäft) ist in jeder Provinzstadt eine wichtige Einkaufsquelle. Lamm ist die größte Delikatesse, besonders das winzige Pauillac (ein 6 bis 8 Wochen altes Milchlamm), das entbeint nur etwa 7 kg wiegen mag. Mit solchen sehr jungen Tieren ist es den Franzosen möglich, Braten wie den *baron* zu servieren: zwei ganze Hinterkeulen mit der doppelten Lende – oder dem Sattel – dazwischen. Aber trotzdem werden in Frankreich auch Hammel und Schafe, die ein Jahr oder sogar älter sind, geschätzt.

Glücklicherweise kann man für den Hausgebrauch diese Unterschiede beiseite lassen. Die Rezepte in diesem Buch berücksichtigen die Differenzen und erlauben es, die meisten französischen Fleischgerichte ohne Schwierigkeiten herzustellen. Einige Handgriffe mögen ungewohnt sein, und einige Namen sind vielleicht schwierig auszusprechen, doch der französische Wohlgeschmack wird unverkennbar sein.

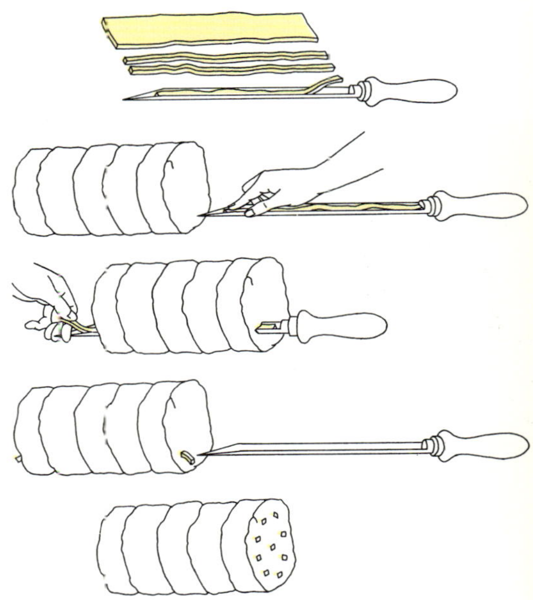

DAS SPICKEN

Spicken ist eine Technik, die man in Frankreich dazu benutzt, magere Braten kräftiger zu machen. Zunächst wird frischer Speck in dünne Platten oder *bardes de lard (oben)* geschnitten, dann in dünnere Streifen, *lardons.* Jeder Streifen wird in eine Spicknadel eingelegt und durch den Braten gesteckt, dann zieht man die Nadel wieder heraus, während der Speck im Fleisch bleibt.

KAPITEL IX REZEPTE

Die Kunst, Rindfleisch zu schmoren

Rindfleisch schmoren – einen Braten in seinem eigenen Saft mit Brühe oder Wein in einer zugedeckten Kasserolle im Backofen garen – ist eine nützliche Technik, die jeder beherrschen sollte, der Wert auf gutes Essen legt. Es braucht einige Zeit, um das zähe Fleisch weidegefütterter Rinder, wie man es in manchen Ländern bekommt, weich zu machen. Dank dieser Technik kann auch ein zweitklassiges Stück wie Schulter in ein leckeres Hauptgericht verwandelt werden.

Bœuf à la mode, auf den folgenden Seiten beschrieben, ist ein vollkommenes Beispiel für den Schmoreffekt. Es eignet sich gleich gut, heiß *(unten)* oder kalt serviert zu werden, ebenso zu einem eleganten Restegericht *(unten rechts)*. In einigen Ländern bringt man den Braten gewöhnlich als dekoratives Hauptstück auf den Tisch und serviert die Gemüse separat. Die Franzosen servieren das Fleisch auf derselben Platte mit den Gemüsen, die mit ihm zusammen gegart wurden.

Das kalte, geschmorte Rindfleisch auf der gegenüberliegenden Seite profitiert von einem anderen Verfahren, das die erfindungsreichen Franzosen vervollkommnet haben: Gemüse und übriggebliebenes Fleisch wird mit Aspik *(en gelée)* überzogen, um ein alltägliches Mahl in ein festliches zu verwandeln.

Heißes *bœuf à la mode* wird auf einer Platte als Braten, mit seinem eigenen Saft übergossen, serviert. Ringsum sind die Zwiebeln und Karotten arrangiert, mit denen es zusammen gegart wurde. Der Rest des eingedickten Bratensafts wird gesondert gereicht.

Gemüse zur Garnierung von Fleisch werden mit Aspik überzogen, der fast bis zum Stocken abgekühlt ist.

Um Aspik kühl zu halten, arbeitet man mit einem Topf, der in einen mit Eis gefüllten Behälter gesetzt wird.

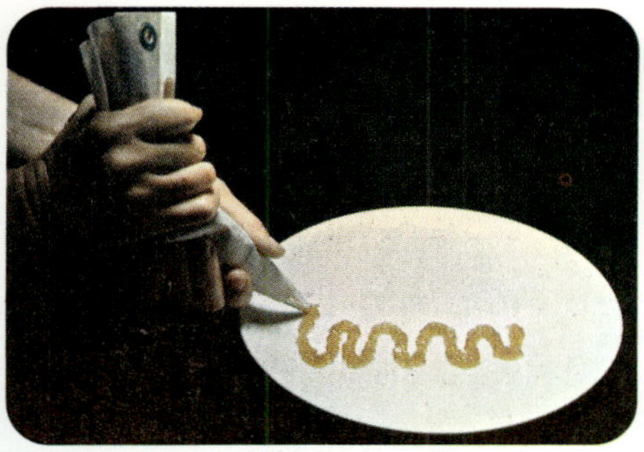

Man kann Aspik durch einen Dressierbeutel mit glatter Tülle pressen, um beliebige Muster herzustellen.

Zur Abwechslung kann Aspik in einer flachen Schale fester gekühlt werden. Dann schneidet man ihn in Würfel.

Kaltes *bœuf à la mode en gelée* kann so einfach oder dekorativ sein, wie man es haben will. Hier ist das Fleisch mit Aspik überzogen und mit Karottensternen verziert. Das glasierte Gemüse ist ringsum gruppiert. Zurechtgeschnittene Aspikstücke schmücken die Platte.

Für 10 bis 12 Personen

DAS RINDFLEISCH

1 EL Salz
1 TL grob gemahlener schwarzer Pfeffer
$2^1/_2$ kg schwerer Rinderbraten ohne Knochen aus der Schulter oder der oberen Keule, mindestens 12 cm im Durchmesser, geputzt und gebunden

DIE MARINADE

3 Tassen roter Burgunder oder anderer trockener Rotwein
1 Tasse in dünne Scheiben geschnittene Zwiebeln
$^3/_4$ Tassen in dünne Scheiben geschnittene Karotten
1 TL feingehackter Knoblauch
2 Lorbeerblätter, zerrieben
2 EL feingehackte frische Petersilie
1 TL getrockneter Thymian, zerrieben

ZWIEBELN UND KAROTTEN À BRUN

250 g frischer Speck, gewürfelt
20 bis 24 frische Zwiebeln, ungefähr $2^1/_2$ cm im Durchmesser, geschält
6 bis 8 Karotten, geputzt und in 4 cm große Zylinder oder olivenförmig geschnitten

DIE SCHMORBRÜHE

4 EL Butter
$^1/_3$ Tasse Weinbrand
2 Kalbsknöchel und/oder 1 großer Kalbsknochen, in Stücke gesägt
2 mittelgroße Tomaten, geschält, entkernt und grobgeschnitten
Bouquet garni bestehend aus 6 Petersilienstengeln, 1 Lorbeerblatt und dem weißen Teil einer Lauchstange, zusammengebunden
3 Tassen Fleischbrühe, frisch, aus Würfeln, Instantbrühe oder aus der Dose
Salz
Frisch gemahlener schwarzer Pfeffer
$^1/_2$ Tasse feingehackte Petersilie

Bœuf à la Mode

RINDERSCHMORBRATEN IN ROTWEIN

EINLEGEN DES RINDFLEISCHS: Man reibt 1 EL Salz und 1 TL Pfeffer in die Oberfläche des Rindfleischs. In einer großen Schüssel aus Glas, Porzellan oder rostfreiem Stahl mischt man die Marinade. Man gibt das Rindfleisch hinein und wendet es in der Marinade, bis es auf allen Seiten gut angefeuchtet ist. Mindestens 6 Stunden bei Zimmertemperatur oder 12 bis 24 Stunden im Kühlschrank marinieren. Dabei mehrfach umdrehen.

ZWIEBELN UND KAROTTEN À BRUN: Den Backofen auf 180° vorheizen. In einer schweren Pfanne von 25 bis 30 cm Durchmesser brät man den gewürfelten Speck auf mäßiger Hitze unter ständigem Rühren so lange an, bis er knusprig und braun ist. Dann entfernt man die Speckwürfel und hebt sie auf. In dem in der Pfanne verbleibenden Fett bräunt man die ganzen Zwiebeln und die Karotten bei mäßiger Temperatur leicht an. Dabei schüttelt man die Pfanne gelegentlich, damit sie herumrollen und so gleichmäßig wie möglich Farbe annehmen. Danach in ein feuerfestes Geschirr legen, das groß genug ist, alles in einer Lage aufzunehmen. 3 EL Speckfett darüberträufeln. Die Pfanne zur Seite stellen, ohne das Fett daraus abzugießen. Man schmort die Zwiebeln und Karotten ohne Deckel auf dem mittleren Einschub des Ofens etwa 30 Minuten lang, bis sie knapp weich sind, wobei sie mehrfach begossen und gedreht werden. Aus dem Ofen nehmen, das Fett abgießen und die Gemüse beiseite stellen.

SCHMOREN DES RINDFLEISCHS: Während die Gemüse schmoren oder nachdem sie fertig sind, nimmt man das Rindfleisch aus der Marinade und trocknet es gründlich mit Küchenkrepp. Die Marinade siebt man in eine kleine Schüssel und läßt die Gemüse auf Küchenkrepp abtropfen. Das in der Pfanne verbliebene Speckfett erhitzt man bis zum Rauchpunkt und brät darin das Rindfleisch an, bis es auf allen Seiten kräftig Farbe angenommen hat. Während es bräunt, läßt man 4 EL Butter in einer schweren, 6 l fassenden feuerfesten Kasserolle oder in einem großen Bräter zergehen. Man gibt die marinierten Gemüse dazu und dünstet unter häufigem Wenden auf kleiner Flamme, bis die meiste Flüssigkeit herausgekocht ist und sie leicht gefärbt sind. Wenn das Rindfleisch gebräunt ist, wird das Fett bis auf einen dünnen Film aus der Pfanne geschöpft.

Der nächste Schritt ist, das Rindfleisch zu flambieren. Experten flambieren das Rindfleisch mit Weinbrand direkt in der Pfanne. Aber es ist ungefährlicher, den Alkohol erst in einem kleinen Topf auf schwacher Hitze zu erwärmen, ihn mit einem Streichholz anzuzünden und dann brennend über das Rindfleisch zu geben. Man gießt ihn nach und nach darüber und schüttelt dabei die Pfanne vorsichtig, bis die Flamme erlischt. Nun legt man das Rindfleisch in die Kasserolle und verteilt die Stücke der Kalbsknöchel bzw. Kalbsknochen, der geschnittenen Tomaten, des gewürfelten Specks und das *bouquet garni* ringsum.

Man gießt die durchgeseihte Marinade und 3 Tassen Fleischbrühe in die Pfanne, kocht alles auf großer Flamme auf, kratzt allen braunen Satz, der an der Pfanne haftet, ab und löst ihn gut auf. Ein oder zwei Minuten kräftig sprudeln lassen, dann in die Kasserolle gießen. Die Flüssigkeit soll bis zur halben Höhe des Fleisches reichen. Falls nötig, mehr Fleischbrühe zugeben. Man bringt die Kasserolle auf dem Herd zum Kochen, deckt sie dann fest zu und stellt sie auf den mittleren Einschub des Ofens. Die Hitze reguliert man so, daß das Rindfleisch sachte köchelt. Man wendet und begießt das Fleisch zwei- oder dreimal während der Garzeit. Nach $2^1/_2$ bis 3 Stunden sollte es zart sein, wenn man mit der Spitze eines scharfen Messers hineinsticht.

Will man das Rindfleisch und die Gemüse heiß servieren, so legt man das Fleisch auf eine Platte. Man wirft Knochen und *bouquet garni* fort und gießt den Rest des Kasserolleninhalts durch ein großes, feines Sieb in einen 3 bis 4 l fassenden Topf; dabei drückt man die Gemüse gut aus, ehe man sie wegwirft. Die durchgeseihte Schmorbrühe oder Sauce läßt man sich einige Minuten lang setzen, dann schöpft man soviel Fett wie möglich von der Oberfläche ab. Die Sauce kocht man schnell auf großer Flamme, bis sie auf die Hälfte ihrer ursprünglichen Menge reduziert ist (etwa 3 bis 4 Tassen). Abschmecken und mit Salz und Pfeffer würzen. Dann gibt man Fleisch und Sauce wieder in die Kasserolle und fügt die gebackenen Zwiebeln und Karotten hinzu. Man läßt sachte auf dem Herd köcheln, um Rindfleisch und Gemüse gründlich zu erhitzen. Nun legt man das Fleisch auf ein Schneidebrett und entfernt die Fäden. Dann richtet man den Braten, umlegt mit den Zwiebeln und Karotten, auf einer großen Platte an. Etwas Sauce darüberschöpfen und den Rest separat in einer warmen Sauciere reichen.

BŒUF À LA MODE EN GELÉE (kalter Rinderbraten in Aspik): Um die kalte Version von *bœuf à la mode* zuzubereiten, läßt man das Fleisch eine Stunde lang in der Schmorflüssigkeit abkühlen, wobei man es ein- oder zweimal wendet. Dann legt man den Braten auf eine Platte, läßt ihn auf Zimmertemperatur abkühlen, wickelt ihn ein und kühlt ihn im Eisschrank. Die Schmorflüssigkeit abseihen, kühlen, zudecken und kaltstellen. Auch die gebackenen Zwiebeln und Karotten läßt man abkühlen, deckt sie zu und stellt sie in den Kühlschrank.

ASPIK FÜR BŒUF À LA MODE EN GELÉE

2 bis 4 Tassen Fleischbrühe, frisch, aus Würfeln, Instantbrühe oder aus der Dose
7–14 Blatt Gelatine ohne Geschmack oder entsprechend Aspikpulver
3 Eiweiß
1/2 TL Zitronensaft
1/2 TL getrockneter Thymian, zerrieben
1/2 Lorbeerblatt
10 Pfefferkörner
1 TL Salz
1/2 Tasse Madeira

Wenn die Schmorflüssigkeit völlig kalt ist, entfernt man sorgfältig Fett, das an der Oberfläche fest geworden ist, und wirft es weg. In einem 2 oder 3 l fassenden Topf läßt man die Schmorflüssigkeit auf kleiner Flamme flüssig werden und gießt zu insgesamt 5 Tassen Fleischbrühe auf. Die Gelatine läßt man in einer zusätzlichen Tasse kalter frischer Brühe quellen und gibt sie dazu. Man schlägt die Eiweiß mit einem Drahtbesen zu Schnee und rührt diesen in die Brühe, zusammen mit Zitronensaft, Thymian, Lorbeerblatt, Pfefferkörnern und Salz. Sobald der Aspik zu schäumen und hochzusteigen beginnt, nimmt man den Topf vom Feuer. Man läßt ihn abseits vom Herd 5 Minuten ruhen und gießt dann alles durch ein mit einem feuchten Küchenhandtuch ausgelegtes feines Sieb in eine tiefe Schüssel. Man läßt den Aspik durchlaufen, ohne ihn irgendwie aufzurühren. Wenn er ganz durchgelaufen ist, gibt man Madeira zu, schmeckt ab und würzt, falls nötig, mit Salz nach. Den Boden einer großen Servierplatte gießt man mit einer 3 mm dünnen Schicht Aspik aus und stellt sie in den Kühlschrank, bis der Aspik fest ist. Dann schneidet man das kalte Rindfleisch in halbzentimeter dicke Scheiben und legt Fleisch, Zwiebeln und Karotten ansprechend auf die Platte. Man erhitzt ungefähr 3/4 Tasse Aspik in einem kleinen Stieltopf, bis er schmilzt, dann hält man ihn in eine Schüssel, die mit Wasser und geschlagenem Eis oder Eiswürfeln gefüllt ist. Man rührt vorsichtig mit einem Metallöffel, bis er fast zum Stocken kommt. Schnell arbeitend, gießt man eine dünne Schicht Aspik über Fleischscheiben und Gemüse und stellt die Platte in den Kühlschrank, bis der Überzug fest ist. Diesen Vorgang wiederholt man noch zweimal, um drei gelierende Schichten zu machen – für jede schmilzt und kühlt man den Aspik extra. Man stellt die Platte so lange in den Kühlschrank, bis die Glasur fest ist. In der Zwischenzeit läßt man den restlichen Aspik schmelzen und gießt ihn dann in ein großes flaches Geschirr, wo er eine Schicht oder einen Film von nicht mehr als 6 mm Dicke bilden soll, und stellt es in den Kühlschrank.

Wenn der Aspik sehr fest ist, nimmt man das Geschirr aus dem Kühlschrank und ritzt die Aspikschicht in Form von Karos ein, indem man mit der Spitze eines scharfen Messers sich kreuzende diagonale Linien, jeweils 4 cm voneinander entfernt, einschneidet. Die Karos arrangiert man um das mit Aspik bedeckte Rindfleisch. Man hackt alle Reste in kleine Würfel und garniert damit die Platte.

Innereien

Typische Innereien sind Kutteln, Hirn, Bries und Nieren. Sie kosten nicht viel und schmecken köstlich, wenn man es versteht, sie richtig zuzubereiten. Sie müssen jedoch sorgfältig gesäubert werden und sind am besten, wenn sie ganz frisch sind.

KUTTELN kauft man frisch in kochfertigen Streifen oder als tiefgefrorenen Block, den man in Scheiben schneidet.

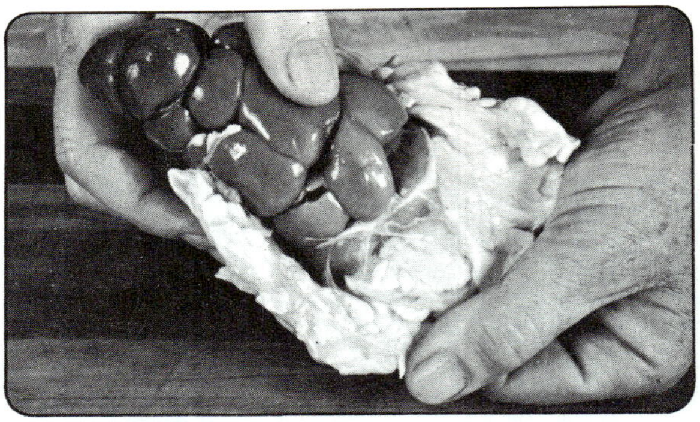

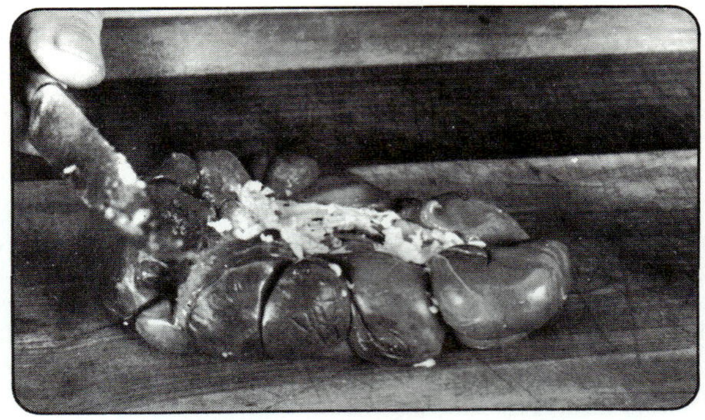

NIEREN haben vielleicht eine Fettschicht, die mit einem scharfen Messer gelöst und dann sorgfältig abgeschält und entfernt werden muß *(links)*. An der Unterseite *(rechts)* ist ein Fettpolster, das auch entfernt wird.

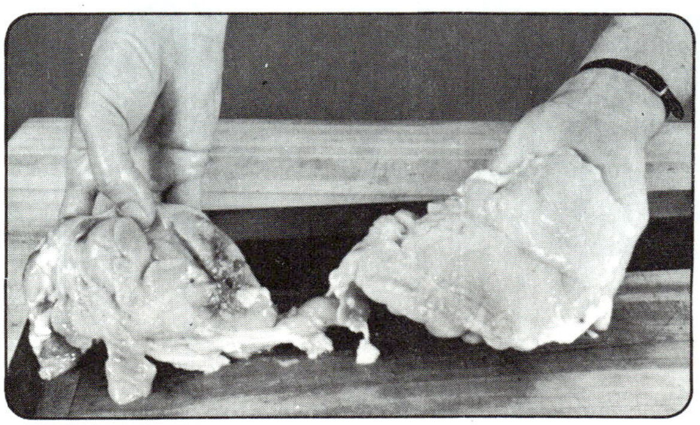

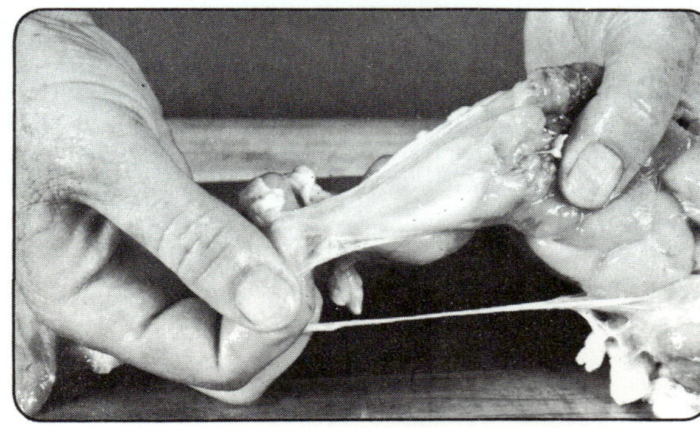

BRIES wird erst in kaltem Wasser eingeweicht. Dann wird die Röhre *(links, in der Mitte)*, die die beiden Lappen verbindet, mit einem Messer abgeschnitten. Schließlich streift man die dünne Haut ab *(rechts)*.

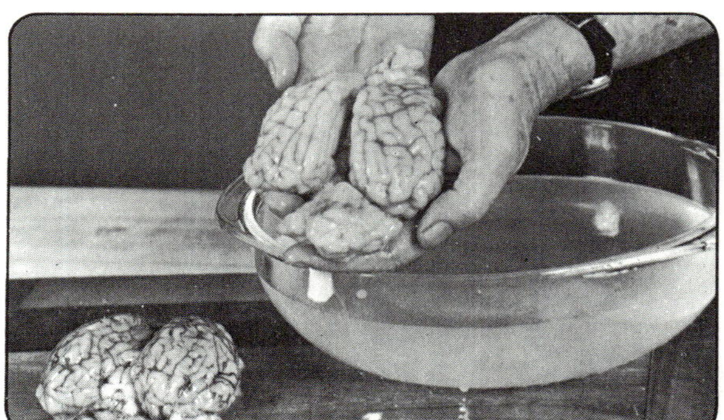

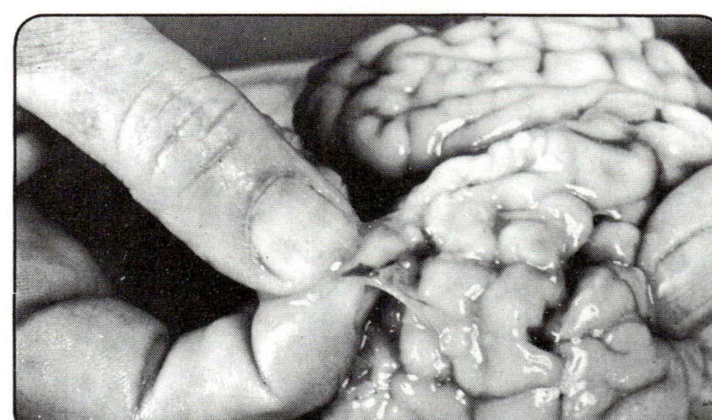

HIRN weicht man *(links)* drei Stunden in mehrfach zu wechselndem, kaltem Wasser ein. Beim letzten Wasserwechsel fügt man Essig zu. Dann zieht man soviel Haut wie möglich ab *(rechts)*, ohne das Gewebe zu zerreißen.

Rognons en Casserole

GEBRATENE NIEREN MIT SENFSAUCE

Für 4 bis 6 Personen

- 6 EL Butter
- 3 oder 4 ganze Kalbsnieren oder 12 ganze Lammnieren, abgezogen und vom Fett befreit
- 2 EL feingeschnittene Schalotten oder Frühlingszwiebeln
- ³/₄ Tasse herber Weißwein
- 4 EL Butter
- 2 EL Dijon-Senf
- ¹/₂ TL Salz
- Frisch gemahlener schwarzer Pfeffer
- 2 TL Zitronensaft
- 3 EL feingehackte frische Petersilie

In einer schweren flachen, feuerfesten Kasserolle von ungefähr 25 cm Durchmesser oder in einer Flambierpfanne läßt man 6 EL Butter auf mäßiger Hitze zergehen. Sobald der Schaum verschwindet, brät man, ohne zuzudecken, die Nieren in der Butter und wendet sie häufig, bis sie schwach gebräunt sind. (Kalbsnieren benötigen 10 Minuten, Lammnieren 4 bis 5 Minuten.) Mit einer Küchenzange hebt man sie auf eine gewärmte Platte und deckt sie lose zu.

Nun rührt man die Schalotten in die in der Kasserolle verbliebene Butter und dünstet sie unter Rühren etwa 1 Minute. Dann Wein zugeben, aufkochen und dabei allen braunen, an der Kasserolle haftenden Bratensatz lösen. 4 bis 5 Minuten sprudeln lassen, bis der Wein auf ¹/₄ Tasse reduziert ist, und die Kasserolle vom Feuer nehmen. Die restliche Butter wird schaumig gerührt, indem man sie mit einem Holzlöffel kräftig schlägt, bis sie ganz luftig ist. Dann mischt man Senf, Salz und etwas Pfeffer aus der Mühle darunter und gibt, abseits vom Herd, die gewürzte Butter eßlöffelweise in die Kasserolle. Nun schneidet man, schnell arbeitend, die Nieren quer in 3 mm dicke Scheiben direkt in die Kasserolle, beträufelt sie mit Zitronensaft, streut Petersilie darüber und schwenkt sie auf kleiner Flamme 1 oder 2 Minuten, um sie heißzumachen. Sofort servieren.

Ris de Veau ou Cervelles au Beurre Noir

BRIES ODER HIRN IN BRAUNER BUTTERSAUCE

Für 6 Personen

- 750 g Kalbsbries oder Hirn
- Wasser
- Essig
- Salz
- Zitronensaft
- 250 g Butter
- ¹/₄ Tasse Weinessig oder Zitronensaft
- Frisch gemahlener schwarzer Pfeffer
- Mehl
- 3 EL Butter
- 1 EL Pflanzenöl
- 2 EL feingeschnittene frische Petersilie

Das Bries oder Hirn weicht man in mehrfach zu wechselndem, kaltem Wasser 2 Stunden ein. Danach legt man es eine weitere Stunde in kaltes Essigwasser, wofür man 1 EL Essig pro l Wasser verwendet. Behutsam zieht man soviel wie möglich von der Außenhaut ab, ohne dabei Bries oder Hirn zu zerreißen. Man macht das Bries zurecht, indem man mit einem scharfen Messer die beiden Lappen von der Röhre losschneidet, die sie verbinden; die Röhre wirft man weg. Beim Hirn schneidet man die weißen, undurchsichtigen Stückchen an der Unterseite weg. Man legt dann Bries oder Hirn in einen emaillierten Topf mit so viel Wasser, daß 5 cm darüber stehen, gibt Salz (1 EL pro l Wasser) und Zitronensaft (1 TL pro l Wasser) zu und gart ohne Deckel gerade unter dem Siedepunkt 15 bis 20 Minuten. Dann herausnehmen und auf Küchenkrepp trocknen.

Man klärt 12 EL Butter, indem man sie in einem kleinen, schweren Topf oder einer ebensolchen Pfanne langsam zergehen läßt, wobei man den Schaum von der Oberfläche abschöpft. Die oben schwimmende, klare Butter gibt man in einen sauberen Topf und wirft den milchigen Rückstand weg. Den Essig in den Topf gießen, in dem die Butter geklärt wurde, und kochend zu 1 EL reduzieren. Auf mäßiger Hitze bräunt man die geklärte Butter, rührt den reduzierten Essig hinein, schmeckt ab und würzt mit Salz und Pfeffer.

Wenn Bries oder Hirn ganz serviert werden sollen, gibt man sie in die braune Buttersauce und macht sie unter gelegentlichem Begießen darin heiß. Sollen sie in Scheiben geschnitten und gebraten werden, so stellt man die braune Buttersauce beiseite. Man taucht die Scheiben in Mehl und klopft dann alles bis auf einen dünnen Flor ab. In einer schweren Pfanne oder einem Brattopf von 25 bis 30 cm Durchmesser läßt man die restlichen 3 EL Butter mit dem Öl auf mäßiger Hitze zergehen. Sobald der Schaum verschwindet, brät man die Bries- oder Hirnscheiben 3 oder 4 Minuten auf jeder Seite, bis sie leicht gebräunt sind. Falls nicht alle Scheiben gut Platz in der Pfanne haben, brät man sie in zwei Partien. Man arrangiert sie auf einer vorgewärmten Platte. Die braune Butter wird wieder erhitzt und darübergegossen. Mit geschnittener Petersilie bestreuen und sofort servieren.

Foie de Veau Sauté

GEBRATENE KALBSLEBER

Für 6 Personen

6 Scheiben Kalbsleber, gut 1 cm dick geschnitten (ungefähr 750 g)
Salz
Frisch gemahlener schwarzer Pfeffer
Mehl
5 EL Butter
2 EL Pflanzenöl
$^1/_2$ Tasse Fleisch- oder Hühnerbrühe, frisch oder aus der Dose
Einige Tropfen Zitronensaft
2 EL feingeschnittene frische Petersilie

Die Leberscheiben mit Salz und etwas Pfeffer aus der Mühle würzen, in Mehl wenden und soweit abklopfen, daß nur ein dünner Flor bleibt. In einer schweren flachen Kasserolle oder Bratpfanne von 30 cm Durchmesser läßt man 4 EL Butter mit dem Öl auf großer Flamme zergehen. Sobald der Schaum verschwindet, brät man die Leber schnell 2 bis 3 Minuten auf jeder Seite, wobei man die Scheiben mit einer Küchenzange wendet. Die Leber wird anschließend auf eine vorgewärmte Platte gelegt und lose zugedeckt, damit sie warm bleibt.

Man arbeitet jetzt sehr schnell, gießt fast alles Fett aus der Pfanne ab und läßt gerade genug darin, daß der Boden überzogen ist. Hühnerbrühe zugießen und unter ständigem Rühren auf großer Flamme erhitzen. Dabei den braunen Satz am Pfannenrand loskratzen.

Man kocht, bis die Brühe sirupartig und zu ungefähr $^1/_4$ Tasse reduziert ist. Nun die Pfanne vom Feuer nehmen und den letzten EL Butter sowie einige Tropfen Zitronensaft hineinquirlen. Die Sauce über die Leber gießen, mit Petersilie bestreuen und sofort servieren.

Tripes à la Mode de Caen

KUTTELEINTOPF

Für 8 bis 10 Personen

$2^1/_2$ kg kochfertige Kutteln
4 kochfertige Kalbfüße, gespalten und die Knochen entfernt, oder 2 zersägte Kalbsknochen und ein 20 × 8 cm großes Stück frische oder gesalzene Speckschwarte
3 Zwiebeln, geschält und halbiert
3 Karotten, geputzt und in Stücke geschnitten
4 Lauchstangen, weiße Teile und 5 cm vom Grünen, längs durchgeschnitten, oder dafür 2 weitere halbierte Zwiebeln
Bouquet garni, bestehend aus 6 Petersilienstengeln, 2 Lorbeerblättern, 5 geschälten Knoblauchzehen, 1 TL getrocknetem Thymian und 15 Pfefferkörnern, in ein Stück ausgewaschenen Mull eingebunden
$1^1/_2$ EL Salz
3 Tassen herber Apfel- oder Weißwein
3 Tassen Hühnerbrühe, frisch, aus Würfeln oder aus der Dose
$1^1/_2$ Tassen Calvados oder einfacher Apfelschnaps
250 g Rinderfett, in 3 mm dicke Platten geschnitten
2 EL feingehackte frische Petersilie

Mit einem scharfen Messer die Kuttelstücke in 4 cm große Quadrate schneiden. In einer flachen Schüssel unter einem schwach laufenden Kaltwasserhahn so lange spülen, bis das Wasser klar bleibt. Gründlich in einem Durchschlag oder großen Sieb ablaufen lassen. In der Zwischenzeit blanchiert man die Kalbsfüße (oder Kalbsknochen und Speckschwarte) in einem großen Topf oder Suppenkessel, indem man sie mit kaltem Wasser bedeckt, das Wasser auf großer Flamme zum Sprudeln bringt und 2 Minuten lang kochen läßt. Dann die Füße in einem Durchschlag ablaufen lassen und in kaltem Wasser abwaschen.

Den Backofen auf 120° vorheizen. Die Zwiebeln, Karotten, Lauchstangen und das *bouquet garni* auf dem Boden einer schweren, 6 bis 8 l fassenden, feuerfesten Kasserolle, die einen festsitzenden Deckel hat, ausbreiten. Darauf legt man die Kutteln und salzt sie. Die Kalbsfüße (oder Kalbsknochen und Speckschwarte) kommen obenauf. Den herben Apfel- oder Weißwein, die Brühe und den Calvados dazugießen. (Man muß beachten, daß der Apfelwein nicht süß sein darf. Gesüßten Apfelwein oder Apfelsaft kann man nicht verwenden.) Falls es nötig ist, fügt man noch mehr Brühe oder Wasser zu, um alle Zutaten zu bedecken. Man legt die Rinderfettscheiben lose auf die Oberfläche. Die Kasserolle wird dann mit einer doppelten Lage Alufolie zugebunden, die man über die Seiten herunterzieht und verschnürt. Zudecken und auf der Herdplatte bis zum Siedepunkt erhitzen. Die Kasserolle in einen großen Bräter stellen, um alles aufzufangen, was herausfließt, und sie auf den mittleren Einschub des Ofens setzen. Dort gart das Gericht mindestens 12, wenn man Zeit hat, auch 16 Stunden.

Danach nimmt man die Kasserolle aus dem Ofen, deckt sie auf und entfernt die Folie. Mit einer Küchenzange nimmt man die Kalbsfüße heraus und wirft sie weg (oder Kalbsknochen und Speckschwarte), ebenso die Gemüse und das *bouquet garni*. Die Kutteln und den ganzen Saft schüttet man in ein feines Sieb, das man auf eine große Rührschüssel gesetzt hat. Nachdem die Kutteln abgetropft sind, gibt man sie in eine 3 bis 4 l fassende Kasserolle. Die Sauce der Kutteln läßt man sich 5 Minuten setzen und schöpft soviel Fett wie möglich von der Oberfläche ab. Dann abschmecken, über die Kutteln gießen und alles noch einmal erhitzen. Mit Petersilie überstreuen und sofort servieren. Es ist wichtig, das Gericht auf heißen Tellern zu servieren, da die Kutteln sehr schnell gallertartig stocken, sobald sie kühl werden.

Gigot d'Agneau Rôti

GEBRATENE LAMMKEULE

Den Backofen auf 260° vorheizen. In die fette Seite des Lammfleisches macht man 6 oder 8 halbzentimeter große Einschnitte und steckt in jeden einen Knoblauchspan. Man bestreicht die Keule mit Öl und klopft Salz in die ganze Oberfläche ein. In den dicksten Teil der Keule steckt man – sofern vorhanden – ein Fleischthermometer, achtet aber darauf, daß es nicht den Knochen berührt. Nun legt man die Keule mit der fetten Seite nach oben auf einen Rost in eine flache Bratpfanne und brät sie 20 Minuten auf dem mittleren Einschub des Ofens. Dann verringert man die Hitze auf 190°, verteilt die Gemüse unter dem Rost und gart die Keule noch je nach Wunsch 40 bis 60 Minuten. Englisch gebratenes Lammfleisch läßt man im Ofen, bis das Thermometer 55 bis 60° zeigt, rosa gebratenes 60 bis 65°, durchgebratenes 65 bis 70°. Man legt das Fleisch auf eine vorgewärmte Platte und läßt es vor dem Tranchieren 10 Minuten ruhen.

In der Zwischenzeit schöpft man das Fett aus der Bratpfanne ab, gießt die Brühe zu den Gemüsen und kocht alles auf dem Herd 4 bis 5 Minuten lebhaft durch, wobei man den braunen Satz am Pfannenrand ablöst. Wenn die Sauce die gewünschte Geschmacksintensität erreicht hat, gießt man sie durch ein feines Sieb in einen Topf. Die Gemüse drückt man dabei kräftig aus, ehe man sie wegwirft. Man probiert die Sauce und würzt mit Zitronensaft, Salz und Pfeffer. Dann nochmals erhitzen und mit dem Lammfleisch servieren.

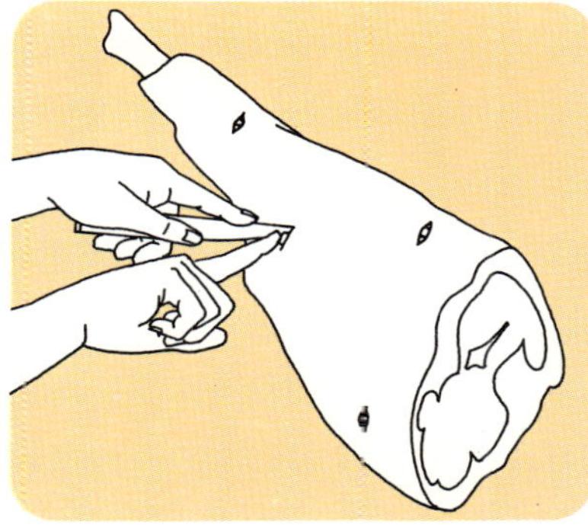

Man schneidet Schlitze in die Lammkeule, um Knoblauchspäne hineinzutun.

Für 6 bis 8 Personen

Eine 2½–3 kg schwere Lammkeule, von allem überflüssigem Fett befreit, aber noch mit der Haut
Knoblauchspäne von 1 Zehe
3 EL Pflanzenöl
2 EL Salz
2 Zwiebeln, in dünnen Scheiben
2 Karotten, in dünnen Scheiben
1½ Tassen Fleisch- oder Hühnerbrühe, frisch, aus Würfeln oder aus der Dose
½ TL Zitronensaft
Salz
Frisch gemahlener schwarzer Pfeffer

Sauté de Lapin au Vin Blanc

GESCHMORTES KANINCHEN IN WEISSWEINSAUCE

Das Kaninchen wird unter fließendem Wasser gewaschen und mit Küchenkrepp abgetrocknet. In einem flachen, feuerfesten Geschirr oder in einer Kasserolle vereinigt man ½ Tasse Wein, 1 EL Weinessig, Olivenöl, die in Scheiben geschnittene Zwiebel, Thymian, Lorbeerblatt, Petersilie, Salz und Pfeffer zu einer Marinade. Darin läßt man das Kaninchen 6 Stunden bei Zimmertemperatur oder 12 bis 24 Stunden im Kühlschrank. Mehrfach umwenden.

Die Speckwürfel werden 5 Minuten in 2 Tassen Wasser gekocht, dann abgegossen und mit Küchenkrepp trockengetupft. In einer schweren Pfanne von 25 bis 30 cm Durchmesser zerläßt man auf mäßiger Hitze 1 EL Butter und brät darin die Speckwürfel an, bis sie knusprig und goldbraun sind. Den Speck stellt man beiseite und gießt das meiste Fett in eine Schüssel; auf dem Boden der Pfanne bleibt nur gerade ein leichter Fettfilm zurück. Hierin brät man die Zwiebel an und gibt sie dann in eine Schüssel.

Nun das Kaninchen aus der Marinade nehmen und mit Küchenkrepp abtrocknen. Die Marinade aufheben. Das Kaninchen wird in der Pfanne angebraten – falls nötig mit zusätzlichem Fett – und dann in eine schwere 2 bis 3 l fassende, feuerfeste Kasserolle gelegt. Aus der Pfanne gießt man fast alles Fett ab, gibt die Schalotten und den Knoblauch hinein und dünstet sie unter ständigem Rühren 2 Minuten lang. Das Mehl einstäuben und auf schwacher Hitze 1 Minute weiterrühren. Vom Feuer nehmen und die restliche ½ Tasse Wein sowie die Brühe zugießen. Auf mäßiger Hitze läßt man unter Rühren so lange kochen, bis die Sauce dickt. Dann gießt man sie über das Kaninchen, fügt *bouquet garni,* Marinade und angebratene Speckwürfel dazu. Den Backofen auf 180° vorheizen.

Das Stew wird auf dem Herd zum Kochen gebracht und auf dem mittleren Einschub des Backofens 40 Minuten gegart. Danach rührt man behutsam die Zwiebeln dazu und brät 20 Minuten weiter, bis das Kaninchen zart ist, wenn man mit der Spitze eines scharfen Messers hineinsticht. Kurz vor dem Servieren rührt man 1 EL Essig in die Sauce, schmeckt ab und trägt in der Kasserolle auf.

Für 4 bis 6 Personen

Ein 1 bis 1,5 kg schweres, frisches Kaninchen oder aufgetautes Tiefkühlkaninchen, in serviergerechte Stücke geschnitten
1 Tasse herber Weißwein
2 EL Weißweinessig
¼ Tasse Olivenöl
1 Zwiebel, in dünne Scheiben geschnitten
½ TL getrockneter Thymian
1 Lorbeerblatt, zerrieben
2 TL feingehackte frische Petersilie
½ TL Salz
Frisch gemahlener schwarzer Pfeffer
125 g magerer gesalzener Speck, gewürfelt
2 Tassen Wasser
1 EL Butter
12 bis 16 geschälte frische Zwiebeln
3 EL kleingeschnittene Schalotten
½ TL kleingehackter Knoblauch
2 EL Mehl
1½ Tassen Fleischbrühe, frisch, aus Würfeln, Instantbrühe oder aus der Dose
Bouquet garni, bestehend aus 4 Petersilienstengeln und 1 Lorbeerblatt, zusammengebunden

Die fünf beliebtesten Arten von Innereien sind: Nieren, hier mit Senfsauce und Champignonscheiben zubereitet *(Mitte)*; und (im Uhrzeigersinn von rechts oben) Hirn in brauner Buttersauce; Kutteleintopf; Bries in brauner Buttersauce; gebratene Kalbsleber, serviert in einer Flambierpfanne mit kleinen Tomaten und Erbsen. Kutteln und Leber sind fertig zum Servieren, so, wie sie hier gezeigt werden. Die anderen Innereien werden gewöhnlich in Scheiben geschnitten und weiter gekocht, ehe man sie anrichtet *(Seite 141)*.

Diese Gerichte eignen sich gut für die Zubereitung in der Flambierpfanne – oder können in der Flambierpfanne, in der sie warm bleiben, zu Tisch gebracht werden. Man muß aufpassen, daß die zarten Innereien dabei nicht austrocknen. Der Brenner muß bei diesen Gerichten ganz klein gestellt sein.

Für 6 Personen

MARCHAND DE VINS-SAUCE

2 EL Butter
½ Tasse kleingeschnittene Schalotten oder Frühlingszwiebeln
1½ Tassen herber Rotwein
½ Lorbeerblatt
¼ TL getrockneter Thymian
4 Petersilienstengel
2 TL Fleischextrakt, aufgelöst in 3 EL heißem Wasser
200 g Butter
1 EL Zitronensaft
1 TL Mehl
2 EL kleingehackte frische Petersilie

DAS STEAK

Etwa 1,5 kg Lendensteak oder ein entsprechendes Beefsteak oder Rumpsteak, 2½ bis 3 cm dick geschnitten und von allem überflüssigen Fett befreit
1 EL Butter
2 EL Pflanzenöl
Salz
Frisch gemahlener schwarzer Pfeffer

Bifteck Marchand de Vins

GEBRATENES STEAK MIT ROTWEINSAUCE

MARCHAND DE VINS-SAUCE: In einem 2 bis 3 l fassenden, emaillierten Topf zerläßt man 2 EL Butter auf mäßiger Hitze. Sobald der Schaum verschwindet, dünstet man die Schalotten unter ständigem Rühren 2 Minuten, bis sie weich, aber nicht braun sind. Den Wein zugießen, Lorbeerblatt, Thymian und Petersilienstengel zufügen und auf mäßiger Hitze schwach kochen, bis er zu einer ¾ Tasse reduziert ist. Dieser Vorgang kann 10 bis 15 Minuten in Anspruch nehmen. Man gießt den reduzierten Wein durch ein feines Sieb in eine kleine Schüssel und preßt dabei die Schalotten und Kräuter gut mit dem Rücken eines Löffels aus, ehe man sie wegwirft. Den Wein schüttet man wieder in den Topf zurück, fügt den verdünnten Fleischextrakt zu und läßt alles aufkochen. Den Topf dann beiseite stellen.

Die Butter rührt man schaumig, indem man sie kräftig mit einem Holzlöffel gegen die Seiten einer kleinen Schale schlägt, bis sie ganz luftig ist. Den Zitronensaft, das Mehl und die Petersilie daruntermischen und auf die Seite stellen.

DAS STEAK: Das Steak wird mit Küchenkrepp sorgfältig trockengetupft. Man macht alle 2 oder 3 cm kleine Einschnitte rings um den Rand des Steaks, damit es beim Braten nicht vom Fett aufgeworfen wird. In einer schweren Pfanne oder einem Bräter von 30 bis 35 cm Durchmesser läßt man 1 EL Butter mit den 2 EL Pflanzenöl auf großer Flamme zergehen. Das Steak einlegen und es schnell auf jeder Seite 1 bis 2 Minuten anbraten. Mit einer Küchenzange umdrehen, die Hitze verringern und das Steak auf jeder Seite etwa 5 Minuten garen.

Experten prüfen ein Steak, indem sie mit dem Finger daraufdrücken. Es soll einen leichten Widerstand bieten, nicht fest und nicht weich sein. Wenn einem diese Methode zu schwierig erscheint, so macht man einen kleinen Einschnitt mit der Spitze eines scharfen Messers und urteilt nach der Farbe des Fleisches. Auf eine angewärmte Platte legen und mit Salz und Pfeffer würzen.

Die reduzierte Weinmischung in die Pfanne gießen und auf mäßiger Hitze unter ständigem Rühren zum Kochen bringen. Dabei allen braunen Saft, der auf dem Boden und an den Seiten der Pfanne hängt, loskratzen. Vom Feuer nehmen und die schaumige Buttermischung – immer 2 EL zur gleichen Zeit – einrühren. Zum Servieren schneidet man das Steak in Scheiben und reicht die Sauce gesondert.

ANDERE MÖGLICHKEIT: *Sauce béarnaise (Seite 74)* kann an die Stelle der *marchand de vins*-Sauce treten. In diesem Fall wird der Name des Gerichtes geändert in *bifteck béarnaise*.

Für 4 Personen

6 l Wasser
Salz
1½ kg Weißkohl, feingeschnitten
3 EL Butter
½ Tasse kleingeschnittene Zwiebeln
½ TL feingehackter Knoblauch
Frisch gemahlener schwarzer Pfeffer
8 aus der Mitte der Lende geschnittene Schweinekoteletts mit Filetteil, ungefähr 2 cm dick
3 EL Öl
½ Tasse herber Weißwein
1 Tasse süße Sahne
1 Lorbeerblatt
4 TL frisch geriebener Parmesankäse, gemischt mit 2 TL feinen, trockenen Bröseln

Côtes de Porc à l'Auvergnate

SCHWEINEKOTELETTS MIT WEISSKOHL

In einem Suppentopf oder -kessel bringt man das Wasser und 3 EL Salz zum Sprudeln. Den Weißkohl hineingeben und 5 Minuten kochen, dann in einem Sieb oder Durchschlag gründlich ablaufen lassen. In einer Pfanne von 25 bis 30 cm Durchmesser schmilzt man 2 EL Butter auf mäßiger Hitze. Sobald der Schaum verschwindet, schwenkt man Zwiebeln und Knoblauch 3 bis 4 Minuten in der Pfanne, bis sie weich, aber nicht braun sind. Den Weißkohl, ½ TL Salz und etwas Pfeffer aus der Mühle dazugeben und unter häufigem Umrühren 5 Minuten dünsten, bis fast alle Flüssigkeit verdampft ist. Mit einem Gummispachtel in eine Schüssel heben und beiseite stellen.

Die Schweinekoteletts tupft man mit Küchenkrepp trocken und würzt sie mit Salz und einigen Umdrehungen der Pfeffermühle. In der Pfanne läßt man den restlichen Eßlöffel Butter mit dem Öl zergehen. Sobald der Schaum verschwindet, brät man die Koteletts ungefähr 3 Minuten auf jeder Seite an, bis sie eine kräftige Goldfarbe haben. Aus der Pfanne nehmen und beiseite stellen.

Fast alles Fett aus der Pfanne schütten, bis nur ein dünner Film auf dem Boden zurückbleibt. Den Wein zugießen und unter häufigem Umrühren schnell aufkochen. Dabei den braunen Satz in der Pfanne lösen. Den Wein zu 1/4 Tasse reduzieren und unter den Kohl mischen. Etwa 1/3 des Weißkohls auf dem Boden einer schweren, feuerfesten Kasserolle, die mindestens 10 cm tief ist und groß genug, um die 4 Koteletts in einer Lage aufzunehmen, ausbreiten. Vier Koteletts auf den Kohl legen, dann eine weitere Lage Kohl, 4 weitere Koteletts und mit dem Rest des Weißkohls abschließen. Die Kasserolle soll fest gepackt sein. Den Backofen auf 180° vorheizen.

In einem kleinen Topf die Sahne auf mäßigem Feuer erhitzen, bis sich winzige Bläschen am Rand des Topfes bilden. Die heiße Sahne in die Kasserolle gießen, 1 Lorbeerblatt oben auf den Weißkohl legen und auf dem Herd bis zum Siedepunkt erhitzen. Dann in eine größere Pfanne setzen, die die überfließende Sauce auffangen kann, fest zudecken und auf dem mittleren Einschub des Ofens 1 1/2 Stunden schmoren. Den Deckel abnehmen, das Lorbeerblatt entfernen und die Würzung prüfen. Den Kohl mit Käse und Bröseln bestreuen und noch 30 Minuten im Ofen überbacken, bis die Oberfläche braun und knusprig ist. Direkt aus der Kasserolle servieren.

Côtes de Veau à l'Ardennaise

GESCHMORTE KALBSKOTELETTS IN SCHINKEN-PETERSILIENSAUCE

Für 4 Personen

- 5 EL Butter
- 1/2 Tasse feingeschnittene Zwiebeln
- 1/4 Tasse feingeschnittene Karotten
- 10 Wacholderbeeren
- 1/2 TL getrocknetes Basilikum
- 1/2 TL Salz
- Frisch gemahlener schwarzer Pfeffer
- 3 EL Pflanzenöl
- 4 Kalbskoteletts, 2 1/2 bis 4 cm dick geschnitten
- 1 Tasse herber Weißwein
- 1/2 Tasse Hühnerbrühe, frisch, aus Würfeln oder aus der Dose
- 3/4 Tasse frische weiße Brösel, im Mixbecher von ungefähr 3 Scheiben Weißbrot gemacht, von dem die Krusten entfernt sind
- 1 EL feingeschnittener gekochter Schinken
- 2 EL feingeschnittene frische Petersilie
- 1/2 TL Zitronensaft
- 1 EL Butter, in winzige Flöckchen zerteilt

Den Backofen auf 180° vorheizen. In einer schweren, flachen und feuerfesten Kasserolle oder Backschüssel, die groß genug ist, die Koteletts in einer Lage aufzunehmen und einen Deckel hat, läßt man 2 EL Butter auf mäßiger Hitze zergehen und dünstet darin die geschnittenen Zwiebeln und Karotten unter ständigem Rühren 8 bis 10 Minuten, bis sie weich sind und leicht Farbe angenommen haben. Beiseite stellen.

Die Wacholderbeeren zerquetscht man mit Mörser und Stößel oder einem Holzlöffel in einer kleinen schweren Schale und stampft das Basilikum, Salz und etwas Pfeffer aus der Mühle dazu. Diese Würze drückt man in beide Seiten der Koteletts, wobei man sie so stark wie möglich in das Fleisch preßt.

Einen EL Butter läßt man zusammen mit dem Öl in einer schweren Pfanne von 25 bis 30 cm Durchmesser auf mäßiger Hitze zergehen. Sobald der Schaum verschwindet, bräunt man die Koteletts auf beiden Seiten goldgelb. Dabei vorsichtig umdrehen, damit sich die Gewürze nicht lösen. Die gebräunten Koteletts legt man in die Kasserolle. Aus der Pfanne schüttet man alles Fett bis auf 1 oder 2 EL ab und gießt den Wein hinein. Unter ständigem Umrühren aufkochen, dabei den braunen Satz in der Pfanne lösen und den Wein bis zu 1/2 Tasse reduzieren. Die Brühe unterziehen und die Mischung um die Kalbskoteletts herumgießen. In einer Pfanne von 15 bis 20 cm Durchmesser zerläßt man die verbliebenen 2 EL Butter auf schwacher Hitze und bräunt darin die Brösel. Abseits vom Feuer rührt man Schinken, Petersilie und 1/2 TL Zitronensaft hinein. Man teilt die Mischung in vier Teile, schöpft eine Portion auf jedes Kotelett und setzt Butterflöckchen jeweils obenauf.

Auf der Herdplatte bringt man die Kasserolle zum Kochen, deckt fest zu und gart alles 40 Minuten. Dann legt man das Fleisch auf eine warme Platte, möglichst eine mit Vertiefung, um die Sauce aufzunehmen. Schnell arbeitend, gießt man den Inhalt der Kasserolle durch ein feines Sieb in einen kleinen Topf, wobei man die Gemüse auspreßt, ehe man sie wegwirft. Die Flüssigkeit auf großer Flamme zu etwa 1/2 Tasse einkochen. Die Sauce abschmecken, rings um die Koteletts gießen und sofort servieren.

Für 10 bis 12 Personen

BOHNEN UND WURST

4 l Hühnerbrühe, frisch, aus Würfeln oder aus der Dose
1 kg getrocknete weiße Bohnen
500 g durchwachsener Speck, in einem Stück
250 g frische Speckschwarte (nach Belieben)
1 l Wasser
500 g Kochwurst, nach Möglichkeit mit Knoblauch
3 ganze geschälte Zwiebeln
1 TL feingehackter Knoblauch
1 TL getrockneter Thymian, zerrieben
Bouquet garni, bestehend aus 4 Petersilienstengeln, 3 Stielen Selleriekraut, weißer Teil einer Lauchstange und 2 Lorbeerblättern, in Mull eingebunden
Salz
Frisch gemahlener schwarzer Pfeffer

DIE ENTE

4 EL Butter
1 EL Pflanzenöl
Eine 2–2¼ kg schwere Ente, geviertelt

SCHWEINE- UND LAMMFLEISCH

250 g frischer Speck, gewürfelt
500 g ausgebeintes Schweinekotelett, in 5 cm große Stücke geschnitten
500 g ausgebeinte Lammschulter, in 5 cm große Stücke geschnitten
1 Tasse feingeschnittene Zwiebeln
½ Tasse kleingeschnittener Staudensellerie
1 TL feingehackter Knoblauch
1 Tasse herber Weißwein
750 g feste, reife Tomaten, geschält, entkernt und grobgeschnitten (etwa 2 bis 2½ Tassen) oder dafür 2 Tassen geschnittene, abgetropfte, ganze Tomaten aus der Dose
1 Lorbeerblatt
½ TL Salz
Frisch gemahlener schwarzer Pfeffer

DIE GEBACKENE KRUSTE

1½ Tassen feine, trockene Brösel
½ Tasse feingehackte frische Petersilie

Cassoulet

ÜBERBACKENER FLEISCHEINTOPF MIT WEISSEN BOHNEN

BOHNEN UND WURST: In einem schweren, 6 bis 8 l fassenden Topf oder Suppenkessel bringt man die Hühnerbrühe auf großer Flamme zum Sprudeln. Die Bohnen hineinschütten und 2 Minuten lebhaft kochen. Den Topf vom Feuer nehmen und die Bohnen 1 Stunde weichen lassen. Inzwischen kocht man den Speck und ggf. die Speckschwarte 15 Minuten in 1 l Wasser. Abgießen und beiseite stellen.

Mit der Spitze eines scharfen Messers sticht man 5 oder 6 Löcher in die Wurst und gibt sie zusammen mit dem durchwachsenen Speck und der Speckschwarte zu den Bohnen. Auf großer Flamme aufkochen und dabei den Schaum von der Oberfläche abschöpfen. Wenn die Brühe ziemlich klar aussieht, gibt man die ganzen Zwiebeln, Knoblauch, Thymian, *bouquet garni,* Salz und etwas Pfeffer aus der Mühle dazu. Die Hitze verringern und ohne Deckel 45 Minuten lang köcheln lassen. Man legt die Wurst auf einen Teller und stellt sie beiseite. Bohnen und Speck werden noch weitere 30 bis 40 Minuten gegart, bis die Bohnen weich sind. Dann läßt man den Speck abtropfen und legt ihn auf den Teller zu der Wurst. Zwiebeln und *bouquet garni* wirft man weg. Die Brühe durch ein Sieb in eine Rührschüssel gießen, das Fett abschöpfen und abschmecken. Dann setzt man Bohnen, Brühe und Fleisch in getrennten Gefäßen beiseite.

DIE GEGRILLTE ENTE: Den Backofen auf 180° vorheizen. Die Butter sahnig rühren, indem man sie mit einem Holzlöffel kräftig gegen die Seiten einer kleinen Schüssel schlägt, bis sie ganz locker ist; dann das Öl unterziehen. Die Ente trocknet man mit Küchenkrepp und überzieht die Viertel mit der Mischung aus schaumiger Butter und Öl. Man legt sie mit der Hautseite nach unten auf den Rost und grillt sie 15 Minuten in 10 cm Entfernung vom Strahler. Mit dem Saft aus der Fettwanne begießen und weitere 5 Minuten grillen. Danach vergrößert man die Hitze auf 200° und grillt noch 15 Minuten, wobei man die Ente ein- oder zweimal mit der angesammelten Flüssigkeit überschüttet. Mit einer Küchenzange dreht man die Viertel um, befeuchtet sie wieder und legt nun die Hautseite nach oben 10 Minuten unter den Strahler. Die Hitze auf 235° erhöhen, erneut überschöpfen und weitere 10 Minuten grillen. Dann legt man die Ente auf eine Platte und gießt den Grillsaft aus der Fettwanne in eine Schüssel, wobei man allen braunen Satz, der an der Wanne haftet, auch hineinkratzt. Die Flüssigkeit läßt man sich setzen, schöpft das Fett oben ab und hebt es in einer kleinen Schüssel auf. Den entfetteten Rest gibt man in die Bohnenbrühe. Wenn die Ente abgekühlt ist, schneidet man überschüssiges Fett und Knorpel ab und trennt die Viertel mit einer Geflügelschere in serviergerechte Stücke.

SCHWEINE- UND LAMMFLEISCH: Den Backofen auf 160° vorheizen. In einer schweren Pfanne von 25 bis 30 cm Durchmesser brät man den gewürfelten Speck auf mäßiger Hitze unter ständigem Rühren, bis er knusprig und braun ist. Die Würfel herausnehmen und aufheben. Alles ausgebratene Fett bis auf 2 oder 3 EL in eine kleine Rührschüssel abgießen. Das in der Pfanne verbliebene Fett erhitzt man fast bis zum Rauchpunkt und bräunt darin das Schweine- und Lammfleisch, jeweils 4 oder 5 Stücke zur gleichen Zeit. Sind die Stücke auf allen Seiten braun, legt man sie in einen 4 l fassenden Bräter oder in eine schwere, feuerfeste Kasserolle.

Nun entfernt man alles Fett aus der Pfanne bis auf 3 EL und dünstet darin die geschnittenen Zwiebeln auf schwacher Hitze 5 Minuten. Dabei den braunen Satz loskratzen, der an der Pfanne haftet. Sellerie und Knoblauch zugeben und 2 Minuten dünsten. Dann löscht man mit dem Wein ab und kocht auf großer Flamme, bis die Mischung zur Hälfte reduziert ist. Mit einem Gummispachtel kratzt man den Inhalt der Pfanne in die Kasserolle. Behutsam rührt man

Tomaten, Lorbeerblatt, Salz und etwas Pfeffer aus der Mühle in die Kasserolle. Auf dem Herd aufkochen, zudecken und auf dem mittleren Einschub des Ofens (etwas Brühe oder Wasser zugießen, falls das Fleisch trocken aussieht) 1 Stunde, bis das Fleisch weich ist, garen. Mit der Küchenzange hebt man das Fleisch in eine Schüssel. Das Fett wird von dem Saft in der Kasserolle abgeschöpft, dann seiht man den Saft in die Bohnenbrühe und wirft die Gemüse weg.

EINSCHICHTEN DES CASSOULETS: Den Backofen auf 180° vorheizen. Die Wurst schälen und in halbzentimeter dicke Scheiben schneiden. Den durchwachsenen Speck und die Speckschwarte zerteilt man in 2 cm große Würfel. In eine schwere, feuerfeste, 6 bis 8 l fassende Kasserolle, die mindestens 12 cm tief ist, gibt man eine 2 cm dicke Lage Bohnen. Die Hälfte von der Wurst, dem frischen Speck, der Schwarte, dem durchwachsenen Speck, der Ente, dem geschmorten Schweine- und Lammfleisch schichtet man darüber. Darauf kommt eine weitere Lage Bohnen, dann der Rest des Fleisches und eine letzte Schicht Bohnen, mit Wurstscheiben belegt. Man gießt die Bohnenbrühe dazu, bis sie fast die Bohnen bedeckt. Die Brösel breitet man in einer dicken Schicht über die Oberfläche und beträufelt sie mit 3 oder 4 EL Entenfett. Auf der Herdplatte bringt man die Kasserolle zum Kochen, dann backt man sie, nicht zugedeckt, im oberen Drittel des Ofens 1 1/4 Stunden, bis die Brösel eine feste dunkle Kruste gebildet haben. Man kann diese Kruste *(gratin)* behutsam in das *cassoulet* drücken und das Gericht weiterbacken, bis sich eine neue Kruste bildet. Dies kann man zwei- oder dreimal wiederholen. Direkt in der Kasserolle, die mit Petersilie überstreut wird, servieren.

Schaum von Bohnen und Fleisch abschöpfen.

Bouquet garni in Mull einwickeln.

Überflüssiges Fett aus der Wurst lassen.

Ente für den Eintopf grillen.

Lamm- und Schweinefleisch braunbraten.

Die Zutaten in Lagen schichten.

Das *cassoulet* soll außen überkrustet und goldbraun und saftig sein, wenn man die Oberfläche durchbricht. Das Aroma von Fleisch und Bohnen muß sich harmonisch verbunden haben. Obwohl die Zubereitung zeitraubend ist, kann das *cassoulet* in einfachen Abschnitten gekocht werden. Man kann es einschichten und bis zu mehreren Tagen vor dem endgültigen Backen in den Kühlschrank stellen. Das *cassoulet,* das zu den berühmtesten ländlichen Gerichten gehört – es kommt aus der Languedoc –, stellt eine volle Mahlzeit dar. Das hier gezeigte, zubereitet nach dem Rezept auf den vorigen Seiten, ist ein recht kompliziertes Gericht, da es Ente, Lammfleisch, Schweinefleisch und Wurst erfordert. Aber viele französische Hausfrauen machen köstliche *cassoulets* mit nur zwei oder drei Fleischsorten.

196
2904 - 67

X

Gemüse: Nicht zu verachten

In einem Dorf am Stadtrand von Straßburg steht ein alter hölzener Wagen, beladen mit dicken weißen Kohlköpfen – ein gewohnter Anblick während der Erntezeit. Seine Ladung kanonenkugelgroßer *choux* ist dazu bestimmt, zu Sauerkraut (für *choucroute garnie*) gehobelt zu werden.

Der Boden Frankreichs, zu dem einige der ergiebigsten Landstriche der Welt gehören, ist Jahrhunderte durch Menschen bearbeitet worden. Wann immer er richtig behandelt wurde, hat er sie nie im Stich gelassen. Während der ersten 500 Jahre der christlichen Zeitrechnung wurden ausgedehnte Waldgebiete des Landes in Flammen gesetzt, um Raum für die sich neu ansiedelnden Menschen zu schaffen, die aus dem keltischen Britannien und vom Mittelmeer kamen. Die Asche dieser riesigen Feuer beeinflußt noch immer den Boden. Instinktiv haben die Franzosen ihrer Erde die Grundstoffe wieder zugeführt, die sie benötigt, um gute Ernten zu bringen. Heute wie vor tausend Jahren arbeitet kein achtbarer französischer Gärtner ohne einen guten Komposthaufen, einen Verbündeten, der geschickt aus pflanzlichen Stoffen wie abgefallenen Blättern, verwelktem Salat, wurmstichigen Äpfeln sowie Exkrementen vom Hühnerstall oder den Kaninchenkäfigen und gelegentlich einer Forke, beladen mit gutem, frischem Stallmist, aufgeschichtet ist. Das abgelagerte Produkt dieser reifen Mischung enthält alles, was wir heute mit „organisch" bezeichnen. Der Komposthaufen wird so sorgfältig gebraucht, wie er bereitet wurde: Hier gibt man nur wenig beim Umgraben dazu, dort trägt man eine dicke Lage auf, manchmal auf den ersten Schnee, der die wertvollen Grundstoffe mitnimmt, wenn er schmilzt und in den Boden eindringt.

Ein gutes Beispiel für die Sorgfalt und Umsicht, mit der sich die Franzosen um die begrenzte Fläche bebaubaren Bodens in ihrem Land kümmern, ist die verhältnismäßig neue Nutzung der salzigen Marschen der Camargue in der Provence. Im Jahre 1942, als das kriegführende Frankreich die Versorgung mit Reis aus den Kolonien bedroht sah, wurden umgehend die wasserreichen Gebiete dieser seltsamen Region, die bis dahin wenig mehr als Flamingos und wilde

Pferde ernährt hatte, genutzt. Reisfelder entstanden, und Landwirte erlernten ihre Bearbeitung. Heutzutage wird der Reis der Camargue von Kennern besonders wegen seiner salzigen Festigkeit überall sehr geschätzt.

Die Geschmacksintensität des Gemüses gehört zu den ersten Dingen, die ein einigermaßen erfahrener Gaumen in Frankreich bemerken wird. Die entscheidende Voraussetzung dafür ist Frische. Gartenfrische Gemüse auf dem Höhepunkt ihrer Reife, nur einfach gekocht, um die Qualität zu erhalten, werden nicht nur von ausgeprägten Feinschmeckern besonders geschätzt.

Die Art und Weise, wie französische Hausfrauen das Grün frischer Gemüse erhalten, ist ganz besonders einfach: Sie kochen (blanchieren, wie es in der Küchensprache heißt) grünes Gemüse, wie Bohnen, in reichlich bemessenem, stark kochendem Wasser fast gar und schütten sie dann in eine ebenso große Menge von sehr kaltem Wasser. Den zweiten Vorgang nennt man „erfrischen". Das Ergebnis ist dementsprechend. Nach dem Abgießen werden die Bohnen Wohlgeschmack und Farbe behalten haben. Sie sind bis auf die in letzter Minute erfolgende Zubereitung, wie das Erhitzen in Butter, kurz vor dem Servieren fertig. Dieses Verfahren kennt jeder, der daheim sommerliche Gartenprodukte für die Tiefkühltruhe vorbereitet, und wird von den Fachleuten der Tiefkühlindustrie bei allen grünen Gemüsen angewandt. Wenn man es richtig macht, kommen Gerichte zustande, die fast jenen gleichen, an die man sich sehnsüchtig und verschwommen erinnert, jenen aus „diesem kleinen Bistro dicht bei Les Halles".

Ein anderer französischer Küchentrick ist, Gemüse zu dünsten, das heißt, sie in sehr wenig Wasser und im zugedeckten Topf zu kochen. Diese Zubereitungsart wird den Gesundheitsaposteln gefallen, die meinen, ihre Vitamine seien im Ausguß verschwunden, wenn auch nur ein Teelöffel des Kochwassers weggeschüttet wird. Das Dünsten kann lange vor dem Essen geschehen. Jedes bißchen Sauce kann eingekocht und dann über die Gemüse gegossen werden, um den vollen Geschmack noch zu erhöhen.

Eine dritte Technik, die besonders erfolgreich ist, wenn man sie bei frisch geernteten Karotten anwendet, ist das Glasieren. Die Karotten werden in ein wenig Brühe, der man Zucker zugesetzt hat, gekocht, um ihnen einen sirupartigen, glänzenden Überzug zu geben.

Die Kunst, aus wenig viel zu machen

Ich aß einmal ein ganz köstliches und bekömmliches Abendessen, das mir von einer Bekannten vorgesetzt wurde, die so arm wie eine Kirchenmaus war. Sie hatte eine ganze Steige Salat von einem Ladeninhaber gekauft, der ihn gerade wegwerfen wollte, da er ganz offensichtlich seine erste Schönheit hinter sich hatte. Beim Putzen warf sie so viel äußere Blätter weg, daß die Steige fast wieder voll wurde. Dann dünstete sie die ganzen Herzen und servierte sie mit einigen kleinen knusprigen Würstchen. Die Platte sah verschwenderisch aus, und das war es, was meine Bekannte, die kaum einen roten Heller besaß, brauchte, um sich reich zu fühlen. Mit einer Flasche ganz einfachem weißem *vin ordinaire* und einem Laib Brot nahmen wir ein wirklich äußerst zufriedenstellendes Mahl ein. Wir gingen später unserer Wege, überzeugt, daß das Schicksal uns nichts anhaben konnte, denn wir hatten an diesem Tag gut gespeist.

Gemüse können auch ein schmackhaftes Hors d'œuvre sein (oder ein eigener Gang nach dem Hauptgericht, wie es in Frankreich üblicher ist), sie können die zahllosen Gerichte, zu denen sie als Beilage gereicht werden, interessanter machen. Spargel wird zum Beispiel von französischen Köchen auf mehr Arten zubereitet, als es sich die durchschnittliche Hausfrau woanders überhaupt vorstellen kann, und

das zu jedem Teil der Mahlzeit, von der Suppe bis zu dem Augenblick, in dem man den Tisch für Käse oder Nachspeise abräumt.

Artischocken sind in den Händen der Franzosen gleichermaßen vielseitig. Sie scheinen in einigen Teilen Frankreichs so üppig wie Unkraut zu wuchern. In der Provence kann man sie das ganze Jahr hindurch in Dutzenden von Größen und Farben finden. Artischocken aus den nördlichen Provinzen sind so rund wie Tennisbälle und so zart wie Butter. Wenn man sie richtig zubereitet, die gestutzten Blätter auseinanderdrückt, die Mitte von ihrem „Heu" befreit, mit einer einfachen Mayonnaise (oder – wenn sie heiß sind – mit einer Holländischen Sauce) füllt, so erscheinen sie wie seltene, köstliche Blumen. In den warmen, steinigen Gegenden des Südens sind die Artischocken fester und durchdringender im Geschmack. Eine der besten Artischocken der Provence ist zum Beispiel fast purpurrot, lang und spitz. Wenn sie ganz jung ist, hat sie kein „Heu" in der Mitte, wird oft ganz gegessen, nachdem man nur die äußeren Blätter abgezupft hat. Ich habe die gleiche Artischocke roh gegessen. Die junge Pflanze wurde am Tisch einfach zu einem Hors d'œuvre in Viertel geschnitten. Jedes Stückchen tauchte man in etwas Salz und verzehrte es mit Brot und Butter, um die eigenartige, leicht unangenehme Bitterkeit des nußähnlichen Fruchtfleisches zu unterdrücken.

Die großen, dicken, gekochten Artischocken verwendet man oft als Garnierung für Fleischgerichte, oder sie werden für einen separaten Gang mit frischen, kleinen Erbsen gefüllt. Die sogenannten Herzen, die blanchiert und in vielen Gerichten verwendet werden, sind in Dosen inzwischen fast überall außerhalb Frankreichs zu haben. Sie können, wenn sie sorgsam behandelt werden, jede Mahlzeit interessanter machen: kalt und *à la grecque,* als Hors d'œuvre, einfach gewürzt als Salat, gedünstet als Gemüse oder auch gewürzt als aromatische Beilage zu vielen Hauptgerichten. Sie sind die getreuen Verbündeten eines Kochs, der zu jeder Jahreszeit besondere Mahlzeiten zubereiten will.

Lange, geflochtene Stränge aus Knoblauchzwiebeln, für die Küche der Provence unentbehrlich, sind auf dem Markt in Cavaillon aufgestapelt. Solche dekorativen Zöpfe, die dem Koch einen reichlichen Vorrat sichern, hängen an den Wänden vieler ländlicher französischer Küchen.

Körbe voll frischer Tomaten vom Feld sind für die provenzalische Kochkunst ebenso wichtig wie Knoblauch und Olivenöl.

Außer dem fast primitiven Kochen, Dünsten und Blanchieren von Gemüsen gibt es zahllose andere Arten, sie zu Gerichten zu verarbeiten, die kaum weniger alt sind. Eine *ratatouille* aus der Provence zum Beispiel kennt man in ähnlicher Art seit eh und je in den Ländern des Mittleren Ostens und des Mittelmeerbeckens. Sie wird aus den gleichen Grundzutaten gemacht: Auberginen, Tomaten, Zwiebeln und Olivenöl. Ihr Geschmack variiert etwas, nicht nur wegen des jeweiligen Kochs, sondern auch wegen der verfügbaren Kräuter und anderen Zutaten. Man wird aber selten ein Ergebnis finden, das nicht sehr wohlschmeckend ist. Eine *ratatouille* wird, anders als die meisten Gemüsemischungen, mit der Zeit besser; sie kann mehrere Tage lang aufgewärmt oder kalt serviert werden.

Gerichte, die immer wieder gut schmecken

Die Gabe, freudig wieder auf dem Tisch begrüßt zu werden, ist vielen von französischen Hausfrauen gekochten Gerichten eigen (und in steigendem Maße auch solchen, die von guten Restaurants hergestellt werden, von Restaurants, die sich mehrerer Umstände bewußt sind: der unfehlbaren Einfachheit der Landesküchen, der steigenden Kosten der feinen klassischen Küche und dem Mangel an ausgebildeten Leuten, die sie beherrschen). Es gibt zahllose Gerichte, wie zum Beispiel *tomates à la provençale,* die während der betreffenden Jahreszeit billig und einfach herzustellen und vielleicht sogar noch erfrischender und köstlicher sind, wenn man sie kalt serviert.

Die charakteristische französische Art, Dinge zu füllen, um mehrere verschiedene Strukturen und Geschmacksrichtungen in einer Verbindung zu genießen – stets zu ihrem gemeinsamen Vorteil –, kann bei fast jedem Gemüse angewandt werden.

Es muß allerdings so geformt sein, daß es eine Mischung aus Bröseln, Eiern, durchgedrehtem Fleisch und Kräutern aufnehmen kann. Zucchini, Auberginen und Gurken können ausgehöhlt und gefüllt werden. Champignons, die von Natur aus besser für die Aufnahme einer Füllung geformt sind, können jede Rolle spielen, vom gebackenen, pikanten Vorgericht bis zur Garnitur für Fleisch oder einem ausgezeichneten eigenen Gang nach dem Hauptgericht *(Seite 162)*.

Artischocken werden mit beinahe gleich gutem Ergebnis ausgehöhlt, gefüllt und gebacken (obwohl sie etwas umständlicher zu essen sind). Sowohl Kopfsalat als auch Kohl kann blanchiert, gefüllt und als wirklich vornehmes Hauptgericht serviert werden. Oft wird die Füllung auf irgendeiner Wurstmasse, die geschickt mit Bröseln und ähnlichem vermengt ist, basieren.

Im Elsaß kann dieses Gericht ein Rotkohlkopf sein, der mit einem Kastanienpüree gefüllt und in Rotwein und sehr viel Butter gargekocht ist. Im Süden, bei Grasse, wird es ein zarter Weißkohl sein, fest gefüllt mit geräuchertem Schweinefleisch, Brösel, Knoblauch und Olivenöl, der in ein Tuch gebunden und in viel Wasser gekocht wurde.

Oft habe ich auf diese Weise zubereiteten, gefüllten Kohl im Hochgebirge Savoyens gegessen. Man setzte uns zuerst genauso wie bei einem *pot-au-feu* oder einem *poule-au-pot* die Brühe vor. Wie ich mich erinnere, wurden zuletzt einige dünne Nudeln in dieser kräftigen, guten Suppe gekocht. Sie stellte eine angenehme Einleitung zu der köstlichen Kanonenkugel dar, die danach auf dem Tisch erschien, um für uns vom Hausvater, einem pensionierten Bergführer, aufgeschnitten zu werden.

In französischen Küchen betrachtet man Kartoffeln als selbständiges Gemüse, nicht als bloße Beilage zum Fleisch. Auch werden sie kaum verächtlich betrachtet oder verleugnet, wie dies heute häufig in anderen Ländern geschieht.

In Frankreich werden sie oft als getrennter Gang serviert: zu zartem Schaum geschlagen und dann leicht gratiniert oder als mittägliches Hauptgericht, das viel Geduld erfordert (aber jede Minute davon wert ist), wie *pommes de terre Anna.*

Vornehmlich in den nördlichen Provinzen Frankreichs blühen und gedeihen gerade Kartoffeln besonders gut. Sie werden ganz schlicht gekocht, um ihre besondere Beschaffenheit und Geschmacksnote zur Geltung zu bringen. Im Süden und Osten verbinden die Rezepte Kartoffeln mit örtlichen Reichtümern wie Käse und Eiern.

Ein Beispiel hierfür sind die *pommes de terre dauphinoises,* die in feuerfesten Schüsseln mit Milch und Käse gebacken werden. Oft sind sie ein wichtiger Teil anderer Gerichte. Gekocht und in Scheiben geschnitten findet man sie in einem *salade niçoise* in der einen Gegend, mitgekocht in einer *bouillabaisse* in einer anderen Landschaft.

Sogar in einer *ratatouille* werden sie verarbeitet. Im Baskenland sind Kartoffeln zu einer richtigen *garbure* (Krautsuppe) beinahe so wichtig wie Kraut und Gänsefett. Welcher Student würde sein „englisch gebratenes Steak mit Brunnenkresse“ ohne eine reichliche Beigabe von Pommes frites essen, die tatsächlich mehr ein Teil als eine Zugabe des Gerichtes sind.

Fast überall in Frankreich serviert man kleine, sorgsam gedünstete Kartoffeln zu dem schmackhaftesten gekochten oder gebratenen Fisch. Man hat sie geschält, im Saft eines Bratens gebräunt oder behutsam in Butter geschwenkt, um als köstliche Garnitur zu einem Hauptgericht gereicht zu werden. Niemals werden sie in diesem Land großer kulinarischer Weisheit als unbedeutende, aber notwendige Nebensache bestellt, automatisch gegessen oder zur Seite geschoben. Sie werden mit Sorgfalt angebaut, geerntet, nach ihren Reifezeiten und Eigenschaften ausgewählt und im Einklang mit den wechselnden Wünschen des Kochs und den Erfordernissen der jeweiligen regionalen Küche zubereitet.

Wenn man mit Würde speist, sind derart gut behandelte Kartoffeln ein Beweis dafür, daß es der Mühe wert ist, zu essen und zu leben.

Knackfrische, rote Radieschen, wie diese auf dem Markt von Saint-Malo, erscheinen überall als Hors d'œuvre auf französischen Tischen. Sie werden mit Butter und Salz gegessen.

Man kocht Artischocken in einem Topf mit gesalzenem Wasser. Das läßt sie schnell gar werden und erhält ihren Geschmack frisch. Artischocken benötigen viel Wasser – pro Stück 1 Liter –, und das muß ständig sprudelnd kochen. Man beachte, daß Spitzen und Blätter abgeschnitten sind.

DÜNSTEN – Erbsen, Salat und Zwiebeln verbinden zusammen ihr Aroma und werden zarter.

BLANCHIEREN – gekochte Bohne die man mit kaltem Wasser abschreckt, bleiben grün.

GLASIEREN – Karotten erhalten in einer Mischung aus Brühe, Butter und Zucker einen Über

Petits Pois Frais à la Française

GEDÜNSTETE ERBSEN MIT ZWIEBELN UND KOPFSALAT

Für 4 bis 6 Personen

- 1 fester Kopf Salat von 17 bis 20 cm Durchmesser
- 3 Tassen frisch geschälte grüne Erbsen
- 12 geschälte weiße Zwiebeln, ungefähr 2 cm im Durchmesser
- 6 Petersilienstengel, zusammengebunden
- 125 g Butter
- 1/2 Tasse Wasser
- 1/2 TL Salz
- 1/2 TL Zucker

Die äußeren, welken Blätter entfernen und den Strunk abschneiden. Dann den Salat in kaltem Wasser abspülen, wobei man die Blätter behutsam auseinanderbiegt, um alle Spuren von Sand zu entfernen. Den Salat in 4 oder 6 Keile schneiden und jeden Keil mit weichem Garn zusammenbinden, um ihn beim Kochen zusammenzuhalten.

In einem schweren, 3 l fassenden Topf bringt man Erbsen, Salatkeile, Zwiebeln, Petersilie, 100 g Butter, Wasser, Salz und Zucker auf mäßiger Hitze zum Kochen. Vorsichtig umrühren, um die verschiedenen Geschmacksstoffe miteinander zu vermischen, den Topf fest zudecken und unter gelegentlichem Umschwenken 30 Minuten köcheln, bis die Erbsen und Zwiebeln weich sind und die Flüssigkeit fast verdunstet ist. Sollte sie noch nicht verdampft sein, so kocht man die Erbsen ohne Deckel noch 1 oder 2 Minuten unter ständigem Schütteln. Die Petersilie herausnehmen und die Fäden vom Salat wegschneiden. Behutsam die restliche Butter unterheben, abschmecken und nachwürzen. Man gibt alles in eine vorgewärmte Gemüseschüssel und serviert in tiefen Tellern.

Haricots Verts au Naturel

GRÜNE BOHNEN, BLANCHIERT UND IN BUTTER GESCHWENKT

Für 6 bis 8 Personen

- 6 l Wasser
- 3 EL Salz
- 1 1/2 kg grüne Bohnen, geputzt
- 2 EL Butter
- Salz
- Frisch gemahlener schwarzer Pfeffer

In einem großen Kessel oder Suppentopf bringt man das Wasser und 3 EL Salz auf großer Flamme zum Sprudeln. Dann wirft man die Bohnen hinein, jeweils eine Handvoll. Das Wasser wieder zum Kochen bringen, die Hitze auf „mäßig“ verringern und die Bohnen ohne Deckel 10 oder 15 Minuten kochen, bis sie weich sind. Sie dürfen nicht verkochen. Dann sofort in ein großes Sieb oder einen Durchschlag abschütten. Man läßt 2 EL Butter in einem 2 bis 3 l fassenden Topf zergehen, schwenkt die Bohnen darin, würzt sie mit Salz und Pfeffer und gibt sie dann in eine Servierschüssel.

Sollen die Bohnen später serviert werden, so schreckt man sie, nachdem sie abgetropft sind, ab, indem man das Sieb oder den Durchschlag schnell in einen großen Topf mit kaltem Wasser taucht und sie 2 oder 3 Minuten darin läßt. Die Bohnen gut abtropfen lassen, in eine Schüssel geben, zudecken und beiseite stellen. Will man sie dann heiß servieren, macht man sie in 2 EL Butter langsam heiß.

Carottes Glacées

GLASIERTE KAROTTEN

Für 4 bis 6 Personen

- 10 bis 12 mittelgroße Karotten, geputzt und in 5 cm große Zylinder oder olivenförmig geschnitten
- 1 1/2 Tassen Fleisch- oder Hühnerbrühe, frisch, aus Würfeln oder aus der Dose
- 4 EL Butter
- 2 EL Zucker
- 1/2 TL Salz
- Frisch gemahlener schwarzer Pfeffer
- 2 EL feingehackte frische Petersilie

In einer schweren Pfanne von 20 bis 25 cm Durchmesser bringt man Karotten, Brühe, Butter, Zucker, Salz und etwas Pfeffer aus der Mühle auf mäßiger Hitze zum Kochen. Dann deckt man zu und läßt auf schwacher Hitze weiterköcheln, wobei man die Pfanne gelegentlich schüttelt. Wenn die Flüssigkeit zu schnell verkocht, muß man etwas mehr Brühe zugießen. In 20 bis 30 Minuten sollen die Karotten, wenn man mit der Spitze eines scharfen Messers hineinsticht, weich und die Flüssigkeit zu einer braunen, sirupartigen Glasur geworden sein. Wenn die Brühe noch nicht genug reduziert ist, so gibt man die Karotten auf einen Teller und kocht die Flüssigkeit auf großer Flamme ein. Dann schwenkt man die Karotten in der Pfanne herum, um sie mit der Glasur zu überziehen. Schließlich legt man die Karotten in eine vorgewärmte Schüssel und bestreut sie mit frischer Petersilie.

ANMERKUNG: Diese Technik kann man auch bei Pastinaken und weißen Rüben anwenden.

Für 6 Personen

$1^1/_2$ kg frische Spargel
6 l Wasser
3 EL Salz

Asperges au Naturel

GEKOCHTE SPARGEL

Man reiht die Spargelköpfe gleichmäßig nebeneinander auf und schneidet die Enden so ab, daß alle Stangen gleich lang sind. Mit einem kleinen, scharfen Messer – keinem Gemüseschäler – zieht man von jedem Spargel die Schale und das harte, äußere Fleisch ab. Am Fußende kann das Abgeschälte $1^1/_2$ mm dick sein, aber es soll allmählich papierdünn werden, wenn das Messer nach dem Kopf hin schält. Die vorgerichteten Stangen werden in kaltem Wasser gewaschen, dann in 5 oder 6 gleiche Bündel aufgeteilt und mit weichem Garn am Kopf- und Fußende zusammengebunden.

In einem Email- oder Edelstahlkessel – oder in einer ovalen Kasserolle, die groß genug ist, die Spargel horizontal aufzunehmen – bringt man Wasser und Salz zum Sprudeln. Dann die Hitze reduzieren und ohne Deckel 8 bis 10 Minuten lang kochen, bis die Köpfe weich, aber noch leicht widerstandsfähig sind, wenn man mit der Spitze eines scharfen Messers hineinsticht. Die Spargel dürfen nicht zu weich werden.

Mit zwei Küchengabeln hebt man die Bündel an ihrem Garn aus dem Wasser, legt sie auf Handtücher zum Abtropfen und schneidet das Garn ab. Man serviert die Spargel heiß mit zerlassener Butter oder mit Holländischer Sauce *(Seite 74)*. Man kann sie auch in den Kühlschrank stellen und dann kalt mit Vinaigrette-Sauce oder Mayonnaise servieren *(Seite 74)*.

Eine serviergerecht gestutzte Artischocke und geschälte Stangenspargel zeigen die Mühe, die französische Hausfrauen auf Gemüse verwenden. Beide sind am schmackhaftesten *au naturel* – gekocht, bis sie gerade weich sind, sofort abgeschüttet und heiß mit Holländischer Sauce, wie hier gezeigt, oder mit zerlassener Butter serviert. Sie können auch kaltgestellt und mit Mayonnaise oder Vinaigrette-Sauce serviert werden.

Artichauts au Naturel

GEKOCHTE ARTISCHOCKEN

Für 6 Personen

6 Artischocken von je 250 bis 300 g
1 Zitrone, geschnitten
6 l Wasser
3 EL Salz

Das untere Ende der Artischocke schneidet man glatt und eben. Die kleinen unteren Blätter und die beschädigten Außenblätter biegt man zurück und bricht sie ab. Dann schneidet man mit einem Messer ungefähr 2 Zentimeter von der Spitze ab und mit einer Schere einen guten halben Zentimeter von jedem einzelnen Blatt. Alle Schnittkanten werden mit Zitrone eingerieben, damit sie sich nicht verfärben. Um das Heu vor dem Kochen zu entfernen, drückt man die oberen Blätter auseinander und zieht den inneren Teil aus distelähnlichen gelben Grannen heraus. Mit einem langstieligen Löffel entfernt man das haarige Heu. Etwas Zitronensaft einträufeln.

In einem großen emaillierten Kessel oder Suppentopf bringt man 6 l Wasser und 3 EL Salz zum Sprudeln. Die Artischocken werden hineingelegt und das Wasser wieder zum Aufwallen gebracht. Dann verringert man die Hitze und kocht unter gelegentlichem Herumdrehen der Artischocken kräftig weiter. Man braucht ungefähr 15 Minuten, um Artischocken ohne den inneren Teil zu kochen, 30 Minuten, wenn sie nicht ausgeputzt sind. Sie sind gar, wenn ihr unterer Teil weich ist, sofern man mit der Spitze eines scharfen Messers hineinsticht. Umgestülpt in einem Durchschlag ablaufen lassen. Man serviert sie heiß mit zerlassener Butter, Holländischer oder Béarner Sauce *(Seite 74)*. Man kann sie auch in den Kühlschrank stellen und kalt mit Vinaigrette oder Mayonnaise servieren *(Seite 74)*.

Vor dem Kochen entfernt man etwa 2 cm von der Spitze des Blätterkegels mit einem scharfen Messer.

Mit einer Küchenschere schneidet man die scharfe Spitze von den großen, äußeren Artischockenblättern ab.

Beim Schneiden reibt man die Blattränder mit Zitronensaft ein, um zu verhindern, daß sie sich verfärben.

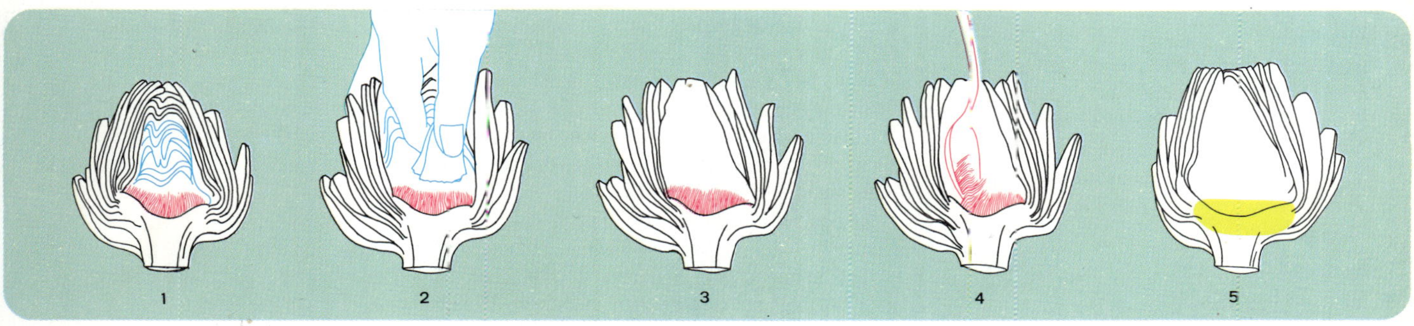

Den delikaten Boden erreicht man, wenn man die stachligen Blätter und das Heu – rot – entfernt (1).

Man drückt die Spitze auseinander und zieht die Innenblätter heraus (2), dabei wird das Heu freigelegt (3).

Das Heu kann man vor oder nach dem Kochen herauskratzen (4) und den grün gezeichneten Boden offenlegen (5).

Für 6 Personen

CHAMPIGNONS MIT KRABBENFÜLLUNG

1½ Tassen Nordseekrabben, Königskrabben oder Krebsfleisch, frisch, tiefgekühlt oder konserviert
2 EL Butter
4 EL feingeschnittene Schalotten oder Frühlingszwiebeln
1 Tasse Béchamel-Sauce *(Rezept unten)*
¼ bis ½ TL Zitronensaft
Salz
Weißer Pfeffer
18 bis 24 Champignonköpfe, 5 cm Durchmesser (Füllchampignons)

CHAMPIGNONS MIT SPINATFÜLLUNG

½ Tasse feingeschnittene Schalotten oder Frühlingszwiebeln
3 EL Butter
350 g feingehackter und fest ausgedrückter, frisch gekochter Spinat oder ein 300-g-Paket tiefgekühlter, gehackter Spinat, aufgetaut und ausgedrückt
¾ Tasse kleingeschnittener, gekochter Schinken
1 Tasse Béchamel-Sauce *(Rezept unten)*
Salz
Frisch gemahlener schwarzer Pfeffer
18 bis 24 Champignonköpfe, 5 cm Durchmesser (Füllchampignons)
2 EL Butter, in winzige Stückchen geschnitten

CHAMPIGNONS MIT EINER FÜLLUNG AUS GEHACKTEN CHAMPIGNONS

375 g frische Champignons, feingehackt
4 EL kleingeschnittene Schalotten oder Frühlingszwiebeln
2 EL Butter
1 Tasse Béchamel-Sauce *(Rezept unten)*
1 TL feingehackte frische Petersilie
Salz
Frisch gemahlener schwarzer Pfeffer
18 bis 24 Champignonköpfe, 5 cm Durchmesser (Füllchampignons)
2 EL feine, trockene Brösel
1 EL geriebener Schweizer Käse
2 EL Butter, in winzige Stückchen geschnitten

BÉCHAMEL-SAUCE

(Ergibt ungefähr 1 Tasse)
2 EL Butter
3 EL Mehl
1 Tasse heiße Milch
Salz
Weißer Pfeffer

Champignons Farcis

GEFÜLLTE CHAMPIGNONKÖPFE, ÜBERBACKEN

CHAMPIGNONS FARCIS AU CRABE (Champignons mit Krabbenfüllung): Den Backofen auf 180° vorheizen. Das Krabbenfleisch sorgfältig von allen Knorpel- oder Schalenstückchen befreien und mit einer Gabel zerpflücken, sofern es sich um Dosen- oder Tiefkühlware handelt. In einer schweren Pfanne von 20 bis 25 cm Durchmesser läßt man 2 EL Butter auf mäßiger Hitze zergehen und dünstet darin unter ständigem Rühren die Schalotten 2 Minuten, bis sie weich sind. Dann das Krabbenfleisch zugeben und es etwa 10 Sekunden lang mit den Schalotten verrühren. In eine große Schüssel geben.

Die 1 Tasse Béchamel-Sauce unterziehen und nach Geschmack mit Zitronensaft, Salz und weißem Pfeffer würzen. Eine flache Backschüssel oder eine Bratenpfanne, die groß genug ist, die Champignonköpfe in einer Lage aufzunehmen, leicht mit Butter ausstreichen. Die Innenseite der Köpfe mit Salz bestreuen, die Krabbenfüllung hineingeben und die Köpfe in die Pfanne setzen. Im oberen Drittel des Ofens 10 bis 15 Minuten backen, bis die Champignons weich sind, wenn man mit der Spitze eines scharfen Messers hineinsticht und die Füllung Blasen wirft. Auf einer großen, vorgewärmten Platte servieren.

CHAMPIGNONS FARCIS AUX ÉPINARDS (Champignons mit einer Füllung aus Spinat und Schinken): Den Backofen auf 180° vorheizen. In einer schweren Pfanne von 20 bis 25 cm Durchmesser dünstet man die Schalotten auf mäßiger Hitze in 3 EL Butter unter ständigem Rühren 2 Minuten, bis sie weich sind. Den Spinat zugeben und 3 bis 4 Minuten in der Pfanne wenden. Mit einem Gummispachtel die Mischung in eine große Schüssel füllen. Man rührt den Schinken und 1 Tasse Béchamel-Sauce dazu und würzt mit Salz und Pfeffer. Eine große, flache Backschüssel oder Bratenpfanne mit Butter ausstreichen, die Köpfe mit Salz bestreuen und die Füllung hineingeben. Dann setzt man die Köpfe in die Pfanne und belegt sie mit Butterflöckchen. Sie werden im oberen Drittel des Ofens 10 bis 15 Minuten gebacken. Auf einer vorgewärmten Platte servieren.

CHAMPIGNONS FARCIS DUXELLES (Champignons mit einer Füllung aus gehackten Champignons): Man drückt die gehackten Champignons – jeweils nur eine Handvoll – in einem Handtuch aus, um soviel Saft wie möglich herauszupressen. Der Backofen wird auf 180° vorgeheizt. In einer schweren Pfanne von 20 bis 25 cm Durchmesser dünstet man die Schalotten auf mäßiger Hitze in 2 EL Butter 2 Minuten, bis sie weich sind, gibt die gehackten Champignons dazu und dünstet unter weiterem Rühren 8 bis 10 Minuten, bis alle Flüssigkeit verdampft ist und sie leicht zu bräunen beginnen. Mit einem Gummispachtel zusammen mit 1 Tasse Béchamel-Sauce und Petersilie in eine große Schüssel geben und nach Geschmack mit Salz und Pfeffer würzen. Eine große, flache Backschüssel oder Bratenpfanne mit Butter ausstreichen. Die Champignonköpfe salzen und mit der vorbereiteten Masse füllen. Brösel und geriebenen Käse mischen und über die Füllung streuen. Man setzt die Köpfe in die Pfanne und belegt sie mit der Butter. Im oberen Drittel des Ofens backt man 10 bis 15 Minuten, bis die Champignons weich und die Füllung leicht gebräunt ist. Heiß oder kalt servieren.

BÉCHAMEL-SAUCE: In einem schweren, 2 bis 3 l fassenden Topf zerläßt man auf mäßiger Hitze 2 EL Butter und stäubt das Mehl hinein. Unter ständigem Rühren 2 Minuten angehen lassen. Der *roux* darf aber nicht braun werden. Nun die Pfanne vom Feuer nehmen und die heiße Milch einquirlen. Danach wieder unter ständigem Rühren erhitzen, bis die Sauce aufwallt. Die Hitze reduzieren und, immer noch rührend, 2 oder 3 Minuten köcheln lassen, bis die Sauce dick genug ist, um einen Löffel kräftig zu überziehen. Den Topf vom Feuer nehmen, abschmecken und mit Salz und weißem Pfeffer nachwürzen.

Große, runde Champignons, wie jene auf dem Schneidebrett oder der antiken französischen Platte, würzen in Frankreich nicht nur andere Gerichte, sondern werden auch für sich allein zubereitet. Auf der entfernten Seite der Platte befinden sich Champignons *à la grecque*. Davor *(von links)* Champignons gefüllt mit Krabbenfleisch; Schinken und Spinat; und *duxelles (Seite 162)*. Im Vordergrund sind gegrillte Champignons auf Toastscheiben.

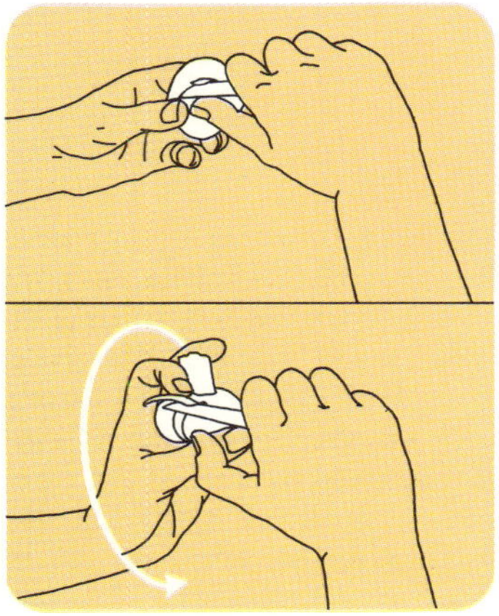

Um einen Champignonkopf zu verzieren, hält man ihn in der linken Hand, Daumen auf dem Kopf, Stiel vom Körper wegzeigend *(links oben)*. Man bedient sich eines scharfen Messers mit einer vorne abgerundeten Schneide, dreht die linke Hand zum Körper *(Pfeil)*, so daß die Klinge des Messers von der Mitte zum Rand des Champignonkopfes schneidet *(links unten)*.

Herzhafte Verwandte der Lilie: Die Zwiebelfamilie

Alle sieben Mitglieder der Zwiebelfamilie – oben gezeichnet und auf der gegenüberliegenden Seite in Farbe abgebildet – spielen in der französischen Küche wichtige Rollen. Es sind dies:
1. Gelbe runde Zwiebeln
2. Lauch
3. Knoblauch
4. Frühlingszwiebeln
5. Schalotten
6. Weiße Zwiebeln
7. Schnittlauch

Zwiebeln, die „Lilien der Küche", sind ebenso französisch wie der Suppentopf und auch so unentbehrlich. Mit Ausnahme von Desserts enthalten fast alle Gerichte der französischen Provinz mindestens die Spur eines Mitgliedes der Zwiebelfamilie. Für Saucen gibt es Schalotten oder Frühlingszwiebeln, für Suppen Lauch oder Knoblauch, für *navarins* und *blanquettes* weiße Zwiebeln und für Garnierungen und Kräuteromeletts nimmt man Schnittlauch. Die gewöhnliche gelbe runde Zwiebel ist die vielseitigste von allen und taucht überall auf – ganz, in Scheiben, gewürfelt oder kleingeschnitten.

Lauchstangen, die wie fette Frühlingszwiebeln aussehen, aber einen milderen Geschmack haben, sind unerläßlich für herzhafte Gemüsesuppen von der *potage Parmentier* bis zur *garbure*. In Frankreich, wo es soviel Lauch gibt, wird er „der Spargel der Armen" genannt.

Von der ganzen Zwiebelfamilie sind die Schalotten am typischsten französisch. Sie sehen aus wie rotbrauner Knoblauch, schmecken aber wie milde Zwiebeln – deshalb können Frühlingszwiebeln sie auch in fast jedem Gericht ersetzen.

Die weißen Zwiebeln erfahren eine kunstvolle Behandlung in *ragoûts* und *navarins*, oder sie werden glasiert als Beilage für Braten verwendet. Die runde gelbe Zwiebel ist am feinsten dünn geschnitten in *soupe à l'oignon*. Große können gefüllt und wie provenzalische Tomaten gebacken werden, aber ihre übliche Rolle ist, als Gewürz für Brühen, Eintöpfe und Füllungen zu dienen.

Das „Unkraut" der Zwiebelfamilie ist der Schnittlauch, der in französischen Hinterhöfen und Fensterkästen wächst, stets bereit, abgeschnitten zu werden, um alltägliche Omeletts, Suppen und Salate herauszuputzen. Grüne Zwiebeln (das sind junge, runde Zwiebeln) und Frühlingszwiebeln (die Büschel aus Sprossen der Familie der weißen Zwiebel sind) kommen in Frankreich roh als Appetitanreger oder als Salatzutat auf den Tisch. Sie werden auch kleingeschnitten und für Saucen benutzt, wenn Schalotten nicht am Markt sind. Knoblauch, der auch zur Zwiebelfamilie gehört, wird am Mittelmeer so verschwenderisch benutzt, daß man ihn manchmal als *la vanille de Marseille* bezeichnet. Die dortigen Köche haben herausgefunden, daß zerquetschte Knoblauchzehen weniger scharf sind. (Kochen zähmt den Knoblauch auch. Die Provenzalen machen eine Suppe aus zwei Dutzend Knoblauchzehen, Wasser und nicht viel mehr.) Während viele Mitglieder der Zwiebelfamilie das ganze Jahr über zu haben sind, handelt es sich bei Schalotten und Lauch jedoch eher um Winter- und Vorfrühlingsgemüse.

Oignons Glacés à Blanc

GLASIERTE WEISSE ZWIEBELN

Für 4 bis 6 Personen

- 2/3 Tasse Hühnerbrühe, frisch, aus Würfeln oder aus der Dose
- 2 EL Butter
- Salz
- Frisch gemahlener schwarzer Pfeffer
- 16 bis 24 geschälte weiße Zwiebeln, ungefähr 2 1/2 cm im Durchmesser

In einer schweren Pfanne von 20 bis 25 cm Durchmesser bringt man Hühnerbrühe, Butter sowie Salz und Pfeffer nach Geschmack zum Kochen. Die Zwiebeln hineinlegen, die Hitze verringern, zudecken und ganz sachte 20 bis 30 Minuten köcheln lassen, bis die Zwiebeln weich sind; man muß sie dabei gelegentlich mit dem Löffel herumdrehen. Die Schmorflüssigkeit soll zu einer sirupartigen Glasur eingekocht sein. Wenn nicht, nimmt man die Zwiebeln heraus und reduziert die Flüssigkeit. Die Zwiebeln werden dann im Topf gerollt, damit sie sich auf allen Seiten mit Glasur überziehen, ehe man sie in einer vorgewärmten Gemüseschüssel serviert.

XI

Salate: Erfrischend für den Gaumen

Salatblätter, die in kaltem Wasser gewaschen wurden, kommen sofort in einen Spezialkorb, um trockengeschüttelt zu werden. Kräftiges Durch-die-Luft-Schleudern bewirkt das am besten. Sorgfältiges Trocknen macht die Blätter fester und trägt dazu bei, daß die Salatsauce besser an der Oberfläche der Blätter haftet.

Eine Schüssel mit frischen, zarten Blättern von einer der etwa fünfzig Sorten Gartensalat gehört ohne schmückendes Beiwerk außer der allereinfachsten Mischung aus Öl, Essig und Gewürzen zu den besonderen Freuden für den Gaumen, selbst wenn viele Leute in diesem Zusammenhang geringschätzig von Kaninchenfutter zu sprechen pflegen.

Viele Menschen ziehen es sogar ganz entschieden vor, ihren Salat durch weichgekochte Eier, scharf gewürzte Croutons, Saucen, die durch aromatische Käse wie Roquefort angereichert sind, oder auch durch Scheiben gekochter Gemüse, Tomaten und andere Zutaten zu maskieren.

Etwas Gutes für den Gaumen

Die Römer pflegten Kränze aus ganz kleinen Salatblättern und Petersilie um die Stirn zu tragen, die sie während ihrer langen Gastmähler erfrischen sollten. Die Franzosen haben eine vernünftigere Verwendung für dieses Grünzeug gefunden: Sie setzen fast jedes Hors d'œuvre und jeden Gang einer Mahlzeit dadurch fort, daß sie die Salatblätter – und manchmal auch Petersilie – in eine Schüssel geben, sie mit der einfachsten Form einer Vinaigrette-Sauce vermengen und dann mit großem Genuß verzehren. Auf diese Weise erfrischen sie ihren Gaumen, den sie als wahre Jünger des guten Essens in ausgezeichneter Verfassung halten für das, was nachher erst richtig voll gewürdigt werden soll. Solch ein einfacher Salat wirkt wie ein hervorragendes Digestivum, das die Tätigkeit der an der Verdauung beteiligten Magensäfte in jedem gesunden menschlichen Organismus erleichtert und anregt.

In allen französischen Familien und Restaurants, von den bescheidensten bis zu den größten des Landes, wird dieser nahezu rituelle Teil des Mahls auf ungefähr dieselbe Art und nach etwa den gleichen Regeln zubereitet:

> Die Salatblätter sind frisch, sauber und trocken.
>
> Ob sie aus dem Küchengarten kommen, aus dem Treibhaus, vom Markt oder sogar draußen von den Wiesen oder zur Frühlingszeit auch von Wassergräben, immer sind sie mild und köstlich – es sei denn, ein Gericht, das besonders gewürzt ist oder aus Wild besteht, wird davor serviert. In diesem Fall kann es angebracht sein, den strengeren Geschmack mit Unterstützung junger Spinatblätter oder mit einer Handvoll Sauerampfer oder herber Kresse noch angenehm auf der Zunge verweilen zu lassen (mit dem Versprechen, daß ein gleich kräftiger Käse und kein zartes Dessert folgen wird).
>
> Die Salatsauce wird aus Öl, Essig, Salz und Pfeffer gemacht. Das Öl ist abhängig von der Provinz und auch von dem Geschmack der Speise: ein zartes Nußöl, ein kräftiges, das aus Oliven gewonnen ist, oder ein mildes Pflanzenöl. Auch beim Essig hängt es in ländlichen Haushalten davon ab, ob man zum Beispiel in Burgund lebt oder in der nördlichen Apfelmostgegend. Zuweilen wird etwas Dijon-Senf unter die Salatsauce gemischt.
>
> Der Salat wird erst dann zubereitet, wenn man ihn braucht – nicht vorher; und wenn man den Salat im Kreise der Familie ißt, so wird er meistens von demjenigen am Tisch angemacht, der von den anderen dazu berufen wurde, weil er die glücklichste Hand dabei hat.
>
> Er wird nie auf kleinen Schalen oder Tellern serviert, die oberhalb oder an der Seite des großen Tellers stehen. Man gibt ihn auf saubere Teller oder – selten und nur, wenn die Geschmacksrichtungen übereinstimmen – auf jene, die schon für das Hauptgericht benutzt wurden. Selbst im letzteren Fall betrachtet man ihn als einen selbständigen Gang und nicht als Beilage zu irgend etwas.

Es gibt offensichtlich viele Ausnahmen zu allen diesen Regeln. Sie hängen weitgehend vom Geschmack des Gerichtes ab, das dem Salat vorausgeht. Sie richten sich auch nach der Härte der verwendeten Salatsorten.

Wintersalat ist niemals so zart wie jener, der im Frühling wächst; und eine Schüssel mit streng schmeckender gekräuselter Endivie oder gar mit Löwenzahnblättern erfordert eine vollkommen andere Behandlung als butterzarte, fast hauchdünne Blätter von Kopfsalatherzen.

Zuweilen wird in französischen Küchen Kräuteressig benutzt. Gibt man aber Kräuter zu einem grünen Salat, so bevorzugt man einige frische Blätter aus dem Garten. Wenn es sich um getrocknete Kräuter handelt, so sollen diese fein zerrieben und in den Essig der Salatsauce gegeben werden, um zu weichen, ehe das Öl eingerührt wird.

Was aber dem sonst konsequent einfach angemachten Salat zugefügt wird – es wird stets mit großer Sorgfalt ausgesucht, um den Ablauf der Mahlzeit nicht unliebsam zu unterbrechen. So könnten zum Beispiel nach einer *omelette aux fines herbes* eines oder mehrere der darin enthaltenen Kräuter auch zum darauffolgenden grünen Salat genommen werden.

Ein mit Estragon gegartes Huhn würde auf etwas Estragon in der Salatsauce hinweisen, wenn nicht ein sehr milder Käse oder ein sehr mildes Dessert folgen soll.

Knoblauch? Das würde von der Gegend abhängen, aus der die anderen Gerichte stammen, und davon, wie stark der Geschmack des Nachtisch-Käses wäre. Aber nie würde der Knoblauchgeschmack von

Eine Galerie gebräuchlicher Salate

Krause Endivie (frisée): leicht bitter

Chicorée: feste Büschel, scharfer Geschmack

Löwenzahnblätter: wild und bitter

Geschlossener Kopfsalat: zarter Geschmack

Brunnenkresse: würzige Blätter

Offener Kopfsalat: zart und nußähnlich

Sommer-Endivie: kräftiger Geschmack

Endivie: wie krause Endivie, aber mit breiteren Blättern und einem strengeren Geschmack

Dies sind die einfachen Zutaten der üblichen Vinaigrette-Salatsauce: Öl (in offenen Karaffen), dazu Essig (in den Karaffen mit Henkel und Stöpsel sowie in der Flasche mit Estragon) oder Zitronensaft. Wie man sie miteinander mischt – mit oder ohne solche Variationen wie etwas Senf –, ist die wichtigste Prüfung für denjenigen, der den Salat mit Geschmack zubereitet.

bereits entsprechend gewürztem Salz oder Essig herrühren, was dem Koch etwas Arbeit ersparen würde, sondern von einer Knoblauchzehe, mit der man die Schüssel ausgerieben hat oder die mit der Salatsauce gerührt und dann herausgenommen wurde. Man kann Knoblauch auch auf eine Brotkruste reiben und mit dem Salat vermischen.

Kräuter sind ein wichtiges Hilfsmittel in jeder französischen Küche. Man trifft sie in zunehmendem Maße, wenn man sich nach dem Süden begibt. Es macht Freude, sie im Garten wachsen zu sehen oder auch in Töpfen auf der Fensterbank. Sie haben ihre Erntezeit wie alles andere, und in Frankreich werden sie, wenn sie ganz reif sind, frisch serviert und später ohne Widerstreben in getrockneter Form benutzt. Man kann sie in einem Mörser oder in der Handfläche zerreiben. Sie strömen dann den herrlichen Duft aus, so, wie ihn die Rezepte vorschreiben. Oft läßt man sie sich in ein wenig Wein oder Brühe auffrischen, ehe man sie demjenigen Gericht beifügt, für das sie bestimmt sind.

Wie alle regionalen Dinge wachsen sie spärlich oder üppig, je nach Boden oder Klima, und sie werden auch dementsprechend von den Köchen benutzt. Dank der ausgezeichneten modernen Verfahren können wir jedes Kräutergewürz, das dem Menschen zuträglich ist, in getrockneter Form in einem guten Spezialgeschäft kaufen.

Es gibt fast so viele Tabellen für den Gebrauch von Kräutern wie es Rezepte gibt, die sie vorschreiben. Es ist aber nahezu unmöglich, in französischen Kochbüchern Empfehlungen für ihre Anwendung bei klassischen grünen Salaten zu finden, weil man annimmt, daß jeder Koch so viel davon versteht, daß er die Grundfunktion des Salates nicht beeinträchtigen wird: den Gaumen zu erfrischen und dem Verdauungsprozeß Ruhe zu gewähren. Ein leicht mit Minze gewürzter Salat kann auf eine gebratene Lammkeule folgen, aber er würde *niemals* nach einem Steak kommen. Warum? Weil, so würde ein Franzose mit unwiderlegbarer Logik antworten, es einfach undenkbar ist – deshalb!

Die meisten Salate werden buchstäblich „gewendet", nachdem sie leicht durch die Sauce auf dem Boden der Schüssel gezogen wurden.

Es gibt noch einige wenige Menschen, die sich an die hübschen Salatserviererinnen in den Duval-Restaurants in Paris in den 90er Jahren erinnern, die einen Wagen durch die Räume schoben und darauf Salate mit den bloßen Händen zubereiteten und dabei ihre Arme ellbogentief in den großen Schüsseln hatten. Einige wenige Salate werden so gründlich in der Sauce gewendet, daß man sie *„fatigué"* nennt, aber das hängt von der Härte der Salatblätter und vom Geschmack des Salatmachers – dem Star der Vorstellung – und dem seiner gebannten Zuschauer ab.

Ein solcher Star war meine Freundin Madame Rigoulot, in deren gastronomischem Bann ich viele Monate lang lebte. Sie war Elsässerin und vielleicht geneigt, besondere Zutaten an jene Dinge zu geben, die eine Frau aus der Normandie oder aus Bordeaux für sich allein hätte wirken lassen. Einer ihrer Kunstkniffe, den ich gern kopiert habe, bestand darin, einige Teelöffel vom Saft eines gebratenen Huhns oder einer Lammkeule, einem Rinder- oder Schweinebraten, unmittelbar, bevor die Fleischplatte abgetragen und der Salat angemacht wurde, in die Salatschüssel zu geben. Das trug den Geschmack des einen Gerichtes in einer köstlichen, wenn auch nicht klassischen Art und Weise zum nächsten hinüber.

Eine der besten Darbietungen, die ich je mit einer Salatschüssel sah, erlebte ich in Marseille, als ein auf Besuch weilender Freund verlangte, daß der Salat am Tisch zubereitet werde, doch ohne jede Spur von Knoblauch. Der Kellner machte sich an seine Aufgabe, wobei er drei saftstrotzende Knoblauchzehen in seiner Schüssel zerrieb. Das darübergestreute Salz unterdrückte ihr Aroma. Dann wurde reichlich Senf und schließlich auch ein wenig Essig hinzugefügt. Das Öl folgte Tropfen für Tropfen und wurde so sorgfältig wie für eine Mayonnaise geschlagen.

Das Ergebnis war eine glatte, dicke Mischung, scharf, dunkelgelb und wunderbarerweise ohne jede Spur der gefürchteten, stark riechenden Knolle. Die Salatblätter wurden dünn mit dieser Sauce überzogen, und mein Freund bezeichnete sie als eine der besten, die er je gegessen hatte. Ich stimmte zu. Der Kellner dankte uns gelassen und mit einem kleinen, triumphierenden Seitenblick auf mein Gesicht, in dem sich keine Miene verzogen hatte. Vielleicht war das heimtückisch von uns beiden, aber es galt ja, den Lokalstolz zu schützen. Wie konnte man auch von einem Marseiller verlangen, auf Knoblauch zu verzichten?

Die vielleicht langsamsten und einfachsten Salatschüssel-Darbietungen, denen ich jemals beiwohnte – und, dem Himmel sei Dank, oft, wenn auch nicht oft genug –, waren tägliche Rituale an der Tafel meines alten Freundes Georges. Nachdem alles bis auf Brot und Wein (die benötigt wurden, um beim Verzehr der bescheidenen, aber ausgezeichneten Käseauswahl zu helfen) vom Tisch geräumt worden war, wurden zwei Schüsseln von gleich stattlicher Größe vor ihn gestellt, eine leer und eine mit frischem Salat gefüllt. Weinessig und Öl wurden aufgebaut, dazu Salz, Pfeffer und gelegentlich ein kleiner Topf Senf. Georges machte die Sauce in der leeren Schüssel an. Die andere mit den knackigen Blättern ließ er so lange außer acht, bis ihn eine Probe endgültig davon überzeugte, daß er wieder einmal die richtige Mischung getroffen hatte.

Er legte dann eine kleine Handvoll des Salates auf die Sauce, zog ihn leicht durch die Lache und schob ihn zur Seite, fügte eine weitere Handvoll hinzu, wendete und fuhr sorgfältig fort, bis jedes Blatt zwar dünn überzogen, aber weder verletzt noch zusammengefallen war. Ein interessantes Schauspiel. Und es ist, wenn man den richtigen Salat, die richtige Sauce, den richtigen, geschickten, pedantischen Griff hat (und vielleicht auch der richtige Mensch ist), ein Vorgang, den jeder nachmachen kann – und tatsächlich eine gute Art und Weise, um sich selbst wieder aufzufrischen für alles, was folgen wird.

SCHNITTLAUCH – ein zarter Verwandter der Zwiebel. Seine langen, dünnen Röhrchen machen sich gut in Salaten oder auch als Garnierung.

BOHNENKRAUT – ein warmer, pikanter Geschmack. Dieses Mitglied der Minze-Familie ist ein traditionelles Gewürz für grüne Bohnen oder Erbsen

BASILIKUM – ein frischer Angehöriger der Minze-Familie. Es wird zu Tomaten in jeder Form und auch für Eier und Meerestiere verwendet

Ein selbstgepflanzter Kräutergarten

Kräuter – würzige, aromatische Pflanzen – sind gar nicht schwer anzubauen. Sie schmecken frisch viel besser als getrocknet, und ein eigener Kräutergarten sichert einen verläßlichen Vorrat.

Der oben gezeichnete Garten ist mit 12 der am häufigsten in der französischen Küche benutzten Kräutern bepflanzt. Die Photographien entsprechen der Anordnung der Kräuter in dem Garten. Der Garten braucht nicht viel Platz zu beanspruchen. Notwendig ist nur viel Sonne, regelmäßiges Gießen und durchlässiger Boden.

Wenn man nicht genug Land für einen Garten hat, so können Kräuter auch in Töpfen auf Terrassen oder sogar an sonnigen Fenstern gezogen werden. Obwohl sie den meisten Geschmack haben, wenn man sie frisch verwendet, können sie auch getrocknet und zum späteren Verbrauch aufbewahrt werden. Zum Trocknen wählt man Kräuter, die vollreif sind, pflückt sie am frühen Morgen und trocknet sie während der heißesten Zeit des Tages mehrere Stunden in der Sonne (um das Schimmeln möglichst zu vermeiden). Dann bindet man sie zu Büscheln und hängt sie, mit den Stielen nach oben, auf – oder man breitet sie dünn auf einem Stück engmaschigem Drahtgitter aus, das frei über dem Boden steht – in einem dunklen Raum, in dem die Luft ungehindert um die Kräuter zirkulieren kann. Viele Kräuter sind unempfindliche, perennierende Pflanzen; einige sind einjährig; einige wenige sind zweijährig und produzieren ein über das andere Jahr Samen. In diesem Garten sind (oberste Reihe von links nach rechts) Schnittlauch, Oregano, Rosmarin und Salbei. Die zweite Reihe besteht aus Bohnenkraut, Estragon und Thymian, alle perennierend, sowie Petersilie, einer zweijährigen Pflanze. In der unteren Reihe befinden sich Basilikum, Kerbel, Fenchel und Majoran.

OREGANO – streng, aromatisch, leicht bitter. Sein Geschmack paßt besonders zu robusten Mittelmeergerichten, die Tomaten oder Auberginen enthalten.

ROSMARIN – schmeckt frisch und lieblich. Er wird benutzt, um Fleisch zu würzen – aber sparsam, denn er gibt, wenn erhitzt, ein strenges, beißendes Öl ab.

SALBEI – stark duftend und leicht bitter. Gewöhnlich wird er für Geflügelfüllungen benutzt, aber auch, um Schweinefleisch und Wurst abzurunden.

STRAGON – schwach lakritzenähnlich m Geschmack. Er ist am bekanntesten ls Essigwürze. Auch für Fisch und Huhn wird er oft benutzt.

THYMIAN – aromatisch und scharf. Darum muß er behutsam verwendet werden. Er würzt fast alle französischen Suppen und Eintopfgerichte.

PETERSILIE – leicht pfeffriger Geschmack. Bekannt als Garnierung und Geschmacksverfeinerung von Suppen, Salaten, Eintöpfen und Saucen.

ERBEL – ein Vetter der Petersilie. Seine ischen Blätter schmecken gut in Saten. Getrocknet passen sie zu Eiern, hnigen Suppen oder gekochtem Fisch.

FENCHEL – lakritzenähnlich. Wurzelknolle und Stengel ißt man roh oder gekocht. Blattspitzen und Samen würzen Fisch, Suppen, Salate und Saucen.

MAJORAN – ein Mitglied der Minze-Familie; aromatisch und bitter. Würzt Geflügel, Lammfleisch und Gemüse, die einen kräftigen Beigeschmack brauchen.

XII

Käse, Obst, Wein: Reine Freuden

In Frankreich gibt es besondere Zeiten für Käse, genauso wie es sie für Erdbeeren, Lamm oder grüne Erbsen gibt. Aber wie auch beim Gemüse, haben neue Techniken der Lagerung und des Versands die Saison verlängert. Heute sind einige der selteneren Käsesorten fast das ganze Jahr über zu haben – und Camembert, um nur ein Beispiel zu nennen, wird sogar in Dosen exportiert, um auf dem Höhepunkt seiner Reife gehalten zu werden. Jede Region des Landes, die eine angemessene Zahl milchgebenden Viehs ernährt, produziert auch irgendeine Sorte frischen oder gereiften Käses. Er stammt von Kühen, Schafen oder Ziegen; er kann gemischt oder einfach sein, sahnig oder trocken. Er kann fest sein, weich, zäh, feucht oder steinhart.

Aus der Normandie kommt, glaube ich, der König aller Käse der Welt, der Camembert. Ebenso kommen von dort der Pont-l'Évêque und die milden, sahnigen Käse, die man Petits-Suisses nennt. Aus der Rouergue stammt der berühmte Roquefort, der aus Schafmilch gemacht wird und den man in geheimnisvollen Höhlen lagert. Dort ist die Luft feuchtkalt und mit einem kräftigen Schimmelpilz geschwängert, der mit einem anderen verwandt ist, der Penicillin produziert.

Ein samtiger Käse, weich und reif (in diesem Fall Coulommiers), ein Stück krustiges Brot, ein Korb mit schönen Früchten und ein Glas Wein bilden für viele Franzosen den idealen Abschluß einer Mahlzeit – besser als jede Süßspeise.

Weitere Edelpilze werden (meist aus Kuhmilch) in Frankreich und in anderen Ländern wie Dänemark, Deutschland, Italien, England und den Vereinigten Staaten hergestellt. Der echte Roquefort muß jedoch aus der Rouergue kommen. Aus der benachbarten Auvergne stammt der Cantal, eine ganz andere Sorte, ein fest gepreßter Käse, goldgelb und mild und zu Brot und Bier ebensogut wie zu einfachen Weinen passend, wohingegen ein Camembert oder Roquefort nach dem besten und vollsten roten Bordeaux oder Burgunder verlangt – und ihrer wert ist. Brie, leicht salzig und hellgelb, aus der Ile-de-France, wird zuweilen „Käse der Diplomatie“ genannt. Einige runde

Schachteln davon, die per Postkutsche für Talleyrand zum Wiener Kongreß gebracht wurden, sollen verantwortlich gewesen sein für seine diplomatischen Siege über die Nationen, die Frankreich militärisch besiegt hatten.

Käse kann in gekochter oder erhitzter Form für jeden Teil einer wohlgeplanten Mahlzeit verwendet werden, um ihr besondere Würze, Konsistenz und eigenen Reiz zu geben. Man kann ihn in Omeletts, Soufflés und Aufläufen zu Beginn eines Abendessens finden, oder er kann zum Hauptgang bei einem leichteren Mittagessen oder einem Imbiß am späten Abend gereicht werden. Er kann wichtiger Bestandteil von Saucen und anderen Gerichten sein, oder man nimmt ihn, um jenen Speisen zusätzlich Farbe und Geschmack zu geben, die man gegen Ende ihrer Zubereitung unter den Grill oder in einen sehr heißen Ofen schiebt.

Aber einen Käse für sich allein zu servieren ist für einen Franzosen undenkbar, ehe nicht der Höhepunkt der Mahlzeit überschritten ist. Dann ist es Zeit, die letzten, wenigen Bissen Brot zu verzehren. Wenn nichts weiter folgt als Obst, wird die Hausfrau gewöhnlich noch etwas Brot in den flachen Korb legen, der schon seit Beginn der Mahlzeit auf dem Tisch gestanden hat. Es ist fast die Regel, daß Käse in Frankreich nie ohne Brot gegessen wird, aber es gibt Ausnahmen.

Eine Ausnahme, die die Regel bestätigt

Das vielleicht beste Beispiel ist ein *cœur à la crème,* bei dem eine herzförmige Schüssel mit Weißkäse, der mit Sahne angemacht wurde, zusammen mit kleinen, frischen Erdbeeren – möglichst *fraises des bois* – und oft auch mit knusprigem, trockenem Gebäck serviert wird. Dies ist eine Art Kompromiß, der in einem Gericht die zwei (und sogar drei) abschließenden Gänge einer französischen Hauptmahlzeit vereint: Käse, Obst und manchmal Dessert. Ein anderes Gericht, das ich viele Male im Elsaß aß, wurde *vacherin* genannt. Es gibt ein aufwendiges Dessert aus gefrorener Schlagsahne, Eis, Schokoladensauce und so weiter, das in vornehmen Restaurants mit dem gleichen Namen belegt wird; aber jenes, das man mir in Straßburg und auch in den Bergen vorsetzte, war eine köstliche Mischung aus weichem Weißkäse und gesüßter Sahne, die man draußen auf das Fensterbrett gestellt hatte, damit sie einige Stunden lang in der Winterkälte gefrieren konnte, und die dann mit viel Marmelade und kleinem, trockenem Gebäck serviert wurde.

Ein anderer Kompromiß bei der Frage des Käsedesserts ist die Art und Weise, in der viele Franzosen Petits-Suisses essen, jene kleinen Rollen von sahnigem Frischkäse. Man hält sie für weniger schwer als die meisten anderen Käse. Deshalb werden sie in einigen Landesküchen mehr oder weniger von Kindern, Kranken und Greisen bevorzugt.

Sie aber können an Stelle eines Desserts köstlich sein, besonders so, wie ich sie erstmalig essen lernte (in einer Form, die ich heute als viel zu süß leidenschaftlich verschmähen würde): aus ihrer kleinen feuchten Papierumhüllung genommen, mit Zucker überhäuft und dann kräftig, aber fein säuberlich mit etwas zusätzlicher Sahne zu einer fettigen Creme für den letzten Bissen Brot vermischt. Nach dieser etwas kindlichen Eßgewohnheit wäre jede Art von Nachtisch ein Exzeß, außer vielleicht einigen reifen, kalten Weintrauben. So, wie ich mich an den Vorgang erinnere – noch von meiner Einführungszeit in Dijon her, die drei Jahre dauerte –, wurden die kleinen runden weißen Käse gewöhnlich im Winter serviert, und ich aß einige getrocknete Weintrauben, Datteln oder Feigen danach, trank dann eine kleine Tasse starken, schwarzen Kaffee und ging frisch wie der junge Morgen zurück in die Schule zum Unterricht.

Und wenn man vom Käse spricht, kann es dann noch weit bis zum Wein sein? Sicher nicht in Frankreich, dessen Weinerbe über die Maßen reich ist. Andere Länder sind bekannt für eine einzige Sorte Wein – Ungarn für den Tokajer, Südafrika für den Constantia und Portugal für seinen Porto –, doch kein anderes Land, nicht einmal Deutschland, kann sich einer so umfassenden Vielfalt guter Weine rühmen wie Frankreich.

Zum Teil ist dieser Reichtum an schönen Weinen der Zeit zu danken, denn in Frankreich werden seit mindestens 2000 Jahren Trauben zu Wein gekeltert. Ein anderer Teil des Verdienstes ist dem Klima zuzuschreiben, denn obwohl andere Nationen, wie Griechenland und Italien, diese selben zwei Jahrtausende hindurch Weinbau betrieben haben, hat keine von ihnen ein Klima, das die meisten guten Traubensorten mit so viel Süße zur Reife bringt, daß Wein daraus wird, und mit genügend Säure, daß es dann auch ein guter Wein ist.

Eine gute Käseglocke, die so konstruiert ist, daß der Käse nicht hart wird, besteht aus einem Glas- oder Plastikbehälter mit gut schließendem Deckel und einem gewellten Einsatz. Eine schwache Mischung aus Essig und Wasser wird auf den Boden gegossen, um für Feuchtigkeit zu sorgen; die Wellen des Einsatzes verhindern, daß die Flüssigkeit an den Käse kommt.

Frankreichs gute Weine

Aber vor allem sollte man jenen Weinbauern überall im Land Anerkennung zollen, die in guter französischer Art halsstarrig genug waren, bei den edlen Traubensorten zu bleiben, die sich nach Jahrhunderten von Erfolgen und Fehlschlägen als geeignet für eine bestimmte Gegend erwiesen haben. Das kann der früh reifende Pinot Noir für die nördlichsten Landstriche der Champagne und der burgundischen Weinberge sein oder der nur wenig spätere Chardonnay für die Hänge einige Meilen südlich davon, die mit einigen Minuten mehr Sonne pro Tag gesegnet sind. In Bordeaux ist die edelste Traube der Cabernet Sauvignon, während die Loire ihren Chenin Blanc hat oder die Rhône so wohlbekannte Sorten wie den Petit Syrah und den selten genannten Viognier.

Die Zuordnung von Traubensorten zu klimatischen oder geographischen Gebieten ist im Laufe dieses Jahrhunderts gesetzlich festgelegt worden, angefangen mit der Abgrenzung der Champagne im Jahre 1911.

Die besonders begünstigten Weinbaugebiete hat man im größten Teil des Landes 1935 als *appelations d'origine contrôlées* einzuordnen begonnen; dazu kommt eine separate und nicht immer zweitrangige Einstufung – die *vins délimités de qualité supérieure* –, die 1949 ihren Anfang nahm. (Ein vollständiges Verzeichnis dieser gesetzlich festgelegten Weinnamen findet man im Anhang). Das Elsaß, das letzte bedeutende französische Weinbaugebiet ohne gesetzmäßige Definition der Weine, stimmte 1960 dafür, daß derartige Vorschriften erlassen werden. Die Ausarbeitung ist noch im Gang.

Früchte – frisch, getrocknet oder eingemacht – sind Grundpfeiler der französischen Landesküchen. Sie gehören einfach zu jedem guten Essen, wenn ihre Erntezeit da ist und sie am besten in der einfachsten Form schmecken, nämlich frisch vom Baum, Strauch oder Stock.

Man macht daraus vom Elsaß bis zum Périgord herrliche Torten und Puddings. In Apfelgegenden, wie der Normandie, werden sie nicht nur zu Nachspeisen gekocht, sondern auch zusammen mit Fleisch. In der Touraine, dem Land der schönen Pflaumen, ist es ebenso. Überall werden, wenn die Kirschen reif sind, *clafoutis* (die einfach aus einem guten, leicht gesüßten Teig bestehen, der über den Früchten gebacken wird) gemacht. Im östlichen Teil der Gegend um Bordeaux werden die wunderbaren Reineclauden, die dort besser gedeihen als sonst irgendwo auf der Welt, zusammen mit Rosinen zum *clafoutis* genommen.

Etwas weiter westlich, im Land der Basken, macht man dieses Gericht mit frischen, süßen Trauben, wie Muskateller, und Äpfeln. Den besten *clafoutis*, den ich jemals aß, bekam ich in der Franche-Comté. Er bestand aus entsteinten Kirschen, die nicht auf dem Boden der Form lagen, sondern aus dem hellgelben Teig herausragten und kleine, purpurfarbene Nester darin bildeten. Vielleicht wurden sie eine Weile in Kirschwasser eingeweicht? Nahe der belgischen und deutschen Grenze werden oft in Essig eingelegte Kirschen zu Fleisch gereicht; und natürlich sind Äpfel, die zusammen mit Fleisch oder in Saucen gekocht werden, gang und gäbe in der Normandie und der Bretagne.

Gelegentlich wurde mir auf dem Lande ein Schluck selbstgemachter Kirschlikör angeboten. Ob das in der Provence oder der Ile-de-France geschah, immer ist es ein Glas guter Schnaps gewesen, vielleicht gesüßt, mit einer großen Kirsche darin, gewöhnlich noch am Stiel, zweifellos eine der schönsten Früchte des Baumes. Wie ich bald herausbekam, gibt es hierbei einen Trick. Denn Likör und Frucht verändern nach einigen Jahren vollkommen ihren ursprünglichen Geschmack.

Ländlich, fein, köstlich – aber Dynamit

Wenn man dann die ziemlich häßliche, gesprenkelte, aufgequollene Frucht in den Mund steckt, wo sie noch dicker wird, gibt sie aus ihrem köstlichen Fleisch alles Feuer des Alkohols ab, in dem sie gelegen hat. Das ist ein interessantes Erlebnis, das sich allerdings meines Wissens auf ländliche Gegenden beschränkt. Ich bin ziemlich sicher, daß ich, falls ich in einer davon lebte und einen Kirschbaum und einen schönen Krug hätte, für meine Gäste dieses gleiche, feine Dynamit zusammenbrauen würde.

Fast immer wird der Wein, den man zum Essen reicht – oder wenigstens zum Hauptgericht –, auch zum Käse getrunken; und das ist natürlich ein Hinweis darauf, welchen Käse man servieren soll. Es wäre töricht, einen sehr kräftigen, hervorschmeckenden Käse wie Roquefort oder Münster anzubieten, wenn ein leichter, trockener Weißwein zu einem Omelett und dann zu einer *sole meunière* getrunken worden ist: der Widerstreit – nicht nur zu dem Wein, sondern auch zu dem Geschmack, den Eier und Fisch im Gaumen des Tischgastes hinterlassen haben – wäre ruinös. Statt dessen wäre ein saftiger Gruyère, ein Port-Salut oder ein ganz milder Petit-Suisse weitaus besser und wohltuender.

Wenn ein Camembert geboten werden kann oder ein von Schimmel durchzogener Roquefort oder irgendein kräftiger oder scharfer Käse, der gerade richtig reif, aber noch nicht zerlaufen ist und auch nicht nach Ammoniak oder einfach nach widerwärtiger Zersetzung riecht, dann ist ein voller Rotwein, einer der besten Burgunder, am Platz. Ganz besonders dann, nachdem der Wein eine gleich ehrenvolle Rolle etwa zu einem *bœuf bourguignon* oder einem gegrillten Lendensteak gespielt hat. Es ist klar, daß nach dieser köstlichen Belastung für Geschmacksnerven und Magensäfte nichts zuträglicher ist als eine frische, kühle Frucht – es sei denn, daß man sehr viel Zeit für das Mahl hat und diesem nichts weiter folgt als ein gemütlicher Spaziergang oder Mittagsschlaf.

Desserts sind eine wahre Freude oder können es sein, sobald man sich einmal frei vom Schema der gängigen Nachspeisen und Puddings gemacht hat. Aber der Traum, den die meisten von uns mit sich herumtragen, der Traum von jenem kleinen Restaurant mit Käse, Brot und Früchten und der letzten Flasche Sancerre ist ein Traum, der keine Gefahr der Ernüchterung in sich birgt, wenn man ihn verwirklicht.

Sicherlich ist unsere Gewohnheit, abends etwas ausgiebiger zu speisen, der Idee sehr zuträglich, sich einige Augenblicke dem letzten Häppchen Käse und gutem Brot hinzugeben. Man kann den abschließenden Schluck Wein und die nachhaltige Frische einer reifen Muskatellertraube dann in vollen Zügen genießen.

Einundzwanzig der delikatesten Käse der Welt

Käse gibt es in Frankreich in einer größeren Vielfalt an Geschmack, Form und Beschaffenheit als irgendwo anders in der Welt. Aber die französische Vorherrschaft auf dem Gebiet der Käseherstellung geht über das rein Zahlenmäßige hinaus: Die Qualität genießt internationalen Ruf. Einundzwanzig der besten Käse Frankreichs sind auf dem Farbphoto der folgenden Seiten abgebildet und werden auf der Zeichnung rechts identifiziert. Es folgt eine Beschreibung der wesentlichen Merkmale einzelner Käse:

Camembert, einer der bekanntesten, ist – vollreif – ein Käse von schönem Aussehen. Seine Rinde ist hellgelb-orange mit einem weißen, puderähnlichen Überzug. Innen soll er von heller, blaßgelber Farbe und so weich sein, daß er gerade noch nicht verläuft. Brie folgt dem Camembert in der Beliebtheitsskala. Er ist ebenfalls weich und hat einen zarten, aber ganz bestimmten Geschmack. Er soll innen satinähnlich und von der gleichen Konsistenz wie der Camembert sein. Ein guter Käse der Brie-Familie ist der Coulommiers, der weniger weich als der Brie verkauft wird und nach Camembert schmeckt.

Roquefort ist ein salziger, scharfer Käse mit einer fast grauen Rinde und einem Inneren, das feucht und mit grünen Flecken durchsetzt ist. Ein anderer blau-geäderter Käse ist der Bleu de Bresse. Der Cantal ist halbweich, mild und im Innern blaß-zitronenfarbig. Saint-Paulin, ein dem Port-Salut ähnlicher Käse, der ursprünglich von Trappistenmönchen hergestellt wurde, ist ein halbfester Käse mit zartem, frischem Geschmack und einer sehr glatten und butterähnlichen Struktur. Der Reblochon mit seiner orange-gelben Rinde ist ein weicher, heller, cremefarbener Butterkäse, dessen Beschaffenheit an die des Camembert erinnert, jedoch nicht dessen Tendenz zum Verlaufen hat. Wegen seiner Milde ist er ein guter Ausgangspunkt für den ängstlichen Probierer, dessen Gaumen vorwiegend wenig aromatischen Käsezubereitungen ausgesetzt war. Beaumont und Le Dauphinois ähneln im Geschmack dem Reblochon. Tomme de Savoie ist ein zart schmeckender, halbweicher Käse, der für den unerfahrenen Gaumen sehr angenehm ist. Bei dem Pont-l'Évêque handelt es sich um einen rechteckigen Käse mit weichem und hellgelbem Innern. Sein Geschmack ist voll, herzhaft und aromatisch. Fromage au Marc de Raisin, den man auch „La Grappe" nennt, ist ein blasser, lieblicher, teigartiger Käse, der in eine Kruste aus Trester – oder *„marc"* – eingerollt ist. Comté ist eine französische Version des Schweizer Gruyère-Käses, und er hat auch ähnliche Löcher. Seine Rinde ist von gesprenkelter, gelbbrauner Farbe. Das Innere ist elfenbeingelb.

Sainte-Maure, Valençay und Saint-Marcellin sind Ziegenkäse. Sie sind im allgemeinen sahnig und werden gegessen, wenn sie noch ziemlich jung sind. Man findet sie außerhalb von Frankreich kaum in größeren Mengen. Mimolette ähnelt dem Holländer Edamer, hat aber einen schärferen Geschmack. Der Münster ist halbfett, streng im Geschmack und scharf. Boursin triple-crème und Belle Étoile triple-crème sind fette frische Käse, die mit einer Gabel oder einem Löffel gegessen und vorher mit Puderzucker überstreut werden.

Alle Käse werden am besten bei Zimmertemperatur serviert, und man nimmt sie ein bis drei Stunden vor dem Auftragen aus dem Kühlschrank, wo sie jedoch niemals Frost bekommen dürfen. Als leichter Nachtisch ergänzen sie das Obst und werden in dieser Art und Weise am häufigsten verwendet, aber sie eignen sich gleich gut als Hors d'œuvre oder als Imbiß zur Mittagszeit.

Die Käse, die auf den beiden folgenden Seiten gezeigt werden, sind unten aufgeführt:

1. Roquefort
2. Brie de Meaux
3. Camembert
4. Pont-l'Évêque
5. Saint-Paulin
6. Cantal und kleiner Cantal
7. Sainte-Maure
8. Belle Étoile triple-crème
9. Le Dauphinois
10. Coulommiers
11. Valençay
12. Saint-Marcellin
13. Comté
14. Reblochon
15. Fromage au Marc de Raisin
16. Boursin triple-crème
17. Beaumont
18. Mimolette
19. Münster
20. Tomme de Savoie
21. Bleu de Bresse

Médaille d'Or, Paris

XIII

Desserts: Die Abrundung

In einem typischen Gasthaus, wie der Auberge des Essarts-le-Roi nahe bei Paris, werden Käse und Erdbeertörtchen stets frisch für die Tafel vorbereitet. Die Törtchen werden im letztmöglichen Augenblick vor dem Anrichten mit Früchten belegt, damit die Teigböden knusprig bleiben.

Konditoreien – wenigstens jene, die nichts anderes als Gebäck herstellen – sind noch immer ein wesentlicher Bestandteil des französischen Lebens. Die meisten französischen Mädchen aus allen Bevölkerungsschichten kennen einige Grundrezepte, um das Ende einer Mahlzeit leicht und belebend zu gestalten oder um ein reichhaltiges, begeisterndes Finale zu zaubern. Kommt ein unerwarteter Gast, so werden sie sich auf den nächstgelegenen, ordentlichen Konditor verlassen, der nicht nur die kleinen, warmen Käsetörtchen, *pissaladières* (eine Art Pizza) sowie *pâtés en croûte* für ein gelegentliches Hors d'œuvre liefert, sondern auch eine Auswahl an Desserts hat. Die meisten guten Konditoren haben ihre eigenen Spezialitäten und sind stolz auf ihre *meringues* (Baisers) in jeder Form und Größe oder auf ihre *pâtes brisées* (Pastetenteig), die sie auf Bestellung in jeder erdenklichen Form liefern können. Oft wird man im Schaufenster einer Konditorei ein Schild finden, daß es jeden Mittwoch Zwiebelkuchen gibt oder daß *biscuits au chocolat* am Samstag bestellt und am Sonntag nach der Messe abgeholt werden können.

Vielfach verläßt sich jedoch die moderne französische Hausfrau auf das, was sie gelernt hat. Meistens werden Käse und Obst ihre tägliche Hauptmahlzeit beschließen. Aber es kann auch sein, daß sie ihrer Familie eine zarte Karamelspeise vorsetzen will, und dann weiß sie genau, wo Großmutters Form hängt und wie lange sie braucht, um sie zu kochen, ehe die Kinder aus der Schule kommen. Sie weiß auch genau, wie der Pudding schmecken wird, wenn er gestürzt ist. Hat sie einige schöne Birnen oder Äpfel zur Hand, so wird sie diese in süßem Rotwein oder süßem Apfelmost im Backofen garen und vielleicht einen Löffel Johannisbeergelee in jeden Apfel füllen, um ihm eine schöne Farbe und einen besonderen Geschmack zu verleihen. Im Sommer wird sie schnell ein Kompott aus dem Obst machen, das es gibt und das sie in einer Mischung aus halb Wasser und halb Zucker rasch zum Kochen bringt, abgießt und dann in dem etwas reduzierten Sirup erkalten läßt. Im Winter serviert sie dann ein Kompott aus getrocknetem Obst.

Und natürlich gibt es zwei Sorten Grundteig, die auf vielerlei Arten verarbeitet werden können: *pâte brisée* (ungesüßter Mürbeteig) ist derselbe Teig, den man für alle *quiches* und Kuchen verwendet, die als Hors d'œuvre oder Hauptgericht gegessen werden. Für Desserts wird er gesüßt. Der zweite Grundteig heißt *pâte à choux,* der unserem Brandteig weitgehend entspricht.

Kuchen auf besondere Art

Die Kuchen sind in Frankreich anders als bei uns. Mit Zuckerguß überzogenes Gebäck ist gewöhnlich zu kleinen Vierecken geformt oder rund. Es wird oft zunächst gefüllt und danach in einer der traditionellen Backarten oder nach Brauch der Landschaft verziert. Wenn die Kuchen groß genug sind, um für sechs oder acht Personen zu reichen, so sind sie nicht hoch und bestehen auch nicht aus Schichten. Im allgemeinen haben sie nicht mehr als fünf Zentimeter Höhe und sind waagerecht durchgeschnitten und recht aufwendig gefüllt und dekoriert.

Wenn ein Kuchen zu Hause gebacken wird, dann ist es meistens ein sehr einfaches *biscuit,* das nicht das ist, was das Wort im Deutschen bezeichnet (ein trockener, harter Kräcker oder ein weiches Backpulverbrot), sondern eine außerordentlich leichte Biskuittorte. Diese wird entweder mit Vanille- oder Schokoladengeschmack gebacken und ist nicht mehr als vier Zentimeter dick. Sie kann so gegessen oder mit Puderzucker bestäubt oder aufgeschnitten und mit *crème anglaise* gefüllt (überzuckert oder nicht) oder in *petits fours* zerteilt und beliebig weiterbehandelt werden. Ein *biscuit* ist eine erfrischende Sache und leicht zu machen. Es kommt nur darauf an, kein Backpulver zu verwenden, sondern statt dessen die geschlagenen Eiweiß unter den Teig zu heben. Es ist deshalb einem Soufflé sehr ähnlich.

Crème anglaise gehört zum Repertoire jeder französischen Hausfrau, selbst in der heutigen Zeit der Arbeitsersparnis. Fast jeder tüchtige moderne Koch wird zugeben, daß eine recht annehmbare, dünne Eiercreme aus Puddingpulver zustande gebracht werden kann, wenn man dabei eine Mischung aus Einsicht, Likören und Taschenspielertricks verwendet; doch gibt es nichts, was so mild und angenehm ist wie eine echte „Englische Creme", die so zubereitet wird, wie man das bereits vor Jahrhunderten tat, ehe sie überhaupt ihren Namen erhielt. Sie kann dünn sein, um über frisches oder gekochtes Obst gegossen zu werden. Etwas dicker verwendet man sie als Füllung eines Tortenbodens. Wenn man sie auf die zu füllende Torte geschmacklich abstimmt und noch dicker hält, kann sie zwischen die einzelnen Lagen gestrichen oder in eine Ringform gefüllt werden.

Selbstverständlich gehört für die französische Hausfrau ein Soufflé ebenso zum Nachtisch wie zum Hors d'œuvre oder einem leichten Hauptgang. Sobald man einmal die Zubereitungsweise gelernt hat, gehört es einfach in das Küchenrepertoire. Die meisten als Nachtisch servierten Soufflés werden den vorausgehenden Speisen angepaßt und einfach gehalten; es sind Variationen auf Vanillebasis. Oft werden sie mit einer Sauce serviert, die mit Früchten oder Likör verfeinert ist. Oder der Likör ist auch schon ein Bestandteil des Soufflés, geschmacklich unterstützt durch alles, was seine Eigenart hervorheben kann, so, wie das geriebene Orangenschale bei Grand Marnier tut. Gelegentlich gibt man feingehackte, kandierte Früchte, die in Weinbrand eingelegt waren, vor dem Backen in die Mischung und serviert dann eine einfache Vanillesauce zu diesem Soufflé.

Eines der köstlichsten Desserts, das ich jemals aß, war eine Kombination aus Zitronensoufflé und *crêpes*. Die kleinen Pfannküchlein waren wirklich ganz dünn und nur leicht goldbraun. Das Soufflé wurde stark mit Zitrone gewürzt und in Häufchen auf die eine Hälfte einer jeden *crêpe* gesetzt, die dann leicht darübergeschlagen war. Alle diese erstaunlich wohlschmeckenden Gebilde wurden auf einer großen Metallplatte gebacken – für jeden Gast zwei Soufflés –, bis sie gerade gar waren. Dann wurden sie mit Zucker bestreut und, verführerisch und köstlich wie sie waren, schnell zu Tisch gebracht.

Wenn man bedenkt, wie viele Kunstkniffe für Desserts französische Köche aus dem Ärmel schütteln können, dann ist es erstaunlich, daß zu ihren Mahlzeiten so selten eine Nachspeise gehört. Man neigt eher dazu, sie als Klammer für andere Geschmacksnuancen zu benutzen – jenen, die in den zwei oder drei vorher servierten Gängen bereits anklangen. Wenn ein wirklich großes Dessert geboten werden soll (wie es gelegentlich der Fall war, als ich bei einer Familie lebte, deren Großvater – den man im dortigen Dialekt Papazi nannte – der ungekrönte König aller Konditoren Elsaß-Lothringens war), führt die gesamte Mahlzeit darauf hin, genauso, wie das mit einem Essen in Bordeaux der Fall ist, wenn besondere Weine probiert werden sollen. Papazis Meisterwerk war eine *diplomate au kirsch,* die teils gefroren, teils nur gekühlt und teils gebacken wurde. Es war wirklich ein Glanzstück, und seine Tochter stellte ein vorausgehendes Essen zusammen, welches in keiner Weise diese gekonnte Mischung verschiedener Strukturen und Geschmacksrichtungen beeinträchtigen konnte.

Wenn ein Pudding nicht mehr wackelt

Von der Zubereitung her betrachtet, ist eine *diplomate* ein recht aufwendiger Pudding, leicht – aber stark mit kandierten Früchten und Likör gewürzt – und mit einer *crème anglaise* serviert. Unter Papazis Händen wurde sie zu einem Aufbau, einem richtigen Gebäude. Sie bestand aus Schichten von blassem, köstlichem *biscuit,* das raffiniert mit Kirschwasser getränkt war. Sie enthielt handverlesene, eingemachte Kirschen, die auch mit dem Branntwein, der nach ihnen genannt ist, getränkt waren. Die Eiercreme, die Schlagsahne und sogar die reichverzierte Form waren mit Kirschwasser überzogen. Es ist ein Wunder, daß die abschließenden Puddingschichten überhaupt gefroren, so alkoholisiert waren sie. Wenn aber die *diplomate* soweit war, daß sie aus ihrer schweren Metallform auf die Platte gestürzt werden konnte, die schon bereitstand (so, wie auch wir nach zwei Tagen der Vorbereitung schon bereitstanden), war sie so zart parfümiert und erinnerte nur so dezent an die Obstgärten Lothringens, daß nur ein Meisterkonditor wie Papazi in der Lage war zu schätzen, wie viele Tassen Kirschwasser sie geschluckt hatte. Die *crème anglaise,* die absichtlich von allem, außer einem Hauch Vanille, frei gehalten worden war, überzog das ganze Gebäude, das vielleicht dreißig Zentimeter hoch war.

Die besten Dessertteller standen vor uns auf einem Tisch, von dem peinlich genau jedes Krümelchen abgekehrt war. Papazi schnitt auf wie ein berühmter Chirurg vor einer Gruppe von Studenten im achten Semester. Seine Tochter reichte eine Sauciere mit extra Eiercreme am Tisch herum. Die ehrerbietige Stille wurde von einem Gemurmel stolzer Anerkennung durchbrochen, und dann setzte sich der betagte Meister hin, erzählte einen kleinen Witz, und wir hatten einen langen, lärmenden Sonntagnachmittag begonnen, an dem uns noch mehr von dem gleichen Kirschwasser, das in dem Pudding verschwunden war, erfreute. Es war eine unbekümmerte und wunderbare Abwechslung zu den sehr einfachen Nachspeisen und Kompotts, die wir gewöhnlich in diesem guten Haus aßen.

Compote de Fruits

OBST, IN VANILLESIRUP GEKOCHT

Für 4 Personen

- ¾ l Wasser
- 225 g Zucker
- 1 etwa 5 cm langes Stück Vanilleschote oder 1½ EL Vanilleextrakt
- 4 reife, aber feste Pfirsiche oder Birnen oder 8 Aprikosen, geschält, halbiert und entsteint oder entkernt

In einem emaillierten Topf von 30 cm Durchmesser bringt man Wasser, Zucker und Vanille auf mäßiger Hitze zum Aufwallen, wobei man ständig rührt, bis der Zucker sich auflöst. Das Obst zugeben, die Hitze verringern und ohne Deckel 15 bis 20 Minuten auf kleinster Flamme kochen, bis das Obst weich, aber nicht matschig ist, wenn man es mit der Spitze eines scharfen Messers ansticht. Man läßt das Obst 30 Minuten im Sirup abkühlen und gibt es dann mit einem Schaumlöffel in eine Servierschüssel oder Backschale. Der Sirup wird kräftig auf großer Flamme gekocht. Sobald er leicht dickt, gießt man ihn über das Obst, das man in den Kühlschrank stellt und eisgekühlt serviert mit einem Löffel voll Sirup über jeder Portion.

Poires Pochées au Vin Rouge

BIRNEN, IN ROTWEIN GEKOCHT

Für 6 Personen

- ½ l herber Rotwein
- 2 EL Zitronensaft
- 225 g Zucker
- 1 etwa 5 cm großes Stück Zimtstange oder ½ TL gemahlener Zimt
- 6 kleine oder 3 große reife, aber feste Birnen, geschält, entkernt und halbiert

In einem emaillierten Topf von 30 cm Durchmesser bringt man Wein, Zitronensaft, Zucker und Zimt auf mäßiger Hitze zum Kochen, wobei man rührt, bis der Zucker sich auflöst. Nun gibt man die Birnenhälften hinein, deckt lose zu und verringert die Hitze auf die unterste Stufe. Die Birnen werden ganz sacht 15 bis 20 Minuten geköchelt, bis sie weich, aber nicht matschig sind. Man läßt sie im Sirup abkühlen, bis sie lauwarm sind. Wenn man die Birnenhälften warm servieren möchte, entfernt man die Zimtstange und legt die Birnen mit einem Schaumlöffel auf Dessertteller, in kleine Schälchen oder Sektschalen. Man schöpft ein bißchen Sirup darüber. Um die Birnen kalt zu servieren, stellt man sie im Sirup in einer großen Schale oder Backschüssel in den Eisschrank, bis sie gut gekühlt sind.

Pêches Cardinal

GEKOCHTE PFIRSICHE MIT HIMBEERPÜREE

Für 8 Personen

- 1½ l Wasser
- 450 g Zucker
- 8 große, reife, aber feste Pfirsiche, geschält, halbiert und entsteint
- 1 etwa 10 cm großes Stück Vanilleschote oder 3 EL Vanilleextrakt

SAUCE CARDINAL

- 2 225-g-Pakete tiefgefrorene Himbeeren, aufgetaut und gründlich abgetropft
- 2 EL sehr feiner Zucker
- 1 EL Kirschwasser

CRÈME CHANTILLY

- ¾ Tasse süße Sahne, eisgekühlt
- 2 EL sehr feiner Zucker
- 1 EL Vanilleextrakt

GARNITUR

- Ganze, frische Himbeeren oder aufgetaute Tiefkühlhimbeeren (nach Belieben)

In einem schweren, 3 bis 4 l fassenden Topf bringt man Wasser und Zucker auf großer Flamme zum Aufwallen und rührt, bis der Zucker sich auflöst. Man kocht den Sirup 3 Minuten lang sprudelnd und verringert dann die Hitze so weit wie möglich. Man fügt die geschälten Pfirsichhälften und Vanille hinzu und kocht sie auf kleiner Flamme 10 bis 20 Minuten, bis sie knapp weich sind. Die Pfirsiche läßt man in ihrem Sirup erkalten und stellt sie in den Kühlschrank.

SAUCE CARDINAL: Mit dem Rücken eines großen Löffels passiert man die Himbeeren durch ein Haarsieb in eine kleine Schüssel. Dann rührt man 2 EL ganz feinen Zucker und das Kirschwasser in das Himbeerpüree. Fest zugedeckt in den Kühlschrank stellen.

CRÈME CHANTILLY: Mit dem Schneebesen, einem Hand- oder Elektrorührer schlägt man die Sahne in einer eisgekühlten Rührschüssel, bis sie beginnt, dick zu werden. Man streut dann 2 EL Zucker und die Vanille darüber und fährt fort zu schlagen, bis die Sahne fest genug ist, um kleine Spitzen am Schneebesen zu formen, wenn man diesen aus der Schüssel hebt.

Zum Servieren legt man die Pfirsichhälften mit dem Schaumlöffel auf einzelne Dessertteller oder arrangiert sie ansprechend auf einer großen Platte. Wenn man will, kann man die Hälften aufeinandersetzen, damit sie wie ganze Pfirsiche aussehen. (Den Sirup gießt man weg, oder man bewahrt ihn auf, um wieder Obst darin zu kochen.) Jeder Pfirsich wird sorgfältig mit *sauce cardinal* überzogen, mit *crème Chantilly* garniert und mit ganzen Himbeeren dekoriert.

Pêches cardinal: Pfirsichhälften, eingehüllt in Himbeersauce und Schlagsahne, werden in einer Sektschale serviert.

Für 4 bis 6 Personen

1½ Tassen Milch
4 Eier
½ Tasse Mehl
¼ Tasse Zucker
2 TL Vanilleextrakt
2 bis 3 Tassen frische, schwarze süße Kirschen, entsteint; oder eingemachte, entsteinte, abgetropfte dunkle Kirschen; oder tiefgefrorene süße Kirschen, aufgetaut und abgetropft
Puderzucker

Clafoutis aux Cerises

KIRSCHAUFLAUF

Den Backofen auf 180° vorheizen. Will man den Teig in einem Elektromixer machen, so gibt man Milch, Eier, Mehl, Zucker und Vanille zusammen in den Mixbecher und mixt sie einige Sekunden mit hoher Drehzahl. Dann den Motor abschalten, alles von den Seiten des Bechers mit einem Gummispachtel herunterkratzen und nochmals 40 Sekunden lang mixen. Will man den Teig von Hand machen, so rührt man Mehl und Eier zusammen in einer großen Schüssel und gibt langsam Milch, Zucker und Vanilleextrakt zu. Man schlägt dann mit einem Schneebesen oder einem Hand- oder Elektrorührer, bis die Mehlklümpchen verschwinden und der Teig glatt ist.

Die Kirschen tupft man mit Küchenkrepp völlig trocken und verteilt sie dann gleichmäßig in einer flachen, 5 bis 6 Tassen fassenden, etwa 5 cm tiefen Backform. Dann wird der Teig zugegossen, und man backt auf dem mittleren Einschub des Ofens 40 Minuten lang, bis die Oberseite goldbraun ist und sich fest anfühlt. Leicht mit Puderzucker bestreuen und den *clafoutis* noch warm servieren.

Für 6 bis 8 Personen

4 Eigelb
¼ Tasse sehr feiner Zucker
2 EL Weinbrand
180 g halbbittere Schokolade, in kleine Stücke geschnitten
3 EL starker Kaffee
125 g Butter, in 1½ cm große Stücke geschnitten
4 Eiweiß
½ Tasse süße Sahne, geschlagen

Mousse au Chocolat

SCHOKOLADENCREMESPEISE

Die Innenseite einer 1 l fassenden, zylindrischen, runden Backform dünn mit Pflanzenöl ausstreichen, dann die Form auf Küchenkrepp zum Abtropfen umstülpen.

In einer feuerfesten Rührschüssel schlägt man Eigelb und Zucker mit dem Schneebesen oder einem Hand- oder Elektrorührer 2 oder 3 Minuten lang, bis sie hellgelb und dick genug sind, um bandförmig abzulaufen, wenn man den Schneebesen aus der Schüssel hebt. Den Weinbrand unterziehen.

Die Rührschüssel setzt man über einen Topf mit fast kochendem Wasser und schlägt noch weitere 3 oder 4 Minuten, bis die Mischung schaumig und heiß ist. Dann setzt man die Schüssel in einen Topf mit Eiswasser und schlägt nochmals 3 oder 4 Minuten, bis die Mischung wieder abgekühlt und dick und sahnig wie Mayonnaise ist.

In einem schweren, 1 bis 1½ l fassenden Topf läßt man die Schokolade mit dem Kaffee unter ständigem Rühren über heißem Wasser schmelzen. Wenn die ganze Schokolade aufgelöst ist, schlägt man die Butter Stück für Stück darunter, um eine zarte Creme zu bekommen. Dann gibt man die Schokolademischung in die Eigelb und den Zucker.

In einer anderen Schüssel schlägt man mit einem sauberen Schneebesen oder Handrührer die Eiweiß, bis sie steif genug sind, um Spitzen an den Drähten des Besens zu formen. Etwa ein Viertel davon rührt man in die Schokolademischung, um sie leichter zu machen; dann hebt man behutsam die verbliebenen Eiweiß darunter. Die Masse wird in die mit Öl ausgestrichene Form oder in Dessertschälchen geschöpft und mindestens 4 Stunden – oder bis sie fest geworden ist – in den Kühlschrank gestellt.

Um die *mousse au chocolat* zu stürzen und zu servieren, fährt man mit einem langen, scharfen Messer rings um die Seiten der Form und taucht deren Boden einige Sekunden in heißes Wasser. Dann wischt man die Außenseite der Form trocken, legt eine eisgekühlte Platte mit der Unterseite nach oben über die Form und dreht Platte und Form, indem man beide festhält, herum. Man stößt die Platte auf den Tisch, und die *mousse* soll leicht aus der Form gleiten. Falls sich die *mousse* nicht sofort stürzen läßt, wiederholt man den ganzen Vorgang.

Mit einem Schneebesen, einem Hand- oder Elektrorührer schlägt man die eisgekühlte Sahne in einer gekühlten Schüssel, bis sie fest genug ist, um ihre Form zu halten. Man garniert die *mousse* mit der Schlagsahne.

Die dekorative Kappe auf einem *soufflé au Grand Marnier (links)* formt man, indem man rings um den Rand eine Furche zieht *(oben)*, bevor das Soufflé gebacken wird.

Soufflé au Grand Marnier

APFELSINENSOUFFLÉ

Für 4 Personen

2 EL Butter
3 EL Zucker
5 Eigelb
1/3 Tasse Zucker
1/4 Tasse Grand Marnier (2 Miniflaschen)
1 EL frisch geriebene Apfelsinenschale
7 Eiweiß
1/4 TL gereinigter Weinstein
Puderzucker

Den Backofen auf 220° vorheizen. Der Boden und die Seiten einer 1 1/2 l fassenden Souffléform werden mit 2 EL weicher Butter ausgefettet. Dann streut man 3 EL Zucker hinein und verteilt ihn gleichmäßig. Beiseite stellen.

Im oberen Teil eines Wasserbades schlägt man die Eigelb mit einem Schneebesen, Hand- oder Elektrorührer, bis sie gut miteinander vermischt sind. Langsam gibt man den Zucker zu und fährt mit dem Schlagen fort, bis die Eidotter sehr dick und hellgelb werden. Nun setzt man den Topf in fast kochendes Wasser und erhitzt die Eigelb unter sachtem Rühren mit einem Holzlöffel oder Gummispachtel, bis die Mischung dickt und fast zu heiß zum Anfassen wird. Man rührt den Grand Marnier und die geriebene Apfelsinenschale hinein und gießt alles in eine große Schüssel. Diese Schüssel stellt man in einen Topf, der mit zerstoßenem Eis oder Eiswürfeln und kaltem Wasser gefüllt ist, und rührt die Mischung, bis sie ganz kalt ist.

In einer großen Schüssel, möglichst aus reinem Kupfer, schlägt man Eiweiß und gereinigten Weinstein mit einem sauberen Schneebesen oder Handrührer, bis sie steife, nicht mehr zitternde Spitzen bilden. Mit einem Gummispachtel rührt man einen großen Löffel voll geschlagenem Eiweiß in die Eigelbmischung, um sie leichter zu machen, und hebt dann den restlichen Eischnee darunter. Das Soufflé wird in die ausgebutterte, gezuckerte Form geschöpft, die man bis 5 cm unter den Rand füllt. Die Oberfläche streicht man mit einem Spachtel glatt. Als Dekorationseffekt macht man eine Kappe auf das Soufflé, indem man auf der Oberfläche eine Furche, ungefähr 2 cm tief und 2 cm vom Rande entfernt, ringsum zieht.

Auf dem mittleren Einschub des Ofens 2 Minuten backen, dann die Hitze auf 200° reduzieren und weitere 20 bis 30 Minuten backen, bis das Soufflé ungefähr 5 cm über den Rand der Form hinaus aufgegangen und seine Oberfläche leicht gebräunt ist. Mit Puderzucker bestäuben und sofort servieren.

Für 8 bis 10 Personen

PÂTE À CHOUX ODER BRANDTEIG

1 Tasse Wasser
6 EL Butter, in kleine Stückchen geschnitten
2 Tassen Mehl, nach dem Messen gesiebt
1 TL Zucker
5 große Eier
$^{1}/_{2}$ TL Wasser

FÜLLUNG

1 Tasse süße Sahne
3 EL Puderzucker
1 EL Vanilleextrakt

SCHOKOLADENSAUCE

240 g halbbittere Schokolade, in kleine Stückchen geschnitten
$^{1}/_{2}$ Tasse starker Kaffee
Puderzucker

Profiteroles

WINDBEUTEL MIT CREMEFÜLLUNG

PÂTE A CHOUX: In einem schweren, 2 bis 3 l fassenden Topf bringt man 1 Tasse Wasser und die Butter auf mäßiger Hitze unter gelegentlichem Rühren zum Kochen. Sobald die Butter vollkommen geschmolzen ist, nimmt man den Topf vom Feuer und schüttet Mehl und Zucker auf einmal hinein. Die Mischung wird einige Sekunden lang kräftig mit einem Holzlöffel geschlagen, bis sie gut durchgerührt ist. Dann setzt man sie auf mäßige Temperatur zurück und erhitzt sie – weiter kräftig schlagend – 1 oder 2 Minuten, bis die Mischung einen Kloß bildet, der sich von den Seiten des Topfes löst und sich frei mit dem Löffel bewegt.

Sofort nimmt man den Topf vom Feuer und macht in der Mitte des Teiges mit dem Löffel eine Vertiefung. Man schlägt ein Ei hinein und rührt es in den Teig. Nachdem das erste Ei absorbiert ist, gibt man 3 weitere – eines nach dem anderen in gleicher Art – dazu und rührt kräftig nach jedem Ei. Der fertige Teig soll dick, glatt und glänzend sein.

Den Backofen auf 220° vorheizen. Zwei große Backbleche leicht mit Butter bestreichen. Die *pâte à choux* in einen Spritzbeutel füllen, der eine glatte Tülle von $^{1}/_{2}$ bis 1 cm Durchmesser hat. Nun spritzt man den Teig in Häufchen, die etwa $2^{1}/_{2}$ cm im Durchmesser und 1 cm hoch sind, auf die Bleche. Man setzt die Häufchen etwa 5 cm voneinander entfernt. Sie werden beim Backen zur doppelten Größe aufgehen. Wenn man keinen Spritzbeutel hat, setzt man den Teig mit einem Teelöffel auf die Bleche, wobei man die gleichen – 5 cm – Zwischenräume einhält.

Das verbliebene Ei schlägt man mit $^{1}/_{2}$ TL Wasser in einer kleinen Schüssel, bis beide gut miteinander vermischt sind. Mit einem Kuchenpinsel bestreicht man die Oberfläche jeder *profiterole* leicht mit der Ei-Wasser-Mischung. Man backt im oberen und/oder unteren Drittel des Ofens 6 Minuten lang, verringert dann die Hitze auf 200° und backt noch weitere 5 Minuten.

Die Hitze auf 165° reduzieren und noch 15 bis 20 Minuten backen, bis die *profiteroles* zur doppelten Größe aufgegangen und leicht goldbraun geworden sind. Sie sollen beim Berühren fest und knusprig sein. Den Ofen ausschalten und mit der Spitze eines scharfen Messers einen kleinen Einschnitt nahe am Boden jeder *profiterole* machen, um den Dampf herauszulassen. Nun läßt man die *profiteroles* einige Minuten im Ofen, um sie auszutrocknen, dann nimmt man sie von den Backblechen und läßt sie abkühlen.

FÜLLUNG UND SCHOKOLADENSAUCE: Nicht mehr als 1 Stunde vor dem Servieren der *profiteroles* schlägt man die Sahne mit einem Schneebesen, Hand- oder Elektrorührer in einer eisgekühlten Schüssel, bis sie beginnt, dick zu werden. Den Puderzucker und die Vanille darüberstreuen und mit dem Schlagen fortfahren, bis die Sahne fest genug ist, um starre Spitzen am Schneebesen zu bilden, wenn man diesen aus der Schüssel heraushebt.

Behutsam öffnet man die Oberseite jeder *profiterole* oder schneidet sie mit einem kleinen, scharfen Messer in zwei Hälften. Die untere Hälfte füllt man mit einem Löffel voll Sahne, setzt die obere darauf und drückt die *profiteroles* vorsichtig wieder zusammen. Die Oberseite wird leicht mit Puderzucker bestäubt. Man läßt die Schokolade zusammen mit dem Kaffee in einem kleinen, schweren Topf auf heißem Wasser unter ständigem Rühren schmelzen, bis die Mischung völlig glatt ist.

Zum Servieren gießt man ein wenig von der warmen Schokoladensauce in jeden Dessertteller und setzt zwei oder mehr *profiteroles* darauf. Man kann dieses Gebäck auch auf Desserttellern servieren und die Schokoladensauce darübergießen.

Paris–Brest

BRANDTEIGRING MIT SCHLAGSAHNEFÜLLUNG

Für 6 Personen

PÂTE À CHOUX *(Rezept gegenüber)*
- 1 Ei
- 1/2 TL Wasser
- 3 EL blanchierte, gesplitterte Mandeln
- 2 Tassen süße Sahne
- 1 EL Puderzucker
- 2 TL Vanilleextrakt

Den Backofen auf 230° vorheizen. Ein Backblech mit Butter bestreichen, etwas Mehl darüberstäuben und die Kante auf den Tisch klopfen, um das überschüssige Mehl abzuschütteln. Dann setzt man einen Teller oder Topf von 20 cm Durchmesser auf das Blech und drückt ihn fest nach unten, um einen ringförmigen Abdruck in das Mehl zu machen. Die Platte oder den Teller entfernen.

Mittels eines Spritzbeutels mit großer, glatter Tülle macht man einen Kreis oder eine Krone aus *pâte à choux,* 5 cm breit und 2½ cm hoch, rings um den Abdruck im Mehl. Wenn man keinen Spritzbeutel hat, so gibt man den Teig löffelweise, Häufchen neben Häufchen entlang des Rings, dann glättet man mit einem Spachtel die Häufchen zu einem fortlaufenden Strang, der 5 cm breit und 2 1/2 cm hoch ist. Nun schlägt man das Ei zusammen mit dem Wasser und bestreicht damit die obere Seite des Teigs. Mit Mandelsplittern bestreuen und 10 Minuten lang auf dem mittleren Einschub des Ofens backen, dann die Hitze auf 180° reduzieren und weitere 10 Minuten backen. Die Hitze auf 160° verringern und 20 Minuten backen, bis der Ring zur doppelten Größe aufgegangen, goldbraun, fest und knusprig ist. Den Ofen abschalten und mit der Spitze eines scharfen Messers 3 oder 4 winzige Einschnitte nahe dem Boden machen. Den Ring noch 5 Minuten zum Austrocknen im Backofen lassen. Dann wird er waagerecht mit einem sehr scharfen oder gezackten Messer halbiert und der weiche, innere Teig mit dem Löffel entfernt.

Nicht eher als 1 Stunde vor dem Servieren schlägt man die Sahne mit einem Schneebesen, Hand- oder Elektrorührer in einer großen, eisgekühlten Schüssel, bis sie steif zu werden beginnt. Zucker und Vanille zufügen und so lange weiterschlagen, bis die Sahne steif genug ist, ihre Form gut zu halten. Mit einem Spritzbeutel mit dekorativer Tülle – oder einem Löffel – füllt man den Unterteil des Rings mit Schlagsahne. Die Sahne soll gut über den Rand des Gebäcks reichen. Behutsam setzt man das Oberteil so auf, daß es auf der Schlagsahne ruht. Die Oberfläche mit Puderzucker bestreuen und den *Paris-Brest* bis zum Anrichten in den Kühlschrank stellen.

Crème Caramel

KARAMELCREME

Für 6 Personen

KARAMEL
- 1/2 Tasse Zucker
- 1/4 Tasse Wasser
- Eine Prise gereinigter Weinstein

EIERCREME
- 1/2 l Milch
- 1 TL Vanilleextrakt oder ein 8 cm langes Stück Vanilleschote
- 1/4 Tasse Zucker
- 3 Eier und 2 Extra-Eigelb

Um eine Metall- oder Porzellanform von 1 l Inhalt oder 6 feuerfeste, einzelne Porzellan- oder Glasförmchen mit Karamel zu überziehen, ist es nötig, schnell zu arbeiten. Man muß beim Arbeiten mit Karamel immer daran denken, daß er über 150° hat – also äußerst vorsichtig damit! Man stellt die Form (oder Formen) auf ein großes Stück Pergamentpapier. Dann bringt man Zucker und Wasser auf großer Flamme in einem kleinen, schweren Topf oder einer Pfanne zum Kochen, wobei man so lange rührt, bis sich der Zucker auflöst. Eine Prise gereinigten Weinstein einrühren und – einen Henkel in jeder Hand haltend – den Sirup auf mäßiger Hitze kochen und fast ständig den Topf dabei leicht hin und her kippen, bis der Sirup ein tiefgoldenes, teeähnliches Braun annimmt. Das kann zehn Minuten und mehr dauern. Sobald der Sirup die richtige Farbe erreicht hat, nimmt man den Topf vom Feuer und gießt den Karamelsirup vorsichtig in dünnem Strahl in die Form (oder das erste der einzelnen Förmchen). Die Form nun kippen und drehen, um den Boden und die Seiten so gleichmäßig wie möglich zu überziehen. Wenn der Sirup nicht mehr fließt, setzt man die Form mit der Oberseite nach unten auf das Pergamentpapier, damit sie etwas abkühlt und aller überschüssige Sirup herausläuft.

Für die Creme den Backofen auf 160° vorheizen. In einem 1 bis 1 1/2 l fassenden Topf bringt man die Milch auf mäßiger Hitze fast zum Kochen, nimmt den Topf vom Feuer und gibt den Vanilleextrakt hinein. Mit dem Schneebesen, Hand- oder Elektrorührer schlägt man Zucker, Eier und die Extra-Eigelb, bis sie gut vermischt und dick sind. Unter leichtem, ständigem Rühren gießt man die Milch in dünnem Strahl zu. Dann füllt man die Creme durch ein feines Sieb in die mit Karamel ausgegossene Form (oder Formen) und stellt sie in einem großen Topf auf den mittleren Einschub des Backofens. In den Topf wird so viel kochendes Wasser gegossen, daß es bis zur halben Seitenhöhe der Form reicht. Nun backt man die Eiercreme (die Temperatur verringern, falls das Wasser zu sprudeln beginnt) etwa 1 Stunde oder bis ein Messer, das man in der Mitte in die Creme sticht, sauber herauskommt. Die Form aus dem Wasser nehmen und die Eiercreme wenigstens 3 Stunden in den Kühlschrank stellen.

Um die große Creme zu stürzen und zu servieren, fährt man mit einem scharfen Messer die Seiten entlang und taucht den Boden der Form kurz in heißes Wasser. Dann trocknet man sie außen ab, legt eine eisgekühlte Servierplatte umgedreht darüber und dreht, beide Seiten festhaltend, Platte und Form herum. Man stößt die Platte auf den Tisch, und die Creme soll dann aus der Form gleiten. Die Einzelportionen werden behutsam aus ihren Förmchen gelöst, indem man sie, eines nach dem anderen, auf passende Teller stürzt. Den inzwischen angesammelten Karamelsaft gießt man über die Eiscreme.

Diplomate

GARNIERTE EIERCREME MIT GLASIERTEN FRÜCHTEN

Für 10 bis 12 Personen

- 1/2 Tasse Kirschwasser
- 1/2 Tasse gewürfelte, gemischte kandierte Früchte
- 2 Dutzend beste (oder hausgemachte) Löffelbisquits, falls notwendig in Hälften geteilt
- 1 1/2 Päckchen Gelatinepulver oder 8 Blatt Gelatine
- 1/3 Tasse Wasser
- 1 Tasse Milch
- 5 Eigelb
- 1/4 Tasse Zucker
- 1 1/2 Tassen eisgekühlte süße Sahne
- 1/2 Tasse Aprikosenmarmelade

In eine kleine Schüssel gibt man 1/4 Tasse Kirschwasser zusammen mit den gewürfelten, kandierten Früchten und stellt sie bei Zimmertemperatur zum Weichen beiseite. Man legt ein rundes Stück Pergamentpapier auf den Boden einer 2 l fassenden Auflaufform oder irgend einer anderen glatten Form, die 2 l Inhalt hat und 8 bis 12 cm tief ist. Die Form wird nun mit Löffelbisquits ausgelegt. Erst schneidet man ein kreisförmiges Stück von etwa 1 cm Durchmesser aus einer Bisquithälfte und legt es mit der gewölbten Seite nach unten in die Mitte des Papiers. (Die zerbröckelten Abschnitte für später aufheben.) Dann schneidet man Löffelbisquits in leicht spitz zulaufende Keile, die strahlenähnlich in den Kreis passen – wie Blumenblätter in eine Rosette –, und legt sie mit der gewölbten Seite nach unten auf das Papier. Weitere Löffelbisquits stellt man dicht aneinander rings um die Innenseite der Form und schneidet alles, was über den Rand hinausragt, ab. Beiseite stellen.

In einem feuerfesten Meßbecher oder einer kleinen Schüssel streut man die Gelatine über 1/4 Tasse Wasser. Nachdem sie 2 oder 3 Minuten gequollen ist, setzt man den Becher in einen kleinen Stieltopf mit heißem Wasser und löst auf kleiner Flamme unter ständigem Rühren die Gelatine auf. Den Stieltopf vom Feuer nehmen, doch den Becher weiter darin warmhalten. In einem schweren, 2 bis 3 l fassenden Topf erhitzt man die Milch, bis sich am Topfrand Bläschen bilden, dann vom Herd nehmen. Mit dem Schneebesen, Hand- oder Elektrorührer schlägt man in einer Schüssel die Eigelb und den Zucker 3 oder 4 Minuten, bis die Eidotter hellgelb und leicht gedickt sind. Unter ständigem Rühren gießt man die heiße Milch in dünnem Strahl über die Eigelb. Wenn alles gründlich vermischt ist, schüttet man es in einen sauberen Topf. Man kocht auf kleiner Flamme unter ständigem Rühren, bis die Eiercreme zu dicken beginnt. Man darf Eiercreme nicht bis zum Siedepunkt erhitzen, da sie dann gerinnen kann.

Dann nimmt man den Topf ganz vom Feuer und rührt die aufgelöste Gelatine in die Eiercreme. Gut vermischen und die Masse durch ein feines Sieb in einen Rührbecher gießen. Mit dem Schneebesen, Hand- oder Elektrorührer schlägt man die Sahne in einer eisgekühlten Schüssel, bis sich weiche Spitzen bilden. Den Rührbecher mit der Eiercreme setzt man in einen großen Topf mit zerschlagenem Eis oder Eiswürfeln und Wasser. Die Eiercreme wird 4 oder 5 Minuten gerührt, bis sie ganz kalt ist und zu dicken beginnt. Mit einem Schneebesen durch und durch schlagen, um sicher zu sein, daß sie ganz glatt ist. Dann die Schlagsahne mit einem Gummispachtel unter die Eiercreme ziehen. Die kandierten Früchte und das Kirschwasser unterheben.

Die Aprikosenmarmelade durch ein Haarsieb in einen kleinen Topf passieren und die verbliebene 1/4 Tasse Kirschwasser zugeben und auf mäßiger Hitze unter ständigem Rühren zum Kochen bringen. Die Löffelbisquits, mit denen die Form ausgelegt ist, dünn mit der heißen Aprikosenglasur bestreichen. Die Hälfte der Eiercreme in die Form schöpfen und Löffelbisquits in einem sauberen, aber zwanglosen Muster auf der Creme verteilen. Den Rest der Eiercreme darübergeben und die Oberfläche mit dem Rest der Löffelbisquits und den Bruchstücken bedecken. Drei oder vier Stunden in den Kühlschrank stellen, bis die Creme steif ist und sich gesetzt hat.

Um die *diplomate* zu stürzen und zu servieren, fährt man mit einem scharfen Messer rings um den Innenrand der Form und taucht den Boden einige Sekunden in heißes Wasser. Dann trocknet man die Außenseite ab, legt eine eisgekühlte Platte mit der Oberseite nach unten über die Form und dreht Platte und Form, die man auf beiden Seiten festhält, zusammen herum. Die Platte stößt man auf den Tisch, und die *diplomate* sollte dann aus der Form gleiten. Tut sie das nicht sofort, so wiederholt man den ganzen Vorgang. Behutsam entfernt man das Pergamentpapier von der Oberfläche und stellt die *diplomate* vor dem Servieren in den Kühlschrank.

Tartes aux Fraises

ERDBEERTÖRTCHEN

Für 6 Personen

- 6 einzelne *pâte brisée*-Böden von 8 bis 10 cm Durchmesser oder einen Tortenboden von 20 bis 25 cm Durchmesser *(Seite 67)*
- 1 Ei und 1 Extra-Eigelb
- 1/4 Tasse Zucker
- 1 Prise Salz
- 1 Päckchen Gelatinepulver ohne Geschmack oder 6 Blatt weiße Gelatine
- 1 TL Vanilleextrakt
- 1 Tasse heiße Milch
- 1 Tasse süße Sahne

JOHANNISBEERGLASUR

- 1 Tasse roter Johannisbeergelee
- 1 EL heißes Wasser
- 1 EL Kirschwasser
- 1–1 1/2 kg große, reife Erdbeeren, gewaschen und entstielt
- Puderzucker

Den Backofen auf 200° vorheizen und die Tortenböden (oder den Tortenboden) so backen, wie im Rezept für *pâte brisée* beschrieben. Dabei noch 7 bis 10 Minuten zugeben, um den Boden leicht braun und ganz gar werden zu lassen. Die Böden (oder den Boden) aus der Form nehmen und auskühlen lassen.

In einem schweren, 2 bis 3 l fassenden Topf schlägt man – abseits vom Herd – das Ei, das Extra-Eigelb und den Zucker mit einem Schneebesen, Hand- oder Elektrorührer, bis die Mischung dick und hellgelb wird. Salz gut einrühren und Gelatinepulver sowie Vanille dazugeben. Dann die heiße Milch unter ständigem Rühren in dünnem Strahl eingießen. Auf mäßiger Temperatur heißmachen und mit dem Schneebesen schlagen, bis alles glatt und dick ist. Die Eiercreme nicht kochen lassen. Wenn sie zu heiß zu werden droht, hebt man den Topf für einige Sekunden vom Feuer und läßt sie abkühlen. Sollten Klümpchen entstehen, so schlägt man sie mit dem Schneebesen oder einem Handrührer glatt. Man gießt die Creme in eine große Rührschüssel und stellt sie in den Kühlschrank. Wenn die Eiercreme kalt ist und leicht fest zu werden beginnt, schlägt man die Sahne, bis sich weiche Spitzen halten. Mit einem Gummispachtel gründlich unter die Creme heben und vorsichtig schlagen, falls es Klümpchen gibt. Dann sofort die Eiercreme in die Tortenböden füllen.

JOHANNISBEERGLASUR: In einem kleinen Topf läßt man den Johannisbeergelee und heißes Wasser auf kleiner Flamme unter ständigem Rühren warm werden, bis sie zu schäumen und zu dicken beginnen. Den Topf vom Feuer nehmen, das Kirschwasser einrühren und die Glasur etwas abkühlen lassen.

In der Zwischenzeit legt man die Erdbeeren, mit der Stielseite nach unten, in gleichmäßigen Kreisen auf die Eiercreme. Die warme Glasur über die Beeren schöpfen. Die Torten werden dann mindestens 2 Stunden in den Kühlschrank gestellt, bis die Eiercreme fest ist. Vor dem Servieren mit Puderzucker bestreuen.

Der Nachtisch ...

... kann ein leichtes, erfrischendes Finale einer Reihe von herzhaften Gängen sein, oder er kann auch selbst den Höhepunkt eines Mahles bilden. Hier werden sechs Desserts gezeigt, die von ganz leichten zu ganz schweren reichen (im Uhrzeigersinn von oben): *mousse au chocolat, tartes aux fraises, compote de fruits, profiterole, crèmes caramels* und *Paris-Brest*. *(Rezepte auf den vorausgehenden Seiten.)*

Französische Tischweine - ein kurzer Führer

Der Führer auf diesen Seiten stellt einen kurzen Lehrgang für französische Tischweine dar – wann man sie trinkt, welche Sorten man auswählt, wie man sie kauft, aufbewahrt und serviert. Voran eine Zusammenstellung der Spezialbegriffe, von Kennern gebraucht, um Weine zu beschreiben.

Tischwein – bei Tisch serviert und zum Essen getrunken – ist relativ leicht im Geschmack und von mäßigem Alkoholgehalt (10 bis 14 Prozent). Die alkoholisierten Weine wie Sherry, Madeira, Portwein und Wermutwein werden durch Zusatz von Alkohol verstärkt. Man serviert sie selten zum Essen.

Man sollte immer bedenken, daß es eine ebenso subtile wie subjektive Sache ist, den Gaumen mit Wein oder Speisen zu erfreuen. Es gibt traditionell glückliche Ehen zwischen Speisen und passenden Tischweinen, die von Experten anerkannt sind. Eine Anzahl dieser Verbindungen wird hier aufgeführt. Zunächst eine Zusammenstellung von Begriffen:

ANSPRECHEND: So nennt man einen Wein, dessen Bukett und Geschmack eher leicht und zart als streng und derb sind.
BUKETT: Das Aroma des Weines – nicht nur ein Duft, sondern eine Mischung vieler Düfte wie bei einem Blumenstrauß –, welches durch Oxydation der Fruchtsäure und Gärung des Weines entsteht.
FINESSE: Ein hoher Grad von Qualität.
FRUCHTIG: Kräftiges, fruchtiges Aroma und ebensolcher Geschmack.
HARMONISCH: Die verschiedenen Eigenschaften eines gut ausgebauten Weines sind aufeinander abgestimmt. So ist ein leichter, harmonischer Wein zart von Geschmack und Bukett; ein voller Wein darf nicht wässerig oder flach sein.
HERB: Angenehme Säure, die den Gehalt an Fruchtsäure zeigt.
KÖRPER: „Gewicht“ oder Substanz. Ein Wein mit viel Körper wird schwerer und voller auf der Zunge liegen als ein leichter Wein.
LIEBLICH: Angenehm im Geschmack.
MILD: Ohne Herbheit. Obwohl gute Weine bis zu einem gewissen Grad mild sein sollten, ist es möglich, daß ein Wein in dieser Richtung zu weit geht und flach wird.
RAUH: Ein Übermaß an Säure, häufig ein Merkmal für jungen Wein; oft der Hinweis auf eine lange Lagerfähigkeit.
REIF: So werden Weine genannt, die mild, voll ausgebaut und gut entwickelt sind.
SAUBER: Für den Gaumen angenehm und erfrischend; frei von unerwünschtem Beigeschmack oder Geruch.
SÄURE: Ein herber Geschmack, der von der natürlichen Fruchtsäure des Weines kommt. Man betrachtet sie als wünschenswerte Eigenschaft eines guten Weines. Ein ausgeprägter Essiggeruch bedeutet jedoch, daß der Wein verdorben ist.
STRENG: Eine Säure, die ein Zusammenziehen des Mundinneren verursacht. Ein mäßiger Grad von Strenge wird manchmal gewünscht.
VOLL: Voll in Bukett und Geschmack.
WUCHTIG: Kräftig, ausgeprägt und meist von hohem Alkoholgehalt.

DIE AUSWAHL DES RICHTIGEN WEINES: In der folgenden Zusammenstellung sind einige der bekanntesten französischen Tischweine bestimmten Arten von Speisen zugeordnet, zu denen man sie besonders gern trinkt.

Französische Weinnamen haben vielfach den Namen des Ortes, in dem der Wein angebaut wurde, oder, wie bei den Elsässer Weinen, von der Traubensorte, aus der der Wein gekeltert ist. Obwohl oft mehr als eine Person oder Firma in einer bestimmten Stadt Wein herstellt, werden die Weine dieser Stadt alle die ausgeprägten Eigenarten haben, die unten beschrieben sind. Aus welchem Teil der berühmten Weinbaugebiete Frankreichs jeder Wein kommt, ist in Klammern vermerkt.

Herzhafte Fleischsorten, kräftig schmeckendes Wild

ROTWEINE MIT VIEL KÖRPER – die Burgunder, Bordeaux und jene der Côtes du Rhône – sind die kräftigsten französischen Weine.

CHÂTAUNEUF-DU-PAPE (Côtes du Rhône): Ein berauschender, kräftiger Wein von dunkler, karmesinroter Farbe, der ein schönes Bukett und einen ausgeprägten Geschmack besitzt.
CHAMBERTIN (Burgund): Nach der Überlieferung soll dies Napoleons Lieblingswein gewesen sein. Er wird in dem Gemeinwesen von Gevrey-Chambertin hergestellt. Es ist ein Burgunder von dunkelroter Farbe, viel Körper und sehr harmonisch, mit einem wuchtigen Bukett.
CORTON (Burgund): Ein harmonischer Wein, edel, mild und mit dem ausgeprägten Bukett, das so charakteristisch für die Rotweine der Côte de Beaune ist, dem südlichen Teil Burgunds. Er hat eine funkelnde Farbe, kann aber, wenn er jung ist, rauh sein, baut sich jedoch gewöhnlich zu einem kräftigen, haltbaren Wein aus.
HERMITAGE (Côtes du Rhône): Ein dunkler, kräftiger und reifer Wein, den man als „männlichsten“ aller Weine bezeichnet hat. Wenn er jung ist, neigt er dazu, etwas rauh und bitter zu sein. Er baut sich jedoch gut zu einem schönen, schweren Wein aus.
NUITS-SAINT-GEORGES (Burgund): Einer der Weine der Côte-de-Nuits, dem nördlichsten Teil von Burgund; er ist vollmundig, hat besonders viel Körper und wird zu den größten Burgundern gezählt.
POMEROL (Bordeaux): Weine aus dem Gebiet von Pomerol haben eine dunkle Farbe, ein kräftiges Bukett, sind nachhaltig im Geschmack und im allgemeinen von lieblicher Art. Im Charakter ähneln sie den benachbarten Gewächsen von St. Émilion, sind aber weniger bekannt.
SAINT-ÉMILION (Bordeaux): Weine dieser Gegend sind voll und kräftig im Geschmack. Der St. Émilion ist ziemlich dunkel in der Farbe und hält sich mindestens 10 bis 15 Jahre ohne Qualitätsverlust.
VOSNE-ROMANÉE (Burgund): Diese Stadt bringt einige der größten Weine Frankreichs hervor, bei den der ausgezeichnete – aber auch teure – Romanée-Conti an der Spitze steht. Vosne-Romanée-Weine sind vollmundig und elegant. Sie können bis zu 20 Jahren gelagert werden.

Leichtere Fleischsorten, zartes Wild

LEICHTE ROTWEINE – auch Burgunder und Bordeaux, aber nicht ganz so wuchtig wie ihre Verwandten mit viel Körper – passen zu den weniger kräftig schmeckenden Fleischsorten wie Lamm, Kalb und Schwein und zu zarterem Wildgeflügel wie Fasanen.

BEAUJOLAIS (Burgund): Äußerst angenehme, leichte und fruchtige Weine, die sehr frisch und süffig sind. Edel und schlank im Geschmack, sind sie jung am besten. Sie sollten nicht mehr als zwei oder drei Jahre alt sein.
GRAVES (Bordeaux): Die Weine, die man mit Graves bezeichnet, haben ihren Namen von einer Landschaft in Bordeaux. Rotweine aus Graves haben eine funkelnde, granatrote Farbe, sind sehr harmonisch-elegant und besitzen ein sehr charakteristisches Bukett sowie einen fruchtigen Geschmack. Die meisten Graves-Rotweine tragen auf dem Etikett nicht das Wort „Graves“, sondern den Namen eines Schlosses. Zu den bekanntesten gehören Château Haut-Brion und Château Smith-Haut-Lafitte.
MÂCON (Burgund): Relativ billige Weine mit angenehmen, wenn auch wenig charakteristischem Geschmack. Wie die Beaujolais sollten sie getrunken werden, solange sie noch jung sind.
MÉDOC (Bordeaux): Das Médoc ist ein dreieckiges Gebiet von mehr als 50 Orten nördlich der Stadt Bordeaux. Die Rotweine des ganzen Gebietes von Bordeaux – etwa 4000 – wurden 1855 offiziell in Güteklassen eingestuft. Von den 60 besten waren dabei alle, bis auf einen, Produkte des Médoc. Weine, die nur Médoc genannt werden, sind sehr gute Gewächse, jene, die Haut-Médoc heißen, sind noch besser, und jene, die in fünf bestimmten Gemeinden hergestellt werden – Pauillac, Cantenac, Margaux, Saint-Julien und Saint-Estèphe – sind die allerbesten. Médocweine sind im allgemeinen leicht, mild und reif.
POMMARD (Burgund): Die besseren Pommards tragen die Namen bestimmter Weinberge, besonders Les Épenots, Les Rugiens und La Platière. Die besten davon sind mild, schlank und lieblich.
VOLNAY (Burgund): Angenehme, edle, schlanke Weine mit ausgeprägtem Bukett. Die wohl schlanksten, edelsten aller leichteren roten Burgunder.

Hors d'œuvre, Käse, Eierspeisen

ROSÉ ist ein leichter Rotwein, der zwischen den volleren roten und den Weißweinen steht. Er paßt gut zu Hors d'œuvres, besonders kaltem Braten, zu Eierspeisen, zu Käsen, die nicht allzu scharf sind und zu einigen Fleischsorten, die zarter im Geschmack sind als Rindfleisch, wie Kalb, Schinken und Schwein. Ein Rosé d'Anjou ist leicht und angenehm. Tavel ist ein Rosé von den Côtes du Rhône, der in Deutschland weniger bekannt ist. Roséweine von den Côtes de Provence im Süden Frankreichs, einschließlich Sainte Roseline, werden ebenfalls sehr geschätzt.

Kräftig schmeckender Fisch, das meiste Geflügel

HERBE WEISSWEINE MIT VIEL KÖRPER werden am besten zu Fisch, der wie Makrele einen kräftigen Geschmack hat, oder zu Fisch und Schalentieren die in einer gut gewürzten Weinsauce gekocht werden, serviert. Diese Weine passen auch sehr gut zu den meisten Geflügelarten.

CORTON (Burgund): Milde, liebliche Weine von goldener Farbe, die einen guten Ruf haben. Der beste der weißen Cortonweine trägt den Lagennamen Corton-Charlemagne und ist einer der großen weißen Burgunder

GRAVES (Bordeaux): Dies sind Weine von edler Art und Kraft. Sauber, fruchtig, frisch und ziemlich herb.

GEWÜRZTRAMINER (Elsaß): Das Bukett dieses Weines ist blumig, und sein Geschmack ist voll und außergewöhnlich fruchtig.

HERMITAGE (Côtes du Rhône): Schwere Weine mit vollem, warmem Aroma, herb, aber viel Körper. Wenn sie altern, nehmen diese Gewächse eine Bernsteinfarbe an und werden angenehm mild.

MEURSAULT (Burgund): Einer der feinen Weißweine Frankreichs. Viel Körper, lebendig, herb und mit fruchtigem Bukett, Eleganz und Finesse.

MONTRACHET (Burgund): Die Weißweine der Gemeinden Puligny- und Chassagne-Montrachet werden allgemein für die besten Weißweine Frankreichs gehalten und sind gewöhnlich teuer. Sie haben ein feines Bukett, sind reich an Körper, elegant und ziemlich reif. Ihre Farbe ist hell. Die besten kommen von einer Lage, die einfach Montrachet heißt.

Fisch, Schalentiere und Eierspeisen

LEICHTE, HERBE WEISSWEINE passen am besten zu fettarmen Fischen, die auf einfache Art gekocht und serviert werden wie Sole meunière, Forelle blau, Salm oder gekochte Muscheln – und zu köstlichen Soufflés.

CHABLIS (Burgund): Ein sehr leichter, frischer, ungestümer Wein, von dem man oft sagt, er schmecke nach „Feuerstein“. Hellgelb in der Farbe und mit grünlichen Glanzlichtern, zählt Chablis zu den herbsten und hellsten Weißweinen. Der beste ist etikettiert: „Chablis Grand Cru“.

MUSCADET (Loiretal): Hell, frisch und ziemlich herb. Muscadet hat seinen Namen nicht von einer Stadt, in der er hergestellt wird, sondern wie die meisten elsässischen Weine vom Namen der Traube, aus der er gekeltert wird. Er ist ein recht billiger Wein, dessen Beliebtheit ständig steigt. Man sollte ihn ziemlich jung trinken, weniger als drei Jahre alt.

POUILLY-FUISSÉ (Burgund): Ein frischer, herber, fruchtiger Wein mit schönem Bukett und einem derben und heftigen Charakter. Er genießt hohes Ansehen und ist etwas körperreicher als andere Weine dieser Kategorie. Er hat eine zarte Farbe mit hellgrüner Tönung.

POUILLY-FUMÉ (Loiretal): Ein sauberer, ansprechender, edler Wein, etwas mild und von fruchtigem Geschmack und Bukett. Er ist oft weniger herb als andere Weine dieser Art.

RIESLING (Elsaß): Anerkannt als der beste elsässische Wein. Gemeinsam mit den meisten Weinen aus dem Elsaß hat er die Tendenz, etwas fruchtiger und blumiger als andere Weißweine zu sein; er hat ein feines Bukett.

SANCERRE (Loiretal): Weine aus dieser Stadt sind ebenso sauber, ansprechend, geschmeidig und edel wie die aus Pouilly-Fumé auf dem anderen Loireufer. Ihnen aber fehlt die Eleganz, und sie sind etwas leichter im Bukett. Gemessen an anderen Weinen von der Loire – die im allgemeinen ihren Höhepunkt nach fünf Jahren erreicht haben – halten sie sich nicht lange.

SYLVANER (Elsaß): Ein guter Wein und recht beliebt, obwohl man ihn geringer einschätzt als den Riesling. Er ist leichter, weicher und blumiger als Riesling. Angenehm zu trinken.

Desserts

SÜSSE WEISSWEINE werden gewöhnlich zum Dessert gereicht, obwohl einige Leute sie den herberen Weißweinen zu Fisch und Eierspeisen vorziehen. Da jedoch süße Weine den Appetit eher sättigen als anregen, scheinen sie am Ende der Mahlzeit besser am Platz.

SAUTERNES (Bordeaux): Ein dunkler, goldener Wein mit ausgeprägter Süße und viel Körper mit einem markanten Bukett. Er bekommt seinen besonderen Geschmack daher, daß die Trauben erst gelesen werden, wenn sie überreif sind. Die Sauternes halten sich außergewöhnlich gut, und einige können noch getrunken werden, wenn sie über 40 Jahre alt sind. Die großen, wie Château d'Yquem, zählen zu den edelsten Weißweinen.

VOUVRAY (Loiretal): Herb, doch im Jugendstadium etwas lieblich. Im Alter hat er angenehme Süße und neigt zum Moussieren. Der Vouvray ist ein vielseitiger Wein.

CHAMPAGNE (Champagne): Champagner ist ein französischer Tischwein, der sich – und darüber sind sich die Kenner einig – mit gutem Erfolg zu jedem Teil des Essen trinken läßt, den man aber auch für sich allein zu festlichen Anlässen servieren kann. Er ist auch der einzige französische Tischwein, bei dem es ratsam ist, ihn eher nach dem Markennamen als nach dem Namen der Gegend oder Lage zu kaufen. Zu den besseren Marken gehören Bollinger, Moët et Chandon, Mumm, Piper-Heidsieck und Taittinger. Champagner werden nach ihrer relativen Süße oder Herbheit eingeteilt: Jene, die als *brut* oder *nature* bezeichnet werden, sind herber als alle anderen; die Bezeichnung *sec* bedeutet süß. Champagner sind fruchtig, leicht und moussierend.

Einkauf und Lagerung der Weine

Der beste Rat, den man einem unerfahrenen Weinkäufer geben kann, lautet: „Wenn du den Wein nicht kennst, mußt du den Weinhändler kennen“. Man suche sich ein Geschäft, das eine große Auswahl an Weinen und die entsprechenden Lagermöglichkeiten hat.

Man versuche ja nicht, sich einen Weinkeller bei einem einzigen Einkauf zusammenzustellen. Vielmehr kaufe man für einen besonderen Anlaß und wähle dabei den Wein, der am besten zu dem Essen, das man servieren will, paßt. Nachdem man einige ausprobiert hat, kann man bei den Weinen bleiben, die einem am besten schmecken. Dann erst ist es sinnvoll, günstige Einkaufsgelegenheiten wahrzunehmen, um sich einen eigenen Weinkeller daheim anzulegen.

In Jahren, in denen die Wachstumsbedingungen für die Trauben ideal sind, ist der daraus gekelterte Wein von besonders hoher Qualität. Im Gegensatz dazu werden die Trauben – und damit die Weine – in einem schlechten Jahr geringer sein. Es gibt Jahrgangslisten, die versuchen, Hinweise auf die guten, schlechten und mittelmäßigen Jahre in den verschiedenen französischen Weinbaugebieten zu geben. Obwohl sie eine Hilfe sein können, sind sie oft nicht detailliert genug, um sich darauf völlig zu verlassen. So können Weine eines bestimmten Jahres an einem Ort ausgezeichnet, im Nachbardorf aber mittelmäßig sein. Wiederum ist ein guter Händler die beste Informationsquelle.

Einige der großen alten Weine können ein Farbdepot in der Flasche absetzen. Solche Weine sollten mindestens eine Woche vor dem Trinken gekauft werden; dann muß man sie aufrecht stellen, damit das Depot langsam auf den Boden der Flasche sinken kann. Beim Servieren muß man sehr aufpassen und mit der Flasche vorsichtig umgehen, damit der Satz nicht aufgerührt wird. Obwohl die meisten Weine keinen Bodensatz haben, sind sich die Kenner darüber einig, daß auch diese von einer eintägigen Ruhepause profitieren.

Für die Lagerung von Wein ist kein besonderer Aufwand nötig. Man braucht nur einen kühlen, dunklen Platz mit gleichbleibender Temperatur. Oft reicht der Wandschrank einer Wohnung, oder es läßt sich unter der Kellertreppe eines Hauses ein Weinbord einbauen. Die ideale Temperatur für die Lagerung von Wein ist ungefähr 13 Grad. Man kann Weine mehrere Monate bei höheren Temperaturen lagern. Der schlimmste Feind des Weines ist plötzlicher Temperaturwechsel.

Weinflaschen sollen liegend gelagert werden, damit der Wein Kontakt mit den Korken hat. So kann er nicht austrocknen und Luft in die Flasche lassen. Es gibt viele Arten von Lagergestellen, in denen die Flaschen so auf der Seite liegen, daß man sie leicht erreichen und herausnehmen kann.

Weine servieren

Ebenso wie die Regeln über die Zuordnung eines Weines zu bestimmten Speisen sind auch die Vorschriften für das Servieren von Weinen das Produkt aus langer Erfahrung und gesundem Menschenverstand. Sie sind aber nicht unverrückbar und können in gewissem Umfang dem individuellen Geschmack angepaßt werden.

Wenn man zu einer Mahlzeit nur einen Wein reicht, ist ein tulpenförmiges Glas, das etwas weniger Inhalt als eine Kaffeetasse hat, am besten geeignet. Welche Form das Glas auch hat, es muß vor allem durchsichtig sein – nicht getönt –, damit Farbe und Eigenart des Weines zu sehen sind und gewürdigt werden können.

Gute Rotweine jedes Alters entfalten sich besser, wenn sie einige Stunden vor dem Anrichten entkorkt werden. Dadurch wird das Bukett voller, und sie bekommen Zeit zum „Atmen“. Weißweine sollen kurz vor dem Servieren geöffnet werden. Rotweine entfalten ihren Geschmack am besten, wenn sie mit Zimmertemperatur ausgeschenkt werden – zwischen 18 und 20 Grad. Herbe Weißweine und Rosés serviert man kalt, zwischen 7 und 12 Grad. Champagner sollte sogar mit einer Temperatur zwischen 4 und 7 Grad auf den Tisch kommen.

Man darf einen Rotwein nie künstlich erwärmen, um die Kellertemperatur zu erhöhen. Man läßt ihn am besten über Nacht im Eßzimmer stehen. Weißweine und Champagner können im unteren Fach des Eisschranks gekühlt werden; Weißweine ungefähr zwei, Champagner und gewisse süße Weine drei Stunden. Man kann sie auch in Eiskübel stellen, jedoch niemals Eis in den Wein geben!

Glossar

A BLANC: in einer Mischung aus Salzwasser, Zitronensaft und Mehl vorkochen, um Lebensmittel zu blanchieren oder ihre weiße Farbe zu erhalten; auch in Butter garen sowie dünsten und kochen, ohne zu bräunen

À BRUN: vor dem Kochen oder Schmoren bräunen; auch bis zum Braunwerden gekocht

AGNEAU: Lamm

AIL: Knoblauch

AÏOLI: mit Knoblauch gewürzte Mayonnaise

À LA BOURGUIGNONNE: auf burgundische Art; in Rotwein gekocht

À LA GRECQUE: auf griechische Art; in einer Marinade aus Olivenöl und Kräutern gekocht

À LA MODE: wie z. B. *à la mode de Caen.* Wenn es ohne einen Ortsnamen geschrieben ist (z. B. *bœuf à la mode*), so soll es *à la mode de chez nous* oder „nach unserer Art" bedeuten

À L'ANCIENNE: altmodisch oder nach alter Art; oft ein einfacher Eintopf oder einfaches Frikassee

AMANDE: Mandel

ANCHOIS: Anschovis

ANGUILLE: Aal

APÉRITIF: ein Getränk, das zur Anregung des Appetits serviert wird; oft ein alkoholisierter Wein (also einer, dem Alkohol zugesetzt wurde)

À POINT: halbgar gebraten, normalerweise bei Rindfleisch – besonders Steak – gebräuchlich

ARTICHAUT: Artischocke

ASPERGE: Spargel

AUBERGINE: Aubergine oder Eierfrucht

AU CHOIX: nach Ihrer Wahl; *de choix:* beste Qualität

AU GRATIN: Gerichte in Sauce, die mit Bröseln oder geriebenem Käse und Butter bestreut und im Ofen so lange gebacken werden, bis sie gar sind und ihre Oberfläche gebräunt ist (*gratiner* bedeutet: die Oberfläche unter dem Grill bräunen)

AU JUS: mit dem natürlichen, nicht gedickten Bratensaft serviert

AU NATUREL: im natürlichen Zustand serviert (z. B. bedeutet Spargel *au naturel* nur in Salzwasser gekocht)

BAIN-MARIE: Wasserbad; eine große Schüssel oder ein „Bad", in dem man einen Topf mit Essen (wie Sauce) warm hält oder langsam auf dem Herd kocht. Zum Unterschied gegenüber der einfacheren Art, zwei Töpfe ineinanderzusetzen, wird der *bain-marie* so weit mit Wasser gefüllt, daß ein hineingestellter Topf bis zur halben Höhe von Wasser umgeben ist. Ein *bain-marie* kann dazu benutzt werden, ein langsames, gleichmäßiges Kochen auf dem Herd zu gewährleisten oder im Backofen zu verhindern, daß sich eine Kruste um Gerichte wie *pâté* oder Karamelpudding bildet

BAR: Seebarsch oder auch Seewolf

BARDER: Geflügel oder Braten mit Speckstreifen bedecken, um so zarte Teile wie eine Hühnerbrust zu schützen oder um ein automatisches Einfetten zu erreichen

BÉARNAISE: nach Art des Gebietes von Béarn; eine Art Holländischer Sauce, die mit Schalotten, Wein, Essig und Estragon gewürzt ist und gewöhnlich zu Fleisch, Fisch und Eiergerichten serviert wird

BÉCHAMEL: eine weiße Grundsauce aus einem hellen *roux* (Mehl und Butter), der Milch zugesetzt wird

BEURRE: Butter

BEURRE BLANC: eine warme, geschlagene Sauce für Fisch, die aus Butter und einer Mischung aus Essig, Wein und Schalotten besteht

BEURRE CLARIFIÉ: geklärte Butter Dabei wird Butter geschmolzen und von den ausfallenden Molke- und Feststoffen getrennt

BEURRE MANIÉ: eine Paste aus Mehl und ungekochter Butter (Mehlbutter) zum Dicken von Saucen

BEURRE NOIR: eine Sauce aus heißer Butter, die so lange erhitzt wird, bis sie bräunt

BLANCHIR: blanchieren, vorkochen; Lebensmittel in kochendes Wasser tauchen, um sie weich zu machen, einen unliebsamen Geschmack daraus zu entfernen oder um sie teilweise zu garen

BLANQUETTE: ein Stew aus Kalb, Lamm oder Huhn in Sahnesauce

BŒUF: Rindfleisch

BONNE FEMME: Hausmacherart; normalerweise ein Gericht, das einfach zubereitet ist, mit Gemüsen als Beilage oder einer Garnitur

BOUILLIR: kochen

BOUQUET GARNI: ein Kräutersträußchen, gewöhnlich Petersilie, Thymian und Lorbeerblatt. Es wird während des Kochens zum Würzen in ein Gericht gegeben und vor dem Anrichten herausgenommen

BRAISER: schmoren; in einem fest zugedeckten Topf mit wenig Flüssigkeit bei geringer Hitze garen

BRIOCHE: ein Hefeteig mit sehr viel Butter, der mit Eiern angereichert ist. Wird in einer Vielzahl von Formen und Größen gebacken und als Brötchen zum Frühstück oder Tee serviert. Teig, in den man auch Würstchen sowie Fleisch- und Fischfüllungen einhüllt, mit entsprechenden Dekorationen versieht und backt

BROUILLÉ: durcheinandergemischt, geschlagen

CANAPÉ: ein kleines, ungedecktes, belegtes Brot zum Anregen des Appetits. Eine kleine Brotscheibe ohne Rinde, die in Butter gebacken wird und auf der Speisen wie Spargel, Pilze oder junge Tauben angerichtet werden

CANETON: junge Ente

CÂPRES: Kapern

CAROTTE: Karotte

CÉLERI: Sellerie; *céleri-rave:* Sellerieknolle

CÈPE: Steinpilz, einer der größten und besten wildwachsenden Pilze

CERISE: Kirsche

CERVELLES: Hirn

CHANTILLY: Schlagsahne

CHARCUTERIE: eine Fleischerei, die sich auf Räucherwaren und Wurst spezialisiert hat

CHAUD-FROID: eine kalte Sauce mit Sahne und Gelatine, die man zum Überziehen kalter Speisen – wie Geflügel oder Fisch – verwendet

CHOU: Kraut, Kohl

CHOUCROUTE: Sauerkraut

CHOU-FLEUR: Blumenkohl

CHOUX DE BRUXELLES: Rosenkohl

COCOTTE: jedes feuerfeste Geschirr mit Deckel oder ein Bräter, der auf dem Herd oder im Backofen zu benutzen ist

COMPOTE: frisches oder getrocknetes Obst, das in gewürztem Zuckersirup gekocht und serviert wird

CONCOMBRE: Gurke

CONFIT: eingemacht; *confit d'oie;* gekochte Stücke einer Gans, die im eigenen Fett konserviert sind; *fruits confits,* Obst, das gekocht und in Zucker oder Alkohol eingelegt ist (oder Gemüse in Essig)

COQUILLE: Schale; eine Muschelschale oder Auflaufform, in der Speisen serviert werden

COQUILLES SAINT-JACQUES: Kammmuscheln, die in Frankreich in der Schale verkauft werden. Auch St.-Jakobs-Muscheln genannt

CÔTE: Rippe; eine Scheibe jeder beliebigen Fleischsorte oder Teil eines Rippenstücks vom Rind

CÔTELETTE: ein Kotelett oder eine Scheibe Fleisch

COTRIADE: eine Fischsuppe; die bretonische Version der *bouillabaisse*

COUPE: ein Dessertschälchen

COURGETTE: Zucchini, Gurkenkürbis

COURT BOUILLON: eine gewürzte Brühe zum Kochen von Fisch oder Gemüse

CRÉCY: nach einer Region Frankreichs, in der besonders schöne Karotten wachsen, genannte Zusammenstellung, wie z. B. *potage Crécy* oder irgend etwas, das mit Karotten gekocht oder serviert wird

CRÈME: Sahne; auch alle Saucen und Desserts, die auf Eiercremebasis hergestellt sind

À LA CRÈME: mit Sahne oder Sahnesauce serviert

CRÈME ANGLAISE: eine leichte Eiercreme, die aus Eigelb, Zucker und Milch gemacht wird und die man für Fruchtdesserts und Backwerk verwendet

CRÊPE: dünner Pfannkuchen aus einem Mehl-Eier-Teig. Als Hauptgericht (*crêpes salées*) oder *hors d'œuvre* werden *crêpes* um eine Füllung gerollt und oft mit einer Sauc bedeckt. *Crêpes* für den Nachtisc nennt man *crêpes sucrées. Crêp Suzette* sind Dessert-*crêpes,* die m Orangenbutter gewürzt und m Weinbrand flambiert werden

CRESSON: Brunnenkresse

CROISSANT: ein leichtes, blättrig Gebäck, das aus Hefeteig besteh der auf besondere Weise mit Butt zusammengeschlagen und ausg rollt wird, und das vor dem Backe zu einem Halbmond geformt wi

CROÛTE: ein großes Stück trock nes Brot, das getoastet oder i Butter oder Öl gebacken wird

CROÛTON: kleines Stück *croûte*

DAUBE: jedes gespickte Stüc Fleisch oder Geflügel, das mit G müsen und Flüssigkeit in einem z gedeckten Topf geschmort wird

DÉGLACER: deglasieren; das meis Fett von einem gekochten Geric abschöpfen und Brühe oder We zufügen, um aus dem braunen Sat der sich im Topf abgesetzt hat, ei dünne Sauce zu machen

DÉGRAISSER: entfetten

DUXELLES: ein Gemisch aus fe gehackten, gekochten Champ gnons und Schalotten oder Zwi beln, das für Saucen oder Füllu gen gebraucht wird

EAU DE VIE: wörtlich „Wasser d Lebens"; jeder Alkohol, der a Wein destilliert wird; normale weise Weinbrand

ÉCHALOTE: Schalotte, eine klei Zwiebelart

ÉCREVISSE: Süßwasserkrebs; *queu d'écrevisses:* Krebsschwänze

ENTRECÔTE: ein knochenlos Steak, das aus dem Rippenstück d Rinds geschnitten wird, gewöh lich die erste Scheibe vom Lende stück, zwischen der 9. und 11. Rip

ÉPINARD: Spinat

ESCALOPE: dünn geschnitte Fleischscheibe, gewöhnlich Kal fleisch

ESCARGOT: Schnecke

FARCI: gefüllt

FERMIÈRE: wörtlich „Bäuerin mit Gemüsen geschmortes oder i Topf gebratenes Fleisch

FINES HERBES: ein Gemisch a feingeschnittenen, frischen, grün Kräutern; normalerweise Petersil Estragon, Schnittlauch und Kerb

FLAMBÉ: flambiert. Ein Geric wird mit Kognak oder Likör übe gossen und angezündet. Der A kohol brennt ab, Aromastoffe bl ben zurück.

FOIE: Leber; *foie gras:* Leber ei besonders gemästeten Gans (Sto leber)

FONDS DE CUISINE: Grundbrühe f Saucen und Suppen

FONDUE: ein Schweizer Gericht a geschmolzenem Käse, Wein u Kirschwasser. Auch eine Art Kä croquette, *fondue bruxelloise;* eben

Gemüse, die auf ganz schwacher Hitze in Butter gegart werden

FRAISAGE: das Kneten eines Teiges

FRAISE: Erdbeere; *fraises des bois:* Walderdbeeren

FRAMBOISE: Himbeere

FRICASSÉE: Stücke von Geflügel oder anderem Fleisch. In Butter oder einem anderen Fett vorgegart und in Flüssigkeit weitergekocht

FRITURE: in Fett schwimmend gebacken. Bezeichnet im allgemeinen eine Platte mit sehr kleinen Fischen

FROMAGE: Käse

FRUITS CONFITS: glasierte oder kandierte Früchte

FRUITS DE MER: wörtlich: „Früchte des Meeres". Krusten- und Schalentiere zusammen serviert, oft roh und als *hors d'œuvre.* Auch *bouquet de mer* oder „Blumen des Meeres" genannt

FUMET: eine konzentrierte Brühe, die durch langsames Auskochen von Fisch, Fleisch oder Gemüse gewonnen wird

GALETTE: rundes, flaches Törtchen

GARNI: garniert oder dekoriert

GÂTEAU: Kuchen

GELÉE: Gelee; *en gelée* bezeichnete Speisen, die mit einem Gelatineüberzug serviert werden

GLAÇAGE: Zuckerguß oder Glasur

GLACE: Speiseeis, auch Fruchteis oder andere Eissorten

GLACE DE VIANDE: ein gelierender Fleischextrakt, den man dadurch bekommt, daß man Brühe so lange einkocht, bis sie sirupähnlich wird

GOUJON: Gründling

GRATINÉ: mit einer braunen oberen Kruste serviert. Ein Gericht in Sauce, das zum Bräunen unter den Grill geschoben wird (siehe auch *au gratin*)

GRENOUILLES, CUISSES DE: Froschschenkel

HACHER: sehr fein hacken oder mahlen

HARICOT: Bohne; *haricot vert* bedeutet grüne Bohne; *haricot mangetout* ist Wachsbohne und *haricot sec* heißt getrocknete Bohne

HOLLANDAISE: eine Sauce aus Eigelb, Butter und Zitronensaft

HOMARD: Hummer

HORS D'ŒUVRE: ein erster Gang, Vorgericht

HUILE: Öl

HUÎTRE: Auster

INCORPORER: unterziehen, vorsichtig eine Mischung mit einer anderen – ohne heftiges Schlagen oder Rühren – vermengen

JAMBON: Schinken

JULIENNE: dünne, streichholzähnliche Streifchen

LAITUE: grüner Salat

LANGOUSTE: ein Meereskrebs ohne scherenähnliche Scheren

LAPIN: Kaninchen

LARDON: ein dünner Streifen frischer oder geräucherter Speck oder Dörrfleisch, mit dem ein Fleischstück mittels einer Spicknadel durchzogen wird; auch kleine Stückchen frischen oder geräucherten Specks, die in verschiedenen Gerichten wie *coq au vin* oder *bœuf bourguignon* mitgekocht werden

LARD DE POITRINE FUMÉ: geräucherter Speck

LÉGUMES: Gemüse

MACÉDOINE: eine Mischung aus rohen oder gekochten Früchten oder Gemüsen, die warm oder kalt serviert werden

MAÏS: Mais, Welschkorn

MAISON: wörtlich „Haus"; wenn man es dem Namen eines Gerichtes beifügt *(crêpe maison, terrine maison),* so bedeutet es: nach einem speziellen Rezept des Hauses oder Restaurants zubereitet

MAÎTRE D'HÔTEL: Oberkellner; aber auch: mit Butter serviert, die mit Zitronensaft und Petersilie gewürzt ist

MARINER: Marinieren

MARINIÈRE: Schalentiere, die in einer Brühe aus Wein und Gewürzen gedünstet werden, wie z. B. Muscheln *(moules à la marinière)*

MARMITE: Suppenkessel oder Topf für Brühe

MARRON: Kastanie

MATELOTE: Gericht aus verschiedenen Süßwasserfischen

MÉLANGER: vermischen

MERINGUE: mit Zucker geschlagenes Eiweiß, bezeichnet gewöhnlich ein Schaumgebäck

MEUNIÈRE: gewürzter, in Mehl gewendeter und in Butter gebratener Fisch, der mit etwas Zitronensaft, Petersilie und heißer, zerlassener Butter serviert wird

MIJOTER: köcheln, leicht kochen

MIREPOIX: fein gewürfelte Karotten, Zwiebeln, Sellerie und manchmal Schinken, die langsam in Butter und Gewürzen gedünstet werden und die man zur Geschmacksverbesserung von Saucen, Füllungen, Eintöpfen und Schmorgerichten verwendet

MOULE: Muschel

MOUSSE: Schaumbrot; jede leichte Nachspeise wie Sahne oder Pudding, die Eischnee oder Schlagsahne enthält; ein Aspik aus püriertem Fisch oder Fleisch

MOUTARDE: Senf

NAVARIN: Hammel- (oder Lamm-Stew mit Zwiebeln und Kartoffeln

NAVET: (weiße) Rübe

NOISETTE: Haselnuß; oder ein kleines, rundes, haselnußförmiges Fleischstück. Auch eine nußbraune Buttersauce

NOUILLE: Nudel

OEUF: Ei

OIE: Gans

OIGNON: Zwiebel

PAIN: Brot

PATATE: süße Kartoffel

PÂTE: jeder Teig für Brot, Brötchen oder Gebäck

PÂTE BRISÉE: Pastetenteig, Mürbeteig

PÂTE À CHOUX: Brandteig

PÂTÉ: eine Mischung aus durchgedrehtem Fleisch, Geflügel oder Fisch, Gewürzen und oft auch Wein, die in einer Teigkruste gebacken ist und warm oder kalt serviert wird. Wenn dieselbe Mischung ohne Teigkruste in einer mit Speckscheiben ausgelegten Schüssel gebacken wird, so nennt man sie *terrine* nach der Steinguttterrine, in der sie gegart wird. Gewöhnlich heißen beide *pâtés*

PÂTÉ DE FOIE GRAS: eine Delikatesse, die aus Gänseleber und gewöhnlich auch Trüffeln gemacht wird; in einer *terrine* mit sehr feinem Schweinefleischfüllsel gebacken; *foie gras* ohne Füllung heißt einfach *foie gras* oder *foie gras au naturel*

PÊCHE: Pfirsich

PERSIL: Petersilie

PETITS FOURS: kleine, verzierte Kuchen; Gebäck; auch Früchte, die in *fondant* (Zuckerguß) getaucht sind

PETITE MARMITE: klare, kräftige Bouillon, die mit Fleisch und Gemüsen versehen ist, auf der *croûtes* und geriebener Käse liegen und die in einzelnen Steingutschalen serviert wird

POCHER: pochieren, ohne Schale kochen

POIRE: Birne

POIREAU: Lauch

POIS: Erbse; *petits pois frais,* frische grüne Erbsen; *pois cassés,* Spalterbsen

POISSON: Fisch

POIVRE: Pfeffer

POMME: Apfel

POMME DE TERRE: Kartoffel

PORC: Schweinefleisch

POTAGE: Suppe

POTÉE: alles, was man in einem Topf kocht, aber normalerweise eine kräftige Suppe aus Schweinefleisch und Weißkraut

POULET: junges Huhn, Brathuhn; *poule:* Suppenhuhn

PURÉE: zu einem zarten Brei passiert oder gemahlen

QUEUE DE BŒUF: Ochsenschwanz

QUICHE: offener Tortenboden, der mit einer herzhaft gewürzten Eiercreme gefüllt ist

RADIS: Radieschen, Rettich

RAFRAÎCHIR: auffrischen; Gemüse vom kochenden Wasser in kaltes Wasser tauchen, um den Kochvorgang abzustoppen; etwas kühlen, indem man es auf Eis oder in den Kühlschrank stellt (besonders Obst)

RAGOÛT: Mischgericht, Eintopf

RÉDUIRE: Flüssigkeit einkochen, um die Quantität zu verringern und den Geschmack zu verstärken

RILETTES: eine Art Schweinefleisch-Pastete, in der Stücke von Fett und magerem Fleisch mit Gewürzen gekocht sind und die dann in Krüge gefüllt wird; man benutzt sie als Aufstrich auf Brot oder Toast

RIS DE VEAU: Kalbsbries

RIZ: Reis

ROGNON: Niere

RÔTI: ein Braten; geröstet

ROUILLE: scharfe, rote Pfeffersauce, die man zu *bouillabaisse* reicht

ROUX: eine Mischung von Butter und Mehl, die zusammengekocht und zum Dicken von Saucen benutzt wird

SALADE: Salat; ein einfacher grüner Salat ist ein *salade simple* oder *verte.* Ein *salade composée* enthält mehrere Salatfrüchte oder -gemüse

SAUCISSE: Würstchen; *saucisson:* große Wurst

SAUMON: Salm, Lachs

SAUTER: sautieren. In heißem Fett auf großer Flamme kochen

SEL: Salz

SOUFFLÉ: eine süße oder würzige Mischung, die steif geschlagenes Eiweiß enthält, welches das Gericht, wenn es im Ofen gebacken wird, aufgehen läßt

SUCRE: Zucker

TARTE: eine offene Torte, gewöhnlich mit Früchten belegt

TOURNEDOS: einzelne Steaks, die aus der Mitte des Rinderfilets geschnitten sind

TRANCHE: Scheibe

TRIPES: Kutteln

TRUFFE: Trüffel; ist pilzähnlich und wächst unter der Erde, ist sehr geschätzt wegen ihres Geschmacks und Aromas

TRUITE: Forelle; *truite au bleu:* Forelle blau. Frisch geschlachtete und gesäuberte Forellen werden in kochendes Salzwasser mit Essig gelegt und so lange gekocht, bis sie gar sind. Der Essig bewirkt, daß sich die Haut der Forelle blau färbt

VACHERIN: ein zylindrisch geformter Käse; eine Meringenform, die ursprünglich so gemacht war, daß sie dem Käse ähnelte. Heute ist sie jedoch reich verziert und wird als Becher für Desserts aus Schlagsahne, Früchten oder Speiseeis benutzt

VEAU: Kalbfleisch

VELOUTÉ: wörtlich: samtig; eine weiße Grundsauce, die aus Geflügel-, Kalbs- oder Fischbrühe und hellem *roux* gemacht wird; eine Cremesuppe, die auf die gleiche Art und Weise zubereitet wird

VIANDE: Fleisch

VIN: Wein

VINAIGRE: Essig; *vinaigrette:* eine Sauce aus Essig und Öl

VOLAILLE: Geflügel

Register der Rezepte: Deutsch

ANMERKUNG: Ein „R" vor der Seitenzahl bezieht sich auf das Rezeptheft. Für Töpfe und Pfannen sind Größe, Gewicht und Material in den Rezepten angegeben, da diese Faktoren die Zubereitung beeinflussen. Ein Topf soll gerade so groß sein, daß sein Inhalt gut hineinpaßt. Schwere Töpfe erhitzen sich langsam und gleichmäßig, die Garung erfolgt bei konstanter Temperatur. Aluminium und Gußeisen sind gute Wärmeleiter, es besteht jedoch die Gefahr, daß sich Gerichte, die Eigelb, Wein, Essig oder Zitrone enthalten, darin verfärben. Emailgeschirr ist ein verhältnismäßig schlechter Wärmeleiter, Kochgut brennt darin leicht an. Deshalb werden in vielen Rezepten rostfreier Stahl oder emailliertes Gußeisen empfohlen, welche diese Nachteile nicht haben.

Hors d'œuvre

Suppen

Fisch

Geflügel

Fleisch

Gemüse

Desserts

Register der Rezepte: Französisch

Hors d'œuvre

Suppen

Fisch

Geflügel

Fleisch

Gemüse

Desserts

Allgemeines Register

Kursiv gesetzte Seitenangaben beziehen sich auf Abbildungen.

Quellennachweis der Abbildungen und Danksagungen

Im folgenden werden die Quellennachweise für die in diesem Buch abgebildeten Illustrationen aufgeführt. Bilder von links nach rechts sind durch Kommata, solche von oben nach unten durch Striche getrennt.

Alle Photos von Mark Kauffman außer: 4 – Louis Goldman von Rapho Guillumette – Lee Lockwood von Black Star. 12 – Zeichnung von Leo und Diane Dillon. 52, 53 – Richard Meek. 56 – Ben Rose. 61 – Charles Phillips. 64 bis 98 – Zeichnungen von Matt Greene. 106, 115 unten rechts – Richard Meek. 135, 143 – Zeichnungen von Matt Greene. 158 – Oben rechts Charles Phillips. 161 bis 164 – Zeichnungen von Matt Greene. 169 – Richard Meek. 171 – Charles Phillips. 172 – Zeichnungen von Lionel Kalish, oben rechts Charles Phillips. 173 – Mitte rechts Charles Phillips. 177 und 179 – Zeichnungen von Matt Greene. 182, 189 – Richard Meek.

Die Herausgeber sind folgenden Personen und Institutionen zu besonderem Dank verpflichtet: In New York – Sam Aaron, Sherry-Lehmann, Inc., Wine and Spirits Merchants; Bazaar de la Cuisine, Inc.; Bazar Français; Michael Bertolini Antiques; The Bridge Company; Tom Durkin Antiques; Madame Fernande Garvin, Fernande Garvin & Co., Inc; Dr. Howard S. Irwin, Associate Curator, The New York Botanical Garden; Georg Jensen, Inc.; Lea Kates, Public Relations, Foods from France, Inc.; La Cuisinière, Inc.; Nathalie Laguerre; Herbert Lanning Antiques; Yvonne McHarg; The Mediterranean Shop, Imports; Gilbert Pelham Antiques; The Pottery Shop, Inc.; Mittledorfer Straus, Inc., Importers; Stuyvesant Square Liquors; Eliza Gill Werner; Corning Glass Works, Corning, N.Y.; sowie Charlotte Lee und Helen Whitman, Tool Shed Herb Nursery, North Salem, N.Y.

Zu der bei der Herstellung dieses Buches benutzten Literatur gehören u.a.: *French Provincial Cooking* von Elizabeth David; *Larousse Gastronomique* von Prosper Montagné; *Mastering the Art of French Cooking* von Julia Child, Simone Beck und Louisette Bertholle sowie *Michael Field's Cooking School* und *Michael Field's Culinary Classics and Improvisations* von Michael Field.

Druck und Bindung: Graficromo, S.A.- Córdoba-Spanien

Rezepte: Die Küche in Frankreichs Provinzen

Inhalt

Internationale Speisekarte

TIME-LIFE International (Nederland) B. V.

Genehmigte deutschsprachige Lizenzausgabe
für den Unipart-Verlag GmbH, Stuttgart 1983

ISBN 3 8122 0134 8

Hors d'œuvre

Saucisson en Croûte

IN TEIG EINGEBACKENE WURST

Für 4 bis 6 Personen

750 g bis 1 kg ungekochte, einfache Fleisch- oder Knoblauchwurst, ungefähr 30 cm lang und 5 cm dick, frisch oder geräuchert
Wasser
Pâte brisée (Seite 4)
1 Ei, geschlagen mit 1 TL Wasser
Dijon-Senf

Mit einer Nadel oder Spickgabel sticht man die Wurst an 5 oder 6 Stellen ein, um zu verhindern, daß die Haut platzt, und damit sie beim Kochen ihr Fett abgeben kann. Man legt sie dann flach in eine große, tiefe Pfanne und gibt so viel kaltes Wasser dazu, daß sie völlig bedeckt ist. Auf mäßiger Hitze zum Kochen bringen und 45 Minuten ohne Deckel ziehen lassen. Danach legt man die Wurst auf Küchenkrepp, damit sie abtropfen und abkühlen kann. Dann ritzt man die Haut mit einem scharfen Messer ein und schält sie ab.

Den Backofen auf 180° vorheizen. Die *pâte brisée* 3 mm dick zu einem Rechteck ausrollen, das groß genug ist, um die Wurst darin einzuwickeln (etwa 20 cm breit und 35 cm lang). Die abgekühlte Wurst legt man in die Mitte, schneidet von jeder Ecke Teigdreiecke ab und faltet behutsam, ohne den Teig auszudehnen, die langen Seiten über der Wurst zusammen. Der Teig soll oben ungefähr 2 cm überlappen. Alles, was darüber hinausgeht, schneidet man mit einem Messer ab. Die untere Kante des Teigs bestreicht man mit der Ei-Wasser-Mischung und drückt die obere Kante fest darauf, damit sie hält.

Die briefumschlagähnlichen Klappen an den Enden der Rolle mit etwas Eimischung bestreichen, über die Enden der Wurst heben und die Ränder sorgfältig andrücken, damit sie gut schließen. Die eingepackte Wurst nun herumdrehen und mit ihrer Saumseite nach unten auf ein gebuttertes Backblech legen. Die Teigabschnitte in dekorative Formen wie Halbmonde, Karos oder Blätter schneiden und diese oben auf die Rolle legen. Mit der Ei-Wasser-Mischung befestigen. Die ganze Rolle nun noch mit der restlichen Eimischung einpinseln und 45 bis 60 Minuten auf dem mittleren Einschub des Ofens backen, bis sie goldbraun ist. Die Rolle serviert man in 2 cm dicken Scheiben auf einer Platte.

Fondue de Fromage

KÄSEFONDUE, FRANZÖSISCHE ART

Für 6 bis 8 Personen

2 Tassen herber Weißwein
2 geschnittene Knoblauchzehen
375 g Schweizer Käse, frisch gerieben (ungefähr 3 Tassen) vermischt mit 1 EL Stärkemehl
2 EL Butter
2 bis 6 EL süße Sahne
Salz
Frisch gemahlener schwarzer Pfeffer
3 EL Kirschwasser
1 Meterbrot, in 2 1/2 cm große Würfel geschnitten

In einem 1 1/2 bis 2 Liter fassenden Topf kocht man Wein und Knoblauch, bis der Wein zu 1 1/2 Tassen eingekocht ist. Den reduzierten Wein gießt man durch ein feines Sieb in eine Fonduekachel und entfernt damit den Knoblauch. Auf dem Tisch oder in der Küche zündet man den Brenner unter der Fonduekachel an. Über starker Hitze bringt man den Wein wieder zum Kochen, verringert dann sofort die Hitze und gibt die Käse-Stärkemehl-Mischung dazu. Dabei ständig mit einer Gabel rühren. Diese Mischung darf nicht kochen. Wenn sie zu heiß zu werden droht, hebt man die Kachel einige Sekunden hoch, um sie abzukühlen. Wenn der Käse völlig geschmolzen und die Fondue glatt ist, rührt man die Butter und 2 EL von der Sahne hinein. Die Fondue sollte gerade dick genug sein, um die Gabel kräftig zu überziehen. Wenn sie zu fest erscheint, wird sie mit etwas mehr Sahne verdünnt. Man würzt mit Salz und Pfeffer, rührt das Kirschwasser ein und serviert sofort zusammen mit einer Platte voll Brotwürfel.

Um die Fondue zu essen, spießt man einen Brotwürfel auf die Gabel, taucht das Brot in den geschmolzenen heißen Käse und dreht es, bis es gleichmäßig damit überzogen ist. Sollte die Fondue während des Essens dick werden, so kann durch stärkere Temperatur oder Sahne die Konsistenz reguliert werden.

ANDERE MÖGLICHKEIT: Die traditionelle Schweizer Fondue ist ähnlich, aber einfacher, und wird ohne Butter und Sahne zubereitet. Man reibt lediglich die Fonduekachel mit Knoblauch aus, gibt den Wein hinein und bringt ihn zum Kochen. Er wird nicht wie bei der französischen Methode reduziert. Dann wird der Käse im Wein aufgelöst. Sobald die Mischung glatt und sahnig ist, würzt man die Fondue mit Salz und Pfeffer und rührt das Kirschwasser hinein.

Quiche au Fromage

UNGEDECKTER KÄSEAUFLAUF

Für eine *quiche* von 20 bis 25 cm Durchmesser

PÂTE BRISÉE (Gebäckteig oder Pastetenteig)
6 EL eisgekühlte Butter, in 1/2 cm große Stücke geschnitten
2 EL eisgekühltes Pflanzenfett
1 1/2 Tassen Mehl
1/4 TL Salz
3 bis 5 EL Eiswasser

PATE BRISÉE: In eine große, eisgekühlte Rührschüssel gibt man Butter, Pflanzenfett, Mehl und Salz. Mit den Fingerspitzen reibt man Mehl und Fett schnell zusammen, bis sie sich verbinden und wie Flocken groben Mehls aussehen. Dann gießt man 3 EL Eiswasser gleichzeitig über die Mischung, wendet leicht um und formt den Teig zu einer Kugel. Wenn der Teig krümelig zu sein scheint, gibt man noch 2 EL Eiswasser tropfenweise dazu. Man bestäubt den Teig mit etwas Mehl und wickelt ihn in Pergamentpapier oder in einen Plastikbeutel. Er muß nun mindestens 3 Stunden bzw. so lange, bis er fest ist, im Eisschrank gekühlt werden.

Fünf Minuten vor dem Ausrollen nimmt man den Teig aus dem Kühlschrank. Wenn er widerstandsfähig und hart erscheint, klopft man seine Oberfläche mit einem Nudelholz. Man legt die Kugel auf ein bemehltes Brett oder einen Tisch und formt sie mit dem Handballen zu einem flachen, runden, etwa 2 1/2 cm dicken Fladen. Von beiden Seiten mit Mehl bestäuben und von der Mitte her bis etwa 2 cm vom Rand entfernt ausrollen. Den Teig anheben und um etwa 45° verschieben. Mehl unterstäuben und wieder von der Mitte zum Rand hin mit dem Holz bearbeiten. Dies wird wiederholt – anheben, drehen, ausrollen –, bis das Stück etwa 3 mm dick ist und 27 bis 30 cm im Durchmesser hat. Wenn der Teig auf dem Brett oder Tisch festklebt, so hebt man ihn vorsichtig mit einem Metallspachtel an und streut ein wenig Mehl darunter.

Man buttert Bodenfläche und Seiten einer *quiche*- oder Springform von etwa 20 bis 25 cm Durchmesser. Sie soll nicht tiefer als 3 cm sein. Man schlägt den Teig über das Nudelholz und läßt ihn über der Form abrollen bzw. faltet ihn behutsam über der Form auf. Den Teig sorgfältig am Boden und den Seiten der Form festdrücken, wobei man sich bemüht, ihn nicht auseinanderzuziehen. Dann rollt man mit dem Nudelholz über den Rand der Form und drückt dabei fest nach unten, um den überhängenden Teig abzuschneiden. Mit einer Gabel sticht man vorsichtig in den Teigboden, doch ohne ihn ganz zu durchstechen. Danach 1 Stunde im Eisschrank kühlen.

Den Backofen auf 200° vorheizen. Um zu verhindern, daß der Boden des Gebäcks sich aufbläht, breitet man ein Stück gebutterte Alufolie über die Form und drückt sie leicht in die Innenkante, um den Rändern während des Backens Halt zu geben. Auf dem mittleren Einschub des Ofens 10 Minuten backen, dann die Folie entfernen, nochmals in den Boden einstechen, und das Blech für etwa 3 Minuten in die Röhre zurücksetzen, bis der Teig beginnt, sich an den Seiten von der Form zu lösen und zu bräunen. Aus dem Ofen nehmen und auf einen Tortenuntersatz zum Abkühlen setzen.

KÄSECREME-FÜLLUNG

1 TL Butter
6 Scheiben magerer geräucherter Speck in 6 mm große Stücke geschnitten
2 Eier und 2 Extra-Eigelb
1 ½ Tassen süße Sahne
½ TL Salz
Eine Prise Pfeffer
¾ Tasse geriebener Schweizer Käse oder Schweizer und frisch geriebener Parmesankäse gemischt
2 EL Butter, in kleine Stücke geschnitten

KÄSECREME-FÜLLUNG: Den Backofen auf 180° vorheizen. In einer schweren Pfanne von 20 bis 25 cm Durchmesser läßt man auf mäßiger Hitze die Butter zergehen. Sobald der Schaum verschwindet, brät man den Speck leicht braun und läßt ihn auf Küchenkrepp abtropfen. Mit einem Schneebesen schlägt man die Eier, die Extra-Eigelb, Sahne und Gewürze zusammen und rührt den geriebenen Käse dazu. Den abgekühlten Tortenboden setzt man auf ein Kuchenblech, verteilt den Speck über den Boden und schöpft die Käsecreme darauf. Die Creme darf nicht bis an den Rand des Tortenbodens herankommen. Die Oberseite belegt man mit Butterflöckchen und backt etwa 25 Minuten im oberen Drittel des Ofens, bis sie aufgegangen und gebräunt ist. Um die *quiche* herauszuheben, setzt man die Form auf einen großen Topf und schiebt den äußeren Rand nach unten. Dann einen Metallspachtel unter der *quiche* durchschieben, um sie eventuell vom Boden der Form zu lösen. Man läßt die *quiche* auf eine vorgewärmte Platte gleiten. Heiß oder warm anrichten.

Salade Niçoise

GEMÜSESALAT VOM MITTELMEER

Für 4 bis 6 Personen

1 großer Kopf Salat, zerpflückt, gewaschen und getrocknet
1–2 Tassen französischer Kartoffelsalat *(Seite 12)*
4 große feste, reife Tomaten, geviertelt
3 hartgekochte Eier, kalt, geschält und geviertelt
200 g Thunfisch aus der Dose (möglichst in Olivenöl), abgetropft und in Stückchen zerteilt
½ Tasse schwarze Oliven (möglichst aus dem Mittelmeergebiet), abgetropft
8–12 flache Anschovisfilets, abgetropft
2 Tassen blanchierte grüne Bohnen, abgekühlt *(Seite 89)*
½ Tasse *sauce vinaigrette (Seite 16)*
3 EL feingehackte frische Petersilie

Eine große Salatschüssel – am besten eine gläserne – mit Salat auslegen und den Kartoffelsalat auf dem Boden der Schüssel ausbreiten. Darüber arrangiert man die Tomatenviertel, Eiviertel, Thunfischstückchen, Oliven, Anschovis und grüne Bohnen in einem attraktiven Muster – konzentrischen Ringen, Keilen oder Streifen.

Die Vinaigrette mit dem Löffel über den Salat träufeln, mit Petersilie bestreuen und sofort servieren.

Soufflé au Fromage

KÄSESOUFFLÉ

Für 4 Personen

4 EL Butter
1 EL geriebener Schweizer Käse
3 EL Mehl
1 Tasse heiße Milch
1/2 TL Salz
1 Prise weißer Pfeffer
4 Eigelb
6 Eiweiß
1 Tasse geriebener Schweizer, Gruyère- oder Comté-Käse

Der Backofen wird auf 200° vorgeheizt. Boden und Seiten einer französischen Souffléschüssel oder einer Auflaufform von 8 Tassen Inhalt werden mit 1 EL Butter ausgefettet und dann mit 1 EL geriebenem Schweizer oder Gruyère-Käse ausgestreut. Dabei kippt man die Form, um den Käse so gleichmäßig wie möglich auf dem Boden und allen Seiten zu verteilen. Die Form zur Seite stellen.

In einem 2 bis 3 l fassenden Topf läßt man 3 EL Butter bei mäßiger Hitze zergehen. Sobald der Schaum verschwindet, rührt man mit einem Holzlöffel 3 EL Mehl hinein und kocht auf schwacher Hitze unter ständigem Rühren 1 oder 2 Minuten. Der *roux* (Mischung aus Butter und Mehl) darf nicht braun werden. Man nimmt den Topf vom Feuer und gießt die heiße Milch dazu. Dabei schlägt man kräftig mit dem Schneebesen, bis *roux* und Flüssigkeit völlig miteinander vermischt sind. Man fügt Salz und Pfeffer hinzu, setzt wieder auf schwache Hitze und kocht unter ständigem Rühren, bis die Sauce glatt und dick ist. Man läßt sie einen Augenblick aufwallen, nimmt dann den Topf vom Feuer und schlägt die Eigelb nacheinander hinein. Hierbei rührt man, bis jedes völlig untergezogen ist, ehe man das nächste zufügt. Zur Seite stellen.

Mit einem großen Schneebesen schlägt man die Eiweiß so steif, daß sie kleine Spitzen bilden, die aufrecht stehen ohne zu schwanken. (Man kann auch einen Handrührer oder einen Elektrorührer benutzen, aber die Eiweiß werden dann nicht so gut aufgehen oder keine so feine Struktur haben.) Man rührt zunächst einen großen Löffel voll Eischnee in die bereitstehende Sauce, um sie leichter zu machen. Danach kommt – bis auf 1 EL – der restliche, geriebene Käse hinein. Mit einem Spachtel zieht man leicht den Rest des Eischnees unter, wobei man mehr eine von oben nach unten hebende Bewegung vollführt, als daß man rührt.

Vorsichtig gießt man die Soufflémasse in die vorbereitete Form. Sie sollte etwa drei Viertel voll sein. Die Oberfläche glättet man leicht mit einem Gummispachtel und streut den restlichen Eßlöffel Käse darauf. Als dekorativen Effekt macht man eine „Kappe“ auf das Soufflé, indem man mit einem Spachtel einen 2 cm tiefen Graben rings um die Form, etwa 2 cm vom Rand entfernt, einschneidet. Dann stellt man das Soufflé auf den mittleren Einschub des Ofens und dreht die Hitze sofort auf 180° herunter. Man backt etwa 25 bis 30 Minuten, bis das Soufflé ungefähr 2 cm über den Rand aufgeht und die Oberfläche leicht gebräunt ist. Sofort servieren.

SOUFFLÉ AU FROMAGE ET AUX ŒUFS MOLLETS (Käsesoufflé mit gekochten Eiern): Man bringt 2 l Wasser in einem 3 bis 4 l fassenden Topf zum Kochen. Dann legt man 4 Eier hinein und kocht sie 6 Minuten lang schwach weiter (7 Minuten kochen, wenn die Eier aus dem Kühlschrank kommen). Sofort danach abgießen und kaltes Wasser in den Topf laufen lassen. Die Eier unter kaltem Wasserstrahl schälen. Der Backofen wird wiederum auf 200° vorgeheizt. Die Soufflémischung bereitet man gemäß den Anleitungen in obigem Rezept. Dann schöpft man die Hälfte davon in eine ausgebutterte und mit Käse bestreute, 8 Tassen fassende Auflaufform oder eine französische Souffléschüssel. Die Eier verteilt man in einem Kreis darüber und bedeckt jedes mit einem Häufchen der restlichen Soufflémischung. Jedes Häufchen versieht man mit 1 TL geriebenem Käse und stellt dann das Soufflé auf den mittleren Einschub des Ofens. Man dreht die Hitze sofort auf 180° zurück und backt 25 bis 30 Minuten lang. Für das Soufflé rechnet man ein Ei pro Portion.

Anchoïade

HEISSES ANSCHOVIS-CANAPÉ

Für 4 bis 5 Personen

- 2 kleine Dosen Anschovisfilets (ca. 70 g)
- 2 mittelgroße Knoblauchzehen, feingehackt
- 1 TL Tomatenmark
- 1 bis 1½ EL Olivenöl
- 2 TL Zitronensaft oder Rotweinessig
- Frisch gemahlener schwarzer Pfeffer
- 8 bis 10 Scheiben Meterbrot (1 bis 2 cm dicke Scheiben)
- 1 TL feingeschnittene frische Petersilie

Man gießt alles Öl von den Anschovis ab und gibt sie zusammen mit dem Knoblauch und dem Tomatenmark in einen großen Mörser oder in eine schwere Schale. Mit dem Stößel, einem hölzernen Stampfer oder Holzlöffel reibt man, bis die Mischung zu einem sehr feinen Brei geworden ist. Dann tröpfelt man das Öl, immer nur wenige Tropfen gleichzeitig, unter ständigem Rühren dazu, bis die Mischung dick und glatt wie Mayonnaise wird. Nun rührt man noch den Zitronensaft und etwas Pfeffer darunter.

Den Backofen auf 260° vorheizen. Unter dem Grill das Brot leicht auf einer Seite bräunen. Solange es noch warm ist, die nicht getoastete, weiche Seite mit der Anschovismischung bestreichen und sie dabei mit dem Rücken einer Gabel oder eines Löffels fest in das Brot drücken. Das Brot nun auf ein Backblech legen und 10 Minuten im Ofen erhitzen. Dann wird das Gericht mit Petersilie bestreut und sofort serviert.

ANMERKUNG: Damit das Gericht weniger salzig wird, wässert man die Anschovis, nachdem man sie abgegossen hat, 10 Minuten in kaltem Wasser und tupft sie dann sorgfältig mit Küchenkrepp trocken.

Légumes à la Grecque

MARINIERTE GEMÜSE, GRIECHISCHE ART

Für 8 bis 10 Personen

MARINADE

- 3 Tassen Hühnerbrühe, frisch, aus Würfeln oder aus der Dose
- 1 Tasse herber Weißwein
- 1 Tasse Olivenöl
- 1/2 Tasse Zitronensaft
- 6 Petersilienstengel
- 2 große Knoblauchzehen, gehackt
- 1/2 TL getrockneter Thymian
- 10 Pfefferkörner
- 1 TL Salz

Zuerst macht man die Marinade. Dazu alle Zutaten in einen 3 bis 4 l fassenden Topf aus Email oder rostfreiem Stahl geben, aufkochen lassen, den Deckel lose aufsetzen und 45 Minuten kochen lassen. Dann gießt man die Marinade durch ein feines Sieb in eine große Schüssel und drückt dabei mit dem Rücken eines Löffels fest auf die Zutaten, um ihren Saft auszupressen, bevor man sie wegwirft. Die Marinade gießt man in den Topf zurück und schmeckt sie ab. Sie kann ruhig etwas überwürzt sein. Man erhält ungefähr 5 Tassen Flüssigkeit.

GEMÜSE

- 24 frische weiße Zwiebeln, 2 1/2 cm im Durchmesser, geschält
- 500 g kleine Zucchini ungeschält, in 2 cm dicke Scheiben geschnitten
- 500 g kleine Melonenkürbisse (sonst Schmorgurken oder Gurkenkürbisse), ungeschält, in 2 cm dicke Scheiben geschnitten
- 3 mittelgroße grüne Paprika, entkernt und der Länge nach in 1 cm breite Streifen geschnitten
- 250 g ganze grüne Bohnen, geputzt
- 2 Zitronen, in 1/2 cm dicke Scheiben geschnitten

Die Marinade wieder aufkochen, die Zwiebeln hineingeben, zudecken und auf mäßiger Hitze 20 bis 30 Minuten garen, bis die Zwiebeln weich sind, wenn man mit der Spitze eines scharfen Messers hineinsticht. Mit dem Schaumlöffel die Zwiebeln in eine große Backschüssel aus Glas oder Edelstahl legen.

Nun kommen die Zucchini- und die Melonenkürbisse in die köchelnde Marinade und bleiben nicht zugedeckt 10 bis 15 Minuten auf schwacher Flamme, bis sie knapp gar sind. In die Backschüssel zu den Zwiebeln geben. Anschließend die grünen Paprika und Bohnen in der Marinade langsam ohne Deckel 8 bis 10 Minuten kochen, bis sie gerade weich sind. Die Gemüse dürfen nicht zu sehr gekocht werden, weil sie beim Abkühlen und Marinieren noch weicher werden. Man nimmt Paprika und Bohnen aus dem Topf und schüttet sie zu den anderen Gemüsen. Die Marinade abschmecken, würzen und so über die Gemüse gießen und verteilen, daß alle gleichmäßig von der heißen Flüssigkeit bedeckt sind.

Die Schüssel mit Alu- oder Plastikfolie bedeckt in den Kühlschrank stellen, um die Gemüse frischzuhalten. Sie bleiben dort mindestens 4 Stunden, besser über Nacht, ehe man sie serviert. Zum Anrichten nimmt man die Gemüse mit dem Schaumlöffel aus der Marinade und arrangiert sie ansprechend auf einer Servierplatte. Man befeuchtet sie mit etwas Marinade und garniert sie mit Zitronenscheiben.

ANMERKUNG: Das Gericht kann mit jedem anderen festen Gemüse wie Pilzen, Sellerieknollen, Lauch, Gurken, roten Paprika und Artischockenherzen hergestellt oder ergänzt werden.

Pipérade

OFFENES OMELETT MIT PAPRIKA, TOMATEN UND SCHINKEN

Für 4 Personen

- 1/4 Tasse Olivenöl
- 1/2 Tasse feingeschnittene Zwiebeln oder Frühlingszwiebeln
- 1 kleine Knoblauchzehe, feingeschnitten
- 2 kleine grüne Paprikaschoten, entkernt und in 3 × 1 cm große Streifen geschnitten (etwa 3/4 Tasse)
- 500 g feste, reife Tomaten, geschält, entkernt und grobgeschnitten (etwa 1 1/2 Tassen)
- 2 TL feingeschnittenes frisches Basilikum oder 1 TL getrocknetes zerriebenes Basilikum
- 1/8 TL Tabasco-Sauce
- 1 EL Olivenöl
- 1 EL Butter
- 125 g gekochter Schinken, in 3 × 1 cm große Streifen geschnitten (etwa 1 Tasse)
- 6 bis 8 Eier, leicht geschlagen
- Salz
- Frisch gemahlener schwarzer Pfeffer
- 1 EL kleingeschnittene frische Petersilie

In einer Pfanne von 20 bis 25 cm Durchmesser 1/4 Tasse Öl erhitzen. Sobald es sehr heiß ist, Zwiebeln und Knoblauch dazugeben und unter häufigem Umrühren 5 Minuten bei mittlerer Hitze angehen lassen – bis sie weich, aber noch nicht braun sind. Die Paprikastreifen dazugeben und unter gelegentlichem Rühren 8–10 Minuten dünsten, bis die Paprika gerade weich sind. Die Tomaten abtropfen und zusammen mit dem Basilikum und der Tabasco-Sauce in die Pfanne rühren. Die Hitze verstärken und, ständig rührend, 2 bis 3 Minuten kochen, bis der größte Teil der Flüssigkeit verdampft ist. Nun die Pfanne leicht zudecken, um die Pipérade-Mischung warmzuhalten. Beseite stellen.

In einer 20-cm-Servierpfanne oder einem flachen, feuerfesten Geschirr jeweils 1 EL Öl und Butter erhitzen. Sobald es aufhört zu rauchen, den Schinken zugeben und ihn bei mäßiger Hitze einige Minuten dünsten, dann mit einem Schaumlöffel herausheben und auf Kreppapier entfetten. Die Pfanne vom Feuer nehmen und das Fett soweit abkühlen lassen, bis es lauwarm ist. In einer kleinen Schüssel die Eier mit einer Gabel oder einem Schneebesen gut durchschlagen und mit Salz und Pfeffer würzen. Die Pfanne wieder auf kleine Hitze setzen und die Eier hineinschütten. Unter Rühren mit einer flach gehaltenen Gabel oder einem Küchenspachtel die Eier so lange garen, bis sie beginnen, weiche sahnige Flocken zu bilden. Dann vorsichtig die warme Pipérade-Mischung darüber verteilen, wobei man auch etwas vom Gemüse unter die Eier mischen kann. Obenauf den Schinken geben, mit Petersilie bestreuen und sofort servieren.

Crêpes Fourrées Gratinées

GEFÜLLTE FRANZÖSISCHE PFANNKUCHEN

Für 16 gefüllte *crêpes*

CRÊPES

150 g Mehl
3 Eier
1 Tasse Milch
1/4 Tasse Wasser
1/2 TL Salz
3 EL Butter, zerlassen und abgekühlt, oder Kochbutter
3 EL zerlassene Butter, verrührt mit 1 EL Pflanzenöl

DIE CRÊPES: Macht man den Teig in der Küchenmaschine, so gibt man Mehl, Eier, Milch, Wasser, Salz und 3 EL zerlassene Butter in den Mixbecher und mischt sie einige Sekunden bei hoher Geschwindigkeit. Dann schaltet man den Motor ab, kratzt die Seiten des Bechers ab und mischt nochmals 40 Sekunden. Macht man den Teig von Hand, so rührt man Mehl und Eier in einer Rührschüssel zusammen und gibt nach und nach Milch, Wasser und Salz hinzu. Mit dem Schneebesen oder einem Hand- oder Elektrorührer schlägt man, bis die Mehlklumpen verschwinden, passiert die Masse durch ein Haarsieb in eine andere Schüssel und rührt 3 EL zerlassene Butter darunter. Der Teig soll die Konsistenz von Sahne haben; ist er zu dick, schlägt man teelöffelweise kaltes Wasser darunter. Man kühlt den Teig ein oder zwei Stunden lang, bevor man ihn benutzt.

Nun erhitzt man eine *crêpe*-Pfanne von 15 cm Durchmesser auf großer Flamme, bis ein hineingespritzter Wassertropfen sofort verdampft. Mit einem Kuchenpinsel bestreicht man Boden und Seiten der Pfanne dünn mit der Mischung aus zerlassener Butter und Öl. Mit einem kleinen Schöpflöffel gießt man ungefähr 2 EL Teig in die Pfanne und hebt sie an, damit der Teig schnell den Boden bedeckt. Der Teig soll an der Pfanne haften und im Augenblick fest werden. Man backt die *crêpe* etwa eine Minute lang, bis sich ein brauner Kranz um den Rand herum zeigt. Mit einem Spachtel wendet man sie dann um und backt eine weitere Minute auf der anderen Seite. Die fertige *crêpe* läßt man auf einen Teller gleiten, pinselt wieder Butter und Öl in die Pfanne und fährt fort, die anderen *crêpes* zu backen. Die *crêpes* sollen nicht dicker als 1 1/2 mm sein. (Man verdünnt den Teig, falls nötig, indem man tropfenweise eiskaltes Wasser darunterrührt.) Die *crêpes* kann man Stunden oder Tage im voraus machen und gut zugedeckt im Kühlschrank aufheben. Sie lassen sich jedoch erst trennen, wenn sie bei Zimmertemperatur aufgetaut sind.

DUXELLES

375 g frische Champignons, fein gehackt (ungefähr 3 Tassen)
4 EL Butter
4 EL feingeschnittene Schalotten oder Frühlingszwiebeln
1 TL kleingeschnittene frische Petersilie
1 TL kleingeschnittener frischer Schnittlauch
Salz
Frisch gemahlener schwarzer Pfeffer

DUXELLES: Man preßt jeweils eine Handvoll der gehackten Champignons in einem Handtuchzipfel, um möglichst viel Flüssigkeit herauszudrücken. In einer schweren Pfanne von 20 bis 25 cm Durchmesser zerläßt man 4 EL Butter auf mäßiger Hitze. Ehe der Schaum verschwindet, rührt man die Schalotten hinein und dünstet sie unter ständigem Rühren 1 oder 2 Minuten, bis sie weich, aber nicht braun sind. Nun gibt man die ausgedrückten, gehackten Pilze dazu und dünstet unter häufigem Rühren 10 bis 15 Minuten, bis die Flüssigkeit, die sie abgeben, verdampft ist und sie zu bräunen beginnen. Man schüttet sie dann in eine Schüssel, mischt Petersilie und Schnittlauch darunter und würzt mit Salz und Pfeffer. Das ergibt ungefähr 1 Tasse.

VELOUTÉ-SAUCE

6 EL Butter
75 g Mehl
2 1/2 Tassen heiße Hühnerbrühe, frisch, aus Würfeln oder aus der Dose
2 Eigelb
1 bis 1 1/2 Tassen süße Sahne
1 TL Salz
1/4 TL weißer Pfeffer
1 TL Zitronensaft

VELOUTÉ-SAUCE: In einem schweren, 2 bis 3 l fassenden Topf zerläßt man 6 EL Butter, rührt 1/2 Tasse Mehl ein und läßt es auf schwacher Hitze und unter ständigem Rühren etwa eine Minute angehen. Dann vom Feuer nehmen, einen Augenblick abkühlen und die heiße Hühnerbrühe kräftig darunterschlagen. Wenn *roux* und Flüssigkeit miteinander vermischt sind, geht man auf Mittelhitze zurück und rührt ständig, bis die Sauce aufwallt. Unter weiterem Rühren kocht man 1 Minute lang und nimmt sie vom Feuer. Mit einem sauberen Schneebesen vermischt man in einer Schüssel die Eigelb mit 3/4 Tasse süßer Sahne. Dann schlägt man, immer 2 EL zugleich, die heiße Sauce dazu, bis 1/2 Tasse zugefügt ist. Man kehrt nun – immer noch abseits vom Feuer – den Vorgang um und gießt die Mischung aus Eigelb und Sahne langsam in die verbliebene heiße Sauce zurück; dabei schlägt man, bis sie glatt und sahnig ist. Auf mäßiger Hitze läßt man die Sauce – immer noch rührend – 10 Sekunden lang schwach kochen. Dann nimmt man den Topf vom Feuer und würzt mit Salz, Pfeffer und Zitronensaft. Das ergibt ca. 3 1/2 Tassen sehr dicke Sauce.

FÜLLUNG UND ÜBERZUG

250 g gedünstete und gewürfelte Hühnerleber oder 1 Tasse gekochte und gewürfelte Hummerkrabben (ungefähr 500 g rohe Krabben mit Schale) oder 1/4 Tasse feingehackte Artischockenherzen (Dosenware), die in 2 EL Butter zusammen mit 1/4 Tasse gewürfeltem, geräuchertem oder gekochtem Schinken gedünstet wurden
1 TL kleingeschnittene frische Petersilie oder frischer Estragon
Zitronensaft
Salz
Weißer Pfeffer
1 Tasse geriebener Käse (Schweizer- oder Parmesankäse bzw. beide gemischt)
4 EL Butter, in winzige Stückchen geschnitten

FÜLLUNG UND ÜBERZUG: Man heizt den Backofen auf 180° vor. In einer großen Rührschüssel vermengt man Hühnerlebern, Hummerkrabben oder gedünsteten Schinken und Artischockenherzen mit 1 TL Petersilie. (Man dünstet die Artischockenherzen in 2 EL Butter 1 bis 2 Minuten, gibt dann den Schinken zu und dünstet noch etwa eine Minute.) Nun rührt man die *duxelles* und 1/2 Tasse *velouté* dazu. Die Mischung soll gerade dick genug sein, um ihre Form in einem Löffel zu halten. Falls nötig, noch bis zu 1/2 Tasse *velouté* zufügen.

Fortsetzung nächste Seite

Abschmecken und mit Zitronensaft, Salz und Pfeffer würzen. Knapp 2 EL Füllung auf das untere Drittel einer jeden *crêpe* geben und sie zusammenrollen, ohne die Enden hochzuklappen. Die verbliebene *velouté* verdünnt man mit Sahne, bis sie dick vom Löffel fließt. Ein feuerfestes Geschirr ausbuttern und den Boden dünn mit *velouté* bedecken. Die *crêpes* dicht nebeneinander in das Geschirr legen, mit der restlichen Sauce überziehen, Käse darüberstreuen und mit Butterflöckchen belegen. Man backt im oberen Drittel des Ofens 15 bis 20 Minuten, bis die Sauce Blasen wirft. Die Oberseite soll leicht gebräunt sein. Ist sie das nicht, so schiebt man das Gericht für einige Sekunden unter den Grill. Sofort servieren.

Saucisson Chaud à la Lyonnaise

WURST MIT FRANZÖSISCHEM KARTOFFELSALAT

Für 4 bis 6 Personen

500 g ungekochte, einfache oder Knoblauchwurst, frisch oder geräuchert
1,5 kg festkochende Kartoffeln, in 1/2 cm dicke Scheiben geschnitten
Kochendes, gesalzenes Wasser
1/4 Tasse Hühnerbrühe, frisch, aus Würfeln oder aus der Dose
1/4 Tasse Weinessig (am besten weißer)
2 TL Salz
1/2 TL Senfpulver
1/2 bis 3/4 Tasse Olivenöl
2 EL dünngeschnittene Frühlingszwiebeln (oder Schalotten) einschließlich einiger grüner Spitzen
4 EL kleingeschnittene frische Petersilie

Nach dem Rezept für *saucisson en croûte (Seite 2)* die Wurst einstechen und 45 Minuten bei mäßiger Hitze im offenen Stieltopf ziehen lassen. Während dieser Zeit die Kartoffelscheiben in einem 3- bis 4-Liter-Topf in reichlich Salzwasser 12 bis 15 Minuten kochen (sie sollen gar, aber nicht zu weich sein). Danach in einem Sieb oder Durchschlag gründlich ablaufen lassen und in eine große Misch- oder Servierschüssel geben. Nun die Hühnerbrühe erhitzen, über die Kartoffelschieben gießen, diese sehr vorsichtig ein- oder zweimal durchmengen und dann einige Minuten stehen lassen, bis die Brühe völlig aufgesogen ist. In einer kleinen Schüssel Essig, Salz und Senfpulver zusammenrühren, über die Kartoffeln gießen und sehr vorsichtig vermengen. Nun die Kartoffeln einige Minuten stehen lassen, damit sie die Gewürze aufnehmen können. Dann das Olivenöl darübergießen und mit Frühlingszwiebeln und Petersilie überstreuen. Die Kartoffeln nochmals vorsichtig wenden, um sie mit dem Öl und den Kräutern zu überziehen. Nach 45 Minuten die Wurst mit einer Zange herausnehmen und auf Küchenkrepp abtrocknen lassen. Sobald man sie anfassen kann, abschälen und in 1 1/2 cm dicke Scheiben schneiden. Den warmen Kartoffelsalat in einer Schale oder auf einer Platte servieren und mit den Wurstscheiben umlegen.

Sauce Mayonnaise

Für ungefähr 2 Tassen

3 Eigelb, Zimmertemperatur
1 bis 3 TL Zitronensaft oder Weinessig
1/2 TL Senfpulver
1/2 TL Salz
1/8 TL weißer Pfeffer
1 1/2 Tassen Olivenöl, Pflanzenöl oder eine Mischung aus beiden
2 EL kochender Essig (nach Belieben)

Man wärmt eine große Rührschüssel in heißem Wasser an, trocknet sie schnell, aber gründlich ab und gibt die Eier hinein. Mit dem Schneebesen, einem Hand- oder Elektrorührer schlägt man die Eigelb etwa 2 Minuten, bis sie dicken und an dem Schneebesen oder Rührer haften. Man fügt 1 TL des Zitronensaftes oder Essigs und das Senfpulver, Salz und den Pfeffer hinzu. Dann das Öl, jeweils immer nur 1/2 TL, darunterschlagen. Jede Zugabe muß absorbiert sein, ehe man mehr zutröpfelt. Nachdem 1/2 Tasse Öl so verarbeitet ist, sollte die Sauce dick wie Sahne sein. Das weitere Öl kann man unter ständigem Rühren teelöffelweise zugeben. Abschmecken und dabei nach Bedarf mit Zitronensaft, Salz und Pfeffer nachwürzen. Um die Mayonnaise sahniger zu machen und die Gefahr des Gerinnens zu verringern, schlägt man kochendes Wasser eßlöffelweise darunter. Die Mayonnaise bis zum Gebrauch fest zugedeckt im Kühlschrank aufheben. Für *mayonnaise aux fines herbes* fügt man 2 EL kleingeschnittene Petersilie und jeweils 1 EL feingeschnittenen frischen Schnittlauch und Estragon hinzu.

Sauce Hollandaise

Für etwa 1 1/2 Tassen

175 g Butter
3 Eigelb
1 EL Zitronensaft
1 EL eisgekühlte Butter
1 EL Sahne
Salz
Weißer Pfeffer

In einer kleinen, schweren Pfanne zerläßt man auf niederer Flamme die Butter, ohne sie zu bräunen, stellt sie beiseite und hält sie warm. Abseits vom Feuer schlägt man in einem 1 1/2 bis 2 l fassenden Email- oder Edelstahl-Topf die Eigelb 1 Minute kräftig mit dem Schneebesen, bis sie dick werden. Der Boden des Topfes muß durchscheinen, wenn man den Schneebesen darüberzieht. Den Zitronensaft dazuschlagen. Dann setzt man den Topf auf sehr schwache Hitze und rührt 1 EL eisgekühlte Butter hinein. Bis die Butter absorbiert und die Mischung dick genug geworden ist, um die Drähte des Schneebesens leicht zu überziehen, muß man ständig rühren und den Topf gelegentlich vom Feuer hochheben, damit er nicht zu heiß wird. Dann nimmt man den Topf vom Feuer und schlägt die Sahne hinein. Immer noch abseits vom Feuer gießt man die warme, zerlassene Butter tropfenweise zu und rührt dabei ständig mit dem Schneebesen. Die Flüssigkeit muß so dick wie schwere Sahne werden. Zum Schluß die Holländische Sauce abschmecken und mit Salz und weißem Pfeffer nachwürzen.

Sauce Béarnaise

HOLLÄNDISCHE SAUCE MIT ESTRAGON UND WEISSWEIN

Für ungefähr 1 1/2 bis 2 Tassen

- 1/4 Tasse Estragon-Weinessig
- 1/4 Tasse herber Weißwein
- 1 EL kleingeschnittene Schalotten oder Frühlingszwiebeln
- 2 EL feingeschnittener frischer Estragon oder 2 EL getrockneter Estragon und 1 EL feingeschnittene frische Petersilie
- 1 1/2 Tassen *sauce hollandaise* (Rezept *Seite 13*) ohne Zitronensaft gemacht
- Salz
- Weißer Pfeffer

In einem kleinen Topf kocht man Essig, Wein, Schalotten und 1 EL frischen oder 2 TL getrockneten Estragon auf 2 EL Flüssigkeit ein. Diese gießt man durch ein Haarsieb in eine kleine Rührschüssel und drückt dabei die Kräuter fest mit dem Löffelrücken aus, ehe man sie wegwirft. Dann schlägt man die durchgesiebte Flüssigkeit zusammen mit 1 EL frischem Estragon oder frischer Petersilie in die *sauce hollandaise*. Abschmecken und mit Salz und Pfeffer nachwürzen.

Terrine Maison

PASTETE NACH HAUSFRAUENART

Für 10 bis 12 Personen

- 500 g frischer Schweinespeck, durchgedreht
- 750 g mageres Schweinefleisch, durchgedreht
- 750 g Schweine- oder Kalbsleber, durchgedreht
- 250 g mageres Kalbfleisch, durchgedreht
- 5 EL Butter
- 1/3 Tasse kleingeschnittene Schalotten oder Frühlingszwiebeln
- 1/2 TL feingehackter Knoblauch
- 250 g ganze Hühnerlebern
- 1/4 Tasse Weinbrand
- 3 EL süße Sahne
- 2 TL Zitronensaft
- 2 EL Mehl
- 1 Ei, leicht geschlagen
- 1/2 TL Nelkenpfeffer oder Pariser Gewürz (aus amerikanischen Gewürzsortimenten)
- 1 1/2 EL Salz
- Frisch gemahlener schwarzer Pfeffer
- 125 g gekochte und geräucherte Ochsenzunge oder gekochter Schinken, in halbzentimeter große Würfel geschnitten (ungefähr 1 Tasse) (nach Belieben)
- 250 g frisches Schweinerückenfett, Fett von einem Kotelettstück oder fetter, gesalzener Speck, in 3 mm dicken Streifen oder Scheiben
- 1 großes Lorbeerblatt

Zunächst vermischt man in einer großen Rührschüssel die durchgedrehten Fleischsorten. In einer schweren Pfanne von 20 bis 25 cm Durchmesser zerläßt man 3 EL Butter auf mäßiger Hitze. Sobald der Schaum verschwindet, rührt man Schalotten und Knoblauch hinein und dünstet unter häufigem Rühren 5 Minuten, bis sie weich, aber noch nicht braun sind. Mit einem Spachtel kratzt man alles in die Schüssel mit Fleisch.

In derselben Pfanne zerläßt man 2 EL Butter und brät darin die Hühnerlebern 3 oder 4 Minuten an, bis sie steif geworden, aber innen noch rosa sind. Mit dem Schaumlöffel nimmt man die Lebern heraus und stellt sie auf einem Teller beiseite. Nun gießt man den Weinbrand in die heiße Pfanne und kocht ihn, bis er auf 2 EL reduziert ist; dabei rührt man ständig und kratzt allen braunen Satz, der auf dem Boden und an den Seiten der Pfanne haftet, los. Diese Sauce gießt man über das Fleisch und die Schalotten. Die Pfanne zur Seite stellen.

Zu der Fleischmischung gibt man nun Sahne, Zitronensaft, Mehl, Ei, Nelkenpfeffer oder Pariser Gewürz, Salz und kräftig Pfeffer aus der Mühle. Man knetet mit beiden Händen gut durch, schlägt dann mit einem Holzlöffel (oder mit dem Knethaken in der Rührschüssel der elektrischen Küchenmaschine), bis alle Zutaten völlig miteinander verbunden sind und die Mischung glatt und luftig ist. Gegebenenfalls mischt man noch die Zungen- oder Schinkenwürfel darunter. Weil die Mischung rohes Schweinefleisch enthält, brät man einen Eßlöffel davon in der bereitstehenden Pfanne an, ehe man abschmeckt. Wenn nötig, fügt man mehr Gewürze zu.

Den Backofen auf 180° vorheizen und eine tiefe, rechteckige Form von 2l Inhalt, die einen Deckel hat (eine *terrine* oder eine Backform aus Metall oder Glas), mit dünnen Streifen oder Platten aus Speck auslegen. Je nach ihrer Größe können die Speckstreifen längs oder quer gelegt werden, aber sie sollen leicht überlappen und Boden und Seiten der Form völlig bedecken. Wenn sie lang genug sind, läßt man sie über die Seiten hängen und klappt sie später über der Füllung zusammen; wenn nicht, so hebt man genug Speckstreifen auf, um damit die Oberfläche der *terrine* bedecken zu können.

Die Hälfte der Fleischmischung in der ausgelegten Form verteilen, fest nach unten drücken und mit dem Rücken eines Löffels oder einem Gummispachtel glattstreichen. Die Hühnerlebern je nach ihrer Größe in Viertel oder Achtel schneiden und in einer Reihe in die Mitte der Form legen, die man dann mit der restlichen Fleischmischung ausfüllt.

Die Oberfläche mit einem Löffel oder Spachtel glätten und die Speckstreifen von den Seiten über das Fleisch klappen bzw. zusätzlich darüberlegen. Auf den Speck kommt ein Lorbeerblatt. Die Oberseite der Form gut mit Alufolie abdichten und zudecken.

Die Form in eine große Schmorpfanne auf den mittleren Einschub des Backofens stellen und so viel kochendes Wasser eingießen, daß es mindestens bis zur halben Höhe der Form reicht. Die *terrine* 2 Stunden im Wasserbad garen, bis das Fett und der Saft, die nach oben kommen, hellgelb sind.

Nun nimmt man die *terrine* aus dem Ofen und hebt Deckel sowie Alufolie ab. Die Form wird dann lose mit frischer Folie abgedeckt und die *terrine* beschwert, indem man einen schweren Topf, eine Kasserolle oder ein Schneidebrett von mindestens mehreren Pfund Gewicht daraufstellt. Man läßt bis auf Zimmertemperatur abkühlen und stellt die beschwerte *terrine* nun so lange in den Kühlschrank, bis sie fest geworden ist. Zum Servieren entfernt man Gewicht und Folie und schneidet Scheiben direkt aus der Form, in der die *terrine* gebacken wurde.

Sauce Vinaigrette

FRANZÖSISCHE SALATSAUCE MIT ÖL UND ESSIG

Für 1/2 Tasse
2 EL weißer oder roter Weinessig
Salz
Frisch gemahlener schwarzer Pfeffer
1/4 TL Senfpulver (nach Belieben)
6 bis 8 EL Olivenöl

Mit einem Schneebesen oder einer Gabel schlägt man Essig, etwas Salz, Pfeffer und das Senfpulver (sofern man es verwendet) so lange, bis sich das Salz aufgelöst hat. Dann gibt man das Öl tropfenweise hinein und schlägt so lange, bis es absorbiert ist. Abschmecken und würzen.

ANMERKUNG: Man kann den Essig durch Zitronensaft ersetzen, oder man kann die Sauce mit halb Zitronensaft, halb Essig zubereiten.

Omelette

FRANZÖSISCHES OMELETT

Für 1 bis 2 Personen

3 Eier
Salz
Frisch gemahlener schwarzer Pfeffer
1 EL Butter
1/2 TL weiche Butter

Die Eier schlägt man in eine kleine Rührschüssel, würzt mit Salz und Pfeffer und rührt kräftig 20 bis 30 Sekunden mit einer Gabel, bis die Eiweiß völlig mit den Dottern vermischt sind. Eine ungefettete Omelettpfanne von 18 bis 20 cm Durchmesser erhitzt man, bis sie sehr heiß ist, wirft 1 EL Butter hinein und schwenkt sie herum. Sobald der Schaum zu verschwinden beginnt, aber ehe die Butter noch braun wird, schüttet man die Eier hinein.

Mit der flachen Seite der Gabel rührt man, schnell arbeitend, die Eier, während man zur gleichen Zeit die Pfanne heftig hin- und herschüttelt, um zu verhindern, daß sie festbacken. In wenigen Sekunden werden die Eier einen Film auf dem Boden der Pfanne bilden, und die Oberseite wird zu einer leichten, geronnenen Eiercreme stocken. Während man weiter mit der einen Hand die Pfanne schüttelt, rührt man behutsam mit der anderen, damit die noch flüssigen Eier in die festeren Teile der Eiercreme eindringen können. Man muß sich dabei bemühen, den Bodenfilm nicht zu durchstechen. Dann hebt man den Rand, der einem am nächsten ist, mit der Gabel an und klappt das Omelett leicht zur entfernten Seite hin zusammen. Man läßt es einen Augenblick auf dem Rand der Pfanne ruhen, hebt dann die Pfanne an und kippt das Omelett auf einen vorgewärmten Teller. Die Oberseite bestreicht man mit etwas Butter und serviert sofort.

ANMERKUNG: Um ein gefülltes Omelett zuzubereiten, streut man einige EL geriebenen Käse, feingeschnittene Kräuter oder gedünstete Pilze über die Eier, bevor man das Omelett zusammenklappt. Die Füllung nicht einrühren. Für 1 oder 2 Personen macht man mehrere einzelne Omeletts. Große Omeletts gelingen selten.

Suppen

Potage Queue de Bœuf

OCHSENSCHWANZSUPPE

Für 4 Personen

3 EL Butter
1 EL Pflanzenöl
1 kg Ochsenschwanz, in $2^1/_2$ cm lange Stücke geschnitten
1 Zwiebel, in dünnen Scheiben
1 Karotte, in dünnen Scheiben
2 EL Mehl
2 l Fleischbrühe
Bouquet garni, bestehend aus 2 Petersilienstengeln, 2 Stengeln Staudensellerie und einem Lauch
1 TL getrockneter Thymian
4 oder 5 Pfefferkörner
Salz
Frisch gemahlener schwarzer Pfeffer
$^1/_2$ Tasse kleingewürfelte Karotten
$^1/_2$ Tasse kleingewürfelte weiße Rüben
1–2 EL Madeira- oder Portwein

In einem schweren Bräter oder Suppentopf von 4 bis 6 l Inhalt läßt man einen EL Butter zusammen mit dem Öl auf mäßiger Hitze schmelzen. Den Ochsenschwanz zugeben und unter häufigem Wenden so lange anbraten, bis die Stücke auf allen Seiten goldbraun sind. Mit einer Küchenzange nimmt man nun die Ochsenschwanzstücke heraus und legt sie auf einen Teller. Dann im gleichen Fett die Karotten- und Zwiebelscheiben 8 bis 10 Minuten angehen lassen, bis sie weich und leicht gebräunt sind. Das Mehl dazugeben und – ständig rührend – anrösten. Den Topf vom Feuer nehmen, leicht abkühlen lassen und vorsichtig die Fleischbrühe unter heftigem Rühren zugeben. So lange weiter erhitzen und rühren, bis die Suppe glatt ist und zu dicken beginnt. Nun den Ochsenschwanz zusammen mit dem *bouquet garni* in den Topf zurückgeben, mit Thymian und Pfefferkörnern würzen und bei starker Flamme aufkochen. Das Fett von der Oberfläche abschöpfen, die Hitze verringern und die Suppe, teilweise zugedeckt, $3^1/_2$ Stunden am Siedepunkt halten. Dabei öfter abschäumen. Die Ochsenschwanzstücke herausnehmen, und die Suppe durch ein feines Sieb in eine große Schüssel gießen. Dort läßt man sie einige Minuten sich setzen und schöpft dann von der Oberfläche das Fett ab. Die durchgesiebte Suppe abschmecken, mit Salz und Pfeffer würzen und in den Topf zurückgießen. In einer Pfanne von 15 bis 20 cm Durchmesser 2 EL Butter zergehen lassen und darin die gewürfelten Karotten und weißen Rüben schwenken, bis sie mit Butter überzogen sind. Die Karotten- und Rübenwürfel zusammen mit dem Ochsenschwanz in die Suppe geben und diese etwa 30 Minuten auf kleiner Flamme ziehen lassen. Wenn nötig, noch Fett abschöpfen. Zum Anrichten die Suppe in eine Terrine geben und den Wein einrühren.

Fonds de Cuisine

FLEISCH- UND HÜHNERBRÜHEN NACH HAUSMACHERART

Für 3 bis 4 Liter

1 kg Beinfleisch vom Rind und 2 kg Rinderknochen oder 3 kg Hühnerklein
4 bis 5 l kaltes Wasser
2 Zwiebeln, geschält
2 geputzte Karotten
2 Stiele Sellerie mit Blättern, geschnitten
Bouquet garni bestehend aus 6 Petersilienstengeln, 1 Lorbeerblatt, 2 Zehen Knoblauch und 1/2 TL getrocknetem Thymian, in einem Stück Mull
1 EL Salz

Gute Suppen sind abhängig von guten Brühen – und das gilt auch für Stews, Eintopfgerichte, geschmortes Fleisch, Gemüse und viele Saucen. Hier sind die Rezepte für drei Brühen (oder *fonds de cuisine*).

EINFACHE BRÜHE: Man legt das Rindfleisch und die Knochen oder das Hühnerklein in einen Suppentopf oder Kessel und gibt so viel kaltes Wasser dazu, daß es 2 cm darüber steht. Auf großer Flamme zum Kochen bringen und den sich bildenden Schaum abschöpfen. Gemüse, *bouquet garni* und Salz zufügen. 4 Stunden lang ganz schwach kochen. Danach nimmt man die Knochen heraus und gießt die Brühe durch ein feines Sieb in eine große Schüssel, wobei man die Gemüse und Kräuter gut ausdrückt, bevor man sie wegwirft. Abschmecken und würzen. Alles Fett von der Oberfläche abschöpfen. Die Brühe hält sich im Kühlschrank 3 oder 4 Tage, sie kann jedoch auch tiefgefroren werden. Um einen volleren Geschmack zu bekommen, kann man die durchgesiebte und entfettete Brühe einkochen.

BRAUNE FLEISCHBRÜHE: Den Backofen auf 235° vorheizen. Die Rinderknochen, Zwiebeln und Karotten in einem flachen Bräter unter gelegentlichem Umdrehen 30 bis 40 Minuten lang rösten. Dann die Knochen und Gemüse in einen Suppentopf geben. Aus dem Bräter gießt man das Fett ab, schüttet 2 Tassen Wasser hinein und bringt es auf großer Flamme zum Kochen, dabei kratzt man allen braunen, am Bräter haftenden Satz in die Flüssigkeit. Die Brühe in den Suppentopf gießen und Sellerie, *bouquet garni* und Salz hinzufügen und mit kaltem Wasser bedecken. Nach obigen Anweisungen weiterbehandeln.

BRAUNE GEFLÜGELBRÜHE: Auf starker Hitze bräunt man das Hühnerklein in einer großen Pfanne in 2 EL Pflanzenöl. Dann gibt man es in den Suppentopf und schüttet etwas Wasser in die Pfanne. Dieses kommt zusammen mit Zwiebeln, Karotten, Sellerie, *bouquet garni* und Salz in den Suppentopf und wird mit kaltem Wasser aufgefüllt, bis alles bedeckt ist. Wie einfache Brühe weiterbehandeln.

Soupe au Pistou

GEMÜSESUPPE MIT KRÄUTERSAUCE

Für 10 bis 12 Personen

3 Tassen Wasser
$^3/_4$ Tasse getrocknete weiße Bohnen
4 EL Olivenöl
1 Tasse Zwiebelwürfel
500 g Tomaten, geschält, entkernt und grobgeschnitten
3 l Wasser
$1^1/_2$ Tassen gewürfelte Karotten
$1^1/_2$ Tassen gewürfelte Kartoffeln
1 Tasse grobgeschnittener Lauch (nach Belieben)
$^1/_2$ Tasse grobgeschnittene Sellerieblätter
1 EL Salz
Frisch gemahlener schwarzer Pfeffer
$1^1/_2$ Tassen geschnittene grüne Bohnen
$1^1/_2$ Tassen gewürfelte, ungeschälte Zucchini
$^1/_2$ Tasse gebrochene Stückchen dünner Spaghetti
2 Prisen zerriebene Safranfäden

In einem 2 bis 3 l fassenden Topf bringt man 3 Tassen Wasser zum Kochen, schüttet die getrockneten Bohnen hinein und läßt sie 2 Minuten sprudeln. Vom Feuer nehmen und die Bohnen 1 Stunde weichen lassen. Danach setzt man den Topf wieder auf den Herd, wo er 1 bis $1^1/_2$ Stunden ohne Deckel köcheln muß, bis die Bohnen weich sind. Die Bohnen abgießen und die Flüssigkeit aufheben. In einem schweren Suppentopf oder Kessel erhitzt man 4 EL Olivenöl, gibt die Zwiebeln hinein und dünstet sie auf mäßiger Hitze, bis sie weich und goldgelb sind. Dann folgen die Tomaten und kochen noch weitere 3 bis 4 Minuten mit den Zwiebeln. Nun werden 3 l Wasser zugegossen und auf großer Flamme zum Sprudeln gebracht. Karotten, Kartoffeln, Lauch, Sellerieblätter, Salz und etwas Pfeffer aus der Mühle zugeben, die Hitze verringern und ohne Deckel 15 Minuten ziehen lassen. Die weißen Bohnen, ihre Kochflüssigkeit, die grünen Bohnen, Zucchinis, Spaghettistücke und den Safran in den Topf schütten und 15 Minuten auf kleiner Flamme lassen, bis die Gemüse weich sind. Abschmecken und nachwürzen.

PISTOU

5 Zehen Knoblauch, feingeschnitten
$^1/_2$ Tasse gehacktes frisches Basilikum oder 5 EL getrocknetes Basilikum
2 EL Tomatenmark
$^1/_2$ Tasse frisch geriebener Parmesankäse
6 EL Olivenöl
1 kleine Scheibe trockenes Meterbrot, fein zerkrümelt (nach Belieben)
$1^1/_2$ Tassen frisch geriebener Parmesankäse

Inzwischen bereitet man den *pistou*. Mit einem Mörser und Stößel (oder einem Holzlöffel und einer schweren Schale) zerstampft man Knoblauch und Basilikum zu einer Paste. Das Tomatenmark und $^1/_2$ Tasse Käse unterrühren. Dann schlägt man 6 EL Olivenöl in kleinen Portionen darunter. Zum Anrichten schöpft man die Suppe in eine Terrine. Der *pistou* wird mit $^1/_2$ Tasse Brühe verdünnt und in beliebiger Menge in die Suppe gerührt. Gegebenenfalls kann man die Brotkrumen einstreuen. Der Rest des Käses wird getrennt gereicht.

Potage Purée de Pois Cassés

GRÜNE ERBSENSUPPE

Für 4 bis 6 Personen

- 2 Tassen getrocknete grüne Spalterbsen
- 5 Tassen Wasser oder Hühnerbrühe
- *Bouquet garni* bestehend aus 2 Petersilienstengeln, 2 gehackten Selleriestengeln und 1 Lorbeerblatt, zusammengebunden
- 1/4 TL getrockneter Thymian
- Schinkenknochen (nach Belieben)
- 2 EL Butter
- 125 g frischer Speck, in kleine Würfel geschnitten
- 1/2 Tasse kleingeschnittene Karotten
- 1/2 Tasse kleingeschnittene Zwiebeln
- 1 große Lauchstange, geschnitten (weißer Teil plus 5 cm vom Grünen) oder 1 Zwiebel extra, kleingeschnitten
- 1 Tasse grobgeschnittene Spinat- oder Salatblätter
- 1/2 Tasse geschälte, frische grüne Erbsen (ungefähr 250 g ungeschält) oder dafür aufgetaute Tiefkühlerbsen
- Salz
- Frisch gemahlener schwarzer Pfeffer
- 250 g gekochter Schinken, in 1 cm große Würfel geschnitten
- 2 EL weiche Butter

Die Spalterbsen wäscht man gründlich unter fließendem, kaltem Wasser. In einem schweren, 4 bis 5 l fassenden Topf oder Suppenkessel bringt man 5 Tassen Wasser oder Hühnerbrühe zum Kochen und schüttet die Erbsen hinein. Man fügt das *bouquet garni,* den Thymian und ggf. auch den Schinkenknochen dazu. Die Hitze verringern und halb zugedeckt 30 Minuten bis 1 Stunde schwach kochen lassen, bis die Erbsen weich, aber nicht matschig sind.

Während die Erbsen garen, läßt man 2 EL Butter in einer schweren Pfanne von 20 bis 25 cm Durchmesser zergehen und brät darin den gewürfelten Speck, bis er knusprig ist und sein Fett abgegeben hat. Den Speck herausnehmen und wegwerfen. In dem Fett, das in der Pfanne zurückbleibt, dünstet man die Karotten, Zwiebeln, den Lauch und die Spinat- oder Salatblätter 5 Minuten auf mäßiger Hitze. Wenn die Spalterbsen weich sind, gibt man alle Gemüse einschließlich der frischen grünen Erbsen zu der Suppe und läßt sie im offenen Topf noch weitere 30 Minuten köcheln. Das *bouquet garni* und ggf. den Schinkenknochen nimmt man heraus und wirft sie weg. Die Suppe püriert man durch einen Durchschlag in eine große Schüssel, und dann passiert man sie durch ein feines Sieb in den Topf zurück. Abschmecken und mit Salz und frisch gemahlenem schwarzen Pfeffer würzen. Die Schinkenwürfel zufügen und schwach erhitzen. Wenn die Suppe zu dick erscheint, so verdünnt man sie mit etwas Hühnerbrühe oder Wasser. Vor dem Servieren nimmt man den Topf vom Feuer und rührt die weiche Butter eßlöffelweise in die Suppe.

Soupe à l'Oignon

FRANZÖSISCHE ZWIEBELSUPPE

Für 6 bis 8 Personen

4 EL Butter
2 EL Pflanzenöl
1 kg Zwiebeln, in dünne Scheiben geschnitten
1 TL Salz
3 EL Mehl
2 l Fleischbrühe, frisch, aus Würfeln, Instantbrühe oder aus der Dose

In einem schweren, 4 bis 5 l fassenden Topf oder Suppenkessel zerläßt man auf mäßiger Hitze die Butter mit dem Olivenöl. Dann gibt man die Zwiebeln und 1 TL Salz hinein und dünstet ohne Deckel auf kleiner Flamme unter gelegentlichem Rühren 20 bis 30 Minuten, bis die Zwiebeln tief goldbraun sind. Mehl über die Zwiebeln stäuben und noch 2 oder 3 Minuten im Topf schwenken. Den Topf vom Feuer nehmen. In einem anderen Topf läßt man die Brühe aufwallen und rührt sie dann zu den Zwiebeln. Nun setzt man die Suppe wieder auf schwache Hitze zurück und läßt sie, teilweise zugedeckt, 30 oder 40 Minuten schwach kochen, wobei man gelegentlich das Fett abschöpft. Falls nötig, Salz und Pfeffer hinzufügen.

CROÛTES
12 bis 16 Scheiben Meterbrot, 2½ cm dick
2 TL Olivenöl
1 Knoblauchzehe, halbiert
1 Tasse geriebener Schweizer Käse oder eine Mischung von Schweizer- und Parmesankäse

Während die Suppe auf dem Herd steht, macht man die *croûtes*. Der Backofen wird auf 160° vorgeheizt. Die Brotscheiben legt man nebeneinander auf ein Backblech und röstet sie ca. 15 Minuten. Mit einem Kuchenpinsel bestreicht man beide Seiten jeder Scheibe dünn mit Olivenöl, dann dreht man die Scheiben um und röstet nochmals 15 Minuten, bis das Brot vollkommen trocken und leicht gebräunt ist. Jede Seite reibt man mit der zerschnittenen Knoblauchzehe ein.

Man legt die *croûtes* in eine Terrine oder auf Suppenteller und schöpft die Suppe darüber. Den geriebenen Käse reicht man separat.

ANDERE MÖGLICHKEIT: Um gratinierte Zwiebelsuppe zu machen, erhitzt man den Ofen auf 180°. Man schöpft die Suppe in eine feuerfeste Terrine oder in feuerfeste Portionsschälchen, belegt sie mit *croûtes* und streut den geriebenen Käse darüber. Den Käse beträufelt man mit etwas zerlassener Butter oder Olivenöl. Man backt 10 bis 20 Minuten, bis der Käse geschmolzen ist, dann schiebt man die Suppe für ein oder zwei Minuten unter einen heißen Grill, um, falls gewünscht, die Oberfläche zu bräunen.

Potage Parmentier: Vichyssoise

KARTOFFEL-LAUCH-SUPPE

Für 6 bis 8 Personen

4 Tassen geschälte und grobgeschnittene Kartoffeln
3 Tassen in dünne Scheiben geschnittene Lauchstangen (weiße Teile plus 5 cm vom Grünen) oder statt dessen 3 Tassen Zwiebeln, in dünne Scheiben geschnitten
2 l Hühnerbrühe, frisch, aus Würfeln oder aus der Dose oder statt dessen Wasser oder eine Mischung aus Hühnerbrühe und Wasser
1 TL Salz
Frisch gemahlener schwarzer Pfeffer
1/2 Tasse süße Sahne
3 EL feingeschnittener frischer Schnittlauch oder feingehackte frische Petersilie

In einem schweren, 6 l fassenden Topf oder Suppenkessel kocht man Kartoffeln, Lauch, Hühnerbrühe und Salz mit lose aufgelegtem Deckel 40 bis 50 Minuten, bis die Gemüse weich sind. Dann passiert man die Suppe durch eine Gemüsemühle oder einen Durchschlag in eine Rührschüssel und schüttet sie wieder in den Topf zurück. Man würzt sie mit Salz und etwas Pfeffer und rührt die Sahne ein. Vor dem Servieren die Suppe bis zum Siedepunkt erhitzen. Sie wird dann in eine Terrine oder auf einzelne Suppenteller geschöpft. Man serviert mit frischem Schnittlauch oder frischer Petersilie garniert.

VICHYSSOISE: Als vor einem halben Jahrhundert Louis Diat Küchenchef im Ritz-Carlton-Hotel in New York war, erfand er die *vichyssoise glacé*, eine kalte Version der *potage Parmentier* für den Sommer. Um sie zuzubereiten, passiert man die Suppe erst durch eine Gemüsemühle oder einen Durchschlag und dann durch ein Haarsieb wieder in den Topf zurück. Man würzt und legiert mit 1 1/2 Tassen süßer Sahne. (Keinen Elektromixer benutzen, da die Mischung sonst zu glatt wird.) Die Suppe bleibt im Kühlschrank, bis sie sehr kalt ist. Man serviert sie mit feingeschnittenem Schnittlauch garniert.

Bouillabaisse

FISCHERSUPPE VOM MITTELMEER MIT SCHARFER PFEFFERSAUCE

Für 8 bis 10 Personen

COURT BOUILLON
2 Tassen in dünne Scheiben geschnittene Zwiebeln
1 Tasse in dünne Scheiben geschnittener Lauch
3/4 Tasse Olivenöl
2 l Wasser oder 1/2 l herber Weißwein und 1 1/2 l Wasser
1 kg Fischköpfe, Gräten und Flossen
1 1/2 kg reife Tomaten, grobgehackt
1/2 Tasse frischer Fenchel oder 1/2 TL getrocknete Fenchelsaat, zerquetscht
1 TL feingehackter Knoblauch
1 Streifen frische Apfelsinenschale, 7 cm lang
1 TL getrockneter Thymian
2 Petersilienstengel
1 Lorbeerblatt
1/4 TL zerriebene Safranfäden
Salz
Frisch gemahlener schwarzer Pfeffer

In einem schweren, 4 bis 6 l fassenden Topf dünstet man Zwiebeln und Lauch in Öl unter häufigem Rühren auf schwachem Feuer 5 Minuten, bis sie weich, aber nicht braun sind (durch weitere Zwiebeln kann man den Lauch ersetzen). Dazu kommen Wein oder Wein-

Wasser-Gemisch, die Fischabfälle, Tomaten, Kräuter und Gewürze, die man 30 Minuten auf mäßiger Hitze ohne Deckel kochen läßt.

ROUILLE

- 2 kleine grüne Paprikaschoten, entkernt und in kleine Vierecke geschnitten
- 1 Chilischote oder einige Tropfen Tabasco, die zu der fertigen Sauce gegeben werden
- 1 Tasse Wasser
- 2 eingelegte rote Paprikaschoten aus Dosen, abgetropft und getrocknet
- 4 Knoblauchzehen, grobgehackt
- 6 EL Olivenöl
- 1 bis 3 EL feine, trockene Brösel

DIE ROUILLE: In der Zwischenzeit bereitet man die *rouille* zu. In einem $1^1/_2$ bis 2 l fassenden Topf läßt man die grünen Paprika und die Chilischote in 1 Tasse Wasser 10 Minuten dünsten, bis sie weich sind. Dann gut abschütten und mit Küchenkrepp trocknen. In einem großen Mörser mit Stößel oder in einer Rührschüssel mit Holzlöffel zerquetscht man Paprika, Chilischote, eingelegte Paprika und Knoblauch zu einem glatten Brei. Langsam rührt man das Olivenöl darunter und fügt genügend Brösel zu, bis die Sauce steif genug ist, um an einem Löffel zu haften. Abschmecken, und falls man die Chilischote weggelassen hat, mit Tabasco würzen.

Eine schnellere, aber weniger authentische Art, *rouille* zuzubereiten, besteht darin, daß man die vorgekochten Paprika, Chilischote, eingelegte Paprika, Knoblauch und das Olivenöl zusammen in den Mixbecher der Küchenmaschine gibt. Bei niederer Drehzahl wird alles glattgerührt. Man füllt die Sauce in eine Schüssel und rührt Brösel darunter, bis sie steif ist. Würzen wie angegeben. Beiseite stellen.

FISCH UND MEERESFRÜCHTE

- 2 zweipfündige Hummer, aufgeschnitten und gespalten (siehe Anleitung im Rezept Seite 39)
- Je 750 g von drei Arten von festem weißem Fisch, in 5 cm große serviergerechte Stücke geschnitten: Heilbutt, Rotbarsch, Schellfisch, Pollack, Steinbeißer, Kabeljau, Hecht, Steinbutt und Seelachs
- 1 Aal, in 5 cm lange Stücke geschnitten (nach Belieben)
- 1 kg lebende Pfahlmuscheln
- 1 kg frische oder tiefgekühlte Kammuscheln in Hälften oder Viertel geschnitten
- 12 *croûtes* (siehe *soupe à l'oignon*, Seite 21)

ZUSAMMENSTELLUNG DER SUPPE: Wenn die *court bouillon* gar ist, gießt man sie durch ein großes, feines Sieb in einen Suppentopf oder -kessel, wobei man die Fischabfälle und Gemüse kräftig mit dem Rücken eines Löffels preßt, um allen Saft auszudrücken, ehe man sie wegwirft. Die gesiebte Brühe bringt man auf großer Flamme zum Kochen und gibt den Hummer hinein. Fünf Minuten lang lebhaft sprudeln lassen, dann den Fisch (und eventuell den Aal) hinzufügen und noch 5 Minuten ziehen lassen. Dann gibt man nach Belieben die gut gesäuberten Muscheln dazu und gart noch 5 Minuten. Abschmecken.

Zum Anrichten nimmt man Fisch und Meeresfrüchte mit einem Schaumlöffel aus der Suppe und legt sie auf eine gewärmte Platte. Die Suppe schöpft man in eine große Terrine. Die *rouille* wird mit 2 oder 3 EL Suppe verdünnt und in eine Sauciere gegossen. Man legt eine *croûte* in jeden Suppenteller, schöpft die Suppe darüber und arrangiert Fisch und Meeresgetier obenauf. Die *rouille* reicht man separat.

Potage Crème d'Asperges

SPARGELCREMESUPPE

Für 4 bis 6 Personen

1 kg frische Spargel
6 Tassen Hühnerbrühe, frisch, aus Würfeln oder aus der Dose
1 TL Salz
7 EL Butter
6 EL Mehl
2 EL kleingeschnittene Schalotten oder Frühlingszwiebeln
2 Eigelb
3/4 Tasse süße Sahne
2 EL weiche Butter
Salz
Weißer Pfeffer

Mit einem kleinen, scharfen Messer (keinem Gemüseschäler) schält man von jedem Spargel die Haut und das zähe, äußere Fleisch ab. Am unteren Ende kann das Abgeschälte fast 2 mm dick sein, aber wenn sich das Messer dem Kopf nähert, sollte es allmählich papierdünn werden. Die Köpfe schneidet man an der Stelle ab, wo die Schale endet.

Etwa 1/2 cm vom unteren Ende wirft man fort. Die übrigen Stangen teilt man in 1 cm lange Stücke, die man zur Seite stellt. In einem 3 bis 4 l fassenden Topf bringt man auf mäßiger Hitze die Hühnerbrühe und das Salz zum Sprudeln, schüttet die Spargelköpfe hinein und läßt sie 5 bis 8 Minuten schwach kochen, bis sie gerade weich sind. Die Brühe gießt man in eine Schüssel ab, und die Köpfe stellt man in einer anderen beiseite.

In demselben Topf schmilzt man 5 EL Butter auf mäßiger Hitze, rührt 6 EL Mehl hinein und erhitzt unter ständigem Rühren 1 oder 2 Minuten auf schwachem Feuer. Dieser *roux* darf nicht braun werden. Man nimmt den Topf vom Feuer, läßt ihn einige Sekunden abkühlen und gießt dann die Brühe hinein. Dabei schlägt man ständig mit einem Schneebesen, um Brühe und *roux* miteinander zu vermischen. Man setzt den Topf wieder auf schwache Hitze und rührt, bis die Basis der Cremesuppe zum Kochen kommt, dick wird und vollkommen glatt ist. Dann dreht man die Hitze herunter und läßt die Suppenbasis ganz sachte köcheln.

Die restlichen 2 EL Butter in einer emaillierten oder rostfreien Pfanne von 20 bis 25 Zentimeter Durchmesser schmelzen. Sobald der Schaum verschwindet, gibt man die geschnittenen Spargelstücke und die Schalotten hinein und wendet sie auf mäßiger Hitze 3 Minuten in der Butter. Dann schüttet man die Spargelstücke und Schalotten in die heiße Suppenbasis und kocht auf kleiner Flamme unter gelegentlichem Umrühren noch 15 Minuten, bis die Spargel weich sind.

Die Suppe püriert man durch eine Gemüsemühle oder einen Durchschlag in eine Rührschüssel und dann wieder durch ein feines Sieb in den Topf zurück. Mit dem Schneebesen schlägt man in einer kleinen Schale Eigelb und Sahne und gibt dabei 1/2 Tasse pürierte Suppe, immer 2 Eßlöffel gleichzeitig, dazu. Dann dreht man den ganzen Vorgang um und zieht die jetzt erwärmte Mischung aus Eigelb und Sahne langsam unter die Suppe.

Zum Kochen bringen und unter ständigem Rühren 30 Sekunden aufwallen lassen. Dann den Topf vom Feuer nehmen und nach und nach die 2 EL weiche Butter einquirlen. Die Suppe abschmecken und nach Belieben mit Salz und Pfeffer würzen. Die aufgehobenen Spargelköpfe hinzufügen und die Suppe in eine Terrine oder in einzelne Suppenteller schöpfen.

Garbure

SUPPE MIT FLEISCH UND KOHL ALS HAUPTGERICHT

Für 10 bis 12 Personen

Wasser
$^3/_4$ Tasse getrocknete weiße Bohnen
1 kg magerer durchwachsener Speck
1 Schinkenknochen (nach Belieben)
1 $^1/_2$ kg geschnittener Weißkohl
4 mittelgroße weiße Rüben, in kleine Stücke geschnitten
2 in Scheiben geschnittene Karotten
3 in dicke Scheiben geschnittene Zwiebeln
2 Stangen Lauch, mit 5 cm Grünem, in dicke Scheiben geschnitten (nach Belieben)
4 zerdrückte Knoblauchzehen
Bouquet garni, bestehend aus 8 Petersilienstengeln, den Blättern von 3 Stengeln Staudensellerie und 1 Lorbeerblatt, alles zusammengebunden
$^1/_2$ TL getrockneter Thymian, zerrieben
500 g ungekochte Knoblauchwurst, frisch oder geräuchert
6 festkochende Kartoffeln, in Stücke geschnitten
Salz
Frisch gemahlener schwarzer Pfeffer
Croûtes (Seite 21)

3 Tassen Wasser in einem 6- bis 8-l-Suppentopf oder Kessel mit dickem Boden aufkochen lassen. Die Bohnen hineinschütten und 2 Minuten lebhaft kochen. Den Topf vom Feuer nehmen und etwa 1 Stunde beiseite stellen. Während die Bohnen weichen, gart man den Speck in 1 l Wasser etwa eine Stunde vor. Anschließend trocknet man ihn sorgfältig mit Küchenkrepp.

Nachdem die Bohnen geweicht haben, schüttet man das Wasser ab und mißt es. Man gießt so viel Wasser zu, daß man insgesamt 3 $^1/_2$ l Flüssigkeit erhält, die man in den Suppentopf zurückschüttet. Dazu kommen noch der blanchierte Speck, ggf. der Schinkenknochen, das Kraut, Rüben, Karotten, Zwiebeln, Lauch (sofern verwendet), Knoblauch, *bouquet garni* und Thymian. Alles zusammen bringt man auf großer Hitze zum Kochen, schaltet auf kleine Flamme zurück und hält es, teilweise zugedeckt, 45 Minuten lang am Kochen. Nun die Wurst (an 4 oder 5 Stellen mit der Spitze eines Messers einstechen) und die Kartoffeln hinzugeben und weitere 45 Minuten garen bzw. so lange, bis die Gemüse weich sind. Schinkenknochen und *bouquet garni* entfernen. Speck und Wurst herausnehmen und in Scheiben schneiden. Man schmeckt die Suppe ab, würzt mit Salz und Pfeffer und schüttet sie in eine große Terrine oder auf einzelne Suppenteller über die *croûtes*. Das Fleisch wird getrennt auf einer vorgewärmten Platte serviert.

Potage Crème de Champignons

CHAMPIGNONCREMESUPPE

Für 4 bis 6 Personen

750 g frische Champignons
125 g Butter
2 kleingeschnittene Schalotten oder Frühlingszwiebeln
6 EL Mehl
6 Tassen Hühnerbrühe, frisch, aus Würfeln oder aus der Dose
2 Eigelb
3/4 Tasse süße Sahne
Salz
Weißer Pfeffer

Die Champignonköpfe trennt man von den Stielen. Dann schneidet man die Hälfte davon in ungefähr 3 mm dicke Scheiben. Die restlichen Köpfe und alle Stiele grobhacken. In einer emaillierten oder Edelstahlpfanne von 20 bis 25 cm Durchmesser (Eisen oder Aluminium verfärbt die Pilze) läßt man auf mäßiger Hitze 2 EL Butter zergehen.

Sobald der Schaum verschwindet, schüttet man die Champignonscheiben hinein und dünstet sie unter ständigem Wenden mit einem Holzlöffel 2 Minuten, bis sie leicht gefärbt sind. Mit einem Schaumlöffel gibt man sie in eine Schüssel. Man zerläßt weitere 2 EL Butter in derselben Pfanne und dünstet die gehackten Pilzköpfe und -stiele sowie die Schalotten 2 Minuten lang. Dann stellt man sie in der Pfanne beiseite.

In einem schweren, 4 bis 6 l fassenden Topf läßt man die restlichen 5 EL Butter auf mäßiger Hitze zergehen. Man nimmt den Topf vom Feuer, rührt die 6 EL Mehl hinein und erhitzt dann unter ständigem Rühren auf kleiner Flamme 1 oder 2 Minuten lang. Der *roux* darf nicht braun werden. Den Topf wieder vom Feuer nehmen, einige Sekunden abkühlen lassen, die Hühnerbrühe hineingießen und kräftig mit dem Schneebesen durchschlagen, um Brühe und *roux* miteinander zu vermischen.

Danach wieder aufs Feuer setzen und so lange rühren, bis die Cremesuppenbasis zum Kochen kommt, dick wird und vollkommen glatt ist. Dann gibt man die gehackten Pilze und die Schalotten hinein und läßt die Mischung unter gelegentlichem Rühren 15 Minuten lang köcheln.

Die Suppe wird durch eine Gemüsemühle in eine Rührschüssel und dann wieder durch ein feines Sieb in den Topf zurück passiert. Mit dem Schneebesen vermischt man in einer Schüssel Eigelb und Sahne, und schlägt dann eßlöffelweise 1/2 Tasse von der heißen, pürierten Suppe dazu. Nun dreht man den Vorgang um und rührt die warme Mischung aus Eigelb und Sahne unter die Suppe.

Unter ständigem Rühren 30 Sekunden aufkochen und den Topf vom Feuer nehmen. Abschmecken und mit Salz und weißem Pfeffer würzen. Die aufgehobenen Champignonscheiben hinzufügen und die Suppe dann in einer Terrine oder auch in einzelnen Suppentellern servieren.

Potage Purée Soissonnaise

WEISSE BOHNENSUPPE

Für 6 bis 8 Personen

2 bis 3 l Hühnerbrühe, frisch, aus Würfeln oder aus der Dose
3 Tassen getrocknete weiße Bohnen
1 EL Butter
1 Zwiebel, kleingeschnitten
1 Karotte, kleingeschnitten
2 Lauchstangen (die weißen Teile und 5 cm Grünes), kleingeschnitten, oder noch eine gehackte Zwiebel
2 Tassen Wasser
125 g magerer, durchwachsener Speck in einem Stück oder 1 Schinkenknochen
Bouquet garni, bestehend aus 4 Petersilienstengeln, den Blättern von 2 Stengeln Staudensellerie und 1 Lorbeerblatt, zusammengebunden
Salz
Frisch gemahlener schwarzer Pfeffer
2 EL weiche Butter
2 EL kleingeschnittene frische Petersilie

In einem schweren, 4 bis 6 l fassenden Topf oder Suppenkessel 2 l Hühnerbrühe aufkochen, die Bohnen hineingeben und ohne Deckel 2 Minuten am Sprudeln halten. Danach den Topf vom Feuer nehmen und die Bohnen eine Stunde lang weichen lassen. In der Zwischenzeit 1 EL Butter in einer schweren Pfanne von 15 bis 20 Zentimeter Durchmesser zergehen lassen. Sobald der Schaum sich auflöst, Zwiebel, Karotte und Lauch darin unter häufigem Rühren etwa 5 Minuten garen. Wenn sie knapp weich sind, die Pfanne mit dem Gemüse beiseite stellen. Falls man den Speck verwendet, muß man ihn in einem kleinen Topf in 2 Tassen Wasser blanchieren, indem man ihn 10 Minuten lang, nicht zugedeckt, köcheln läßt. Danach auf Küchenkrepp abtrocknen.

Die eingeweichten Bohnen abgießen und die Flüssigkeit messen. Bohnen und Brühe in den Topf zurückgeben, dabei so viel Brühe oder Wasser zufügen, daß sich 2 l ergeben. Das Gemüse, den blanchierten Speck (oder den Schinkenknochen) und das *bouquet garni* zufügen und auf starker Hitze zum Kochen bringen. Dann Temperatur zurückschalten und die Suppe sacht ohne Deckel 2 Stunden ziehen lassen, bis die Bohnen ganz weich sind. *Bouquet garni* und Speck bzw. Schinkenknochen entfernen. Die Bohnen abgießen und die Brühe aufheben. Die Bohnen dann durch ein Sieb oder eine Küchenmaschine in eine Schüssel passieren. Das Püree in den Topf zurückgeben und so viel zufügen, daß eine Suppe entsteht, die dick wie Sahne ist. Sollte sie zu dick sein, so kann sie durch weitere Hühnerbrühe verdünnt werden. Die Suppe abschmecken, mit Salz und Pfeffer würzen und bei mittlerer Temperatur unter Rühren erhitzen. Den Topf vom Feuer nehmen und 2 EL weiche Butter darin verquirlen. Zum Anrichten wird die Suppe in eine große Terrine oder auf einzelne Suppenteller geschöpft und mit Petersilie bestreut.

Bourride

PROVENZALISCHE FISCHSUPPE MIT KNOBLAUCHMAYONNAISE

Für 8 bis 10 Personen

COURT BOUILLON

1 kg Fischköpfe, Gräten und Flossen
1,5 l Wasser
1 Tasse herber Weißwein
2 Zwiebeln, in dünne Scheiben geschnitten
2 Lauchstangen, nur die weißen Teile, in dünne Scheiben geschnitten (nach Belieben)
2 EL Weinessig, möglichst weißer
2 Streifen frische Apfelsinenschale, 7 cm lang
2 Lorbeerblätter
1 TL Fenchelsaat
2 TL Salz

AÏOLI

1 EL feine trockene Brösel
1 EL Weinessig
6 Zehen Knoblauch, grobgehackt
7 Eigelb
1/2 TL Salz
1/8 TL weißer Pfeffer
1 1/2 Tassen Olivenöl
1 EL Zitronensaft

FISCH

Je 1 kg von drei Sorten festen weißen Fischfilets wie Schellfisch, Goldbrasse, Kabeljau, Seezunge, Steinbeißer, Steinbutt, Pollack oder Heilbutt in 5 cm große, serviergerechte Stücke geschnitten

CROÛTES

12 *croûtes* (siehe Rezept für *soupe à l'oignon, Seite 21*)

In einem 4 bis 6 l fassenden Topf bringt man die Zutaten der *court bouillon* zum Sprudeln, deckt den Topf teilweise zu und kocht 30 Minuten auf kleiner Flamme. Fischköpfe und andere Abfallteile sind stets eine gute Grundlage für Suppen. In der Zwischenzeit bereitet man die *aïoli* zu. Man weicht die Brösel 5 Minuten in 1 EL Weinessig ein, dann preßt man sie mit einem Handtuch trocken. In einem großen Mörser mit Stößel (oder in einer kleinen, schweren Rührschüssel mit einem Holzlöffel) quetscht man Brösel und Knoblauch zu einer glatten Paste. Dann schlägt man nacheinander die 3 Eigelb darunter. Zusammen mit dem dritten Eigelb gibt man Salz und Pfeffer zu. Wenn die Mischung dick und zäh ist, beginnt man, das Olivenöl tropfenweise hineinzuschlagen. Sobald die Mischung einer dicken Sahne ähnelt, gibt man sie in eine große Rührschüssel. Mit einem Schneebesen, Hand- oder Elektrorührer mischt man den Rest des Öls teelöffelweise darunter. Die Sauce soll wie eine dicke Mayonnaise werden. Man würzt sie nach Belieben mit Zitronensaft, Salz und Pfeffer. Nun schöpft man 2/3 Tasse *aïoli* in eine kleine Sauciere und bedeckt diese mit Folie. Den Rest der Sauce (ungefähr 1 1/3 Tassen) in einen 3 bis 4 l fassenden Topf geben.

Die *court bouillon* gießt man durch ein Sieb in eine Schüssel und drückt dabei die Gemüse und Fischteile mit einem Löffel fest aus, ehe man sie wegwirft. Der Topf wird ausgewaschen und die *court bouillon* wieder hineingegeben. Den Fisch zufügen, aufkochen und ohne Deckel 3 bis 8 Minuten ziehen lassen, bis sich der Fisch fest anfühlt. Man muß den Fisch sorgfältig beobachten; verschiedene Arten und unterschiedlich dicke Stücke garen nicht gleich schnell. Mit einem Schaumlöffel legt man die Stücke, sobald sie gerade fest sind, auf eine vorgewärmte Platte, die man lose zudeckt.

Abseits vom Feuer schlägt man nacheinander die 4 verbliebenen Eigelb zu der *aïoli* in den Topf. Man gibt unter ständigem Rühren 1 Tasse heiße Fischbrühe und dann nach und nach die restliche Brühe dazu. Auf schwacher Flamme erhitzen, bis die Suppe dick genug ist, um den Schneebesen leicht zu überziehen. Nicht zum Kochen kommen lassen. Wenn nötig mit Salz, Pfeffer und Zitronensaft würzen.

Zum Servieren gießt man die Suppe in eine große Terrine und bringt sie zusammen mit der Fischplatte, der Sauciere mit *aïoli* und den *croûtes* zu Tisch. Auf den Boden jedes Suppentellers legt man eine *croûte,* überdeckt sie mit einem oder mehreren Fischstücken und schöpft die Suppe ein. Man krönt mit einem Klecks *aïoli* und reicht die restliche Sauce separat.

Potage Crécy

KAROTTENPÜREESUPPE

Für 4 bis 6 Personen

2 EL Butter
³/₄ Tasse feingeschnittene Zwiebeln
3 Tassen feingeschnittene Karotten
1 l Hühnerbrühe, frisch, aus Würfeln oder aus der Dose
2 TL Tomatenmark
2 EL roher Reis
Salz
Weißer Pfeffer
¹/₂ Tasse süße Sahne
1 EL weiche Butter
8 bis 12 Karottenspäne (nach Belieben)

In einem schweren, 3 bis 4 l fassenden Topf läßt man die Butter auf mäßiger Hitze zergehen. Die Zwiebeln hineingeben und unter gelegentlichem Rühren ca. 5 Minuten dünsten, bis sie weich, aber nicht gebräunt sind. Dann fügt man Karotten, Hühnerbrühe, Tomatenmark und Reis hinzu und läßt ohne Deckel 30 Minuten sacht köcheln. Danach die Suppe durch eine Gemüsemühle in einen sauberen Topf pürieren. Man würzt mit Salz und weißem Pfeffer und legiert mit der süßen Sahne.

Vor dem Servieren kocht man die Suppe kurz auf, nimmt sie vom Herd und rührt den EL weiche Butter ein. Die Suppe wird in eine Terrine oder in einzelne Suppenteller geschöpft und, falls gewünscht, mit Karottenspänen garniert.

Fisch

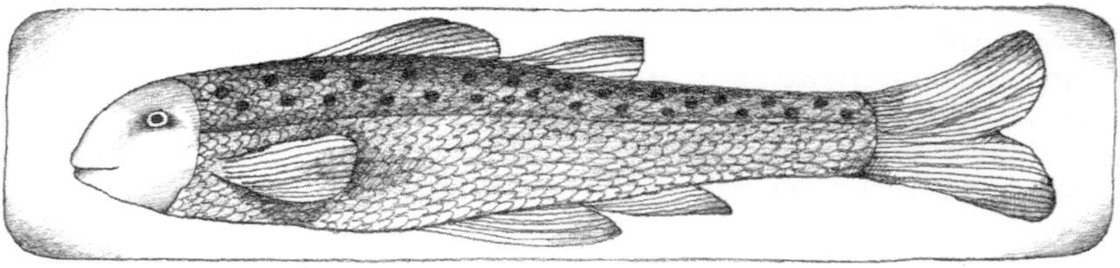

Bar Poché au Beurre Blanc

POCHIERTER SEEBARSCH MIT WEISSER BUTTERSAUCE

Für 6 Personen

COURT BOUILLON

2 l Wasser
2 Tassen herber Weißwein
1/4 Tasse Weinessig
3 Zwiebeln, in dicke Scheiben geschnitten
2 Karotten, in 2 1/2 cm große Stücke geschnitten
4 Stiele Selleriekraut, in 2 1/2 cm große Stücke geschnitten
4 Stengel Petersilie
2 Lorbeerblätter
1 TL feingeschnittener frischer Estragon oder 1/2 TL getrockneter Estragon
1 TL feingeschnittener frischer Thymian oder 1/2 TL getrockneter Thymian
2 EL Salz
10 Pfefferkörner

In einem 6 bis 8 l fassenden, emaillierten oder rostfreien Stahltopf oder Suppenkessel bringt man alle Zutaten für die *court bouillon* auf großer Flamme zum Aufwallen. Man deckt dann den Topf teilweise zu, reduziert die Hitze und läßt 30 Minuten ziehen. Durch ein großes Haarsieb in einen Fischkocher oder einen großen tiefen Bräter mit Deckel gießen und zum Abkühlen auf die Seite stellen.

FISCH

Ein drei- bis dreieinhalbpfündiger ganzer gestreifter Seebarsch (Seewolf), ausgenommen und entschuppt, aber noch mit Kopf und Schwanz (man kann auch jeden anderen weißfleischigen Fisch verwenden, wie Rotbarsch, Schellfisch, Kabeljau, Pollack oder Seeforelle)
Frische Petersilienstengel

Wenn die *court bouillon* lauwarm ist, wäscht man den Fisch innen und außen unter fließendem, kaltem Wasser. Ohne ihn abzutrocknen hüllt man ihn in ein großes, doppelt gelegtes feuchtes Stück Mull, wobei man mindestens 15 cm an jeder Seite überstehen läßt, um anfassen zu können, wenn man den Fisch in den Topf einlegt oder herausnimmt. Die Enden des Tuches dreht man zusammen und bindet sie mit einem Faden zu, dann legt man den Fisch auf den Einsatz des Fischkochers oder Bräters und stellt ihn in die *court bouillon* hinein. (Wenn man einen Bräter benutzt, so bindet man die Enden des Mulls um die Griffe des Topfes.) Die *court bouillon* sollte 4 bis 5 cm über den Fisch reichen. Falls nötig, Wasser aufgießen.

Zudecken, bis zum Siedepunkt erhitzen lassen, die Temperatur verringern und etwa 15 Minuten ziehen lassen. Den Topf vom Feuer nehmen und den Fisch weitere 15 Minuten darin abkühlen. Nun hebt man an den Enden des Mulls den Fisch aus dem Topf und legt ihn auf ein großes Tranchierbrett oder eine Platte. Man öffnet den Mull und enthäutet den Fisch mit einem kleinen scharfen Messer, indem man die Haut am Schwanz einschneidet und sie behutsam in Streifen zu den Kiemen hin abzieht. An den beiden Enden des Tuches hebt man den Fisch vorsichtig hoch und wendet ihn um auf eine vorgewärmte Servierplatte. Die Haut auch auf der umgedrehten Seite abziehen. Mit Petersilienstengeln garnieren und vorsichtig zudecken, um den Fisch warmzuhalten. (Die *court bouillon* kann im Kühlschrank aufbewahrt oder zur Wiederverwendung eingefroren werden.)

BEURRE BLANC

$^1/_3$ Tasse Weinessig
$^1/_3$ Tasse herber Weißwein
2 EL feingehackte Schalotten oder Frühlingszwiebeln
$^1/_2$ TL Salz
$^1/_8$ TL weißer Pfeffer
250 g Butter, in 16 eßlöffelgroße Stücke zerteilt und eisgekühlt

BEURRE BLANC: In einem $1^1/_2$ bis 2 l fassenden, emaillierten Topf bringt man Essig, Wein, Schalotten, Salz und Pfeffer auf großer Flamme zum Aufwallen und kocht ohne Deckel unter gelegentlichem Umrühren, bis die Flüssigkeit auf ungefähr 1 EL reduziert ist – es sollte gerade noch ein Film auf dem Boden des Topfes sein. Den Topf vom Feuer nehmen und sofort 3 EL eisgekühlte Butter einrühren, wobei man ständig mit dem Schneebesen schlägt, bis die Flüssigkeit alle Butter aufgenommen hat.

Den Topf auf die niedrigste Temperatur setzen und den Rest der eisgekühlten Butter unter ständigem Schlagen stückweise zugeben. Jedes Butterstück muß aufgelöst sein, ehe man das nächste zufügt. Die fertige Sauce soll eine dicke, elfenbeinfarbene Creme sein. Sofort in einer warmen – nicht heißen – Sauciere anrichten.

Um den Fisch vor dem Anrichten zu entgräten, zerteilt man die obere Lage mit einem Fischserviermesser in einzelne Portionen, ohne bis zur Hauptgräte durchzuschneiden. Kopf und Schwanz unbeschädigt lassen. Die Portionen mit dem Fischvorlegebesteck abheben und sie auf einer anderen Platte arrangieren. Dann hebt man die Hauptgräte ab und zerteilt die untere Lage Fisch in Portionen.

ANDERE MÖGLICHKEIT: Um gekochten Seebarsch kalt zu servieren, kocht und enthäutet man ihn, wie oben beschrieben. Man deckt dann den Fisch mit Plastik- oder Alufolie zu und stellt ihn für einige Stunden in den Kühlschrank. Man serviert den Fisch mit *mayonnaise aux fines herbes (Seite 13)* und garniert ihn mit frischen Kräutern, ganzen kleinen Tomaten und Zitronenscheiben.

Coquilles Saint-Jacques à la Parisienne

MUSCHELRAGOUT MIT CHAMPIGNONS IN WEISSWEINSAUCE

Für 6 Personen

$1\,^1/_2$ Tassen sorgfältig entfettete Hühnerbrühe, frisch, aus Würfeln oder aus der Dose, notfalls Wasser
$1\,^1/_2$ Tassen herber Weißwein
3 in Scheiben geschnittene Schalotten oder Frühlingszwiebeln
3 Stiele Selleriegrün, in 5 cm große Stücke geschnitten
4 Petersilienstengel
1 Lorbeerblatt
10 ganze Pfefferkörner
1 kg Kammuscheln (Scallops aus Tiefkühlung oder Dosen), in 1 cm dicke Scheiben geschnitten
375 g frische Champignons, in Scheiben geschnitten

Den Backofen auf 180° vorheizen. In einem schweren, 3 bis 4 l fassenden Topf bringt man Brühe, Wein, Schalotten, Sellerie, Petersilie, Lorbeerblatt und die Pfefferkörner auf großer Flamme zum Kochen. Dann reduziert man die Hitze und läßt ohne Deckel 20 Minuten köcheln. Man gießt die *court bouillon* durch ein Sieb in eine Email- oder Edelstahlpfanne von 25 bis 30 cm Durchmesser, gibt die Muscheln und Champignons dazu, legt den Deckel auf und läßt 5 Minuten lang ziehen. Muscheln und Champignons in eine große Rührschüssel tun. Den Rest *court bouillon* reduziert man zu 1 Tasse.

SAUCE PARISIENNE
4 EL Butter
5 EL Mehl
$^3/_4$ Tasse Milch
2 Eigelb
$^1/_4$ bis $^1/_2$ Tasse süße Sahne
Einige Tropfen Zitronensaft
1 TL Salz
Weißer Pfeffer
$^1/_4$ Tasse geriebener Schweizer Käse

SAUCE PARISIENNE: In einem 2 bis 3 l fassenden Email- oder Edelstahltopf zerläßt man 4 EL Butter auf mäßiger Hitze. Sobald der Schaum verschwindet, hebt man den Topf vom Feuer und rührt das Mehl ein. Wieder auf schwache Flamme setzen und unter ständigem Rühren ein oder zwei Minuten kochen. Dieser *roux* darf nicht braun werden. Den Topf vom Feuer nehmen und unter ständigem Schlagen mit dem Schneebesen die eingekochte Pochierflüssigkeit und die Milch langsam zugießen. Dann geht man wieder auf hohe Temperatur und kocht die Sauce, wobei man sie mit dem Schneebesen schlägt. Wenn sie dick wird und zum Aufwallen kommt, verringert man die Hitze und läßt sie noch 1 Minute auf der Flamme. Die Eigelb und $^1/_4$ Tasse Sahne mischt man und rührt 2 EL Sauce dazu. Nach weiteren 2 EL Sauce die Eigelb- und Sahnemischung unter die im Topf verbliebene Masse schlagen. Auf mäßiger Hitze unter ständigem Rühren für 30 Sekunden zum Kochen bringen. Vom Feuer nehmen und mit Zitronensaft, Salz und Pfeffer würzen. Die Sauce soll einen Löffel ziemlich dick überziehen. Notfalls verdünnt man sie mit Sahne.

Den Saft, der sich unter den Muscheln und Champignons angesammelt hat, abschöpfen und fortschütten. Dann gießt man etwa $^2/_3$ der *sauce parisienne* dazu und verrührt alles behutsam miteinander. Man buttert 6 Muschelschalen aus, die man auf ein Backblech oder eine Grillpfanne gesetzt hat – oder auch 6 flache, feuerfeste Schälchen von 10 cm Durchmesser – ,und füllt die Muschelmischung hinein. Mit der verbliebenen Sauce überziehen, mit Käse bestreuen und im oberen Drittel des Ofens 10 bis 15 Minuten backen, bis die Sauce Blasen wirft. Dann schiebt man sie unter einen heißen Grill und bräunt die Oberseite 30 Sekunden. Sofort servieren.

Coquilles Saint-Jacques à la Provençale

PROVENZALISCHES MUSCHELRAGOUT

Für 4 Personen

1 kg Kammuscheln (Scallops aus Tiefkühlung oder Dosen), in 6 mm dicke Scheiben geschnitten

Salz
Weißer Pfeffer
Mehl
2 EL Butter
3 EL Pflanzenöl

Man wäscht die Muscheln in kaltem Wasser und trocknet sie mit Küchenkrepp. Mit Salz und Pfeffer würzen, dann in Mehl tauchen und in einem Sieb oder Durchschlag schütteln, um alles Mehl bis auf einen leichten Überzug zu entfernen. In einer Email- oder Edelstahlpfanne von 25 bis 30 cm Durchmesser läßt man 2 EL Butter mit dem Öl auf mäßiger Hitze zergehen. Sobald der Schaum verschwindet, dünstet man die Muscheln in zwei Partien, damit sie nicht zu eng liegen, wobei man die Pfanne schüttelt und die Muscheln umrührt, bis sie leicht gebräunt sind. Mit dem Schaumlöffel oder einem Spachtel legt man dann die Muscheln auf eine vorgewärmte Platte.

KNOBLAUCHBUTTER
125 g Butter
1 TL kleingeschnittener Knoblauch

2 EL feingeschnittene frische Petersilie
1 Zitrone, geviertelt

KNOBLAUCHBUTTER: In einem 1 1/2 bis 2 l fassenden Topf klärt man 125 g Butter, indem man sie langsam zergehen läßt und dabei den Schaum abschöpft. Die oben schwimmende, klare Butter gibt man in eine Pfanne von 15 bis 20 cm Durchmesser, und die auf dem Boden des Topfes zurückbleibenden milchigen, festen Bestandteile gießt man fort. Die Butter wird nun so lange erhitzt, bis sie zischt, aber nicht bräunt. Vom Feuer nehmen und schnell den Knoblauch einrühren. Man gießt die Knoblauchbutter über die Muscheln, garniert mit geschnittener Petersilie und Zitronenvierteln und serviert sofort.

Poisson Farci à la Florentine

GEBACKENER FISCH MIT SPINATFÜLLUNG

Für 6 bis 8 Personen

SPINATFÜLLUNG

4 EL Butter
3 EL feingehackte Schalotten oder Frühlingszwiebeln
250 g feingehackter, gekochter frischer Spinat, fest ausgedrückt oder ein 300-g-Paket gehackter Tiefkühlspinat, aufgetaut und völlig trocken ausgedrückt
2 1/2 Tassen frisches, sehr fein gekrümeltes Weißbrot
2 bis 4 EL süße Sahne
1/4 TL Zitronensaft
1/2 TL Salz
Frisch gemahlener schwarzer Pfeffer

SPINATFÜLLUNG: Man nimmt eine emaillierte oder rostfreie Stahlpfanne von 15 bis 20 cm Durchmesser, läßt darin auf mäßiger Hitze 4 EL Butter zergehen, in der man die Schalotten 2 Minuten dünstet, bis sie weich, aber noch nicht braun sind. Dann gibt man den Spinat dazu und kocht ihn unter ständigem Rühren 2 oder 3 Minuten auf großer Flamme, um den größten Teil der Feuchtigkeit zu verdampfen. Alles in eine große Rührschüssel geben, Brösel, Sahne, Zitronensaft, Salz und etwas Pfeffer zufügen und behutsam alles mischen. Falls nötig noch mit etwas Zitronensaft, Salz und Pfeffer würzen.

FISCH

Ein vier- bis fünfpfündiger Rotbarsch, ausgenommen und entschuppt, Hauptgräte entfernt, aber noch mit Kopf und Schwanz (oder Schellfisch, Kabeljau, Lachs und Makrele)
6 EL zerlassene Butter
1 Tasse herber Weißwein
1 EL Butter
Teller- oder Brunnenkresse, Petersilie und dekorativ geschnittene Zitronen

DEN FISCH BACKEN: Den Backofen auf 200° vorheizen. Den Fisch innen und außen unter fließendem Wasser waschen und sorgfältig mit Küchenkrepp trocknen. Nun gibt man die Füllung hinein, verschließt die Öffnung mit kleinen Spießchen und verschnürt kreuzweise mit Bindfaden (2. Photo auf der gegenüberliegenden Seite). Mit 2 EL zerlassener Butter bestreicht man den Boden eines flachen, feuerfesten Geschirrs, das groß genug ist, um den Fisch aufzunehmen. (Wenn man es vorzieht, den Fisch auf einer Platte zu servieren, so kleidet man das Geschirr mit einem langen Stück Folie aus, die auf beiden Seiten gebuttert ist, um später den Fisch leichter handhaben zu können.) Man legt den Fisch in das Geschirr, bestreicht die Oberseite mit weiteren 2 EL zerlassener Butter, salzt und pfeffert. Den Rest der zerlassenen Butter vermengt man mit dem Wein und gießt ihn rings um den Fisch. Auf dem Herd zum Siedepunkt bringen, dann gart man ihn ohne Deckel auf dem mittleren Einschub des Ofens und begießt ihn dabei alle 5 bis 7 Minuten mit dem Saft, der sich im Geschirr sammelt. Wenn der Wein verdunstet, gießt man, wenn nötig, bis zu 3/4 Tasse zu.

In 40 bis 50 Minuten soll der Fisch gerade fest sein, wenn man leicht mit dem Finger darauf drückt. Man nimmt das Geschirr aus dem Ofen und gießt – falls der Fisch darin serviert werden soll – den Saft in einen kleinen Topf ab. Wird der Fisch auf einer Platte angerichtet, so hebt man vorsichtig Folie und Fisch aus dem Geschirr, indem man die langen Enden als Griffe benutzt. Behutsam läßt man den Fisch von der Folie auf die Platte gleiten.

Den Saft kocht man auf großer Flamme ein, bis er sirupartig ist. Vom Feuer nehmen, 1 EL Butter einrühren und die Sauce über den Fisch gießen. Man serviert den Fisch allein oder mit *beurre blanc (Seite 30)* oder Holländischer Sauce *(Seite 13)*. Er wird mit Kresse oder Petersilie und dekorativ geschnittenen Zitronen garniert.

Darnes de Saumon Grillées au Beurre d'Escargots

GEGRILLTE LACHSSTEAKS MIT KRÄUTERBUTTER

Für 4 Personen

KNOBLAUCH-KRÄUTERBUTTER

125 g Butter
1 EL feingeschnittene Schalotten oder Frühlingszwiebeln
1 TL feingehackter Knoblauch
2 EL feingehackte frische Petersilie
Salz
Frisch gemahlener schwarzer Pfeffer

KRÄUTERBUTTER: Man rührt zunächst die Butter schaumig, indem man sie mit einem Holzlöffel gegen die Seiten einer kleinen Schüssel schlägt, bis sie ganz sahnig ist. Dann gibt man Schalotten, Knoblauch, Petersilie, Salz und nach Geschmack etwas Pfeffer dazu.

FISCH

4 Lachssteaks, 2 1/2 cm dick geschnitten, jedes ungefähr 375 g schwer
1/4 Tasse zerlassene Butter
Salz
Frisch gemahlener schwarzer Pfeffer
2 Zitronen, in Viertel oder Scheiben geschnitten

LACHSSTEAKS: Man heizt den Grill 15 Minuten lang vor, bis er sehr heiß ist. Die Lachssteaks trocknet man gründlich mit Küchenkrepp. Mit einem Kuchenpinsel bestreicht man beide Seiten der Steaks mit zerlassener Butter, legt sie auf den Rost und grillt sie – die Oberseite der Steaks 7 bis 10 cm vom Heizelement entfernt – 3 Minuten auf jeder Seite. Dann mit der verbliebenen, zerlassenen Butter oder mit der Butter aus der Grillpfanne bestreichen, salzen, pfeffern und weitere 3 Minuten grillen. Umdrehen, erneut bestreichen und noch etwa 5 bis 8 Minuten grillen, bis sie sich fest anfühlen. Mit einem Spachtel legt man die Steaks auf eine vorgewärmte Servierplatte und garniert mit Zitronenvierteln oder -scheiben. Die Kräuterbutter streicht man über die Steaks oder reicht sie separat in einer Sauciere.

Filets de Sole à la Parisienne, Gratinés

SEEZUNGENFILETS IN WEISSWEINSAUCE

Für 6 bis 8 Personen

2 EL feingehackte Schalotten oder Frühlingszwiebeln
1,5 kg Seezungen- oder Schollenfilets, enthäutet und in gleichgroße, serviergerechte Stücke geschnitten
Salz
Frisch gemahlener schwarzer Pfeffer
3/4 Tasse herber Weißwein
Wasser

Den Backofen auf 175° vorheizen. Den Boden einer flachen feuerfesten Schüssel, die so groß ist, daß sie die Filets in einer Lage aufnehmen kann, ausbuttern. Die Schalotten auf dem Boden der Schüssel verteilen und die Filets nebeneinander darauflegen. Falls die Filets dünner als 6 mm sind, müssen sie zusammengeklappt werden. Mit Salz und Pfeffer würzen. Den Wein zugießen und so viel Wasser nachfüllen, daß die Flüssigkeit fast über den Fisch geht (1/2 bis 3/4 Tasse). Auf dem Herd zum schwachen Kochen bringen, dann die Schüssel mit einem gebutterten Pergamentpapier bedecken und auf dem mittleren Einschub des Backofens 8 bis 10 Minuten lang pochieren. Die Filets müssen gerade fest sein, wenn man leicht mit dem Finger darauf drückt. Die feuerfeste Schüssel aus dem Ofen nehmen und das Pergamentpapier abnehmen. Die Ofentemperatur auf 250° erhöhen. Mit einer Küchenpipette („Bratenboy" oder ähnlichem Hilfsmittel) alle Flüssigkeit aus der Schüssel aufnehmen und in einen 1 1/2 bis 3 l fassenden emaillierten oder rostfreien Stahltopf sieben. Die feuerfeste Schüssel wieder mit dem Pergamentpapier bedecken und beiseite stellen. Die Pochierflüssigkeit bei starker Hitze bis auf die Menge von einer Tasse einkochen.

SAUCE PARISIENNE

4 EL Butter
5 EL Mehl
3/4 Tasse Milch
2 Eigelb
1/4 bis 1/2 Tasse süße Sahne
Einige Tropfen Zitronensaft
1 TL Salz
Weißer Pfeffer
2 bis 3 EL geriebener Schweizer Käse
2 TL Butter, in winzige Stückchen geschnitten

SAUCE PARISIENNE: In einem 2 bis 3 l fassenden emaillierten oder rostfreien Stahltopf läßt man 4 EL Butter auf mäßiger Hitze zergehen. Sobald der Schaum verschwindet, nimmt man den Topf vom Feuer und rührt das Mehl hinein. Aufs Feuer zurücksetzen und, ständig rührend, ein oder zwei Minuten kochen. Diesen *roux* nicht braun werden lassen. Den Topf wieder vom Feuer nehmen und langsam die eingekochte Pochierflüssigkeit und die Milch zugießen, dabei ständig mit einem Schneebesen schlagen. Dann auf starke Hitze setzen, kochen und weiter mit dem Schneebesen schlagen. Wenn die Sauce dickt und zum Kochen kommt, die Hitze reduzieren und nur noch 1 Minute vorsichtig köcheln lassen. Die Eigelb und 1/4 Tasse Sahne in einer kleinen Schale vermischen und 2 EL der heißen Sauce unterziehen. Noch 2 EL Sauce dazu rühren und dann die erhitzte Eigelb-Sahne-Mischung mit dem Schneebesen zur restlichen Sauce in den Topf schlagen. Auf mäßiger Hitze hält man nun, ständig rührend, die Sauce etwa 30 Sekunden am Kochen. Vom Feuer nehmen und mit Zitronensaft, Salz und ein wenig weißem Pfeffer würzen. Die Sauce sollte so dick sein, daß sie den Schneebesen leicht bedeckt. Falls sie zu dick ist, muß sie mit etwas oder aller verbleibenden Sahne verdünnt werden.

Den Saft, der sich in der feuerfesten Schüssel gesammelt hat, abgießen. Die Sauce unter die Filets verteilen, die man dabei mit einem Spachtel anhebt. Die Oberseite der Filets überzieht man mit der verbleibenden Sauce. Den geriebenen Käse überstreuen und mit 2 TL Butterflöckchen belegen. Im oberen Drittel des Ofens 10 bis 15 Minuten backen oder so lange, bis die Sauce Blasen wirft. Anschließend die feuerfeste Schüssel dreißig Sekunden unter den Grill schieben, bis die Oberfläche leicht gebräunt ist. Sofort servieren.

Truites à la Meunière

IN BUTTER GEBRATENE FORELLE

Für 4 Personen

11 EL Butter
4 halbpfündige frische Forellen oder aufgetaute Tiefkühl-Forellen, ausgenommen, aber mit Köpfen und Schwänzen
Salz
Mehl
1 EL Öl
2 EL Zitronensaft
4 EL feingehackte frische Petersilie

In einem 1½- bis 2-l-Topf klärt man zunächst 8 EL Butter, indem man sie langsam zerschmelzen läßt und dabei den Schaum von der Oberfläche abschöpft. Die geklärte, oben schwimmende Butter schöpft man in eine Pfanne von 15 bis 20 cm Durchmesser und setzt sie beiseite. Der milchige Satz auf dem Boden des Topfes wird weggeschüttet. Die Forellen unter kaltem, fließendem Wasser waschen und sorgfältig mit Küchenkrepp trocknen. Innen und außen mit Salz würzen; in Mehl wenden und dann die Forellen schütteln, damit alles Mehl bis auf eine staubfeine Schicht abfällt. In einer schweren Pfanne von 25 bis 30 cm Durchmesser läßt man die restlichen 3 EL Butter zusammen mit dem Öl auf mäßiger Hitze schmelzen. Sobald der Schaum verschwindet, werden die Forellen eingelegt und auf starker Hitze gebraten. Dabei wendet man sie mit einer Küchenzange; 5 bis 6 Minuten auf jeder Seite braten, bis sie goldbraun und gerade noch fest sind, wenn man sie leicht mit dem Finger drückt. Nun werden sie auf eine vorgewärmte Platte gelegt und zugedeckt, damit sie warm bleiben. Auf schwacher Hitze die geklärte Butter so lange kochen, bis sie leicht bräunt. Nicht verbrennen lassen. Die Forellen jetzt mit Zitronensaft beträufeln, mit der Petersilie bestreuen, die heiße Butter darübergießen und sofort servieren.

Filets de Sole Bonne Femme

SEEZUNGENFILETS MIT CHAMPIGNONS UND WEINSAUCE

Für 6 bis 8 Personen

375 g frische Champignons
4 EL Butter
2 EL Pflanzenöl
1 EL feingehackte Schalotten oder Frühlingszwiebeln
1 TL Zitronensaft
1 1/2 kg Seezungen- oder Schollenfilets, abgezogen und in gleichgroße, serviergerechte Stücke geschnitten
Salz
Frisch gemahlener schwarzer Pfeffer
3/4 Tasse herber Weißwein
Wasser

Den Backofen auf 180° vorheizen. Die Köpfe von 12 bis 16 Champignons abschneiden und den Rest sowie alle Stiele in Scheiben schneiden. In einer Email- oder Edelstahlpfanne von 15 bis 20 cm Durchmesser zerläßt man auf mäßiger Hitze 2 EL Butter mit 1 EL Öl. Man schwenkt die ganzen Champignonköpfe 1 oder 2 Minuten in dem heißen Fett, bis sie leicht gebräunt sind, dann stellt man sie in der Pfanne beiseite. In einer Email- oder Edelstahlpfanne von 20 bis 25 cm Durchmesser zerläßt man auf mäßiger Hitze 2 EL Butter mit 1 EL Pflanzenöl. Die in Scheiben geschnittenen Champignons dazugeben und unter ständigem Rühren 2 Minuten dünsten. Die Schalotten zufügen, 1 Minute dünsten und den Zitronensaft zugießen.

Man buttert ein flaches, feuerfestes Geschirr, das groß genug ist, die Filets in einer Lage aufzunehmen, gut aus, und legt die Filets nebeneinander hinein, wobei man sie einmal zusammenfaltet, wenn sie weniger als 6 mm dick sind. Salzen, pfeffern und die Champignon-Schalottenmischung über den Filets verteilen. Man gießt den Wein und so viel Wasser zu, daß es knapp bis zur Oberseite der Fische reicht. Auf der Herdplatte vorsichtig bis zum Siedepunkt erhitzen, mit gebuttertem Pergamentpapier bedecken und dann auf dem mittleren Einschub des Backofens 8 bis 10 Minuten garen, bis die Filets gerade fest sind, wenn man auf sie drückt. Aus dem Ofen nehmen und das Pergamentpapier entfernen. Vorsichtig schöpft man die Flüssigkeit aus dem Geschirr und siebt sie in einen 1 1/2 bis 2 l fassenden Topf. Das feuerfeste Geschirr stellt man lose zugedeckt zur Seite, um den Fisch warmzuhalten. Die Pochierflüssigkeit kocht man auf großer Flamme, bis sie zu 1 Tasse eingekocht ist.

SAUCE CRÈME
4 EL Butter
4 EL Mehl
1/2 Tasse süße Sahne
1 EL Zitronensaft
1 TL Salz
Weißer Pfeffer
4 bis 8 EL weiche Butter

SAHNESAUCE: In einem schweren, 2 bis 3 l fassenden Topf läßt man 4 EL Butter auf mäßiger Hitze zergehen. Sobald der Schaum verschwindet, nimmt man den Topf vom Feuer und rührt das Mehl hinein. Auf schwache Hitze zurücksetzen und ein oder zwei Minuten durchschwenken. Den Topf vom Herd nehmen und langsam die eingekochte Pochierflüssigkeit zugeben. Dabei ständig rühren. Dann schaltet man wieder auf hohe Temperatur und kocht, ständig mit dem Schneebesen schlagend, bis die Sauce aufwallt. Sie soll sehr dick sein. Dann die Sahne zugeben und wieder zum Köcheln bringen. Eßlöffelweise mit Sahne verdünnen, bis die Sauce den Löffel leicht überzieht. Mit Zitronensaft, Salz und weißem Pfeffer würzen.

Unmittelbar vor dem Servieren erhitzt man die Champignonköpfe. Alle Flüssigkeit abnehmen, die sich in dem feuerfesten Geschirr gesammelt hat. Die Sauce vom Feuer nehmen und nach Belieben eßlöffelweise weiche Butter einrühren. Den Fisch mit der Sauce überziehen und die Champignonköpfe darauf verteilen. Sofort servieren.

Homard à l'Américaine

HUMMER NACH AMERIKANISCHER ART

für 4 bis 6 Personen

125 g Butter
1/4 Tasse kleingeschnittene Karotten
1/2 Tasse feingeschnittene Zwiebeln
2 EL feingehackte frische Petersilie
1 TL getrockneter Thymian
1 Lorbeerblatt
2 lebende Hummer, jeder 1 bis 1 1/4 kg, in serviergerechte Stücke geschnitten
2 TL Salz
6 EL Oliven- oder Pflanzenöl
1/3 Tasse Weinbrand
5 große Tomaten, geschält, entkernt und grob geschnitten
1/4 Tasse feingeschnittene Schalotten oder Frühlingszwiebeln
1 Tasse herber Weißwein
1 Tasse Hühnerbrühe, frisch, aus Würfeln oder aus der Dose
1 EL Tomatenmark
1 TL flüssiger Fleischextrakt
1 EL Mehl
1/2 TL Zitronensaft
1 EL feingeschnittener frischer Estragon oder 1 TL getrockneter Estragon, zerrieben
Salz
Frisch gemahlener schwarzer Pfeffer

In einer schweren, 3 bis 4 l fassenden, feuerfesten Kasserolle läßt man 4 EL Butter auf mäßiger Hitze zergehen. Sobald der Schaum verschwindet, rührt man die Karotten und Zwiebeln ein und kocht unter Rühren 5 bis 8 Minuten, bis sie weich, aber nicht braun sind. Vom Feuer nehmen, 1 EL Petersilie, den Thymian und das Lorbeerblatt dazugeben.

Man entfernt den gelatineartigen Sack im Kopf eines jeden Hummers und wirft ihn fort. Die Leber wird ausgekratzt und beiseite gestellt. Wenn es schwarzes Mark (oder Coral) gibt, hebt man es auf. Die Hummer werden mit 2 TL Salz bestreut. Dann erhitzt man das Öl in einer schweren Pfanne von 25 bis 30 cm Durchmesser fast bis zum Rauchpunkt und dünstet darin die Hummer unter häufigem Umwenden auf großer Flamme 4 oder 5 Minuten, bis die Schalen rot sind.

Man gießt alles Öl bis auf einen dünnen Film aus der Pfanne und flambiert – abseits vom Herd – die Hummer mit Weinbrand. Dazu erwärmt man den Weinbrand in einem kleinen Topf auf schwacher Hitze, zündet ihn mit einem Streichholz an und gießt ihn brennend – jeweils nur ein bißchen – über die Hummer. Die Pfanne wird leicht geschüttelt, bis die Flamme verlöscht. Mittels einer Küchenzange legt man die Hummerstücke in die Kasserolle, gießt den Saft aus der Pfanne darüber und rührt Tomaten und Schalotten dazu.

In derselben Pfanne vermengt man Wein, Brühe, Tomatenmark und Fleischextrakt. Man bringt die Sauce unter ständigem Rühren zum

Fortsetzung nächste Seite

Aufwallen. 2 Minuten kochen und dann über die Hummer gießen. Nun vermengt man den Inhalt der Kasserolle, bis alle Hummerstücke mit Sauce überzogen sind. Auf großer Flamme zum Kochen bringen, dann sofort die Temperatur verringern, die Kasserolle fest zudecken und 30 Minuten garen und 2- oder 3mal mit dem Saft begießen.

In der Zwischenzeit rührt man die restlichen 4 EL Butter schaumig, indem man sie kräftig mit einem Holzlöffel gegen die Seiten einer kleinen Schüssel schlägt. Dann Mark, Leber, Mehl, Zitronensaft, Estragon, 1 EL der Petersilie und etwas Salz und Pfeffer einrühren. Durch ein Sieb passieren und beiseite stellen. Wenn die Hummer gar sind, legt man die Stücke auf eine große, vorgewärmte Platte und deckt sie lose zu, um sie warmzuhalten.

Den gesamten Inhalt der Kasserolle gießt man durch ein feines Sieb in einen 2 bis 3 l fassenden Topf. Dabei preßt man die Gemüse mit einem Löffel kräftig aus, ehe man sie wegwirft. Den Saft kocht man auf großer Flamme, bis er auf die Hälfte reduziert ist. Man verringert die Temperatur und schlägt die schaumige Buttermischung eßlöffelweise hinein. Die Sauce wird auf kleiner Flamme 5 Minuten erhitzt; abschmecken. Beim Anrichten gießt man die Sauce über die Hummer.

ZERLEGEN DER HUMMER: Der Hummer wird in kaltem Wasser gewaschen. Danach läßt man ihn abtropfen. Dann legt man jeweils einen Hummer mit dem Bauch auf ein großes Schneidebrett und packt ihn mit einem Küchenhandtuch, das zum Schutz um eine Hand gewickelt ist. Mit einem großen, schweren und scharfen Messer teilt man den Hummer hinter dem Kopf, um das Rückgrat zu durchtrennen und ihn zu töten. Den Schwanz zerteilt man quer in 4 oder 5 Stücke, oder man halbiert ihn der Länge nach. (Dieser und alle anderen Schneidevorgänge sind leichter zu bewerkstelligen, wenn man das Messer aufsetzt und mit dem Hammer scharf auf den Messerrücken schlägt.) Dann schneidet man die Scheren des Hummers ab und zertrennt die Gelenke der Scheren. Man spaltet die flache Seite jeder Schere, entfernt die Fühler und schneidet den Körper der Länge nach in 2 Hälften. Der gelatineartige Sack am Kopf (das darf man keinesfalls vergessen!) wird entfernt und weggeworfen, aber die Leber und das Mark werden herausgekratzt und aufgehoben.

Geflügel

Poule-au-pot

GEFÜLLTES HUHN MIT FLEISCH UND GEMÜSE

Für 6 Personen

DIE FÜLLUNG
2 EL Butter
$^1/_2$ Tasse kleingeschnittene Zwiebeln
$^3/_4$ Tasse weißer, ungekochter Reis
1 $^1/_2$ Tassen heiße Hühnerbrühe, frisch, aus der Dose oder aus Würfeln
250 g frisches Bratwurstfüllsel
2 Hühnerlebern
4 EL feingeschnittene frische Petersilie
$^1/_2$ TL getrockneter Thymian, zerrieben
$^1/_4$ Tasse süße Sahne
Salz
Frisch gemahlener schwarzer Pfeffer

DIE FÜLLUNG: In einer schweren Pfanne von 15 bis 20 cm Durchmesser läßt man auf mäßiger Hitze 2 EL Butter schmelzen. Die Zwiebeln zugeben und 8 bis 10 Minuten lang unter ständigem Rühren goldbraun glasieren. Nun den Reis dazuschütten und bei ständigem Rühren 2 oder 3 Minuten anbraten, ohne ihn zu bräunen. Mit $1^1/_2$ Tassen heißer Hühnerbrühe die Zwiebel-Reis-Mischung ablöschen, die Pfanne zudecken, die Hitze reduzieren und 12 bis 15 Minuten am Kochen halten; der Reis soll knapp gar und die Flüssigkeit aufgesogen sein. In eine Schüssel umgießen und zur Seite stellen.

In derselben Pfanne brät man nun das Bratwurstfüllsel, bis es hellbraun ist. Dabei zerdrückt man es mit einer Gabel. Danach läßt man sorgfältig alles Fett ablaufen und gibt das Fleisch zu dem Reis. 2 EL vom Fett des Bratwurstfüllsels erhitzt man wieder und brät darin die Hühnerlebern an, bis sie steif und hellbraun werden. Dann aus der Pfanne nehmen, grobhacken und zusammen mit Petersilie, Thymian und Sahne unter die Reis- und Bratwurstfüllsel-Mischung kneten. Die fertige Füllung wird noch mit Salz und etwas Pfeffer aus der Mühle gewürzt.

DAS HUHN
Ein 2,5 bis 3 kg schweres Suppenhuhn
1 TL Salz

DAS HUHN: Das Huhn, Hals, Magen und Herz unter kaltem, fließendem Wasser waschen und sorgfältig mit Küchenkrepp abtrocknen. Das Innere des Huhns mit Salz einreiben und die Füllung leicht hineindrücken. Nicht zu voll füllen. Die Öffnungen sauber zunähen und das Huhn kochfertig machen (dressieren).

Fortsetzung nächste Seite

DIE BRÜHE

2 EL Butter
2 EL Pflanzenöl
2 geschälte Zwiebeln, in Hälften geschnitten
3 Stengel Sellerie, in 5 cm lange Stücke geschnitten
1 Stange Lauch, weißer Teil und 5 cm vom Grünen (nach Belieben)
4 Petersilienstengel
1 Lorbeerblatt
2 l heiße Hühnerbrühe, frisch, aus der Dose oder aus Würfeln
2 l Wasser

DIE BRÜHE: In einer Pfanne von 25 bis 30 cm Durchmesser läßt man 2 EL Butter und das Öl auf mittlerer Hitze zergehen und bräunt darin das Huhn von allen Seiten leicht an. Danach legt man es in einen schweren, 6 bis 8 l fassenden Suppentopf oder in eine Kasserolle. Ringsherum kommen die Innereien, Zwiebelhälften, Selleriestücke, Lauchstücke, Petersilie und das Lorbeerblatt. Hühnerbrühe und Wasser darübergießen. Bei hoher Temperatur aufkochen lassen. Dabei entfernt man allen Schaum, der sich auf der Oberfläche bildet. Wenn der Schaum verschwunden ist, verringert man die Hitze und deckt den Topf teilweise zu.

Jetzt läßt man alles 2½ Stunden köcheln, nimmt das Huhn heraus und legt es auf eine Platte. Die Brühe gießt man durch ein feines Sieb oder durch eine doppelte Lage Passiertuch in einen großen Topf oder eine Schüssel und schöpft soviel Fett wie möglich ab. Das Suppengemüse wirft man weg, das Huhn und die Brühe gibt man zurück in den Kochtopf und fährt dann fort mit der unten beschriebenen Gemüsegarnitur.

DIE GEMÜSEGARNITUR

6 geputzte Karotten, in 5 cm lange Zylinder oder olivenförmig geschnitten
4 geschälte weiße Rüben, geviertelt
3 geschälte Pastinaken, geviertelt
6 mittelgroße Lauchstangen, weiße Teile und 5 cm vom Grünen, zusammengebunden
6 kleine Kartoffeln, ungeschält, wenn es sich um neue handelt

DIE GEMÜSEGARNITUR: Das Huhn und die Brühe zum Sieden bringen. Karotten, weiße Rüben, Pastinaken und das Lauchbündel zufügen und ganz schwach 30 Minuten kochen oder bis Gemüse und Huhn gar sind. In der Zwischenzeit die Kartoffeln 20 bis 30 Minuten in einem kleinen, zugedeckten Topf garen. Danach das Wasser abschütten, zudecken und beiseite stellen.

Zum Anrichten legt man das Huhn auf ein Schneidebrett, entfernt die Dressierfäden und läßt es ruhen. Mit einem Schaumlöffel hebt man die Gemüse aus der Brühe auf eine vorgewärmte Platte und richtet sie zusammen mit den Kartoffeln attraktiv an. Das Huhn tranchiert man in der Küche. Es wird auf einer vorgewärmten Platte arrangiert und mit der Füllung umgeben. Die Gemüse werden auf der separaten Platte gereicht.

Will man das Huhn ohne Gemüse servieren, so bleibt es etwa 3 Stunden auf dem Feuer, bis es gar ist. Man legt es dann auf ein Schneidebrett, entfernt die Dressierfäden und läßt es vor dem Tranchieren etwas ruhen.

ANMERKUNG: Die Hühnerbrühe für eine spätere Mahlzeit aufheben oder als Grundstock für andere Suppen oder Saucen einfrieren.

Poulet Sauté à la Bordelaise

GEBRATENES HUHN MIT SCHALOTTEN UND ARTISCHOCKENHERZEN

Für 4 Personen

Ein 1 bis 1 1/2 kg schweres Brathuhn, in Stücke geschnitten
6 EL Butter
2 EL Pflanzenöl
16 bis 24 große, ganze geschälte Schalotten oder 16 geschälte, weiße Zwiebeln von 2 1/2 cm Durchmesser
Salz
Frisch gemahlener schwarzer Pfeffer
2 Lorbeerblätter
1 TL Zitronensaft
1 Dose Artischockenherzen, abgetropft
1/2 Tasse Hühnerbrühe, frisch, aus Würfeln oder aus der Dose

Das Hühnerfleisch wird schnell unter fließendem kaltem Wasser gewaschen, und die einzelnen Stücke werden sorgfältig mit Küchenkrepp abgetrocknet; wenn sie feucht sind, bräunen sie schlecht. In einer schweren Email- oder Edelstahlpfanne von 25 bis 30 cm Durchmesser oder einem Bräter läßt man 4 EL Butter zusammen mit 2 EL Öl bei mittlerer Hitze schmelzen. Sobald der Schaum zu verschwinden beginnt, bräunt man das Hühnerfleisch, nur wenige Stücke auf einmal und zunächst mit der Hautseite nach unten. Man wendet sie mit einer Zange. Sind sie goldbraun, legt man sie auf eine Platte.

Nachdem alle Hühnerstücke gebräunt sind, gibt man die Schalotten oder Zwiebeln in die Pfanne und brät sie an. Dabei die Pfanne schütteln, damit sie so gleichmäßig wie möglich werden und nur leicht Farbe annehmen. Nun alles Fett bis auf einen dünnen Film abgießen, und das Fleisch wieder in die Pfanne geben. Mit Salz und Pfeffer würzen, die Lorbeerblätter obenauf legen und die Pfanne zudecken. Auf schwacher Hitze braten, bis das Fett zischt. Sofort die Hitze verringern und die Hühnerteile langsam weiter garen. Alle 7 bis 8 Minuten den sich in der Pfanne sammelnden Saft über das Fleisch gießen. Mittlerweile läßt man die restlichen 2 EL Butter in einer Email- oder Edelstahlpfanne von 20 bis 25 cm Durchmesser schmelzen. Sobald der Schaum verschwindet, rührt man den Zitronensaft ein. Dann gibt man die Artischockenherzen dazu und schwenkt sie in der Zitronenbutter, bis sie glänzen. Salzen, die Pfanne zudecken und auf schwacher Hitze 5–10 Minuten dünsten, bis die Artischockenherzen heiß sind. Nachdem das Fleisch ungefähr 30 Minuten gebraten wurde, sollte es gar sein, und sein Saft wird gelb herausfließen, wenn man einen Schenkel mit der Spitze eines scharfen Messers ansticht. Man richtet die Stücke attraktiv auf einer großen vorgewärmten Platte an, umlegt mit den Schalotten oder weißen Zwiebeln und den Artischockenherzen.

Die Hühnerbrühe gießt man zu dem Bratensatz in die Pfanne und bringt sie auf starker Hitze zum Kochen. Dabei den braunen Satz vom Boden und den Seiten der Pfanne abkratzen und in der Brühe lösen. Man läßt 2 bis 3 Minuten kochen, bis die Sauce auf 1/3 Tasse reduziert ist. Über das Huhn gießen und sofort servieren.

ANDERE MÖGLICHKEIT: Wenn man will, kann man die Artischockenherzen zusammen mit dem Hühnerfleisch garen. In diesem Fall läßt man die im Rezept erwähnten 2 EL Butter und den Zitronensaft weg. Man gibt die Artischockenherzen zu dem Fleisch, nachdem es mit den Schalotten zusammen 15 Minuten gebraten wurde, und begießt sie gut mit dem Bratensaft. Zudecken und 15 Minuten weiter garen,

Fortsetzung nächste Seite

dabei alle 7 oder 8 Minuten begießen oder so lange, bis die Hühnerteile gar und die Artischockenherzen weich sind.

Poulet Sauté Vallée d' Auge

GEBRATENES HUHN MIT CALVADOS UND SAHNESAUCE

Für 4 Personen

- Ein 1 bis 1 1/2 kg schweres Brathuhn, in Stücke geschnitten
- 6 EL Butter
- 2 EL Pflanzenöl
- Salz
- Weißer Pfeffer
- 1/3 Tasse Calvados oder einfacher Apfelschnaps
- 1/2 Tasse Hühnerbrühe, frisch, aus der Dose oder aus Würfeln
- 2 EL kleingeschnittene Schalotten oder Frühlingszwiebeln
- 1/4 Tasse kleingeschnittener Sellerie
- 1 Tasse geschälte, entkernte und grobgeschnittene Kochäpfel
- 1/2 TL getrockneter Thymian, zerrieben
- 2 Eigelb
- 1/2 Tasse süße Sahne
- Brunnenkresse oder Petersilienstengel

Gemäß den Anweisungen in dem Rezept für *poulet sauté à la bordelaise (Seite 43)* bräunt man das Huhn in 4 EL Butter und dem Öl in einer schweren Pfanne von 20 bis 25 cm Durchmesser oder in einem Bräter. Dann gießt man alles Fett bis auf einen dünnen Film ab, legt die Geflügelstücke in die Pfanne zurück und würzt mit Salz und Pfeffer. Der nächste Schritt ist, das Huhn – abseits von der Herdplatte – mit Calvados oder einem einfachen Apfelschnaps zu flambieren.

Experten gießen den Calvados über das Fleisch und zünden ihn an. Eine zuverlässige Technik ist es, den Calvados erst in einem kleinen Topf leicht zu erwärmen, ihn mit einem Streichholz anzuzünden und ihn nach und nach brennend über das Huhn zu gießen. Dabei bewegt man die Pfanne hin und her, bis der Alkohol verbrannt ist. Danach löscht man mit der Brühe ab und kratzt mit einem Holzlöffel allen Bratensatz von der Pfanne los. Zur Seite stellen.

In einem anderen Topf – oder einer Pfanne – läßt man die restlichen 2 EL Butter auf mäßiger Hitze zergehen und dünstet darin die Schalotten, Äpfel, den Sellerie und Thymian unter gelegentlichem Rühren mit einem Holzlöffel etwa 10 Minuten, bis alles weich, aber noch nicht braun ist. Über das Hühnerfleisch verteilen, stark erhitzen und die Brühe zum Kochen bringen.

Die Pfanne gut zudecken und das Huhn auf kleiner Flamme weitergaren, wobei man es alle 7 bis 8 Minuten mit dem Bratensaft begießt. Sobald das Fleisch weich ist (nach ungefähr 30 Minuten), nimmt man es aus der Pfanne und richtet die Stücke attraktiv auf einer großen, vorgewärmten feuerfesten Platte an. Diese wird leicht mit Aluminiumfolie zugedeckt und bei 125° im Backrohr warmgehalten, während man die Sauce zubereitet.

Der Inhalt der Pfanne wird durch ein feines Sieb in den Topf passiert. Dabei drückt man fest mit dem Rücken eines Löffels auf das Gemüse, um all seinen Saft herauszupressen. Dann läßt man die Sauce eine Minute lang sich setzen und schöpft danach soviel Fett wie möglich von der Oberfläche ab. Die Sauce muß nun auf starker Hitze unter gelegentlichem Rühren gekocht werden, bis sie auf 1/2 Tasse reduziert ist (2 bis 3 Minuten).

Mit einem Schneebesen mischt man Eigelb und Sahne in einer Schüssel und schlägt allmählich die heiße Sauce löffelweise darunter. Danach gießt man die Sauce in den Topf zurück und erhitzt sie unter ständigem Rühren 2 oder 3 Minuten, bis sie eine sahnige Konsistenz erreicht hat. Die Sauce nicht zum Kochen kommen lassen, da sie sonst gerinnt. Wenn sie zu heiß zu werden droht, den Topf für einige Sekunden vom Feuer heben und unter Rühren abkühlen. Mit Salz und weißem Pfeffer abschmecken. Zum Anrichten überzieht man jedes Stück Huhn mit Sauce und dekoriert die Platte mit Sträußchen von Brunnenkresse oder Petersilie.

Poulet Sauté à la Crème

GEBRATENES HUHN MIT SAHNESAUCE

Für 4 Personen

Ein 1 bis 1 1/2 kg schweres Brathuhn, in Stücke geschnitten
5 EL Butter
2 EL Pflanzenöl
Salz
Frisch gemahlener schwarzer Pfeffer

1 Tasse in Scheiben geschnittene, frische Champignons
1/4 Tasse trockener Weißwein
3/4 Tasse süße Sahne
2 EL kleingeschnittene frische Petersilie

Gemäß den Anweisungen in dem Rezept für *poulet sauté à la bordelaise (Seite 43)* bräunt man das Huhn in 4 EL Butter und dem Öl in einer schweren Pfanne von 20 bis 25 cm Durchmesser oder in einem Bräter. Alles Fett bis auf einen dünnen Film abgießen, das Huhn in die Pfanne zurückgeben und würzen. Die Pfanne gut zudecken und auf großer Hitze so lange braten, bis das Fett zischt. Dann die Hitze sofort verringern und das Huhn langsam weiterschmoren. Alle 7 bis 8 Minuten mit dem Bratensaft begießen. Nach etwa 30 Minuten, sobald das Huhn gar ist, nimmt man es aus der Pfanne und richtet die Stücke attraktiv auf einer vorgewärmten Platte an.

Nun die Champignons in die Pfanne geben und 2 Minuten darin schwenken. Den Wein zugießen und auf großer Hitze kochen. Dabei allen an der Pfanne haftenden Bratensatz lösen. Sobald der Wein fast verdunstet ist, die Sahne einrühren und mindestens 3 bis 4 Minuten einkochen, bis sie leicht dickt. Probieren und die Gewürze korrigieren. Vom Feuer nehmen, die Petersilie zufügen und den restlichen Eßlöffel Butter einrühren. Dabei die Pfanne hin- und herkippen, um sie mit der Sauce zu mischen. Nun gießt man Sauce und Champignons über das Huhn und serviert sofort.

Perdreaux Rôtis sur Canapés

GEBRATENE REBHÜHNER AUF LEBERCANAPÉS

Für 6 Personen

450 g Butter
6 Scheiben rundes Weißbrot, 6 mm dick geschnitten
125 g frischer Schweinespeck, gewürfelt
2 EL kleingeschnittene Schalotten oder Frühlingszwiebeln
6 Rebhuhnlebern oder 3 Hühnerlebern
2 EL trockener Madeira
1/2 TL getrockneter Estragon, zerrieben
1 1/2 TL Salz
6 einpfündige, bratfertige junge Rebhühner, Hühnchen, junge Fasanen oder große Stubenküken
1/2 TL getrockneter Estragon, zerrieben
3 EL Pflanzenöl
12 zehn cm breite Streifen papierdünn geschnittenen fetten Specks
1/2 Tasse trockener Madeira
1 Tasse Fleischbrühe, frisch oder aus Würfeln
1 TL Zitronensaft

Zunächst werden 250 g Butter in einem kleinen, schweren Topf oder einer Bratpfanne geklärt, wobei man sie langsam schmelzen läßt und den Schaum von der Oberfläche abschöpft. Die obenschwimmende klare Butter wird dann in eine Schüssel gegeben, den milchigen Satz auf dem Boden des Topfes gießt man weg. Die Krusten des Brotes abschneiden, um gleichgroße Quadrate oder Rechtecke zu erhalten. In einer schweren Pfanne von 25 bis 30 cm Durchmesser wird dann die geklärte Butter erhitzt. Hierin das Weißbrot, 2 oder 3 Scheiben zur gleichen Zeit, auf beiden Seiten goldbraun rösten. Die gerösteten Brotscheiben legt man auf ein Backblech und stellt sie beiseite.

Nun in der Pfanne die Speckwürfel auf mäßiger Hitze so lange auslassen, bis sie knusprig und braun sind und all ihr Fett abgegeben haben. Mit einem Schaumlöffel die Speckwürfel herausnehmen und wegwerfen. Die Schalotten in dem verbleibenden Fett auf mäßiger Hitze unter ständigem Rühren etwa zwei Minuten dünsten, bis sie weich, aber noch nicht braun sind. Die Lebern dazutun und sie 2 bis 3 Minuten anbräunen. Dabei muß man ständig rühren oder die Pfanne schütteln. Die Lebern herausnehmen und mit einem Küchenspachtel den gesamten Inhalt der Pfanne in eine kleine Schüssel kratzen. Nun werden die Lebern sehr fein gehackt, fast zu einem Püree, und mit den Schalotten vermischt. Dann Madeira, Estragon und 1 TL Salz einrühren und die Mischung mit einem Holzlöffel so lange schlagen, bis sie weich und völlig gebunden ist. Jede Scheibe des gerösteten Brotes mit etwa 1 EL der Lebermischung bestreichen, auf ein Backblech legen und beiseite stellen.

Den Backofen auf 260° vorheizen. Die Rebhühner schnell unter fließendem Wasser waschen und sie dann innen und außen sorgfältig mit Küchenkrepp abtrocknen. 6 EL Butter schlägt man dann kräftig mit einem Holzlöffel gegen die Seiten einer kleinen Schüssel, bis sie schaumig ist; 1/2 TL Estragon und Salz einrühren. Das Innere jedes Rebhuhns mit 1 EL dieser gewürzten Butter ausstreichen und die Rebhühner dann sauber vernähen und bratfertig machen. Jedes Rebhuhn großzügig mit Pflanzenöl einpinseln. Zwei Streifen des frischen Specks werden dann nebeneinander über die Brust und Schenkel eines jeden Vogels gelegt und festgebunden – dabei führt man den Faden kreuzweise, um dem Speck mehr Halt zu geben.

Dann werden die Vögel mit dem Rücken auf einen Rost über die Fettwanne im Ofen gelegt und 10 Minuten erhitzt. Nun die Temperatur auf 220° verringern, die Rebhühner mit zerlassener Butter bestreichen und auf ihre rechte Seite legen. Fünf Minuten später die Vögel auf die linke Seite wenden und wieder mit Butter bestreichen. Die Rebhühner werden etwa eine halbe Stunde lang alle 5 Minuten bepinselt und umgedreht. Sie sind gar, wenn der Saft aus dem Inneren klar gelb, ohne eine Spur von Rosa, herausfließt, sobald man die Vögel anhebt, und sich die Unterschenkel weich anfühlen. Schließlich werden die Rebhühner auf eine Platte gelegt, alle Fäden abgeschnitten und die Speckstreifen entfernt. Aluminiumfolie lose darüberlegen, um sie warmzuhalten.

Man gießt nun alles Fett bis auf 2 EL aus der Fettwanne ab, fügt 1/2 Tasse Madeira hinzu und bringt es über starker Hitze auf dem Herd zum Kochen. Dabei rührt man ständig und kratzt allen an der Wanne haftenden braunen Satz los. Ein oder zwei Minuten lang aufkochen bzw. so lange, bis der Madeira auf 1/4 Tasse reduziert ist. Dann die Fleischbrühe zugießen, weiter kochen und rühren, bis die Sauce dickt und zu etwa 3/4 Tasse reduziert ist. Abseits von der Herdplatte werden dann noch die restliche Butter und der Zitronensaft eingequirlt.

Vor dem Anrichten legt man die Canapés 30 Sekunden unter einen heißen Grill bzw. so lange, bis sie Blasen werfen. Die Canapés dann auf einer vorgewärmten Platte arrangieren und ein Rebhuhn auf jeden Canapé setzen. Die Sauce über die Vögel verteilen und sofort servieren.

Fricassée de Poulet à l'Ancienne

HÜHNERFRIKASSEE NACH ALTER ART

Für 4 Personen
Ein 1 bis 1 1/2 kg schweres Brathähnchen, in Stücke geschnitten
125 g Butter
Salz
Weißer Pfeffer
1/4 Tasse Mehl
3 Tassen heiße Hühnerbrühe, frisch, aus der Dose oder aus Würfeln
Bouquet garni, bestehend aus 4 Petersilienstengeln und 1 Lorbeerblatt, zusammengebunden
1/4 TL getrockneter Thymian, zerrieben
2/3 Tasse Hühnerbrühe, frisch oder aus der Dose
16 bis 24 geschälte, weiße Zwiebeln, ungefähr 2 1/2 cm Durchmesser
375 g frische Champignons, ganz, wenn sie klein, in Scheiben geschnitten oder geviertelt, wenn sie groß sind
1 TL Zitronensaft
2 Eigelb
1/2 Tasse süße Sahne
2 EL kleingeschnittene frische Petersilie

Die Hühnerteile schnell unter fließendem, kaltem Wasser waschen und die Stücke sorgfältig mit Küchenkrepp abtrocknen. In einer schweren 2 bis 3 l fassenden, feuerfesten Kasserolle läßt man 6 EL von der Butter über mäßiger Hitze schmelzen. Mit einer Zange legt man jeweils einige Geflügelstücke in die Butter und brät sie unter ein- oder zweimaligem Wenden etwa 5 Minuten an, bis sie steif und nicht mehr rosa sind. Nicht braun werden lassen. Herausnehmen, auf eine Platte legen und mit Salz und weißem Pfeffer würzen.

Fortsetzung nächste Seite

Mit einem Holzlöffel rührt man nun das Mehl in das in der Kasserolle verbliebene Fett und erhitzt es 1 oder 2 Minuten unter ständigem Rühren, ohne es braun werden zu lassen. Vom Feuer nehmen und langsam die heiße Hühnerbrühe zugießen. Hierbei heftig rühren, um *roux* und Flüssigkeit gut zu vermischen. Aufs Feuer zurücksetzen, ständig mit dem Schneebesen schlagen, bis die Sauce dickt und zum Kochen kommt. Dann die Hitze verringern und die Sauce 1 Minute lang sacht köcheln lassen.

Man gibt nun die Geflügelteile in die Kasserolle zurück, zusammen mit dem Saft, der sich auf der Platte gesammelt hat, und fügt das *bouquet garni* und den Thymian hinzu. Die Sauce soll das Fleisch fast bedecken. Noch etwas Brühe zufügen, falls sie es nicht tut. Zum Kochen bringen, einen Deckel auflegen, die Hitze verringern und 30 Minuten lang köcheln lassen.

In der Zwischenzeit gibt man $^2/_3$ Tasse Brühe, die restlichen 2 EL Butter und die Zwiebeln zusammen in eine emaillierte oder rostfreie Stahlpfanne von 20 bis 25 cm Durchmesser. Zugedeckt bei schwacher Hitze 15 bis 20 Minuten dünsten, bis die Zwiebeln weich sind, wenn man sie mit der Spitze eines scharfen Messers ansticht. Mit einem Schaumlöffel hebt man nun die Zwiebeln in eine Schüssel. Dann die Champignons und den Zitronensaft in die in der Pfanne verbleibende Brühe geben, erhitzen, zudecken und 5 Minuten dünsten. Nun kommen die Champignons zu den Zwiebeln. Die noch in der Pfanne befindliche Flüssigkeit wird bis auf 2 oder 3 Eßlöffel eingekocht. Man füllt sie in die Kasserolle zu dem Hähnchen.

Um zu prüfen, ob das Fleisch gar ist, sticht man die Spitze eines scharfen Messers in einen Schenkel; der austretende Saft muß hellgelb sein. Mit einer Zange legt man das Hähnchen auf eine Platte und wirft das *bouquet garni* weg. Nun schöpft man das Fett von der Oberfläche der Sauce ab, die so dickflüssig wie Sahne geworden sein muß. Sollte das noch nicht der Fall sein, so wird die Sauce offen so lange eingekocht, bis sie die gewünschte Konsistenz erreicht hat. In einer Schüssel vermischt man mit einem Schneebesen Eigelb und Sahne und schlägt dann heiße Sauce darunter, immer 2 Eßlöffel zur gleichen Zeit, bis insgesamt eine halbe Tasse zugefügt ist. Danach dreht man den Vorgang um und rührt die Eigelb-Sahne-Mischung in die noch verbleibende heiße Sauce ein. Unter fortgesetztem Rühren wird sie erhitzt und etwa 30 Sekunden kurz vor dem Siedepunkt gehalten. Nun mit Salz, weißem Pfeffer und einigen Tropfen Zitronensaft abschmecken und die Sauce durch ein feines Sieb in eine große Schüssel gießen.

Jetzt wäscht man die Kasserolle aus, legt die Geflügelstücke, Zwiebeln und Champignons fein säuberlich hinein und gießt die Sauce darüber. Nichts von dem Saft verwenden, der sich unter dem Huhn angesammelt hat, es sei denn, man muß die Sauce damit verdünnen. Vor dem Anrichten deckt man die Kasserolle zu und läßt sie auf mäßiger Hitze 5 bis 10 Minuten köcheln oder eben so lange, bis das Fleisch heiß ist. Die Sauce darf nicht zum Kochen kommen. Das Gericht wird in der Kasserolle serviert oder auf eine Platte gelegt, mit Sauce übergossen und mit Petersilie bestreut.

Caneton aux Navets

ENTE MIT WEISSEN RÜBEN

Für 4 Personen

Eine 2 1/2 kg schwere Ente
1 TL Salz
2 EL Pflanzenöl
1 EL Butter
1 Zwiebel, in dünne Scheiben geschnitten
1 Karotte, in dünne Scheiben geschnitten
Salz
Frisch gemahlener schwarzer Pfeffer
1/4 TL getrockneter Thymian, zerrieben
Bouquet garni, bestehend aus 4 Petersilienstengeln und 1 Lorbeerblatt, zusammengebunden
750 g geschälte weiße Rüben, in Viertel oder 5 cm große olivenförmige Stücke geschnitten
3/4 Tasse kochende, braune Enten- *(Rezept Seite 50)* oder Hühnerbrühe
Einige Tropfen Zitronensaft
1 EL feingeschnittene frische Petersilie

Der Backofen wird auf 165° vorgeheizt. Die Ente und das Entenklein unter fließendem, kaltem Wasser waschen. Die Innereien zur Seite stellen. Die Bauchhöhle mit 1 TL Salz einreiben und dann die Ente sorgfältig zusammenbinden. In einer schweren Pfanne von 25 bis 30 cm Durchmesser erhitzt man das Öl fast bis zum Rauchpunkt und brät darin die Ente auf allen Seiten an.

In einer schweren, emaillierten Kasserolle, die gerade groß genug ist, um die Ente bequem aufzunehmen, läßt man 1 EL Butter auf kleiner Flamme zergehen. Darin dünstet man die in Scheiben geschnittene Zwiebel und Karotte auf geringer Hitze unter gelegentlichem Rühren 10 Minuten, bis sie weich und leicht gefärbt sind. Die Ente wird daraufgelegt. Mit Salz, Pfeffer, Thymian sowie *bouquet garni* würzen. Man deckt die Kasserolle zu, wobei man ein Stück Folie über das Geflügel legt, falls der Deckel nicht dicht schließt, und läßt auf dem mittleren Einschub des Ofens 1 Stunde lang schmoren.

Die Ente aus der Kasserolle nehmen und den Schmorsaft sowie die Gemüse durch ein Haarsieb in eine kleine Rührschüssel gießen, wobei man die Gemüse gut mit einem Löffel ausdrückt, um ihre Säfte herauszupressen, ehe man sie wegwirft. Die Sauce läßt man sich setzen und schöpft dann soviel Fett wie möglich ab. Man gibt die Ente in die Kasserolle zurück und legt die weißen Rüben um sie herum. Nun gießt man den durchgeseihten Saft und kochende Enten- bzw. Hühnerbrühe zu. Die Flüssigkeit soll die Rüben fast bedecken, andernfalls mehr kochende Brühe zugießen. Bis zum Siedepunkt erhitzen, die Kasserolle zudecken und nochmals für 15 bis 20 Minuten in den Ofen stellen, bis die weißen Rüben weich sind, wenn man mit der Spitze eines scharfen Messers hineinsticht.

Nun nimmt man die Kasserolle aus dem Ofen und erhöht die Hitze auf 260°. Man legt die Ente auf einen Rost, der in einem flachen Bräter steht, und schiebt sie wieder für 10 Minuten in den Ofen, um sie zu einem tiefen Braun zu glasieren. (Glasieren ist nicht notwendig, aber es verbessert das Aussehen der Ente und macht die Haut knusprig.) Die Fäden durchschneiden und die Ente auf eine warme Platte legen. Die weißen Rüben legt man rings um das Geflügel oder an ein Ende der Platte. Von der Bratensauce schöpft man soviel Fett wie möglich ab und würzt mit Zitronensaft, Salz und Pfeffer. Die Ente

Fortsetzung nächste Seite

wird in der Küche oder bei Tisch tranchiert. Die Bratensauce wird mit Petersilie bestreut und in einer Schüssel serviert.

BRAUNE ENTENBRÜHE

2 EL Pflanzenöl
1 Zwiebel, grobgeschnitten
1 Karotte, grobgeschnitten
1 Stiel Stangensellerie, grob geschnitten
Hals, Magen, Herz und Leber der Ente, geschnitten
2 Tassen Hühnerbrühe, frisch, aus Würfeln oder aus der Dose

BRAUNE ENTENBRÜHE: Während die Ente brät, erhitzt man 2 EL Öl in einem schweren, 2 oder 3 l fassenden Topf. Wenn das Öl sehr heiß ist, brät man die geschnittene Zwiebel, Karotte und den Sellerie auf mäßiger Hitze unter gelegentlichem Umrühren 10 Minuten an, bis alles leicht Farbe angenommen hat. Dann gibt man den Hals, Magen, Herz und Leber der Ente dazu und brät unter häufigem Rühren weiter, bis sie dunkelbraun sind. Mit 2 Tassen Hühnerbrühe ablöschen, aufwallen lassen, die Hitze reduzieren und mit lose aufgelegtem Deckel 1 Stunde lang garen. Die Brühe durch ein feines Sieb in eine Schüssel gießen und das Fett von der Oberfläche abschöpfen. Man sollte mindestens $^3/_4$ Tasse Brühe bekommen.

VARIATION I: MIT OLIVEN. Man läßt 2 Dutzend reife, grüne Oliven (falls keine frischen Oliven erhältlich, solche in Öl nehmen) ohne Deckel in 1 l Wasser 12 bis 15 Minuten schwach kochen, gießt sie ab und läßt sie an Stelle der Rüben mit der Ente schmoren.

VARIATION II: MIT ERBSEN. Man kocht 750 g geschälte grüne Erbsen ohne sie zuzudecken in 1 l siedendem Wasser 5 Minuten lang. Dann die Erbsen abgießen und in kaltem Wasser abschrecken. Sie werden nun an Stelle der Rüben mit der Ente zusammen geschmort.

Poulet Rôti

GEBRATENES HUHN

Für 4 Personen

Ein $1^1/_2$ bis 2 kg schweres Brathuhn
2 EL Butter
$^1/_2$ TL Zitronensaft
Salz
Frisch gemahlener schwarzer Pfeffer
3 EL zerlassene Butter
1 EL Pflanzenöl
1 Zwiebel, in Scheiben geschnitten
1 Karotte, in 1 cm große Stücke geschnitten
1 Selleriestengel, in 1 cm große Stücke geschnitten
1 Tasse Hühnerbrühe, frisch, aus Würfeln oder aus der Dose

Den Ofen auf 235° vorheizen. Das Huhn schnell unter fließendem kaltem Wasser waschen und gut innen und außen mit Küchenkrepp abtrocknen. Die Butter mit einem Holzlöffel kräftig gegen die Seiten einer Schale schlagen, bis sie schaumig ist. Dann den Zitronensaft, $^1/_4$ TL Salz und etwas Pfeffer aus der Mühle daruntermischen. Mit dieser gewürzten Butter das Innere ausstreichen, und das Huhn dann fein säuberlich mit Küchengarn zusammenbinden. Nun vermischt man die zerlassene Butter mit dem Öl und streicht ungefähr die Hälfte davon außen auf das Huhn.

Das Huhn wird seitlich auf einen Rost in einen flachen Bräter gelegt, der gerade groß genug dafür ist (ungefähr 22 × 30 cm) und den man auf den mittleren Einschub des Ofens stellt. Nach 10 Minuten dreht man das Huhn auf die andere Seite und reduziert die Ofenhitze auf 180°. Dann dreht man das Huhn auf den Rücken, bestreicht es mit Butter und Öl und salzt es leicht. Die Gemüse werden auf dem Boden des Bräters verteilt. Das Huhn wird zunächst alle 10 Minuten mit Butter und Öl bestrichen, später mit dem eigenen Bratensaft begossen. Nach 60 Minuten prüft man, ob es gar ist, indem man es mit einem in die Schwanzöffnung gesteckten Holzlöffel anhebt. Ist der herausfließende Saft gelb, so ist es gar. Ist er rosa, so brät man es einige Minuten länger. Danach legt man das Huhn auf ein Schneidebrett, entfernt die Fäden und läßt es ungefähr 5 Minuten ruhen, ehe man es serviert.

In der Zwischenzeit bereitet man die Sauce zu. Man gießt die Hühnerbrühe in den Bräter und bringt sie auf starker Hitze zum Kochen. Dabei rührt man und kratzt allen braunen Bratensatz los. 2 oder 3 Minuten lebhaft sprudeln lassen, bis die Sauce das gewünschte intensive Aroma hat. Dann wird sie durch ein Sieb gegossen, wobei man die Gemüse kräftig mit dem Rücken eines Löffels ausdrückt, bevor man sie wegschüttet. Von der Oberfläche der Sauce wird soviel Fett wie möglich abgeschöpft. Abschmecken. Das Huhn kann in der Küche oder bei Tisch tranchiert werden. Die Sauce wird separat gereicht.

Poulet en Cocotte Bonne Femme

IN DER KASSEROLLE GEBRATENES HUHN MIT GEMÜSE

Für 4 Personen
Ein 1,5 bis 2 kg schweres Brathuhn
4 EL weiche Butter
1/4 TL feingehackter Knoblauch
1/2 TL getrockneter Thymian, zerrieben
125 g fetter Speck, gewürfelt
2 Tassen Wasser
5 EL Butter
16 geschälte weiße Zwiebeln, ungefähr 2 1/2 cm im Durchmesser
6 geputzte Möhren, in 5 cm große Zylinder oder olivenförmig geschnitten
16 Kartoffelkugeln von 2 1/2 cm Durchmesser oder Kartoffeln, die 5 cm groß und olivenförmig geschnitten sind
Salz
Frisch gemahlener schwarzer Pfeffer
Bouquet garni, bestehend aus 4 Petersilienstengeln und einem Lorbeerblatt, zusammengebunden

Den Ofen auf 180° vorheizen. Das Huhn schnell unter fließendem, kaltem Wasser waschen und es innen und außen mit Küchenkrepp abtrocknen. Zwei EL weiche Butter schaumig schlagen und Knoblauch sowie Thymian damit vermischen. Das Innere des Huhns mit der gewürzten Butter bestreichen. Das Huhn mit Faden zubinden und außen mit den restlichen 2 EL weicher Butter bestreichen.

Die Speckwürfel werden blanchiert, indem man sie 5 Minuten in 2 Tassen Wasser kocht, sie dann auf Küchenkrepp ablaufen läßt und trockentupft. In einer schweren, glasierten, ovalen Kasserolle, die groß genug ist für das Huhn, läßt man 1 EL Butter auf mäßiger Hitze zergehen und bräunt darin die Speckwürfel, dabei rührt man um oder schüttelt die Kasserolle, bis sie knusprig und goldgelb sind. Dann nimmt man sie mit einem Schaumlöffel heraus und legt sie auf Küchenkrepp zum Abtropfen. In dem ausgebratenen Fett, das in der

Fortsetzung nächste Seite

Kasserolle geblieben ist, wird das Huhn auf allen Seiten gebräunt. Danach vom Feuer nehmen und alles Fett bis auf einen dünnen Film abgießen. Das Huhn und die gebratenen Speckwürfel wieder hineinlegen und zur Seite stellen.

In einer schweren Pfanne von 25 bis 30 cm Durchmesser läßt man auf mäßiger Hitze die verbliebenen 4 EL Butter zergehen und brät darin die Zwiebeln, Möhren und Kartoffeln unter häufigem Rühren etwa 5 Minuten, bis sie mit Butter überzogen sind und leicht Farbe angenommen haben. Dann umlegt man das Huhn mit dem Gemüse. Man würzt mit Salz und Pfeffer, fügt das *bouquet garni* bei und deckt die Kasserolle zu. Falls der Deckel nicht dicht schließt, drückt man ein Stück Aluminiumfolie über das Huhn, bevor man ihn auflegt. Auf der Herdplatte wird nun die Kasserolle erhitzt, bis das Fett zu zischen beginnt. Danach gart man das Huhn auf dem mittleren Einschub des Ofens weiter, wobei man es alle 20 Minuten mit dem Saft begießt, der sich in der Kasserolle sammelt. Nach 1¼ Stunden beginnt man zu prüfen, ob das Huhn gar ist, indem man es mit einem in seine Schwanzöffnung gesteckten Holzlöffel anhebt. Ist der herauslaufende Saft gelb, so ist es gar. Zum Anrichten legt man das Huhn auf eine vorgewärmte Platte und arrangiert rundherum das Gemüse. Das *bouquet garni* entfernt man und schöpft soviel Fett wie möglich von der Oberfläche der in der Kasserolle verbleibenden Sauce ab. Die Sauce abschmecken. Das Huhn kann man in der Küche oder bei Tisch tranchieren. Die Sauce wird separat gereicht.

Coq au Vin à la Bourguignonne

GESCHMORTES HUHN IN ROTWEIN MIT ZWIEBELN UND CHAMPIGNONS

Für 4 Personen

DIE ZWIEBELN

250 g magerer, durchwachsener Speck, in Streifen von 3 cm Länge und ½ cm Breite geschnitten

2 Tassen Wasser

1 EL Butter

12 bis 16 geschälte, weiße Zwiebeln, ungefähr 2½ cm im Durchmesser

DIE ZWIEBELN *(oignons glacés à brun)*: Den Backofen auf 180° vorheizen. Um das überschüssige Salz zu entfernen, wird der Speck blanchiert, indem man ihn in 2 Tassen Wasser 5 Minuten kocht; danach läßt man ihn auf Küchenkrepp abtropfen und tupft ihn trocken. In einer schweren Pfanne von 20 bis 25 cm Durchmesser läßt man 1 EL Butter auf mäßiger Hitze zergehen und brät darin die Speckstreifen an, bis sie knusprig und goldbraun sind. Dabei rührt oder schüttelt man die Pfanne mehrfach. Danach nimmt man die Speckstreifen mit einem Schaumlöffel heraus und legt sie auf Küchenkrepp zum Abtropfen. In dem ausgebratenen Fett bräunt man die Zwiebeln auf mäßiger Hitze, wobei man die Pfanne gelegentlich schüttelt, damit sie herumrollen und so gleichmäßig wie möglich Farbe nehmen. Dann legt man die Zwiebeln in ein flaches, feuerfestes Geschirr, das groß genug ist, um sie in einer Lage aufzunehmen. Man beträufelt sie mit einem oder zwei Eßlöffel Speckfett und dünstet sie ohne Deckel etwa 30 Minuten, bis sie gerade weich sind. Ein- oder zweimal wenden. Danach nimmt man sie aus dem Ofen, läßt das Fett ablaufen und stellt sie auf die Seite.

DIE CHAMPIGNONS

2 EL Butter

2 EL feingehackte Schalotten oder Frühlingszwiebeln

250 g frische Champignons, ganz, wenn sie klein sind, geviertelt oder in Scheiben geschnitten, wenn sie groß sind

DIE CHAMPIGNONS: Man läßt 2 EL Butter auf mäßiger Hitze in einer anderen emaillierten oder rostfreien Stahlpfanne von 20 bis 30 cm Durchmesser zergehen. Sobald der Schaum verschwindet, läßt man darin die Schalotten unter ständigem Rühren mit einem Holzlöffel 30 Sekunden lang angehen. Die Champignons hinzufügen und zusammen mit den Schalotten 2 oder 3 Minuten dünsten, öfter umrühren. Zu den Zwiebeln geben und zur Seite stellen.

DAS HUHN

Ein 1 bis 1,5 kg schweres Brathuhn in Stücke geschnitten

1/4 Tasse Cognac

Bouquet garni, bestehend aus 4 Petersilienstengeln und 1 Lorbeerblatt, zusammengebunden

1/2 TL getrockneter Thymian, zerrieben

1 große Knoblauchzehe, feingehackt

2 Tassen roter Burgunder oder anderer herber Rotwein

2 EL Mehl

1/2 Tasse Fleisch- oder Hühnerbrühe, frisch, aus der Dose oder aus Würfeln

2 EL kleingeschnittene frische Petersilie

DAS HUHN: Den Backofen auf 180° vorheizen. Das Huhn schnell unter fließendem, kaltem Wasser waschen und die Stücke sorgfältig mit Küchenkrepp abtrocknen. Nun erhitzt man wieder das Speckfett, das in der ersten Pfanne geblieben ist, und gibt, wenn nötig, einige Eßlöffel Pflanzenöl hinzu, um eine Fettschicht von 3 mm zu bekommen. Darin bräunt man, immer einige Stücke gleichzeitig, das Huhn. Dann gießt man fast alles Fett aus der Pfanne ab, füllt mit Cognac auf und zündet ihn mit einem Streichholz an. (Oder man erwärmt den Cognac erst leicht in einem kleinen Topf, zündet ihn an und gießt ihn nach und nach brennend über das Huhn.) Dabei rückt man die Pfanne hin und her, bis die Flamme erlischt. Nun legt man das Huhn in eine schwere, 3 bis 4 l fassende Kasserolle und gibt dazu den gebräunten Speck, *bouquet garni,* Thymian und Knoblauch.

Den Wein läßt man in einem 1 bis 1 1/2 l fassenden, emaillierten oder rostfreien Stahltopf heftig kochen, um ihn auf 1 1/2 Tassen zu reduzieren. Mit einem Holzlöffel rührt man das Mehl in den Bratensatz, der in der Pfanne zurückgeblieben ist, in der das Huhn gebräunt wurde. Man kratzt alle braunen Reste in der Pfanne los, gießt den eingekochten Wein dazu und rührt auch die Brühe hinein. Auf starker Hitze bringt man dann die Sauce zum Kochen, rührt dabei ständig, bis sie dick und glatt ist, und gießt sie durch ein Sieb über das Huhn.

Auf starker Hitze bringt man nun die Kasserolle zum Kochen, deckt sie fest zu und stellt sie auf den mittleren Einschub des Backofens. Nach 30 Minuten rührt man vorsichtig die Zwiebeln und die Champignons hinein und benetzt sie gut mit der Sauce. Man schmort noch weitere 10 bis 15 Minuten bzw. so lange, bis das Huhn weich ist. Man entfernt das *bouquet garni,* schmeckt die Sauce ab und serviert das Huhn in der Kasserolle oder auf einer Platte, schüttet Sauce und Gemüse darüber und bestreut mit geschnittener Petersilie.

Fleisch

Bœuf Bourguignon

RINDERBRATEN IN ROTWEIN

Für 6 bis 8 Personen

DIE ZWIEBELN
250 g magerer, durchwachsener Speck, in Streifen von 3 cm Länge und 1/2 cm Breite geschnitten
1 l Wasser
1 EL Butter
18 bis 24 geschälte weiße Zwiebeln, etwa 2 1/2 cm im Durchmesser

Um zu erreichen, daß kein Bestandteil des *bœuf bourguignon* zu weich wird, kocht man Zwiebeln, Champignons und Rindfleisch der Einfachheit halber getrennt, ehe man sie miteinander vereinigt.

DIE ZWIEBELN: Der Backofen wird auf 180° vorgeheizt. Um überschüssiges Salz zu entfernen, muß der Speck blanchiert werden, indem man ihn 5 Minuten in einem Liter Wasser kocht. Dann wird er auf Küchenkrepp trockengetupft. In einer schweren Pfanne von 20 bis 25 cm Durchmesser läßt man auf mäßiger Hitze 1 EL Butter zergehen und bräunt darin den Speck. Man rührt die Stücke öfter um, bis sie knusprig und goldbraun sind. Dann hebt man sie mit einem Schaumlöffel heraus und läßt sie auf Küchenkrepp abtropfen. In dem ausgebratenen Fett bräunt man in der Pfanne die Zwiebeln auf mittlerer Hitze leicht an. Dabei schüttelt man die Pfanne gelegentlich, damit sie herumrollen und so gleichmäßig wie möglich Farbe annehmen. Nun legt man die Zwiebeln in ein flaches, feuerfestes Geschirr, das groß genug ist, sie in einer Lage aufzunehmen, und beträufelt sie mit 3 EL des Speckfetts. (Pfanne zur Seite stellen und den Rest des Fettes darin lassen.) Die Zwiebeln gart man dann ohne Deckel unter ein- oder zweimaligem Wenden etwa 30 Minuten im Ofen, bis sie gerade weich sind, wenn man sie mit der Spitze eines scharfen Messers einsticht. Aus dem Ofen nehmen und beiseite stellen.

DIE CHAMPIGNONS
3 EL Butter
375 g frische Champignons, ganz, wenn sie klein sind, geviertelt oder in Scheiben geschnitten, wenn sie groß sind

DIE CHAMPIGNONS: Während die Zwiebeln noch im Backofen oder schon gar sind, läßt man 3 EL Butter in einer emaillierten oder rostfreien Stahlpfanne von 20 bis 25 cm Durchmesser auf mäßiger Hitze zergehen. Sobald der Schaum verschwindet, dünstet man die Champignons unter öfterem Wenden etwa 2 oder 3 Minuten, bis sie gerade weich sind. Dann gibt man die Champignons zu den Zwiebeln und stellt sie beiseite.

DAS RINDFLEISCH

1,5 kg Rindfleisch von der Schulter oder Keule ohne Knochen, in 5 cm große Stücke geschnitten

Bouquet garni, bestehend aus 4 Petersilienstengeln und 1 Lorbeerblatt, zusammengebunden

2 EL kleingeschnittene Schalotten oder Frühlingszwiebeln

1/4 Tasse ganz feingehackte Karotten

3 EL Mehl

1 Tasse heiße Fleischbrühe, frisch oder aus Würfeln

2 Tassen Burgunder oder anderer herber Rotwein

1 EL Tomatenmark

1 TL feingehackter Knoblauch

1 TL getrockneter Thymian

1 TL Salz

Frisch gemahlener schwarzer Pfeffer

2 EL kleingeschnittene frische Petersilie

DAS RINDFLEISCH: Man vergewissert sich, daß der Backofen auf 180° vorgeheizt ist. Aus der Pfanne, in der die Zwiebeln gebräunt wurden, gießt man fast alles Speckfett in eine kleine Schüssel und läßt nur einen Fettfilm von 2 mm Dicke auf dem Boden der Pfanne. Auf Mittelhitze bringt man das Fett zum Rauchpunkt. Das Rindfleisch trocknet man mit Küchenkrepp ab und brät es in dem Fett an, aber immer nur 4 oder 5 Stücke zur gleichen Zeit, um zu vermeiden, daß die Pfanne übervoll ist. Wenn die Stücke auf allen Seiten braun sind, gibt man sie mit einer Küchenzange in eine schwere, 4 bis 6 l fassende, feuerfeste Kasserolle und steckt das *bouquet garni* dazwischen. Dann kommen die gehackten Schalotten und Karotten in die Pfanne. Man läßt sie auf schwacher Hitze unter Umrühren angehen, bis sie leicht Farbe genommen haben. Nun das Mehl einrühren. (Wenn die Mischung zu trocken aussieht, so gibt man noch etwas Speckfett zu.) Die Pfanne wieder auf schwache Hitze setzen und weiterrühren, bis das Mehl leicht zu bräunen beginnt; aber Vorsicht, daß es nicht verbrennt. Vom Feuer nehmen, einen Augenblick abkühlen lassen, dann die heiße Fleischbrühe zugießen und heftig mit einem Schneebesen schlagen. Den Wein und das Tomatenmark dazumischen, zum Kochen bringen und mit dem Schneebesen so lange kräftig weiterschlagen, bis die Sauce dickt. Nun rührt man Knoblauch, Thymian, die gebratenen Speckstreifen, Salz und etwas Pfeffer aus der Mühle hinein und gießt die Sauce über das Rindfleisch, das man vorsichtig umwendet, damit es gut angefeuchtet wird. Die Sauce soll fast, aber nicht völlig das Fleisch bedecken. Nach Bedarf also noch Wein oder Fleischbrühe zugeben. Auf dem Herd wird nun alles zum Kochen gebracht, dann setzt man den Deckel fest auf und schiebt die Kasserolle ins untere Drittel des Backofens. Dort läßt man das Rindfleisch weiter schmoren, wobei man die Ofenhitze so reguliert, daß das Fleisch langsam gart. Nach etwa 2 bis 3 Stunden ist das Fleisch weich, wenn man es mit der Spitze eines scharfen Messers ansticht. Danach rührt man vorsichtig die gebräunten Zwiebeln und die Champignons zusammen mit allem Saft, den sie gezogen haben, in die Kasserolle ein. Mit einem großen Löffel vermischt man das Fleisch und die Gemüse behutsam mit der Sauce in der Kasserolle und gibt sie für weitere 15 Minuten in den Backofen. Man entfernt das *bouquet garni,* schöpft alles Fett von der Oberfläche, schmeckt die Sauce ab und würzt, wenn nötig, mit Salz und Pfeffer. Das Rindfleisch wird mit Petersilie bestreut und direkt in der Kasserolle oder auf einer Platte serviert.

Sauté de Lapin au Vin Blanc

GESCHMORTES KANINCHEN IN WEISSWEINSAUCE

Für 4 bis 6 Personen

Ein 1 bis 1,5 kg schweres, frisches Kaninchen oder aufgetautes Tiefkühlkaninchen, in serviergerechte Stücke geschnitten
1 Tasse herber Weißwein
2 EL Weißweinessig
1/4 Tasse Olivenöl
1 Zwiebel, in dünne Scheiben geschnitten
1/2 TL getrockneter Thymian
1 Lorbeerblatt, zerrieben
2 TL feingehackte frische Petersilie
1/2 TL Salz
Frisch gemahlener schwarzer Pfeffer
125 g magerer gesalzener Speck, gewürfelt
2 Tassen Wasser
1 EL Butter
12 bis 16 geschälte frische Zwiebeln
3 EL kleingeschnittene Schalotten
1/2 TL kleingehackter Knoblauch
2 EL Mehl
1 1/2 Tassen Fleischbrühe, frisch, aus Würfeln, Instantbrühe oder aus der Dose
Bouquet garni, bestehend aus 4 Petersilienstengeln und 1 Lorbeerblatt, zusammengebunden

Das Kaninchen wird unter fließendem Wasser gewaschen und mit Küchenkrepp abgetrocknet. In einem flachen, feuerfesten Geschirr oder in einer Kasserolle vereinigt man 1/2 Tasse Wein, 1 EL Weinessig, Olivenöl, die in Scheiben geschnittene Zwiebel, Thymian, Lorbeerblatt, Petersilie, Salz und Pfeffer zu einer Marinade. Darin läßt man das Kaninchen 6 Stunden bei Zimmertemperatur oder 12 bis 24 Stunden im Kühlschrank. Mehrfach umwenden.

Die Speckwürfel werden 5 Minuten in 2 Tassen Wasser gekocht, dann abgegossen und mit Küchenkrepp trockengetupft. In einer schweren Pfanne von 25 bis 30 cm Durchmesser zerläßt man auf mäßiger Hitze 1 EL Butter und brät darin die Speckwürfel an, bis sie knusprig und goldbraun sind. Den Speck stellt man beiseite und gießt das meiste Fett in eine Schüssel; auf dem Boden der Pfanne bleibt nur gerade ein leichter Fettfilm zurück. Hierin brät man die Zwiebel an und gibt sie dann in eine Schüssel.

Nun das Kaninchen aus der Marinade nehmen und mit Küchenkrepp abtrocknen. Die Marinade aufheben. Das Kaninchen wird in der Pfanne angebraten – falls nötig mit zusätzlichem Fett – und dann in eine schwere 2 bis 3 l fassende, feuerfeste Kasserolle gelegt. Aus der Pfanne gießt man fast alles Fett ab, gibt die Schalotten und den Knoblauch hinein und dünstet sie unter ständigem Rühren 2 Minuten lang. Das Mehl einstäuben und auf schwacher Hitze 1 Minute weiterrühren. Vom Feuer nehmen und die restliche 1/2 Tasse Wein sowie die Brühe zugießen. Auf mäßiger Hitze läßt man unter Rühren so lange kochen, bis die Sauce dickt. Dann gießt man sie über das Kaninchen, fügt *bouquet garni,* Marinade und angebratene Speckwürfel dazu. Den Backofen auf 180° vorheizen.

Das Stew wird auf dem Herd zum Kochen gebracht und auf dem mittleren Einschub des Backofens 40 Minuten gegart. Danach rührt man behutsam die Zwiebeln dazu und brät 20 Minuten weiter, bis das Kaninchen zart ist, wenn man mit der Spitze eines scharfen Messers hineinsticht. Kurz vor dem Servieren rührt man 1 EL Essig in die Sauce, schmeckt ab und trägt in der Kasserolle auf.

Noisettes de Porc aux Pruneaux

SCHWEINEFILET MIT PFLAUMEN UND SAHNESAUCE

Für 4 Personen

2 Dutzend große, getrocknete Pflaumen
1 Tasse herber Weißwein
6 *noisettes* vom Schwein (gut geputztes und entbeintes Ende des Lendenstücks, gebunden und in knapp 4 cm dicke Stücke geschnitten)
Salz
Frisch gemahlener schwarzer Pfeffer
Mehl
2 EL Butter
1 EL Pflanzenöl
½ Tasse Hühnerbrühe, frisch, aus der Dose oder aus Würfeln
½ Tasse süße Sahne
2 TL roter Johannisbeergelee
Einige Tropfen Zitronensaft

In einem 2 bis 3 l fassenden, emaillierten Topf weicht man die Pflaumen bei Zimmertemperatur in Wein ein, wendet sie gelegentlich und läßt sie 4 Stunden – wenn möglich länger – stehen. Dann werden sie auf mäßiger Hitze etwa 10 Minuten gekocht, bis sie gar sind. Abgießen und Pflaumen und Wein getrennt aufheben.

Die *noisettes* mit Salz und Pfeffer würzen, in Mehl wenden und alles Mehl bis auf einen dünnen Flor abklopfen. In einer schweren Bratpfanne von 25 bis 30 cm Durchmesser – oder in einem Bratentopf – zerläßt man die Butter auf mäßiger Hitze. Sobald der Schaum verschwindet, werden die *noisettes* gebraten, ungefähr 3 Minuten auf jeder Seite, bis sie eine kräftige goldbraune Farbe haben. Dann nimmt man sie aus der Pfanne und legt sie auf einen Teller.

Nachdem die *noisettes* gebraten sind, gießt man fast alles Fett aus der Pfanne ab und läßt nur einen dünnen Fettfilm auf dem Boden. Man fügt den Wein, in dem die Pflaumen gedünstet werden, hinzu und läßt ihn ohne Deckel sprudeln, bis er fast ganz verkocht ist. Nun die Hühnerbrühe zugießen und wieder zum Kochen bringen. Die *noisettes* zurück in die Pfanne legen, zudecken und auf kleiner Hitze etwa 30 bis 40 Minuten schmoren lassen oder bis sie weich sind, wenn man sie mit der Spitze eines scharfen Messers ansticht. Mit einer Küchenzange hebt man dann die *noisettes* in eine vorgewärmte Schüssel, schneidet die Fäden weg, deckt sie zu oder stellt sie in einen auf 120° geheizten Ofen, um sie dort warmzuhalten.

Die in der Pfanne zurückbleibende Brühe wird sorgfältig entfettet. Man gießt die Sahne zu und läßt die Sauce aufkochen. Dabei rührt und kratzt man allen Bratensatz los, der in der Pfanne sitzt. So lange rühren, bis die Sauce dick genug ist, um den Rücken eines Löffels zu überziehen. Dann werden die Pflaumen, der Gelee sowie der Zitronensaft untergezogen und alles zusammen erhitzt. Man rührt dabei ständig und behutsam, bis der Gelee aufgelöst ist und die Pflaumen heiß sind. Nun wird noch abgeschmeckt und die Würzung kontrolliert. Mit einem Schaumlöffel nimmt man dann die Pflaumen heraus und umlegt damit die *noisettes*. Die Sauce verteilt man mit einem Löffel über *noisettes* und Pflaumen und serviert so das Gericht.

Bœuf à la Mode

RINDERSCHMORBRATEN IN ROTWEIN

Für 10 bis 12 Personen

DAS RINDFLEISCH

1 EL Salz
1 TL grob gemahlener schwarzer Pfeffer
2 1/2 kg schwerer Rinderbraten ohne Knochen aus der Schulter oder der oberen Keule, mindestens 12 cm im Durchmesser, geputzt und gebunden

DIE MARINADE

3 Tassen roter Burgunder oder anderer trockener Rotwein
1 Tasse in dünne Scheiben geschnittene Zwiebeln
3/4 Tassen in dünne Scheiben geschnittene Karotten
1 TL feingehackter Knoblauch
2 Lorbeerblätter, zerrieben
2 EL feingehackte frische Petersilie
1 TL getrockneter Thymian, zerrieben

EINLEGEN DES RINDFLEISCHS: Man reibt 1 EL Salz und 1 TL Pfeffer in die Oberfläche des Rindfleischs. In einer großen Schüssel aus Glas, Porzellan oder rostfreiem Stahl mischt man die Marinade. Man gibt das Rindfleisch hinein und wendet es in der Marinade, bis es auf allen Seiten gut angefeuchtet ist. Mindestens 6 Stunden bei Zimmertemperatur oder 12 bis 24 Stunden im Kühlschrank marinieren. Dabei mehrfach umdrehen.

ZWIEBELN UND KAROTTEN À BRUN

250 g frischer Speck, gewürfelt
20 bis 24 frische Zwiebeln, ungefähr 2 1/2 cm im Durchmesser, geschält
6 bis 8 Karotten, geputzt und in 4 cm große Zylinder oder olivenförmig geschnitten

ZWIEBELN UND KAROTTEN À BRUN: Den Backofen auf 180° vorheizen. In einer schweren Pfanne von 25 bis 30 cm Durchmesser brät man den gewürfelten Speck auf mäßiger Hitze unter ständigem Rühren so lange an, bis er knusprig und braun ist. Dann entfernt man die Speckwürfel und hebt sie auf. In dem in der Pfanne verbleibenden Fett bräunt man die ganzen Zwiebeln und die Karotten bei mäßiger Temperatur leicht an. Dabei schüttelt man die Pfanne gelegentlich, damit sie herumrollen und so gleichmäßig wie möglich Farbe annehmen. Danach in ein feuerfestes Geschirr legen, das groß genug ist, alles in einer Lage aufzunehmen. 3 EL Speckfett darüberträufeln. Die Pfanne zur Seite stellen, ohne das Fett daraus abzugießen. Man schmort die Zwiebeln und Karotten ohne Deckel auf dem mittleren Einschub des Ofens etwa 30 Minuten lang, bis sie knapp weich sind, wobei sie mehrfach begossen und gedreht werden. Aus dem Ofen nehmen, das Fett abgießen und die Gemüse beiseite stellen.

DIE SCHMORBRÜHE

4 EL Butter
1/3 Tasse Weinbrand
2 Kalbsknöchel und/oder 1 großer Kalbsknochen, in Stücke gesägt
2 mittelgroße Tomaten, geschält, entkernt und grobgeschnitten
Bouquet garni, bestehend aus 6 Petersilienstengeln, 1 Lorbeerblatt und dem weißen Teil einer Lauchstange, zusammengebunden
3 Tassen Fleischbrühe, frisch, aus Würfeln, Instantbrühe oder aus der Dose
Salz
Frisch gemahlener schwarzer Pfeffer
1/2 Tasse feingehackte Petersilie

SCHMOREN DES RINDFLEISCHS: Während die Gemüse schmoren oder nachdem sie fertig sind, nimmt man das Rindfleisch aus der Marinade und trocknet es gründlich mit Küchenkrepp. Die Marinade siebt man in eine kleine Schüssel und läßt die Gemüse auf Küchenkrepp abtropfen. Das in der Pfanne verbliebene Speckfett erhitzt man bis zum Rauchpunkt und brät darin das Rindfleisch an, bis es auf allen Seiten kräftig Farbe angenommen hat. Während es bräunt, läßt man 4 EL Butter in einer schweren, 6 l fassenden feuerfesten Kasserolle oder in einem großen Bräter zergehen. Man gibt die marinierten Gemüse dazu und dünstet unter häufigem Wenden auf kleiner Flamme, bis die meiste Flüssigkeit herausgekocht ist und sie leicht gefärbt sind. Wenn das Rindfleisch gebräunt ist, wird das Fett bis auf einen dünnen Film aus der Pfanne geschöpft.

Der nächste Schritt ist, das Rindfleisch zu flambieren. Experten flambieren das Rindfleisch mit Weinbrand direkt in der Pfanne. Aber es ist ungefährlicher, den Alkohol erst in einem kleinen Topf auf schwacher Hitze zu erwärmen, ihn mit einem Streichholz anzuzünden und dann brennend über das Rindfleisch zu geben. Man gießt ihn nach und nach darüber und schüttelt dabei die Pfanne vorsichtig, bis die Flamme erlischt. Nun legt man das Rindfleisch in die Kasserolle und verteilt die Stücke der Kalbsknöchel bzw. Kalbsknochen, der geschnittenen Tomaten, des gewürfelten Specks und das *bouquet garni* ringsum.

Man gießt die durchgeseihte Marinade und 3 Tassen Fleischbrühe in die Pfanne, kocht alles auf großer Flamme auf, kratzt allen braunen Satz, der an der Pfanne haftet, ab und löst ihn gut auf. Ein oder zwei Minuten kräftig sprudeln lassen, dann in die Kasserolle gießen. Die Flüssigkeit soll bis zur halben Höhe des Fleisches reichen. Falls nötig, mehr Fleischbrühe zugeben. Man bringt die Kasserolle auf dem Herd zum Kochen, deckt sie dann fest zu und stellt sie auf den mittleren Einschub des Ofens. Die Hitze reguliert man so, daß das Rindfleisch sachte köchelt. Man wendet und begießt das Fleisch zwei- oder dreimal während der Garzeit. Nach 2½ bis 3 Stunden sollte es zart sein, wenn man mit der Spitze eines scharfen Messers hineinsticht.

Will man das Rindfleisch und die Gemüse heiß servieren, so legt man das Fleisch auf eine Platte. Man wirft Knochen und *bouquet garni* fort und gießt den Rest des Kasserolleninhalts durch ein großes, feines Sieb in einen 3 bis 4 l fassenden Topf; dabei drückt man die Gemüse gut aus, ehe man sie wegwirft. Die durchgeseihte Schmorbrühe oder Sauce läßt man sich einige Minuten lang setzen, dann schöpft man soviel Fett wie möglich von der Oberfläche ab. Die Sauce kocht man schnell auf großer Flamme, bis sie auf die Hälfte ihrer ursprünglichen Menge reduziert ist (etwa 3 bis 4 Tassen). Abschmecken und mit Salz und Pfeffer würzen. Dann gibt man Fleisch und Sauce wieder in die Kasserolle und fügt die gebackenen Zwiebeln und Karotten hinzu. Man läßt sachte auf dem Herd köcheln, um Rindfleisch und Gemüse gründlich zu erhitzen. Nun legt man das Fleisch auf ein Schneidebrett und entfernt die Fäden. Dann richtet man den Braten, umlegt mit den Zwiebeln und Karotten, auf einer großen Platte an. Etwas Sauce darüberschöpfen und den Rest separat in einer warmen Sauciere reichen.

Fortsetzung nächste Seite

ASPIK FÜR BŒUF À LA MODE EN GELÉE

2 bis 4 Tassen Fleischbrühe, frisch, aus Würfeln, oder aus der Dose
7–14 Blatt Gelatine ohne Geschmack oder entsprechend Aspikpulver
3 Eiweiß
1/2 TL Zitronensaft
1/2 TL getrockneter Thymian, zerrieben
1/2 Lorbeerblatt
10 Pfefferkörner
1 TL Salz
1/2 Tasse Madeira

BŒUF À LA MODE EN GELÉE (kalter Rinderbraten in Aspik): Um die kalte Version von *bœuf à la mode* zuzubereiten, läßt man das Fleisch eine Stunde lang in der Schmorflüssigkeit abkühlen, wobei man es ein- oder zweimal wendet. Dann legt man den Braten auf eine Platte, läßt ihn auf Zimmertemperatur abkühlen, wickelt ihn ein und kühlt ihn im Eisschrank. Die Schmorflüssigkeit abseihen, kühlen, zudecken und kaltstellen. Auch die gebackenen Zwiebeln und Karotten läßt man abkühlen, deckt sie zu und stellt sie in den Kühlschrank.

Wenn die Schmorflüssigkeit völlig kalt ist, entfernt man sorgfältig Fett, das an der Oberfläche fest geworden ist, und wirft es weg. In einem 2 oder 3 l fassenden Topf läßt man die Schmorflüssigkeit auf kleiner Flamme flüssig werden und gießt zu insgesamt 5 Tassen Fleischbrühe auf. Die Gelatine läßt man in einer zusätzlichen Tasse kalter frischer Brühe quellen und gibt sie dazu. Man schlägt die Eiweiß mit einem Drahtbesen zu Schnee und rührt diesen in die Brühe, zusammen mit Zitronensaft, Thymian, Lorbeerblatt, Pfefferkörnern und Salz. Sobald der Aspik zu schäumen und hochzusteigen beginnt, nimmt man den Topf vom Feuer. Man läßt ihn abseits vom Herd 5 Minuten ruhen und gießt dann alles durch ein mit einem feuchten Küchenhandtuch ausgelegtes feines Sieb in eine tiefe Schüssel. Man läßt den Aspik durchlaufen, ohne ihn irgendwie aufzurühren. Wenn er ganz durchgelaufen ist, gibt man Madeira zu, schmeckt ab und würzt, falls nötig, mit Salz nach. Den Boden einer großen Servierplatte gießt man mit einer 3 mm dünnen Schicht Aspik aus und stellt sie in den Kühlschrank, bis der Aspik fest ist. Dann schneidet man das kalte Rindfleisch in halbzentimeter dicke Scheiben und legt Fleisch, Zwiebeln und Karotten ansprechend auf die Platte. Man erhitzt ungefähr 3/4 Tasse Aspik in einem kleinen Stieltopf, bis er schmilzt, dann hält man ihn in eine Schüssel, die mit Wasser und geschlagenem Eis oder Eiswürfeln gefüllt ist. Man rührt vorsichtig mit einem Metallöffel, bis er fast zum Stocken kommt. Schnell arbeitend, gießt man eine dünne Schicht Aspik über Fleischscheiben und Gemüse und stellt die Platte in den Kühlschrank, bis der Überzug fest ist. Diesen Vorgang wiederholt man noch zweimal, um drei gelierende Schichten zu machen – für jede schmilzt und kühlt man den Aspik extra. In der Zwischenzeit läßt man den restlichen Aspik schmelzen und gießt ihn dann in ein großes flaches Geschirr, wo er eine Schicht von 6 mm Dicke bilden soll, und stellt es in den Kühlschrank.

Wenn der Aspik sehr fest ist, nimmt man das Geschirr aus dem Kühlschrank und ritzt die Aspikschicht in Form von Karos ein, indem man mit der Spitze eines scharfen Messers sich kreuzende diagonale Linien, jeweils 4 cm voneinander entfernt, einschneidet. Die Karos arrangiert man um das mit Aspik bedeckte Rindfleisch. Man hackt alle Reste in kleine Würfel und garniert damit die Platte.

Cassoulet

ÜBERBACKENER FLEISCHEINTOPF MIT WEISSEN BOHNEN

Für 10 bis 12 Personen

BOHNEN UND WURST

4 l Hühnerbrühe, frisch, aus Würfeln oder aus der Dose
1 kg getrocknete weiße Bohnen
500 g durchwachsener Speck, in einem Stück
250 g frische Speckschwarte (nach Belieben)
1 l Wasser
500 g Kochwurst, nach Möglichkeit mit Knoblauch
3 ganze geschälte Zwiebeln
1 TL feingehackter Knoblauch
1 TL getrockneter Thymian, zerrieben
Bouquet garni, bestehend aus 4 Petersilienstengeln, 3 Stielen Selleriekraut, weißer Teil einer Lauchstange und 2 Lorbeerblättern, in Mull eingebunden
Salz
Frisch gemahlener schwarzer Pfeffer

BOHNEN UND WURST: In einem schweren, 6 bis 8 l fassenden Topf oder Suppenkessel bringt man die Hühnerbrühe auf großer Flamme zum Sprudeln. Die Bohnen hineinschütten und 2 Minuten lebhaft kochen. Den Topf vom Feuer nehmen und die Bohnen 1 Stunde weichen lassen. Inzwischen kocht man den Speck und ggf. die Speckschwarte 15 Minuten in 1 l Wasser. Abgießen und beiseite stellen.

Mit der Spitze eines scharfen Messers sticht man 5 oder 6 Löcher in die Wurst und gibt sie zusammen mit dem durchwachsenen Speck und der Speckschwarte zu den Bohnen. Auf großer Flamme aufkochen und dabei den Schaum von der Oberfläche abschöpfen. Wenn die Brühe ziemlich klar aussieht, gibt man die ganzen Zwiebeln, Knoblauch, Thymian, *bouquet garni,* Salz und etwas Pfeffer aus der Mühle dazu. Die Hitze verringern und ohne Deckel 45 Minuten lang köcheln lassen. Man legt die Wurst auf einen Teller und stellt sie beiseite. Bohnen und Speck werden noch weitere 30 bis 40 Minuten gegart, bis die Bohnen weich sind. Dann läßt man den Speck abtropfen und legt ihn auf den Teller zu der Wurst. Zwiebeln und *bouquet garni* wirft man weg. Die Brühe durch ein Sieb in eine Rührschüssel gießen, das Fett abschöpfen und abschmecken. Dann setzt man Bohnen, Brühe und Fleisch in getrennten Gefäßen beiseite.

DIE ENTE

4 EL Butter
1 EL Pflanzenöl
Eine 2–2¼ kg schwere Ente, geviertelt

DIE GEGRILLTE ENTE: Den Backofen auf 180° vorheizen. Die Butter sahnig rühren, indem man sie mit einem Holzlöffel kräftig gegen die Seiten einer kleinen Schüssel schlägt, bis sie ganz locker ist; dann das Öl unterziehen. Die Ente trocknet man mit Küchenkrepp und überzieht die Viertel mit der Mischung aus schaumiger Butter und Öl. Man legt sie mit der Hautseite nach unten auf den Rost und grillt sie 15 Minuten in 10 cm Entfernung vom Strahler. Mit dem Saft aus der Fettwanne begießen und weitere 5 Minuten grillen. Danach vergrößert man die Hitze auf 200° und grillt noch 15 Minuten, wobei man die Ente ein- oder zweimal mit der angesammelten Flüssigkeit überschüttet. Mit einer Küchenzange dreht man die Viertel um, befeuchtet sie wieder und legt nun die Hautseite

Fortsetzung nächste Seite

nach oben 10 Minuten unter den Strahler. Die Hitze auf 235° erhöhen, erneut überschöpfen und weitere 10 Minuten grillen. Dann legt man die Ente auf eine Platte und gießt den Grillsaft aus der Fettwanne in eine Schüssel, wobei man allen braunen Satz, der an der Wanne haftet, auch hineinkratzt. Die Flüssigkeit läßt man sich setzen, schöpft das Fett oben ab und hebt es in einer kleinen Schüssel auf. Den entfetteten Rest gibt man in die Bohnenbrühe. Wenn die Ente abgekühlt ist, schneidet man überschüssiges Fett und Knorpel ab und trennt die Viertel mit einer Geflügelschere in serviergerechte Stücke.

SCHWEINE- UND LAMMFLEISCH

250 g frischer Speck, gewürfelt
500 g ausgebeintes Schweinekotelett, in 5 cm große Stücke geschnitten
500 g ausgebeinte Lammschulter, in 5 cm große Stücke geschnitten
1 Tasse feingeschnittene Zwiebeln
1/2 Tasse kleingeschnittener Staudensellerie
1 TL feingehackter Knoblauch
1 Tasse herber Weißwein
750 g feste, reife Tomaten, geschält, entkernt und grobgeschnitten (etwa 2 bis 2 1/2 Tassen), oder dafür 2 Tassen geschnittene, abgetropfte, ganze Tomaten aus der Dose
1 Lorbeerblatt
1/2 TL Salz
Frisch gemahlener schwarzer Pfeffer

SCHWEINE- UND LAMMFLEISCH: Den Backofen auf 160° vorheizen. In einer schweren Pfanne von 25 bis 30 cm Durchmesser brät man den gewürfelten Speck auf mäßiger Hitze unter ständigem Rühren, bis er knusprig und braun ist. Die Würfel herausnehmen und aufheben. Alles ausgebratene Fett bis auf 2 oder 3 EL in eine kleine Rührschüssel abgießen. Das in der Pfanne verbliebene Fett erhitzt man fast bis zum Rauchpunkt und bräunt darin das Schweine- und Lammfleisch, jeweils 4 oder 5 Stücke zur gleichen Zeit. Sind die Stücke auf allen Seiten braun, legt man sie in einen 4 l fassenden Bräter oder in eine schwere, feuerfeste Kasserolle.

Nun entfernt man alles Fett aus der Pfanne bis auf 3 EL und dünstet darin die geschnittenen Zwiebeln auf schwacher Hitze 5 Minuten. Dabei den braunen Satz loskratzen, der an der Pfanne haftet. Sellerie und Knoblauch zugeben und 2 Minuten dünsten. Dann löscht man mit dem Wein ab und kocht auf großer Flamme, bis die Mischung zur Hälfte reduziert ist. Mit einem Gummispachtel kratzt man den Inhalt der Pfanne in die Kasserolle. Behutsam rührt man Tomaten, Lorbeerblatt, Salz und etwas Pfeffer aus der Mühle in die Kasserolle. Auf dem Herd aufkochen, zudecken und auf dem mittleren Einschub des Ofens (etwas Brühe oder Wasser zugießen, falls das Fleisch trocken aussieht) 1 Stunde, bis das Fleisch weich ist, garen. Mit der Küchenzange hebt man das Fleisch in eine Schüssel. Das Fett wird von dem Saft in der Kasserolle abgeschöpft, dann seiht man den Saft in die Bohnenbrühe und wirft die Gemüse weg.

DIE GEBACKENE KRUSTE

1 1/2 Tassen feine, trockene Brösel
1/2 Tasse feingehackte frische Petersilie

EINSCHICHTEN DES CASSOULETS: Den Backofen auf 180° vorheizen. Die Wurst schälen und in halbzentimeter dicke Scheiben schneiden. Den durchwachsenen Speck und die Speckschwarte zerteilt man in 2 cm große Würfel. In eine schwere, feuerfeste, 6 bis 8 l fassende

Kasserolle, die mindestens 12 cm tief ist, gibt man eine 2 cm dicke Lage Bohnen. Die Hälfte von der Wurst, dem frischen Speck, der Schwarte, dem durchwachsenen Speck, der Ente, dem geschmorten Schweine- und Lammfleisch schichtet man darüber. Darauf kommt eine weitere Lage Bohnen, dann der Rest des Fleisches und eine letzte Schicht Bohnen, mit Wurstscheiben belegt. Man gießt die Bohnenbrühe dazu, bis sie fast die Bohnen bedeckt. Die Brösel breitet man in einer dicken Schicht über die Oberfläche und beträufelt sie mit 3 oder 4 EL Entenfett. Auf der Herdplatte bringt man die Kasserolle zum Kochen, dann backt man sie, nicht zugedeckt, im oberen Drittel des Ofens $1^1/_4$ Stunden, bis die Brösel eine feste dunkle Kruste gebildet haben. Man kann diese Kruste *(gratin)* behutsam in das *cassoulet* drücken und das Gericht weiterbacken, bis sich eine neue Kruste bildet. Dies kann man zwei- oder dreimal wiederholen. Direkt in der Kasserolle, die mit Petersilie überstreut wird, servieren.

Gigot d'Agneau Rôti

GEBRATENE LAMMKEULE

Für 6 bis 8 Personen

Eine $2^1/_2$–3 kg schwere Lammkeule, von allem überflüssigem Fett befreit, aber noch mit der Haut
Knoblauchspäne von 1 Zehe
3 EL Pflanzenöl
2 EL Salz
2 Zwiebeln, in dünnen Scheiben
2 Karotten, in dünnen Scheiben
$1^1/_2$ Tassen Fleisch- oder Hühnerbrühe, frisch, aus Würfeln oder aus der Dose
$^1/_2$ TL Zitronensaft
Salz
Frisch gemahlener schwarzer Pfeffer

Den Backofen auf 260° vorheizen. In die fette Seite des Lammfleisches macht man 6 oder 8 halbzentimeter große Einschnitte und steckt in jeden einen Knoblauchspan. Man bestreicht die Keule mit Öl und klopft Salz in die ganze Oberfläche ein. In den dicksten Teil der Keule steckt man – sofern vorhanden – ein Fleischthermometer, achtet aber darauf, daß es nicht den Knochen berührt. Nun legt man die Keule mit der fetten Seite nach oben auf einen Rost in eine flache Bratpfanne und brät sie 20 Minuten auf dem mittleren Einschub des Ofens. Dann verringert man die Hitze auf 190°, verteilt die Gemüse unter dem Rost und gart die Keule noch je nach Wunsch 40 bis 60 Minuten. Englisch gebratenes Lammfleisch läßt man im Ofen, bis das Thermometer 55 bis 60° zeigt, rosa gebratenes 60 bis 65°, durchgebratenes 65 bis 70°. Man legt das Fleisch auf eine vorgewärmte Platte und läßt es vor dem Tranchieren 10 Minuten ruhen.

In der Zwischenzeit schöpft man das Fett aus der Bratpfanne ab, gießt die Brühe zu den Gemüsen und kocht alles auf dem Herd 4 bis 5 Minuten lebhaft durch, wobei man den braunen Satz am Pfannenrand ablöst. Wenn die Sauce die gewünschte Geschmacksintensität erreicht hat, gießt man sie durch ein feines Sieb in einen Topf. Die Gemüse drückt man dabei kräftig aus, ehe man sie wegwirft. Man probiert die Sauce und würzt mit Zitronensaft, Salz und Pfeffer. Dann nochmals erhitzen und mit dem Lammfleisch servieren.

Côtes de Veau à l'Ardennaise

GESCHMORTE KALBSKOTELETTS IN SCHINKEN-PETERSILIENSAUCE

Für 4 Personen

5 EL Butter
1/2 Tasse feingeschnittene Zwiebeln
1/4 Tasse feingeschnittene Karotten
10 Wacholderbeeren
1/2 TL getrocknetes Basilikum
1/2 TL Salz
Frisch gemahlener schwarzer Pfeffer
3 EL Pflanzenöl
4 Kalbskoteletts, 2 1/2 bis 4 cm dick geschnitten
1 Tasse herber Weißwein
1/2 Tasse Hühnerbrühe, frisch, aus Würfeln oder aus der Dose
3/4 Tasse frische weiße Brösel, im Mixbecher von ungefähr 3 Scheiben Weißbrot gemacht, von dem die Krusten entfernt sind
1 EL feingeschnittener gekochter Schinken
2 EL feingeschnittene frische Petersilie
1/2 TL Zitronensaft
1 EL Butter, in winzige Flöckchen zerteilt

Den Backofen auf 180° vorheizen. In einer schweren, flachen und feuerfesten Kasserolle oder Backschüssel, die groß genug ist, die Koteletts in einer Lage aufzunehmen und einen Deckel hat, läßt man 2 EL Butter auf mäßiger Hitze zergehen und dünstet darin die geschnittenen Zwiebeln und Karotten unter ständigem Rühren 8 bis 10 Minuten, bis sie weich sind und leicht Farbe angenommen haben. Beiseite stellen.

Die Wacholderbeeren zerquetscht man mit Mörser und Stößel oder einem Holzlöffel in einer kleinen schweren Schale und stampft das Basilikum, Salz und etwas Pfeffer aus der Mühle dazu. Diese Würze drückt man in beide Seiten der Koteletts, wobei man sie so stark wie möglich in das Fleisch preßt.

Einen EL Butter läßt man zusammen mit dem Öl in einer schweren Pfanne von 25 bis 30 cm Durchmesser auf mäßiger Hitze zergehen. Sobald der Schaum verschwindet, bräunt man die Koteletts auf beiden Seiten goldgelb. Dabei vorsichtig umdrehen, damit sich die Gewürze nicht lösen. Die gebräunten Koteletts legt man in die Kasserolle. Aus der Pfanne schüttet man alles Fett bis auf 1 oder 2 EL ab und gießt den Wein hinein. Unter ständigem Umrühren aufkochen, dabei den braunen Satz in der Pfanne lösen und den Wein bis zu 1/2 Tasse reduzieren. Die Brühe unterziehen und die Mischung um die Kalbskoteletts herumgießen. In einer Pfanne von 15 bis 20 cm Durchmesser zerläßt man die verbliebenen 2 EL Butter auf schwacher Hitze und bräunt darin die Brösel. Abseits vom Feuer rührt man Schinken, Petersilie und 1/2 TL Zitronensaft hinein. Man teilt die Mischung in vier Teile, schöpft eine Portion auf jedes Kotelett und setzt Butterflöckchen jeweils obenauf.

Auf der Herdplatte bringt man die Kasserolle zum Kochen, deckt fest zu und gart alles 40 Minuten. Dann legt man das Fleisch auf eine warme Platte, möglichst eine mit Vertiefung, um die Sauce aufzunehmen. Schnell arbeitend, gießt man den Inhalt der Kasserolle durch ein feines Sieb in einen kleinen Topf, wobei man die Gemüse auspreßt, ehe man sie wegwirft. Die Flüssigkeit auf großer Flamme zu etwa 1/2 Tasse einkochen. Die Sauce abschmecken, rings um die Koteletts gießen und sofort servieren.

Ris de Veau ou Cervelles au Beurre Noir

BRIES ODER HIRN IN BRAUNER BUTTERSAUCE

Für 6 Personen

750 g Kalbsbries oder Hirn
Wasser
Essig
Salz
Zitronensaft
250 g Butter
1/4 Tasse Weinessig oder Zitronensaft
Frisch gemahlener schwarzer Pfeffer
Mehl
3 EL Butter
1 EL Pflanzenöl
2 EL feingeschnittene frische Petersilie

Das Bries oder Hirn weicht man in mehrfach zu wechselndem, kaltem Wasser 2 Stunden ein. Danach legt man es eine weitere Stunde in kaltes Essigwasser, wofür man 1 EL Essig pro l Wasser verwendet. Behutsam zieht man soviel wie möglich von der Außenhaut ab, ohne dabei Bries oder Hirn zu zerreißen. Man macht das Bries zurecht, indem man mit einem scharfen Messer die beiden Lappen von der Röhre losschneidet, die sie verbinden; die Röhre wirft man weg. Beim Hirn schneidet man die weißen, undurchsichtigen Stückchen an der Unterseite weg. Man legt dann Bries oder Hirn in einen emaillierten Topf mit so viel Wasser, daß 5 cm darüber stehen, gibt Salz (1 EL pro l Wasser) und Zitronensaft (1 TL pro l Wasser) zu und gart ohne Deckel gerade unter dem Siedepunkt 15 bis 20 Minuten. Dann herausnehmen und auf Küchenkrepp trocknen.

Man klärt 12 EL Butter, indem man sie in einem kleinen, schweren Topf oder einer ebensolchen Pfanne langsam zergehen läßt, wobei man den Schaum von der Oberfläche abschöpft. Die oben schwimmende, klare Butter gibt man in einen sauberen Topf und wirft den milchigen Rückstand weg. Den Essig in den Topf gießen, in dem die Butter geklärt wurde, und kochend zu 1 EL reduzieren. Auf mäßiger Hitze bräunt man die geklärte Butter, rührt den reduzierten Essig hinein, schmeckt ab und würzt mit Salz und Pfeffer.

Wenn Bries oder Hirn ganz serviert werden sollen, gibt man sie in die braune Buttersauce und macht sie unter gelegentlichem Begießen darin heiß. Sollen sie in Scheiben geschnitten und gebraten werden, so stellt man die braune Buttersauce beiseite. Man taucht die Scheiben in Mehl und klopft dann alles bis auf einen dünnen Flor ab. In einer schweren Pfanne oder einem Brattopf von 25 bis 30 cm Durchmesser läßt man die restlichen 3 EL Butter mit dem Öl auf mäßiger Hitze zergehen. Sobald der Schaum verschwindet, brät man die Bries- oder Hirnscheiben 3 oder 4 Minuten auf jeder Seite, bis sie leicht gebräunt sind. Falls nicht alle Scheiben gut Platz in der Pfanne haben, brät man sie in zwei Partien. Man arrangiert sie auf einer vorgewärmten Platte. Die braune Butter wird wieder erhitzt und darübergegossen. Mit geschnittener Petersilie bestreuen und sofort servieren.

Côtes de Porc à l'Auvergnate

SCHWEINEKOTELETTS MIT WEISSKOHL

Für 4 Personen

6 l Wasser
Salz
1½ kg Weißkohl, feingeschnitten
3 EL Butter
½ Tasse kleingeschnittene Zwiebeln
½ TL feingehackter Knoblauch
Frisch gemahlener schwarzer Pfeffer
8 aus der Mitte der Lende geschnittene Schweinekoteletts mit Filetteil, ungefähr 2 cm dick
3 EL Öl
½ Tasse herber Weißwein
1 Tasse süße Sahne
1 Lorbeerblatt
4 TL frisch geriebener Parmesankäse, gemischt mit 2 TL feinen, trockenen Bröseln

In einem Suppentopf oder -kessel bringt man das Wasser und 3 EL Salz zum Sprudeln. Den Weißkohl hineingeben und 5 Minuten kochen, dann in einem Sieb oder Durchschlag gründlich ablaufen lassen. In einer Pfanne von 25 bis 30 cm Durchmesser schmilzt man 2 EL Butter auf mäßiger Hitze. Sobald der Schaum verschwindet, schwenkt man Zwiebeln und Knoblauch 3 bis 4 Minuten in der Pfanne, bis sie weich, aber nicht braun sind. Den Weißkohl, ½ TL Salz und etwas Pfeffer aus der Mühle dazugeben und unter häufigem Umrühren 5 Minuten dünsten, bis fast alle Flüssigkeit verdampft ist. Mit einem Gummispachtel in eine Schüssel heben und beiseite stellen.

Die Schweinekoteletts tupft man mit Küchenkrepp trocken und würzt sie mit Salz und einigen Umdrehungen der Pfeffermühle. In der Pfanne läßt man den restlichen Eßlöffel Butter mit dem Öl zergehen. Sobald der Schaum verschwindet, brät man die Koteletts ungefähr 3 Minuten auf jeder Seite an, bis sie eine kräftige Goldfarbe haben. Aus der Pfanne nehmen und beiseite stellen.

Fast alles Fett aus der Pfanne schütten, bis nur ein dünner Film auf dem Boden zurückbleibt. Den Wein zugießen und unter häufigem Umrühren schnell aufkochen. Dabei den braunen Satz in der Pfanne lösen. Den Wein zu ¼ Tasse reduzieren und unter den Kohl mischen. Etwa ⅓ des Weißkohls auf dem Boden einer schweren, feuerfesten Kasserolle, die mindestens 10 cm tief ist und groß genug, um die 4 Koteletts in einer Lage aufzunehmen, ausbreiten. Vier Koteletts auf den Kohl legen, dann eine weitere Lage Kohl, 4 weitere Koteletts und mit dem Rest des Weißkohls abschließen. Die Kasserolle soll fest gepackt sein. Den Backofen auf 180° vorheizen.

In einem kleinen Topf die Sahne auf mäßigem Feuer erhitzen, bis sich winzige Bläschen am Rand des Topfes bilden. Die heiße Sahne in die Kasserolle gießen, 1 Lorbeerblatt oben auf den Weißkohl legen und auf dem Herd bis zum Siedepunkt erhitzen. Dann in eine größere Pfanne setzen, die die überfließende Sauce auffangen kann, fest zudecken und auf dem mittleren Einschub des Ofens 1½ Stunden schmoren. Den Deckel abnehmen, das Lorbeerblatt entfernen und die Würzung prüfen. Den Kohl mit Käse und Bröseln bestreuen und noch 30 Minuten im Ofen überbacken, bis die Oberfläche braun und knusprig ist. Direkt aus der Kasserolle servieren.

Rognons en Casserole

GEBRATENE NIEREN MIT SENFSAUCE

Für 4 bis 6 Personen

6 EL Butter
3 oder 4 ganze Kalbsnieren oder 12 ganze Lammnieren, abgezogen und vom Fett befreit
2 EL feingeschnittene Schalotten oder Frühlingszwiebeln
3/4 Tasse herber Weißwein
4 EL Butter
2 EL Dijon-Senf
1/2 TL Salz
Frisch gemahlener schwarzer Pfeffer
2 TL Zitronensaft
3 EL feingehackte frische Petersilie

In einer schweren flachen, feuerfesten Kasserolle von ungefähr 25 cm Durchmesser oder in einer Flambierpfanne läßt man 6 EL Butter auf mäßiger Hitze zergehen. Sobald der Schaum verschwindet, brät man, ohne zuzudecken, die Nieren in der Butter und wendet sie häufig, bis sie schwach gebräunt sind. (Kalbsnieren benötigen 10 Minuten, Lammnieren 4 bis 5 Minuten.) Mit einer Küchenzange hebt man sie auf eine gewärmte Platte und deckt sie lose zu.

Nun rührt man die Schalotten in die in der Kasserolle verbliebene Butter und dünstet sie unter Rühren etwa 1 Minute. Dann Wein zugeben, aufkochen und dabei allen braunen, an der Kasserolle haftenden Bratensatz lösen. 4 bis 5 Minuten sprudeln lassen, bis der Wein auf 1/4 Tasse reduziert ist, und die Kasserolle vom Feuer nehmen. Die restliche Butter wird schaumig gerührt, indem man sie mit einem Holzlöffel kräftig schlägt, bis sie ganz luftig ist. Dann mischt man Senf, Salz und etwas Pfeffer aus der Mühle darunter und gibt, abseits vom Herd, die gewürzte Butter eßlöffelweise in die Kasserolle. Nun schneidet man, schnell arbeitend, die Nieren quer in 3 mm dicke Scheiben direkt in die Kasserolle, beträufelt sie mit Zitronensaft, streut Petersilie darüber und schwenkt sie auf kleiner Flamme 1 oder 2 Minuten, um sie heißzumachen. Sofort servieren.

Bifteck Marchand de Vins

GEBRATENES STEAK MIT ROTWEINSAUCE

Für 6 Personen

MARCHAND DE VINS-SAUCE
2 EL Butter
1/2 Tasse kleingeschnittene Schalotten oder Frühlingszwiebeln
1 1/2 Tassen herber Rotwein
1/2 Lorbeerblatt
1/4 TL getrockneter Thymian
4 Petersilienstengel
2 TL Fleischextrakt, aufgelöst in 3 EL heißem Wasser
200 g Butter
1 EL Zitronensaft
1 TL Mehl
2 EL kleingehackte frische Petersilie

MARCHAND DE VINS-SAUCE: In einem 2 bis 3 l fassenden, emaillierten Topf zerläßt man 2 EL Butter auf mäßiger Hitze. Sobald der Schaum verschwindet, dünstet man die Schalotten unter ständigem Rühren 2 Minuten, bis sie weich, aber nicht braun sind. Den Wein zugießen, Lorbeerblatt, Thymian und Petersilienstengel zufügen und auf mäßiger Hitze schwach kochen, bis er zu einer 3/4 Tasse reduziert ist. Dieser Vorgang kann 10 bis 15 Minuten in Anspruch nehmen. Man gießt den reduzierten Wein durch ein feines Sieb in eine kleine Schüssel und preßt dabei die Schalotten und Kräuter gut mit dem Rücken eines Löffels aus, ehe man sie wegwirft. Den Wein schüttet man wieder in den Topf zurück, fügt den verdünnten Fleischextrakt zu und läßt alles aufkochen. Den Topf dann beiseite stellen.

Die Butter rührt man schaumig, indem man sie kräftig mit einem Holzlöffel gegen die Seiten einer kleinen Schale schlägt, bis sie ganz luftig ist. Den Zitronensaft, das Mehl und die Petersilie daruntermischen und auf die Seite stellen.

DAS STEAK
Etwa 1,5 kg Lendensteak oder ein entsprechendes Beefsteak oder Rumpsteak, 2 1/2 bis 3 cm dick geschnitten und von allem überflüssigen Fett befreit
1 EL Butter
2 EL Pflanzenöl
Salz
Frisch gemahlener schwarzer Pfeffer

DAS STEAK: Das Steak wird mit Küchenkrepp sorgfältig trockengetupft. Man macht alle 2 oder 3 cm kleine Einschnitte rings um den Rand des Steaks, damit es beim Braten nicht vom Fett aufgeworfen wird. In einer schweren Pfanne oder einem Bräter von 30 bis 35 cm Durchmesser läßt man 1 EL Butter mit den 2 EL Pflanzenöl auf großer Flamme zergehen. Das Steak einlegen und es schnell auf jeder Seite 1 bis 2 Minuten anbraten. Mit einer Küchenzange umdrehen, die Hitze verringern und das Steak auf jeder Seite etwa 5 Minuten garen.

Experten prüfen ein Steak, indem sie mit dem Finger daraufdrücken. Es soll einen leichten Widerstand bieten, nicht fest und nicht weich sein. Wenn einem diese Methode zu schwierig erscheint, so macht man einen kleinen Einschnitt mit der Spitze eines scharfen Messers und urteilt nach der Farbe des Fleisches. Auf eine angewärmte Platte legen und mit Salz und Pfeffer würzen.

Die reduzierte Weinmischung in die Pfanne gießen und auf mäßiger Hitze unter ständigem Rühren zum Kochen bringen. Dabei allen braunen Saft, der auf dem Boden und an den Seiten der Pfanne hängt, loskratzen. Vom Feuer nehmen und die schaumige Buttermischung – immer 2 EL zur gleichen Zeit – einrühren. Zum Servieren schneidet man das Steak in Scheiben und reicht die Sauce gesondert.

ANDERE MÖGLICHKEIT: *Sauce béarnaise (Seite 14)* kann an die Stelle der *marchand de vins*-Sauce treten. In diesem Fall wird der Name des Gerichtes geändert in *bifteck béarnaise*.

Veau Braisé en Casserole

IN DER KASSEROLLE GEBRATENES KALBFLEISCH

Für 6 Personen
2 EL Butter
2 EL Pflanzenöl
1,5 kg Kalbskeule aus dem Oberteil ohne Knochen oder ein Braten aus der Schulter oder Lende, in eine dünne Speckplatte eingebunden
2 Karotten, in dünne Scheiben geschnitten
2 Zwiebeln, in dünne Scheiben geschnitten
1/2 TL Salz
Frisch gemahlener schwarzer Pfeffer
Bouquet garni, bestehend aus 4 Petersilienstengeln und 1 Lorbeerblatt, zusammengebunden
1/2 TL getrockneter Thymian, zerrieben
1/2 Tasse heiße Hühnerbrühe, frisch, aus der Dose oder aus Würfeln (nach Belieben)

Den Backofen auf 165° vorheizen. In einer schweren, irdenen Kasserolle, die gerade groß genug für das Fleisch ist und einen Deckel hat, erwärmt man Butter und Öl auf mäßiger Hitze. Sobald der Schaum verschwindet, brät man das Kalbfleisch leicht auf allen Seiten an. Man nimmt es heraus, legt es auf einen Teller und gibt das Gemüse zu dem restlichen Fett in die Kasserolle. (Falls das Fett verbrannt ist, wird es durch 3 EL frische Butter ersetzt.) Die Gemüse werden nun unter gelegentlichem Umrühren 5 bis 10 Minuten auf schwacher Hitze gedünstet, bis sie weich, aber noch nicht gebräunt sind.

Nun gibt man das Kalbfleisch in die Kasserolle zurück, überstreut es mit etwas Salz und Pfeffer aus der Mühle und gibt das *bouquet garni* sowie den Thymian dazu. Die Kasserolle wird zugedeckt und auf den Herd gestellt. Sobald der Inhalt den Siedepunkt erreicht hat, schiebt man die Kasserolle in das untere Drittel des Backofens. Alle 20 oder 30 Minuten wird das Kalbfleisch mit dem austretenden Saft begossen. Sollte die Kasserolle trocken bleiben, so gießt man heiße Hühnerbrühe dazu. Nach 1 1/2 Stunden prüft man, ob der Kalbsbraten gar ist, indem man mit der Spitze eines scharfen Messers hineinsticht. Der Saft soll klar gelb heraustreten. Nun legt man das Fleisch auf eine vorgewärmte Platte und entfernt das Garn. Der in der Kasserolle verbleibende Saft wird durch ein Haarsieb in einen kleinen Topf passiert. Dabei drückt man die Gemüse und Kräuter fest mit einem Löffel aus, um allen Saft herauszupressen, bevor man sie wegwirft. Dann schöpft man alles Fett von der Oberfläche ab und kocht die Flüssigkeit bis zur Hälfte ihres ursprünglichen Volumens ein oder auch so lange, bis sie die gewünschte Aromaintensität hat. Abschmecken. Das Kalbfleisch wird in 6 mm dicke Scheiben geschnitten, auf jede Scheibe gibt man ganz wenig von dem Bratensaft und serviert den Rest in einer vorgewärmten Sauciere.

Côtes de Porc Braisées à la Moutarde

GESCHMORTE SCHWEINEKOTELETTS IN SENF-SAHNE-SAUCE

Für 6 Personen

6 aus der Mitte geschnittene Schweinekoteletts, $3\frac{1}{2}$ cm dick
Salz
Frisch gemahlener schwarzer Pfeffer
Mehl
2 EL Butter
3 EL Pflanzenöl
$1\frac{1}{2}$ Tassen dünne Zwiebelscheiben
3 EL Weinessig (möglichst weißer)
Bouquet garni, bestehend aus 2 Petersilienstengeln und 1 Lorbeerblatt, zusammengebunden
$\frac{3}{4}$ Tasse süße Sahne
2 TL scharfer Senf
Einige Tropfen Zitronensaft
Frische Petersilienstengel

Den Backofen auf 165° vorheizen. Die Koteletts werden kräftig mit Salz und Pfeffer gewürzt, in Mehl gewendet und geschüttelt, damit alles Mehl bis auf einen dünnen Flor abfällt. In einer schweren Pfanne von 25 bis 30 cm Durchmesser zerläßt man die Butter zusammen mit dem Öl auf mäßiger Hitze. Sobald der Schaum verschwindet, brät man die Koteletts etwa 3 Minuten auf jeder Seite an, bis sie eine kräftige, goldbraune Farbe haben. Dann nimmt man sie aus der Pfanne und legt sie in eine flache, feuerfeste Kasserolle, die groß genug ist, damit sie möglichst alle in einer Lage Platz haben.

Nachdem die Koteletts angebraten sind, gießt man alles Fett bis auf einen dünnen Bodenfilm aus der Pfanne ab, gibt die Zwiebeln hinein und brät sie unter öfterem Rühren etwa 5 Minuten auf mäßiger Hitze, bis sie weich und schwach gebräunt sind. Mit dem Weinessig löscht man ab, läßt aufkochen und kratzt allen Bratensatz los, der sich auf dem Boden und an den Seiten der Pfanne festgesetzt hat. Den Essig läßt man fast völlig verkochen, gibt dann die Zwiebeln mit dem Saft über die Koteletts und fügt noch das *bouquet garni* zu.

Auf dem Herd bringt man den Inhalt der Kasserolle zum Brutzeln, deckt sie fest zu und schiebt sie für 10 Minuten auf der mittleren Schiene in den Backofen. Mit dem Saft, der sich in der Kasserolle sammelt oder, falls es nicht genügend davon gibt, mit 2 oder 3 Eßlöffeln heißer Hühnerbrühe begießt man die Koteletts. Weitere 10 Minuten garen, dann die Fleischstücke umdrehen und wieder begießen. Nach weiteren 10 Minuten sticht man eines der Koteletts mit der Spitze eines scharfen Messers nahe am Knochen ein. Wenn der herausfließende Saft gelb und ohne die geringste Spur von rosa Färbung ist, sind die Koteletts gar. Man nimmt sie heraus und legt sie auf eine Schüssel, deckt diese zu und stellt sie in den auf 100° geheizten Ofen, um sie warmzuhalten.

Die Kasserolle wird nun gekippt, damit man soviel wie möglich Fett von der Oberfläche des Bratensaftes abschöpfen kann. Dann gießt man die Sahne zu, rührt ständig und bringt die Sauce auf starker Hitze zum Kochen. Sobald sie genügend dick geworden ist, um den Rücken eines Löffels leicht zu überziehen, nimmt man die Kasserolle vom Feuer und rührt Senf und Zitronensaft hinein. Dann passiert man die Sauce durch ein feines Sieb direkt über die Koteletts, dabei drückt man die Zwiebeln gut mit dem Rücken eines Löffels aus, ehe man sie wegwirft. Die Koteletts werden mit Petersilie garniert und sofort angerichtet.

Navarin Printanier

LAMMBRATEN MIT FRÜHLINGSGEMÜSE

Für 6 bis 8 Personen

- 1/2 Tasse Pflanzenöl
- 2 kg mageres Lammfleisch ohne Knochen, in 5 cm große Stücke geschnitten
- 3 EL Mehl
- 1 TL getrockneter Thymian, zerrieben
- 1 TL Salz
- Frisch gemahlener schwarzer Pfeffer
- 1/4 Tasse feingeschnittene Schalotten oder Frühlingszwiebeln
- 1 TL kleingeschnittener Knoblauch
- 3 Tassen Fleischbrühe, frisch oder aus Würfeln
- 1 Tasse geschälte, entkernte und grobgeschnittene Tomaten
- *Bouquet garni,* bestehend aus 4 Petersilienstengeln, dem Weißen einer Lauchstange und 1 Lorbeerblatt, zusammengebunden

Den Backofen auf 260° vorheizen. In einer schweren Pfanne von 25 bis 30 cm Durchmesser erhitzt man 2 EL Öl bis fast zum Rauchpunkt. Darin brät man das Lammfleisch an, 4 oder 5 Stücke gleichzeitig. Falls nötig, gießt man mehr Öl zu. Sobald die Fleischstücke auf allen Seiten schön braun sind, nimmt man sie heraus und gibt sie in einen großen Bräter oder in eine schwere, 6 bis 8 l fassende, feuerfeste Kasserolle. Aus der Pfanne gießt man fast alles Fett ab und stellt sie beiseite.

Nun bestreut man das Lammfleisch mit Mehl, Thymian, Salz, etwas Pfeffer aus der Mühle und klopft die Fleischstücke, um sie so gleichmäßig wie möglich damit zu überziehen. Dann schiebt man die Kasserolle in das obere Drittel des Ofens und brät das Lammfleisch. Innerhalb von 8 bis 10 Minuten mehrfach wenden, bis die Stücke mit einer dünnen Kruste überzogen sind und keine Spur von klebrigem Mehl mehr vorhanden ist. Die Kasserolle aus dem Ofen nehmen und beiseite stellen. Die Ofenhitze auf 160° reduzieren.

In dem in der Pfanne verbliebenen Fett brät man die Schalotten auf schwacher Hitze ungefähr 2 Minuten unter ständigem Rühren, löscht mit Fleischbrühe ab und bringt die Flüssigkeit zum Kochen. Dabei rührt man ständig und kratzt den Bratensatz vom Boden und den Seiten der Pfanne los. Schließlich die Tomaten zugeben, nochmals gut durchrühren und die Sauce über das Lammfleisch gießen. Mit einem Löffel alles behutsam miteinander vermischen, das *bouquet garni* zugeben, die Kasserolle auf dem Herd zum Kochen bringen, fest zudecken und auf der mittleren Schiene in den Ofen schieben. Dort noch etwa 45 Minuten belassen, bis das Lammfleisch fast weich ist, wenn man es mit der Spitze eines scharfen Messers ansticht.

GEMÜSEGARNITUR

- 6 EL Butter
- 12 bis 16 geschälte weiße Zwiebeln, ungefähr 2 1/2 cm im Durchmesser
- 6 bis 8 geputzte Möhren, in 5 cm lange Zylinder oder olivenförmig geschnitten
- 6 mittelgroße weiße Rüben, geschält und geviertelt
- 12 bis 16 kleine, neue Kartoffeln, geschält
- 2 l Wasser
- 500 g frische grüne Erbsen, geschält (ungefähr 1 Tasse), oder ein 300-g-Paket tiefgefrorene Erbsen, aufgetaut
- 250 g frische grüne Bohnen, 2 1/2 cm langgeschnitten (ungefähr 1 1/2 Tassen), oder ein 300-g-Paket Tiefkühlbohnen, aufgetaut
- 2 EL feingehackte frische Petersilie

Fortsetzung nächste Seite

GEMÜSEGARNITUR: In der Zwischenzeit läßt man in einer schweren Pfanne von 25 bis 30 cm Durchmesser 6 EL Butter zergehen. Wenn der Schaum verschwindet, gibt man die Zwiebeln, Möhren, Rüben und Kartoffeln hinein und schwenkt sie auf mäßiger Hitze etwa 7 oder 8 Minuten, bis alles mit Butter überzogen und leicht gebräunt ist. Beiseite stellen. Nun wird das Wasser in einem 3 bis 4 l fassenden Topf zum Sprudeln gebracht. Man gibt die frischen Erbsen und Bohnen hinein und kocht sie ohne Deckel ungefähr 10 Minuten, bis die Bohnen fast gar sind. Dann werden sie schnell in ein Sieb geschüttet und etwa 1 Minute in kaltes Wasser getaucht. Beiseite stellen. Wenn man aufgetaute Tiefkühlerbsen verwendet, brauchen diese nicht gekocht zu werden; erst später erhitzt man sie und kocht sie kurz auf. Andererseits sollen aufgetaute Tiefkühlbohnen 3 bis 4 Minuten in wenig Wasser schwach gekocht werden.

Nachdem das Lammfleisch 45 Minuten gegart hat, gießt man den ganzen Inhalt der Kasserolle durch ein großes, feines Sieb in eine Rührschüssel. Während die Schmorflüssigkeit noch abläuft, wird die Kasserolle ausgewaschen. Man belegt ihren Boden mit den Zwiebeln, Möhren, Rüben und Kartoffeln. Die Lammstücke aus dem Sieb nehmen und über das Gemüse verteilen. Von der Sauce wird das Fett abgeschöpft, sie wird abgeschmeckt und über Fleisch und Gemüse in die Kasserolle gegossen. Diese bringt man nun auf dem Herd zum Kochen, deckt sie gut zu und gibt sie für weitere 20 Minuten in den Backofen. Danach werden die Erbsen und grünen Bohnen untergehoben. Der Topf bleibt noch etwa 10 Minuten im Backrohr, bis Lammfleisch und Gemüse weich sind.

Den *navarin* serviert man in der Kasserolle, mit gehackter Petersilie garniert. Für ein etwas feierlicheres Essen schichtet man das Lammfleisch in der Mitte einer großen, tiefen, vorgewärmten Schüssel auf, umlegt es mit dem Gemüse, übergießt alles mit Sauce und garniert das Fleisch mit Petersilie. Die restliche Sauce füllt man dann in eine warme Sauciere und reicht sie getrennt.

Carbonade de Bœuf à la Flamande

IN BIER GESCHMORTES RINDFLEISCH MIT ZWIEBELN

Für 6 bis 8 Personen

125 g fetter Speck, gewürfelt
2 Tassen Wasser
5 EL Butter
7 Tassen in dünne Scheiben geschnittene Zwiebeln (ungefähr 1 kg)
1,5 kg mageres Rindfleisch von der Schulter oder vom Oberteil der Keule ohne Knochen, in 5 cm große Stücke geschnitten
Bouquet garni, bestehend aus 4 Petersilienstengeln und 1 Lorbeerblatt, zusammengebunden

3 EL Mehl
2 Tassen Bier
1 1/2 Tassen Fleischbrühe, frisch oder aus Würfeln
1 1/2 TL Zucker
1 EL Essig
1 TL kleingeschnittener Knoblauch
1 TL getrockneter Thymian, zerrieben
Salz
Frisch gemahlener schwarzer Pfeffer
2 EL kleingeschnittene frische Petersilie

Um das überschüssige Salz zu entfernen, blanchiert man die Speckwürfel, indem man sie in 2 Tassen Wasser 5 Minuten kocht, auf Küchenkrepp abtropfen läßt und abtrocknet. In einer schweren Pfanne von 25 bis 30 cm Durchmesser schmilzt man 1 EL der Butter bei mäßiger Hitze und bräunt darin die Speckwürfel – dabei rühren oder die Pfanne öfter schütteln –, bis sie knusprig und goldbraun sind. Dann nimmt man sie heraus und legt sie auf Küchenkrepp zum Abtropfen. Aus der Pfanne gießt man fast das ganze ausgebratene Fett in eine kleine Schale ab, wobei man gerade genug in der Pfanne läßt, damit der Boden mit einem reichlich 1 mm dicken Film überzogen bleibt. Die Schale mit Fett und die Pfanne beiseite stellen.

In einer anderen schweren Pfanne von 25 bis 30 cm Durchmesser läßt man 4 EL Butter auf mäßiger Hitze zergehen. Sobald der Schaum verschwindet, gibt man die Zwiebelscheiben hinein und dünstet sie auf schwacher Hitze. Mit einem breiten Metallspachtel wendet man sie 20 bis 30 Minuten in der Pfanne, bis sie weich sind und etwas Farbe angenommen haben.

Während die Zwiebeln dünsten, erhitzt man das Fett in der ersten Pfanne auf mäßiger Hitze, bis es fast raucht. Das Rindfleisch wird mit Küchenkrepp getrocknet und im heißen Fett, immer 4 oder 5 Stücke zur gleichen Zeit, damit die Pfanne nicht zu voll ist, angebraten. Wenn nötig, mehr Speckfett zugeben. Sobald die Stücke auf allen Seiten kräftig gebräunt sind, nimmt man sie heraus und legt sie in einen großen Bräter oder in eine schwere, feuerfeste Kasserolle von ungefähr 20 bis 25 cm Durchmesser und mindestens 8 cm Tiefe. Das *bouquet garni* steckt man zwischen das Fleisch.

Der Backofen wird auf 180° vorgeheizt. Nachdem das ganze Fleisch angebraten ist, nimmt man die Pfanne vom Feuer und rührt das Mehl in das darin verbliebene Fett. Falls einem die Mischung zu trocken erscheint, gibt man etwas mehr Speckfett (oder Pflanzenöl) zu. Wieder aufs Feuer setzen und bei schwacher Hitze ständig rühren, bis der *roux* bernsteinfarben ist. Vorsicht, daß er nicht verbrennt. Nun vom Herd nehmen, das Bier und die Fleischbrühe zugießen und mit einem Schneebesen kräftig schlagen, bis der *roux* völlig in der Flüssigkeit aufgelöst ist. Auf mäßiger Hitze bringt man die Sauce dann zum Kochen, wobei man sie ständig schlägt, bis sie dickt. Eine Minute lang kochen und Zucker, Essig, Knoblauch und Thymian hineinrühren. Noch 2 oder 3 Minuten auf schwacher Hitze belassen. Dann abschmecken und, wenn nötig, mit Salz und Pfeffer nachwürzen. Sobald die Zwiebeln weich sind, gibt man sie in die Kasserolle, gießt die Sauce über Fleisch und Zwiebeln und rührt die Mischung behutsam durch. Die Sauce sollte das Fleisch fast bedecken. Nötigenfalls gießt man mehr Bier zu. Auf dem Herd läßt man die Kasserolle aufkochen, deckt sie gut zu und schiebt sie in das untere Drittel des Ofens. Nun gart man alles 1½ bis 2 Stunden, wobei man die Hitze so reguliert, daß das Fleisch langsam schmort, bis es weich ist, wenn man mit der Spitze eines scharfen Messers hineinsticht. Vor dem Servieren läßt man die *carbonade* einige Minuten abkühlen, schöpft dann das Fett ab, entfernt das *bouquet garni* und würzt die Sauce. Die *carbonade* wird dann noch mit knusprigen Speckwürfelchen bestreut und mit der geschnittenen Petersilie garniert.

Blanquette de Veau à l'Ancienne

KALBSTEW IN SAHNESAUCE NACH ALTER ART

Für 6 Personen

1,5–1,75 kg Kalbsschulter ohne Knochen, in 5 cm große Stücke geschnitten
Wasser
6 2/3 Tassen Hühnerbrühe, frisch, aus der Dose oder aus Würfeln
2 geputzte Karotten, in Stücke geschnitten
1 große, geschälte Zwiebel
2 Stengel Staudensellerie, nur die Blätter
1 Lauchstange, der weiße Teil und 5 cm vom Grünen (nach Belieben)
1 TL getrockneter Thymian
1 Lorbeerblatt
4 Petersilienstengel
1 TL Salz
5 EL Butter
18 geschälte weiße Zwiebeln, ungefähr 2 1/2 cm im Durchmesser
500 g frische Champignons, ganz, wenn sie klein sind, und geviertelt oder in Scheiben geschnitten, wenn sie groß sind
1 TL Zitronensaft
3 EL Mehl
2 Eigelb
1 Tasse süße Sahne
Salz
Weißer Pfeffer
2 EL kleingeschnittene frische Petersilie

In einer schweren, 4 bis 6 l fassenden Kasserolle blanchiert man das Kalbfleisch, indem man es mit kaltem Wasser bedeckt, es auf starker Flamme zum Sieden bringt und 1 Minute lang sprudelnd weiterkocht. Dann schüttet man es sofort ab und wäscht unter fließendem, kaltem Wasser allen Schaum ab, der sich angesammelt hat. Man spült dann die Kasserolle aus und legt das Fleisch wieder hinein. Nun gibt man 6 Tassen von der Hühnerbrühe sowie die Karotten, Zwiebeln, Sellerie, Lauch, Kräuter und Salz dazu. Das Fleisch soll völlig von Flüssigkeit bedeckt sein. Falls notwendig, noch etwas Brühe oder Wasser zufügen. Auf mäßiger Hitze zum Kochen bringen und allen Schaum abschöpfen. Dann die Hitze reduzieren und das Kalbfleisch bei lose aufgelegtem Deckel etwa 1 bis 1 1/2 Stunden garen lassen. Es muß weich sein, wenn man mit einem scharfen Messer hineinsticht.

Während das Kalbfleisch kocht, gibt man die restliche 2/3 Tasse Hühnerbrühe, 2 EL Butter und die Zwiebeln in einen emaillierten oder aus rostfreiem Stahl bestehenden Stieltopf, der einen Durchmesser von 25 bis 30 cm hat. Zum Kochen bringen, zudecken und unter gelegentlichem Umrühren 15 bis 20 Minuten auf kleiner Flamme ziehen lassen, bis die Zwiebelchen weich sind. Mit einem Schaumlöffel gibt man sie dann in eine Schale. Danach rührt man Champignons und Zitronensaft in die in dem Topf verbliebene Brühe und bringt alles zum Kochen. Zugedeckt auf kleiner Flamme 5 Minuten dämpfen lassen. Mit dem Schaumlöffel werden dann auch die Champignons herausgenommen und zu den Zwiebeln gegeben. Die im Topf verbliebene Flüssigkeit gießt man in die schwach kochende Kasserolle.

Wenn das Kalbfleisch weich ist, gibt man es in eine Schüssel. Die Brühe wird durch ein feines Sieb in einen 2 bis 3 l fassenden Topf passiert. Das Gemüse und die Kräuter drückt man mit dem Rücken eines Löffels fest aus, ehe man sie wegwirft. Nun das Fett abschöpfen und die Brühe auf großer Flamme zur Hälfte einkochen.

In einem kleinen Topf läßt man die verbliebenen 3 EL Butter auf mäßiger Hitze zergehen und rührt das Mehl hinein. Dann auf schwache

Hitze zurückschalten und, ständig rührend, 2 Minuten kochen. Dabei darf der *roux* aber nicht braun werden. Vom Feuer nehmen, 2 Tassen von der eingekochten Brühe zugießen und kräftig mit dem Schneebesen schlagen. Dann den Topf auf starke Hitze setzen und die Sauce unter ständigem Rühren so lange kochen, bis sie dickt und zum Sieden kommt. Nun die Hitze verringern und 10 Minuten köcheln lassen. Allen Schaum abschöpfen.

Vom Feuer nehmen. Mit einem Schneebesen vermischt man dann Eigelb und Sahne in einer Schale. Man rührt, jeweils 2 EL zur gleichen Zeit, heiße Sauce dazu, bis insgesamt 1/2 Tasse zugefügt ist. Nun wird der Vorgang umgekehrt und die Eigelb-Sahne-Mischung unter die verbliebene heiße Sauce geschlagen. Zum Kochen bringen, ständig weiter rühren und 30 Sekunden lang schwach kochen lassen. Abschmecken und mit Salz, weißem Pfeffer und einigen Tropfen Zitronensaft nachwürzen.

Allen Saft abgießen, den Kalbfleisch, Zwiebeln und Champignons in ihren Schüsseln gezogen haben. Die Kasserolle ausspülen und Fleisch und Gemüse hineinlegen. Die Sauce darübergießen und behutsam rühren, um jedes Stück damit zu überziehen. Auf mäßiger Hitze 5 bis 10 Minuten stehenlassen, bis das Kalbfleisch heiß geworden ist. Die Sauce jedoch nicht mehr aufkochen. Mit Petersilie bestreuen und direkt in der Kasserolle anrichten.

Foie de Veau Sauté

GEBRATENE KALBSLEBER

Für 6 Personen

6 Scheiben Kalbsleber, gut 1 cm dick geschnitten (ungefähr 750 g)
Salz
Frisch gemahlener schwarzer Pfeffer
Mehl
5 EL Butter
2 EL Pflanzenöl
1/2 Tasse Fleisch- oder Hühnerbrühe, frisch oder aus der Dose
Einige Tropfen Zitronensaft
2 EL feingeschnittene frische Petersilie

Die Leberscheiben mit Salz und etwas Pfeffer aus der Mühle würzen, in Mehl wenden und soweit abklopfen, daß nur ein dünner Flor bleibt. In einer schweren flachen Kasserolle oder Bratpfanne von 30 cm Durchmesser läßt man 4 EL Butter mit dem Öl auf großer Flamme zergehen. Sobald der Schaum verschwindet, brät man die Leber schnell 2 bis 3 Minuten auf jeder Seite, wobei man die Scheiben mit einer Küchenzange wendet. Die Leber wird anschließend auf eine vorgewärmte Platte gelegt und lose zugedeckt, damit sie warm bleibt.

Man arbeitet jetzt sehr schnell, gießt fast alles Fett aus der Pfanne ab und läßt gerade genug darin, daß der Boden überzogen ist. Hühnerbrühe zugießen und unter ständigem Rühren auf großer Flamme erhitzen. Dabei den braunen Satz am Pfannenrand loskratzen.

Man kocht, bis die Brühe sirupartig und zu ungefähr 1/4 Tasse reduziert ist. Nun die Pfanne vom Feuer nehmen und den letzten EL Butter sowie einige Tropfen Zitronensaft hineinquirlen. Die Sauce über die Leber gießen, mit Petersilie bestreuen und sofort servieren.

Sauté de Veau Marengo

KALBSTEW MIT TOMATEN UND PILZEN

Für 6 bis 8 Personen

1,5 kg entbeinte Kalbsschulter, geputzt und in 5 cm große Stücke geschnitten
4 EL Oliven- oder Pflanzenöl
1 TL getrockneter Thymian, zerrieben
1 TL Salz
Frisch gemahlener schwarzer Pfeffer
2 EL Mehl
2 EL Butter
1 Tasse feingehackte Zwiebeln
$^1/_2$ TL kleingeschnittener Knoblauch
$^1/_2$ Tasse herber Weißwein
1 $^1/_2$ Tassen Fleischbrühe, frisch oder aus Würfeln
1 Tasse geschälte, entkernte und grobgeschnittene Tomaten oder abgetropfte Tomaten aus der Dose
2 Streifchen frische Zitronenschale, 5 cm lang
Bouquet garni, bestehend aus 4 Petersilienstengeln und 1 Lorbeerblatt, zusammengebunden
3 EL Butter
375 g frische Champignons, ganz, wenn sie klein sind, und in Scheiben geschnitten oder geviertelt, wenn sie groß sind
2 EL kleingeschnittene Petersilie

Den Backofen auf 260° vorheizen. Das Kalbfleisch mit Küchenkrepp abtrocknen. In einer schweren Pfanne von 25 bis 30 cm Durchmesser das Öl bis zum Rauchpunkt erhitzen. Das Kalbfleisch, immer 4 oder 5 Stücke zur gleichen Zeit, zugeben und so lange anbraten, bis es auf allen Seiten von kräftig goldbrauner Farbe ist. Dann in eine schwere, 4 bis 5 l fassende Kasserolle geben. Wenn alles Kalbfleisch angebraten ist, gießt man das Öl weg und stellt die Pfanne, ohne sie zu waschen, beiseite. Das gebräunte Kalbfleisch bestreut man mit Thymian, Salz, ein wenig Pfeffer und zuletzt mit Mehl, wobei man das Fleisch schüttelt, um es möglichst gleichmäßig zu überziehen. Die Kasserolle schiebt man nun ohne Deckel in das obere Drittel des Ofens und backt das Kalbfleisch unter zwei- bis dreimaligem Wenden etwa 8 bis 10 Minuten, bis die Stücke leicht überkrustet sind und keine Spur von klebrigem Mehl mehr zu sehen ist. Aus dem Ofen nehmen und die Hitze auf 165° reduzieren.

Zwei EL Butter in der schon anfänglich benutzten Pfanne auf schwacher Hitze zergehen lassen und darin die gehackte Zwiebel und den Knoblauch etwa 10 Minuten – bis die Zwiebel weich und hellbraun ist – dünsten. Dabei kratzt man allen braunen Satz los, der auf dem Boden und an den Seiten der Pfanne haftet. Mit Wein und Fleischbrühe ablöschen und auf starker Hitze zum Siedepunkt bringen. Ein oder zwei Minuten kochen, dann in die Kasserolle gießen und die Pfanne sauberkratzen. Die Tomaten, Zitronenschale und das *bouquet garni* zugeben.

Die Kasserolle auf dem Herd zum Kochen bringen, fest zudecken und auf der mittleren Schiene des Backofens 1 bis 1 $^1/_4$ Stunde schmoren bzw. so lange, bis das Kalbfleisch weich ist, wenn man mit der Spitze eines scharfen Messers hineinsticht. In der Zwischenzeit läßt man 3 EL Butter in einer emaillierten oder rostfreien Stahlpfanne von 20 bis 25 cm Durchmesser zergehen, gibt die Champignons hinein und schwenkt sie 3 Minuten darin, wobei man sie ständig mit einem Holzlöffel wendet. Wenn das Kalbfleisch gar ist, rührt man vorsichtig die Champignons und alle Flüssigkeit, die sich in der

Pfanne gesammelt hat, darunter und läßt 10 bis 15 Minuten weiterschmoren.

Nun nimmt man die Kasserolle aus dem Ofen und schöpft den ganzen Inhalt in ein großes Haarsieb, das man auf einen 2 bis 3 l fassenden Topf gesetzt hat. Nachdem die Sauce abgelaufen ist, entfernt man Zitronenschale und *bouquet garni*. Die Kasserolle wird ausgespült und Fleisch nebst Champignons wieder hineingegeben. Von der passierten Sauce schöpft man soviel Fett wie möglich ab und bringt sie auf starker Hitze zum Kochen. Wenn sie zu etwa 2 Tassen reduziert ist, schmeckt man sie ab, gießt sie über das Kalbfleisch und läßt es, unmittelbar vor dem Anrichten, noch 5 bis 10 Minuten ziehen. Das Gericht serviert man direkt in der Kasserolle oder richtet es attraktiv in einer großen, vorgewärmten Schüssel an. Man garniert mit geschnittener Petersilie.

Escalopes de Veau à la Savoyarde

KALBSCHNITZEL IN RAHMSAUCE

Für 4 Personen

8 Kalbschnitzel, 1 1/2 cm dick geschnitten und 6 mm dünn geklopft (750 bis 1000 g)
Salz
Frisch gemahlener schwarzer Pfeffer
Mehl
3 EL Butter
1 EL Pflanzenöl
2 EL feingehackte Schalotten oder Frühlingszwiebeln
1/2 Tasse herber Weißwein
1/2 Tasse süße Sahne
Einige Tropfen Zitronensaft
Frische Petersilie

Die Schnitzel werden mit Salz und etwas Pfeffer aus der Mühle gewürzt, dann wendet man sie in Mehl und schüttelt sie kräftig, um alles Mehl bis auf einen dünnen Flor zu entfernen. In einer emaillierten oder rostfreien Stahlpfanne von 25 bis 30 cm Durchmesser läßt man die Butter mit dem Öl auf mäßiger Hitze zergehen. Sobald der Schaum verschwindet, brät man die Schnitzel auf jeder Seite etwa 3 bis 4 Minuten an, bis sie goldgelb sind. Aus der Pfanne nehmen und beiseite stellen. Das Fett aus der Pfanne abgießen, nur soviel darin lassen, daß der Boden von einem dünnen Film überzogen ist. Die Schalotten hineingeben, umrühren und einen Augenblick dünsten. Mit Wein ablöschen, auf starkem Feuer aufwallen lassen, rühren und allen braunen Satz, der sich an Boden und Seiten der Pfanne gebildet hat, loskratzen. Noch zwei oder drei Minuten erhitzen, bis der Wein zu 1/4 Tasse eingekocht ist. Die Temperatur verringern, Sahne zugießen und, ständig rührend, 3 bis 5 Minuten köcheln lassen, bis die Sauce dickt. Abschmecken und mit einigen Tropfen Zitronensaft, Salz und Pfeffer würzen. Die Schnitzel wieder in die Pfanne legen, mit Sauce begießen und nur so lange ziehen lassen, daß sie heiß werden. Die Schnitzel legt man dann leicht dachziegelförmig in die Mitte einer großen, vorgewärmten Platte, gießt die Sauce darüber, garniert mit Petersilie und richtet sofort an.

Tripes à la Mode de Caen

KUTTELEINTOPF

Für 8 bis 10 Personen

- 2 1/2 kg kochfertige Kutteln
- 4 kochfertige Kalbfüße, gespalten und die Knochen entfernt, oder 2 zersägte Kalbsknochen und ein 20 × 8 cm großes Stück frische oder gesalzene Speckschwarte
- 3 Zwiebeln, geschält und halbiert
- 3 Karotten, geputzt und in Stücke geschnitten
- 4 Lauchstangen, weiße Teile und 5 cm vom Grünen, längs durchgeschnitten, oder dafür 2 weitere halbierte Zwiebeln
- *Bouquet garni,* bestehend aus 6 Petersilienstengeln, 2 Lorbeerblättern, 5 geschälten Knoblauchzehen, 1 TL getrocknetem Thymian und 15 Pfefferkörnern, in ein Stück ausgewaschenen Mull eingebunden
- 1 1/2 EL Salz
- 3 Tassen herber Apfel- oder Weißwein
- 3 Tassen Hühnerbrühe, frisch, aus Würfeln oder aus der Dose
- 1 1/2 Tassen Calvados oder einfacher Apfelschnaps
- 250 g Rinderfett, in 3 mm dicke Platten geschnitten
- 2 EL feingehackte frische Petersilie

Mit einem scharfen Messer die Kuttelstücke in 4 cm große Quadrate schneiden. In einer flachen Schüssel unter einem schwach laufenden Kaltwasserhahn so lange spülen, bis das Wasser klar bleibt. Gründlich in einem Durchschlag oder großen Sieb ablaufen lassen. In der Zwischenzeit blanchiert man die Kalbsfüße (oder Kalbsknochen und Speckschwarte) in einem großen Topf oder Suppenkessel, indem man sie mit kaltem Wasser bedeckt, das Wasser auf großer Flamme zum Sprudeln bringt und 2 Minuten lang kochen läßt. Dann die Füße in einem Durchschlag ablaufen lassen und in kaltem Wasser abwaschen.

Den Backofen auf 120° vorheizen. Die Zwiebeln, Karotten, Lauchstangen und das *bouquet garni* auf dem Boden einer schweren, 6 bis 8 l fassenden, feuerfesten Kasserolle, die einen festsitzenden Deckel hat, ausbreiten. Darauf legt man die Kutteln und salzt sie. Die Kalbsfüße (oder Kalbsknochen und Speckschwarte) kommen obenauf. Den herben Apfel- oder Weißwein, die Brühe und den Calvados dazugießen. (Man muß beachten, daß der Apfelwein nicht süß sein darf. Gesüßten Apfelwein oder Apfelsaft kann man nicht verwenden.) Falls es nötig ist, fügt man noch mehr Brühe oder Wasser zu, um alle Zutaten zu bedecken. Man legt die Rinderfettscheiben lose auf die Oberfläche. Die Kasserolle wird dann mit einer doppelten Lage Alufolie zugebunden, die man über die Seiten herunterzieht und verschnürt. Zudecken und auf der Herdplatte bis zum Siedepunkt erhitzen. Die Kasserolle in einen großen Bräter stellen, um alles aufzufangen, was herausfließt, und sie auf den mittleren Einschub des Ofens setzen. Dort gart das Gericht mindestens 12, wenn man Zeit hat, auch 16 Stunden.

Danach nimmt man die Kasserolle aus dem Ofen, deckt sie auf und entfernt die Folie. Mit einer Küchenzange nimmt man die Kalbsfüße heraus und wirft sie weg (oder Kalbsknochen und Speckschwarte), ebenso die Gemüse und das *bouquet garni*. Die Kutteln und den ganzen Saft schüttet man in ein feines Sieb, das man auf eine große Rührschüssel gesetzt hat. Nachdem die Kutteln abgetropft sind, gibt man sie in eine 3 bis 4 l fassende Kasserolle. Die Sauce der Kutteln läßt man sich 5 Minuten setzen und schöpft soviel Fett wie möglich von der Oberfläche ab. Dann abschmecken, über die Kutteln gießen und alles noch einmal erhitzen. Mit Petersilie überstreuen und sofort servieren. Es ist wichtig, das Gericht auf heißen Tellern zu servieren, da die Kutteln sehr schnell gallertartig stocken, sobald sie kühl werden.

Choucroute Garnie

GEDÜNSTETES SAUERKRAUT MIT FLEISCH

Für 6 Personen

- 2 kg frisches Sauerkraut
- 750 g magerer, durchwachsener Speck in einem Stück
- 2 l Wasser
- 6 EL Schmalz
- 2 1/2 Tassen kleingeschnittene Zwiebeln
- 1 Tasse 2 cm große Karottenstücke
- 1 TL feingeschnittener Knoblauch
- 1 großer Kochapfel, geschält, entkernt und grobgeschnitten
- 3 Tassen Hühnerbrühe, frisch, aus Würfeln oder aus der Dose
- 2 Tassen herber Weißwein
- 1/2 TL Salz
- Frisch gemahlener schwarzer Pfeffer
- *Bouquet garni,* bestehend aus 4 Petersilienstengeln, 1 Lorbeerblatt und 10 Wacholderbeeren, eingebunden in ausgewaschenen Mull (oder man gibt 1/4 Tasse Gin zu der Kasserolle, um die Wacholderbeeren zu ersetzen)
- 750 g ungekochte, einfache oder Knoblauchwurst, frisch oder geräuchert
- 6 Scheiben geräucherter Schinken, 6 mm dick geschnitten
- 6 ganze, geschälte Kartoffeln, unmittelbar vor dem Servieren gekocht

Das Sauerkraut wird zunächst gewaschen, um das überschüssige Salz zu entfernen (dabei mehrmals das Wasser wechseln), dann drückt man es kräftig aus, um es zu trocknen. Den Speck in 2 l Wasser 15 Minuten kochen; abtropfen lassen und zur Seite setzen.

Den Backofen auf 190° vorheizen. In einer schweren, 4 l fassenden Kasserolle, die einen Deckel hat, läßt man das Schmalz auf mäßiger Hitze zergehen. Da hinein gibt man die Zwiebeln, Karotten und den Knoblauch und kocht unter öfterem Rühren ca. 10 Minuten, bis alles weich, aber noch nicht braun ist. Dann kommt der geschnittene Apfel dazu. Man kocht ihn 2 oder 3 Minuten und rührt danach das Sauerkraut darunter. Die Kasserolle wird zugedeckt, die Hitze soweit wie möglich verringert und der Inhalt 15 Minuten gedünstet. Dann gießt man Hühnerbrühe, Wein und Gin oder Wacholderbeeren zu. Die Brühe soll das Sauerkraut fast bedecken. Man würzt mit Salz und 5 Umdrehungen der Pfeffermühle und steckt das *bouquet garni* ins Sauerkraut. Die Kasserolle bringt man auf dem Herd zum Kochen, dann legt man den Speck obenauf, verschließt mit dem Deckel und schiebt die Kasserolle auf die mittlere Schiene des Ofens. Nachdem das Sauerkraut 3 Stunden gedünstet hat, sticht man die Würst an 4 oder 5 Stellen ein und gibt sie in die Kasserolle. Man deckt wieder zu und dünstet weitere 30 Minuten. Danach legt man die Schinkenscheiben über das Sauerkraut, legt den Deckel wieder auf und dünstet noch etwa 20 Minuten weiter, bis der Schinken gut heiß ist. Dann entfernt man das *bouquet garni,* gibt das Sauerkraut in eine Schüssel und legt die Schinkenscheiben darüber. Die Wurst schälen und in 2 1/2 cm lange Stücke schneiden. Den Speck schneidet man in 3 mm dicke Scheiben. Wurst, Speck und die Kartoffeln arrangiert man um das Sauerkraut.

Rôti de Porc Boulangère

GLASIERTER SCHWEINELENDENBRATEN

Für 6 Personen
2 TL Salz
1 TL grobgemahlener schwarzer Pfeffer
2 TL feingeschnittener frischer Rosmarin oder 1 1/2 TL getrockneter Rosmarin, zerkrümelt
Ein dreipfündiger Braten aus der Mitte des Kotelettstücks mit eingesägtem, aber noch anhängendem Rückenknochen; an 2 oder 3 Stellen soll der Braten zusammengebunden sein
3 Zwiebeln, grobgeschnitten
2 Karotten, in 2 1/2 cm große Stücke geschnitten
Bouquet garni, bestehend aus 4 Petersilienstengeln und 1 Lorbeerblatt, zusammengebunden
2 EL Butter
2 mittelgroße Zwiebeln, in dünne Scheiben geschnitten
6 große, festkochende Kartoffeln, in 1/2 cm dicke Scheiben geschnitten
Salz
Frisch gemahlener schwarzer Pfeffer
1/2 Tasse erhitzte Hühnerbrühe, frisch, aus der Dose oder aus Würfeln
1 1/2 Tassen heiße Fleischbrühe oder Hühnerbrühe, frisch oder aus Würfeln, oder eine Kombination aus beiden
2 EL kleingeschnittene frische Petersilie

Den Ofen auf 250° vorheizen. Salz, Pfeffer und Rosmarin vermischen und diese Mischung fest in den Schweinebraten eindrücken. Dann legt man das gewürzte Schweinefleisch, fette Seite nach oben, in eine schwere Kasserolle, die groß genug ist, das Fleisch aufzunehmen. Ohne Deckel nun auf dem mittleren Einschub des Ofens 20 bis 30 Minuten braten und dabei zwei- oder dreimal umdrehen, bis das Schweinefleisch leicht gebräunt ist. Dann verringert man die Ofenhitze auf 165°, verteilt die geschnittenen Zwiebeln, die Karotten und das *bouquet garni* rund um den Schweinebraten, deckt die Kasserolle zu und brät weitere 40 Minuten, wobei man das Fleisch alle 10 Minuten mit dem Saft begießt, der sich gebildet hat.

In der Zwischenzeit Boden und Seiten eines flachen, feuerfesten Geschirrs, das etwa 30 cm lang und 4 bis 5 cm tief sein soll, mit Butter ausstreichen. Man läßt 2 EL Butter in einer Pfanne von 20 bis 25 cm Durchmesser zergehen und dünstet darin die Zwiebeln bei mäßiger Hitze unter gelegentlichem Umrühren etwa 10 Minuten, bis sie weich sind und leicht Farbe angenommen haben. Sobald der Schweinebraten genügend vorgegart ist, verteilt man die Kartoffelscheiben auf dem Boden des Geschirrs, würzt mit Salz und Pfeffer, legt die Zwiebeln über die Kartoffelscheiben und gießt die erhitzte Brühe darüber. Mit dem Schweinebraten wird alles überdeckt, und man benetzt Fleisch und Kartoffeln mit 2 oder 3 Eßlöffeln von dem Fett, das man von dem Bratensaft, der sich in der Kasserolle befindet, abgeschöpft hat. Nun brät man ohne Deckel im unteren Drittel des Ofens noch etwa 1 1/4 Stunde, bis der Schweinebraten knusprig und glänzend ist und die Kartoffeln und Zwiebeln weich und braun sind.

Während das Schweinefleisch gart, gießt man 1 1/2 Tassen Brühe zu dem Bratensaft, der in der Kasserolle zurückgeblieben ist. Man bringt sie auf starkem Feuer zum Kochen und läßt sie noch 5 Minuten auf kleiner Flamme. Dabei rührt man häufig um und kratzt allen braunen Satz vom Boden und den Seiten der Kasserolle los. Die Mischung gießt man durch ein Haarsieb in einen kleinen Topf. Das Gemüse drückt man dabei fest mit dem Rücken eines Löffels aus, ehe man es wegwirft. Nachdem sich die Flüssigkeit einige Minuten gesetzt hat, schöpft man das Fett ab, probiert sie, würzt mit Salz und Pfeffer und stellt sie beiseite.

Zum Anrichten legt man den Braten auf ein Tranchierbrett, schneidet die Fäden auf und teilt ihn in 8 Koteletts. Die Sauce, die man aus dem Bratensaft der Kasserolle zubereitet hat, macht man wieder heiß. Die Koteletts legt man in das feuerfeste Geschirr zurück, arrangiert sie in einer Reihe auf den Kartoffeln und Zwiebeln, begießt sie mit etwas Sauce und bestreut die Kartoffeln mit Petersilie. Die verbleibende Sauce serviert man in einer Sauciere.

Épaule d'Agneau Braisée aux Haricots

GESCHMORTE LAMMSCHULTER MIT WEISSEN BOHNEN

Für 6 Personen

- 4 EL Butter
- 3 Zwiebeln, in dünne Scheiben geschnitten
- 3 Karotten, in 2 1/2 cm große Stücke geschnitten
- 3 kg Lammschulter, entbeint und zusammengebunden (etwa 2,5 kg ohne Knochen)
- 1 oder 2 Zehen Knoblauch, der Länge nach in 3 mm breite Späne geschnitten
- 1/4 Tasse Pflanzenöl
- 1 1/2 Tassen herber Weißwein
- 2 Tassen Fleischbrühe, frisch oder aus Würfeln
- 2 mittelgroße Tomaten, gehäutet, entkernt und grobgeschnitten
- *Bouquet garni,* bestehend aus 4 Petersilienstengeln, 1 Lauchstange (weißer Teil und 5 cm vom Grünen) und 1 Lorbeerblatt, zusammengebunden
- 1 TL getrockneter Thymian, zerrieben
- 2 1/2 TL Salz
- Frisch gemahlener schwarzer Pfeffer
- 1 1/2 l Wasser
- 2 Tassen getrocknete weiße Bohnen
- 2 EL feingeschnittene frische Petersilie

Den Ofen auf 180° vorheizen. In einer schweren, feuerfesten Kasserolle mit Deckel, die gerade groß genug für die Lammschulter ist, läßt man auf mäßiger Hitze 4 EL Butter zergehen. Sobald der Schaum verschwindet, dünstet man darin die Zwiebeln und Karotten 10 Minuten, bis sie unter gelegentlichem Rühren leicht Farbe angenommen haben. In der Zwischenzeit macht man Einschnitte in das Lammfleisch und steckt in jeden einen Span Knoblauch. Das Öl erhitzt man in einer schweren Pfanne von 30 bis 35 cm Durchmesser fast bis zum Rauchpunkt und brät darin das Lamm auf allen Seiten an. Dann nimmt man das gebräunte Fleisch heraus und legt es mit der fetten Seite nach oben auf die Gemüse in die Kasserolle.

Nun wird der Wein in die Pfanne gegossen, in der das Lamm angebraten wurde, und sprudelnd gekocht. Dabei rührt man ständig und kratzt allen braunen Satz los, der auf dem Boden und an den Seiten der Pfanne haftet. Der Wein wird zu 1 Tasse reduziert. Dann gibt man Fleischbrühe, Tomaten, *bouquet garni,* Thymian, 1/2 TL Salz und etwas Pfeffer aus der Mühle dazu und läßt alles aufwallen. Danach wird die Brühe über das Lammfleisch gegossen. Auf dem Herd bringt man die Kasserolle zum Kochen, drückt ein Stück Aluminiumfolie über das Fleisch, deckt die Kasserolle fest zu und gart im unteren Drittel des Ofens etwa 3 Stunden, bis das Lammfleisch zart ist, wenn man

Fortsetzung nächste Seite

mit der Spitze eines scharfen Messers hineinsticht. Die Backofenhitze muß man so einstellen, daß das Fleisch gerade schmort.

Während das Lammfleisch gart, bringt man 1½ l Wasser in einem schweren, 4 bis 6 l fassenden Topf oder Suppenkessel zum Sprudeln. Man schüttet die Bohnen in dieses Wasser und läßt sie 2 Minuten kräftig kochen. Dann kommen sie vom Feuer, und man läßt die Bohnen 1 Stunde lang weichen. Danach setzt man den Topf auf den Herd zurück, gibt die verbliebenen 2 TL Salz hinein und bringt das Wasser zum Kochen. Nun verringert man die Hitze und läßt die Bohnen – mehr Wasser hinzufügen, wenn nötig – etwa 1 bis 1½ Stunden köcheln, bis sie gerade weich sind. Dann gießt man sie ab und stellt sie zur Seite.

Wenn das Lammfleisch gar ist, nimmt man es heraus und legt es auf eine Platte. Den Rest des Kasserolleninhalts passiert man durch ein feines Sieb in eine Schüssel und drückt mit dem Rücken eines Löffels die Gemüse und Kräuter fest aus, ehe man sie wegwirft. Von der Oberfläche der Schmorflüssigkeit oder Sauce entfernt man soviel Fett wie möglich, schmeckt ab und würzt nach Belieben mit Salz und Pfeffer nach. Lammfleisch und Bohnen gibt man schließlich in die Kasserolle zurück und gießt die passierte Sauce darüber. Man erhitzt die Kasserolle auf dem Herd so lange, bis sie ganz schwach zu kochen beginnt. Zum Anrichten schneidet man das Lammfleisch in 5 mm dicke Scheiben. Diese Scheiben legt man ansprechend auf eine vorgewärmte Platte, schöpft ein bißchen Sauce darüber und bestreut sie mit Petersilie. Die Bohnen gießt man ab und serviert sie auf derselben Platte oder in einer vorgewärmten Schüssel. Die restliche Sauce wird gesondert in einer Sauciere gereicht.

Pot-au-feu

GEKOCHTES RINDFLEISCH MIT GEMÜSEN

Für 6 Personen

1,5 kg Rindfleisch ohne Knochen, vom Ober-, Mittel- oder Unterteil der Keule oder aus der Schulter, gebunden
1,5 kg Markknochen, in 7 cm lange Stücke gesägt
1 Kalbsfuß, in Stücke gesägt
1½ bis 2 l Fleischbrühe, frisch oder aus Würfeln
2 EL Butter
2 ganze Zwiebeln, geschält
2 geputzte Karotten, halbiert
1 mittelgroße Tomate, geschält, entkernt und grob geschnitten
Bouquet garni, bestehend aus 4 Petersilienstengeln, 1 Lorbeerblatt und 1 Stange Lauch (weißer Teil und 5 cm vom Grünen), zusammengebunden
½ TL getrockneter Thymian, zerrieben
6 Pfefferkörner
1 TL Salz

Rindfleisch, Knochen, Kalbsfuß und Fleischbrühe gibt man zusammen in einen 6 bis 8 l fassenden Topf. Die Fleischbrühe soll 10 cm über das Fleisch reichen. Mehr Brühe oder Wasser zufügen, falls nötig. Auf großer Flamme zum Kochen bringen. In der Zwischenzeit läßt man in einer schweren Pfanne von 15 bis 20 cm Durchmesser die Butter zergehen, dünstet darin die Zwiebeln und Karotten auf mäßiger Hitze und wendet sie gelegentlich, bis sie leicht Farbe angenommen haben. Sobald die Brühe zu kochen beginnt, muß man sorgfältig allen Schaum von der Oberfläche abschöpfen. Dann schaltet man die Temperatur auf die kleine Stufe zurück, schöpft die Brühe wieder ab und gibt Zwiebeln, Karotten, geschnittene Tomaten, Kräuter und Gewürze dazu. Wieder abschöpfen. Den Topf nicht ganz zudecken und auf kleinster Hitze etwa 2 1/2 Stunden köcheln lassen, bis das Fleisch fast weich ist, wenn man mit der Spitze eines scharfen Messers hineinsticht. Falls notwendig, während des ganzen Kochens abschäumen. Das Fleisch dann auf eine Platte legen, die Knochen aus der Brühe herausnehmen, das Mark mit der Messerspitze auskratzen und in einer Schale aufheben. Die Knochen fortwerfen.

DIE GEMÜSEGARNITUR

6 Karotten, geputzt und in 4-cm-Stücke zylinderförmig oder oval geschnitten
3 oder 4 weiße Rüben, geschält und geviertelt oder in Stücke geschnitten
3 Pastinaken, geschält und geviertelt
6 Stangen Lauch, weiße Teile und 5 cm vom Grünen, zu einem Bündel geschnürt (nach Belieben)
1 kg Weißkohl, vom Strunk befreit und in Keile geschnitten (nach Belieben)
6 festkochende Kartoffeln (neue Kartoffeln auch ungeschält)
8 EL Butter, zerschmolzen
2 EL kleingeschnittene frische Petersilie

Die Brühe gießt man durch ein feines Sieb, das mit einer doppelten Schicht Passiertuch ausgelegt ist, in eine große Schüssel. Der Topf wird ausgewaschen und getrocknet. Dann die Brühe zurückschütten, das Fleisch wieder in den Topf geben und die Garnitur aus Karotten, weißen Rüben, Pastinaken und Lauch hinzufügen. Die Brühe erhitzen und ohne Deckel bei mäßiger Temperatur etwa 30 Minuten kochen, bis Fleisch und Gemüse fertig sind. Falls die Gemüse schneller als das Fleisch garen, nimmt man sie aus dem Topf und kocht das Fleisch separat weich. Dann gibt man die Gemüse in den Topf zurück und erhitzt sie. Falls man Weißkohl mit *pot-au-feu* servieren will, blanchiert man ihn, indem man den Kohl in einen Kessel mit siedendem, gesalzenem Wasser schüttet und 8 Minuten bei großer Hitze kocht. Den Weißkohl dann abschütten und zu Fleisch und Gemüsen geben, nachdem diese schon 20 Minuten gekocht haben. Falls man Kartoffeln mit dem *pot-au-feu* servieren will, gibt man sie in einen 2 bis 3 l fassenden Topf und kocht sie ohne Deckel auf mäßiger Hitze 20 bis 30 Minuten, bis sie weich sind. Dann abschütten, warmhalten, aber nicht zu dem Suppentopf geben.

Wenn Fleisch und Gemüse gar sind, legt man das Fleisch auf ein Küchenbrett, entfernt den Faden und schneidet es in Scheiben von gut 1/2 cm Dicke. Die Scheiben richtet man gefällig auf einer vorgewärmten Platte an, wobei sie sich überlappen sollen, und umlegt sie mit dem Gemüse und den Kartoffeln. Man tröpfelt noch geschmolzene Butter über das Gemüse und stellt die Platte zur Seite. Das Mark wird in feine Würfelchen geschnitten und zu der Brühe in den Topf gegeben. Das Fleisch mit dem Gemüse für sich servieren; man kann dazu in Tassen oder einer Terrine die sorgfältig entfettete Kochbrühe reichen. Die Suppe läßt sich auch – mit etwas geschnittener frischer Petersilie bestreut – als erster Gang servieren.

Gemüse

Champignons à la Grecque

MARINIERTE CHAMPIGNONS

Für 6 Personen

Marinade für *légumes à la grecque* *(Seite 8)*
500 g frische Champignons, ganz, wenn sie klein sind, geviertelt oder in Scheiben geschnitten, wenn sie groß sind
Salz
Frisch gemahlener schwarzer Pfeffer
2 EL kleingeschnittene frische Petersilie
2 Zitronen, in dünne Scheiben oder Viertel geschnitten

Die Marinade wird in einem 3 bis 4 l fassenden emaillierten oder rostfreien Stahltopf so zubereitet, wie auf Seite 8 beschrieben. Nachdem die Marinade durchgesiebt ist, gießt man sie in den Topf zurück und bringt sie auf mäßiger Hitze zum Sieden. Man schüttet die Champignons hinein, legt den Deckel auf und läßt 10 Minuten lang schwach kochen. Mit einem Schaumlöffel gibt man dann die Champignons in eine flache Schüssel aus Jenaer Glas oder rostfreiem Stahl. Man schmeckt die Marinade ab und gießt sie über die Pilze, läßt abkühlen und stellt das Geschirr in den Kühlschrank. Wenn die Pilze eiskalt sind, deckt man das Gericht fest mit Alufolie oder Plastik zu und läßt es vor dem Gebrauch noch mindestens 4 Stunden im Kühlschrank. Zum Anrichten hebt man die Champignons mit dem Schaumlöffel aus der Marinade und richtet sie appetitlich auf einer Servierplatte an. Sie werden noch mit ganz wenig Marinade angefeuchtet, mit Petersilie bestreut und mit Zitronenscheiben oder Zitronenvierteln garniert.

Poireaux Braisés

GEDÜNSTETER LAUCH

Für 6 Personen

12 feste frische Lauchstangen, $2^1/_2$ bis 4 cm im Durchmesser
2 Tassen Fleischbrühe
4 EL Butter
Salz
Frisch gemahlener schwarzer Pfeffer

Von den Lauchstangen werden die Wurzeln abgeschnitten und die welken Blätter entfernt. Dann legt man sie in eine Reihe und schneidet so viel vom Grünen ab, daß sie 15 bis 18 cm lang sind. Dann halbiert man mit einem scharfen Messer die grünen Teile der Länge nach und hört da auf, wo sie weiß zu werden beginnen. Nun breitet man sorgfältig die Blätter auseinander und wäscht sie unter stark fließendem Wasser, wobei man auf alle verborgenen Taschen mit Sand achtet. Die Lauchstangen legt man dann in 1 oder 2 Schichten in eine schwere Pfanne aus Email, nichtrostendem Stahl oder in eine feuerfeste Kasserolle, die groß genug ist, um sie flachliegend aufzunehmen. Fleischbrühe und Butter zufügen und die Brühe auf starker Hitze zum Kochen bringen. Darauf die Temperatur verringern und etwa 15 Minuten weiterkochen, bis die weißen Teile der Lauchstangen weich sind, wenn man hineinsticht. Gelegentlich begießen.

Der Backofen wird auf 165° vorgeheizt. Mit einer Küchenzange oder einem Schaumlöffel legt man die Lauchstangen in einer Lage in ein flaches, feuerfestes Geschirr, das gut ausgebuttert ist. Man schmeckt die Brühe ab, gießt sie dann über den Lauch und schmort ihn, lose mit einem Stück Alufolie bedeckt. In etwa 20 Minuten sollen die Lauchstangen leicht gefärbt und die Brühe fast verkocht sein. Falls die Brühe nicht genügend reduziert ist, schöpft man sie in einen kleinen Topf und erhitzt sie bis zum erwünschten Effekt. Die Lauchstangen serviert man entweder direkt im feuerfesten Geschirr, oder man arrangiert sie auf einer vorgewärmten Platte und gießt die sirupähnliche Sauce darüber.

ANDERE MÖGLICHKEIT: Staudensellerie kann in der gleichen Weise gedünstet werden. Für 6 Personen rechnet man 6 kleine oder 3 große Büschel Sellerie ohne Faden, der Länge nach halbiert.

Artichauts au Naturel

GEKOCHTE ARTISCHOCKEN

Für 6 Personen

6 Artischocken von je 250 bis 300 g
1 Zitrone, geschnitten
6 l Wasser
3 EL Salz

Das untere Ende der Artischocke schneidet man glatt und eben. Die kleinen unteren Blätter und die beschädigten Außenblätter biegt man zurück und bricht sie ab. Dann schneidet man mit einem Messer ungefähr 2 Zentimeter von der Spitze ab und mit einer Schere einen guten halben Zentimeter von jedem einzelnen Blatt. Alle Schnittkanten werden mit Zitrone eingerieben, damit sie sich nicht verfärben. Um das Heu vor dem Kochen zu entfernen, drückt man die oberen Blätter auseinander und zieht den inneren Teil aus distelähnlichen gelben Grannen heraus. Mit einem langstieligen Löffel entfernt man das haarige Heu. Etwas Zitronensaft einträufeln.

In einem großen emaillierten Kessel oder Suppentopf bringt man 6 l Wasser und 3 EL Salz zum Sprudeln. Die Artischocken werden hineingelegt und das Wasser wieder zum Aufwallen gebracht. Dann verringert man die Hitze und kocht unter gelegentlichem Herumdrehen der Artischocken kräftig weiter. Man braucht ungefähr 15 Minuten, um Artischocken ohne den inneren Teil zu kochen, 30 Minuten, wenn sie nicht ausgeputzt sind. Sie sind gar, wenn ihr unterer Teil weich ist, sofern man mit der Spitze eines scharfen Messers hineinsticht. Umgestülpt in einem Durchschlag ablaufen lassen. Man serviert sie heiß mit zerlassener Butter, Holländischer oder Béarner Sauce *(Seite 13, 14)*. Man kann sie auch in den Kühlschrank stellen und kalt mit Vinaigrette *(Seite 16)* oder Mayonnaise servieren *(Seite 13)*.

Champignons Farcis

GEFÜLLTE CHAMPIGNONKÖPFE, ÜBERBACKEN

Für 6 Personen

CHAMPIGNONS MIT KRABBENFÜLLUNG

- 1 1/2 Tassen Nordseekrabben, Königskrabben oder Krebsfleisch, frisch, tiefgekühlt oder konserviert
- 2 EL Butter
- 4 EL feingeschnittene Schalotten oder Frühlingszwiebeln
- 1 Tasse Béchamel-Sauce (*Rezept gegenüber*)
- 1/4 bis 1/2 TL Zitronensaft
- Salz
- Weißer Pfeffer
- 18 bis 24 Champignonköpfe, 5 cm Durchmesser (Füllchampignons)

CHAMPIGNONS FARCIS AU CRABE (Champignons mit Krabbenfüllung): Den Backofen auf 180° vorheizen. Das Krabbenfleisch sorgfältig von allen Knorpel- oder Schalenstückchen befreien und mit einer Gabel zerpflücken, sofern es sich um Dosen- oder Tiefkühlware handelt. In einer schweren Pfanne von 20 bis 25 cm Durchmesser läßt man 2 EL Butter auf mäßiger Hitze zergehen und dünstet darin unter ständigem Rühren die Schalotten 2 Minuten, bis sie weich sind. Dann das Krabbenfleisch zugeben und es etwa 10 Sekunden lang mit den Schalotten verrühren. In eine große Schüssel geben.

Die 1 Tasse Béchamel-Sauce unterziehen und nach Geschmack mit Zitronensaft, Salz und weißem Pfeffer würzen. Eine flache Backschüssel oder eine Bratenpfanne, die groß genug ist, die Champignonköpfe in einer Lage aufzunehmen, leicht mit Butter ausstreichen. Die Innenseite der Köpfe mit Salz bestreuen, die Krabbenfüllung hineingeben und die Köpfe in die Pfanne setzen. Im oberen Drittel des Ofens 10 bis 15 Minuten backen, bis die Champignons weich sind, wenn man mit der Spitze eines scharfen Messers hineinsticht und die Füllung Blasen wirft. Auf einer großen, vorgewärmten Platte servieren.

CHAMPIGNONS MIT SPINATFÜLLUNG

- 1/2 Tasse feingeschnittene Schalotten oder Frühlingszwiebeln
- 3 EL Butter
- 350 g feingehackter und fest ausgedrückter, frisch gekochter Spinat oder ein 300-g-Paket tiefgekühlter, gehackter Spinat, aufgetaut und ausgedrückt
- 3/4 Tasse kleingeschnittener, gekochter Schinken
- 1 Tasse Béchamel-Sauce (*Rezept gegenüber*)
- Salz
- Frisch gemahlener schwarzer Pfeffer
- 18 bis 24 Champignonköpfe, 5 cm Durchmesser (Füllchampignons)
- 2 EL Butter, in winzige Stückchen geschnitten

CHAMPIGNONS FARCIS AUX ÉPINARDS (Champignons mit einer Füllung aus Spinat und Schinken): Den Backofen auf 180° vorheizen. In einer schweren Pfanne von 20 bis 25 cm Durchmesser dünstet man die Schalotten auf mäßiger Hitze in 3 EL Butter unter ständigem Rühren 2 Minuten, bis sie weich sind. Den Spinat zugeben und 3 bis 4 Minuten in der Pfanne wenden. Mit einem Gummispachtel die Mischung in eine große Schüssel füllen. Man rührt den Schinken und 1 Tasse Béchamel-Sauce dazu und würzt mit Salz und Pfeffer. Eine große, flache Backschüssel oder Bratenpfanne mit Butter ausstreichen, die Köpfe mit Salz bestreuen und die Füllung hineingeben. Dann setzt man die Köpfe in die Pfanne und belegt sie mit Butterflöckchen. Sie werden im oberen Drittel des Ofens 10 bis 15 Minuten gebacken. Auf einer vorgewärmten Platte servieren.

CHAMPIGNONS MIT EINER FÜLLUNG AUS GEHACKTEN CHAMPIGNONS

375 g frische Champignons, feingehackt
4 EL kleingeschnittene Schalotten oder Frühlingszwiebeln
2 EL Butter
1 Tasse Béchamel-Sauce *(Rezept unten)*
1 TL feingehackte frische Petersilie
Salz
Frisch gemahlener schwarzer Pfeffer
18 bis 24 Champignonköpfe, 5 cm Durchmesser (Füllchampignons)
2 EL feine, trockene Brösel
1 EL geriebener Schweizer Käse
2 EL Butter, in winzige Stückchen geschnitten

CHAMPIGNONS FARCIS DUXELLES (Champignons mit einer Füllung aus gehackten Champignons): Man drückt die gehackten Champignons – jeweils nur eine Handvoll – in einem Handtuch aus, um soviel Saft wie möglich herauszupressen. Der Backofen wird auf 180° vorgeheizt. In einer schweren Pfanne von 20 bis 25 cm Durchmesser dünstet man die Schalotten auf mäßiger Hitze in 2 EL Butter 2 Minuten, bis sie weich sind, gibt die gehackten Champignons dazu und dünstet unter weiterem Rühren 8 bis 10 Minuten, bis alle Flüssigkeit verdampft ist und sie leicht zu bräunen beginnen. Mit einem Gummispachtel zusammen mit 1 Tasse Béchamel-Sauce und Petersilie in eine große Schüssel geben und nach Geschmack mit Salz und Pfeffer würzen. Eine große, flache Backschüssel oder Bratenpfanne mit Butter ausstreichen. Die Champignonköpfe salzen und mit der vorbereiteten Masse füllen. Brösel und geriebenen Käse mischen und über die Füllung streuen. Man setzt die Köpfe in die Pfanne und belegt sie mit der Butter. Im oberen Drittel des Ofens backt man 10 bis 15 Minuten, bis die Champignons weich und die Füllung leicht gebräunt ist. Heiß oder kalt servieren.

BÉCHAMEL-SAUCE

(Ergibt ungefähr 1 Tasse)
2 EL Butter
3 EL Mehl
1 Tasse heiße Milch
Salz
Weißer Pfeffer

BÉCHAMEL-SAUCE: In einem schweren, 2 bis 3 l fassenden Topf zerläßt man auf mäßiger Hitze 2 EL Butter und stäubt das Mehl hinein. Unter ständigem Rühren 2 Minuten angehen lassen. Der *roux* darf aber nicht braun werden. Nun die Pfanne vom Feuer nehmen und die heiße Milch einquirlen. Danach wieder unter ständigem Rühren erhitzen, bis die Sauce aufwallt. Die Hitze reduzieren und, immer noch rührend, 2 oder 3 Minuten köcheln lassen, bis die Sauce dick genug ist, um einen Löffel kräftig zu überziehen. Den Topf vom Feuer nehmen, abschmecken und mit Salz und weißem Pfeffer nachwürzen.

Petits Pois Frais à la Française

GEDÜNSTETE ERBSEN MIT ZWIEBELN UND KOPFSALAT

Für 4 bis 6 Personen

- 1 fester Kopf Salat von 17 bis 20 cm Durchmesser
- 3 Tassen frisch geschälte grüne Erbsen
- 12 geschälte weiße Zwiebeln, ungefähr 2 cm im Durchmesser
- 6 Petersilienstengel, zusammengebunden
- 125 g Butter
- 1/2 Tasse Wasser
- 1/2 TL Salz
- 1/2 TL Zucker

Die äußeren, welken Blätter entfernen und den Strunk abschneiden. Dann den Salat in kaltem Wasser abspülen, wobei man die Blätter behutsam auseinanderbiegt, um alle Spuren von Sand zu entfernen. Den Salat in 4 oder 6 Keile schneiden und jeden Keil mit weichem Garn zusammenbinden, um ihn beim Kochen zusammenzuhalten.

In einem schweren, 3 l fassenden Topf bringt man Erbsen, Salatkeile, Zwiebeln, Petersilie, 100 g Butter, Wasser, Salz und Zucker auf mäßiger Hitze zum Kochen. Vorsichtig umrühren, um die verschiedenen Geschmacksstoffe miteinander zu vermischen, den Topf fest zudecken und unter gelegentlichem Umschwenken 30 Minuten köcheln, bis die Erbsen und Zwiebeln weich sind und die Flüssigkeit fast verdunstet ist. Sollte sie noch nicht verdampft sein, so kocht man die Erbsen ohne Deckel noch 1 oder 2 Minuten unter ständigem Schütteln. Die Petersilie herausnehmen und die Fäden vom Salat wegschneiden. Behutsam die restliche Butter unterheben, abschmecken und nachwürzen. Man gibt alles in eine vorgewärmte Gemüseschüssel und serviert in tiefen Tellern.

Champignons Grillés

GEGRILLTE CHAMPIGNONS

- Frische Champignonköpfe in der gewünschten Größe und Qualität
- Zerlassene Butter
- Salz
- Frisch gemahlener schwarzer Pfeffer
- Kleine, runde Toastscheiben (nach Belieben)
- Butter
- Zitronensaft

Den Grill vorheizen. Mit einem Kuchenpinsel bestreicht man jeden Champignonkopf mit zerlassener Butter. Dann setzt man die Köpfe, einen neben den anderen und mit der offenen Seite nach oben, in ein gut ausgebuttertes, flaches Backgeschirr. Leicht mit Salz und Pfeffer würzen und, 15 cm entfernt, 5 Minuten unter den Grill stellen. Danach dreht man die Köpfe vorsichtig um und grillt sie noch einmal etwa 5 Minuten, bis sie leicht gebräunt und weich sind, wenn man mit der Spitze eines scharfen Messers hineinsticht.

Zum Anrichten arrangiert man sie auf einer vorgewärmten Platte (wenn man will, auf runden Toastscheiben). Auf die Pilzköpfe tupft man etwas Butter und beträufelt sie mit Zitronensaft.

Haricots Verts au Naturel

GRÜNE BOHNEN, BLANCHIERT UND IN BUTTER GESCHWENKT

Für 6 bis 8 Personen

6 l Wasser
3 EL Salz
1½ kg grüne Bohnen, geputzt
2 EL Butter
Salz
Frisch gemahlener schwarzer Pfeffer

In einem großen Kessel oder Suppentopf bringt man das Wasser und 3 EL Salz auf großer Flamme zum Sprudeln. Dann wirft man die Bohnen hinein, jeweils eine Handvoll. Das Wasser wieder zum Kochen bringen, die Hitze auf „mäßig" verringern und die Bohnen ohne Deckel 10 oder 15 Minuten kochen, bis sie weich sind. Sie dürfen nicht verkochen. Dann sofort in ein großes Sieb oder einen Durchschlag abschütten. Man läßt 2 EL Butter in einem 2 bis 3 l fassenden Topf zergehen, schwenkt die Bohnen darin, würzt sie mit Salz und Pfeffer und gibt sie dann in eine Servierschüssel.

Sollen die Bohnen später serviert werden, so schreckt man sie, nachdem sie abgetropft sind, ab, indem man das Sieb oder den Durchschlag schnell in einen großen Topf mit kaltem Wasser taucht und sie 2 oder 3 Minuten darin läßt. Die Bohnen gut abtropfen lassen, in eine Schüssel geben, zudecken und beiseite stellen. Will man sie dann heiß servieren, macht man sie in 2 EL Butter langsam heiß.

Chou Rouge à la Limousine

ROTKOHL MIT KASTANIEN, IN ROTWEIN GEDÜNSTET

Für 6 Personen

125 g fetter Speck, gewürfelt
2 Tassen Wasser
½ Tasse kleingeschnittene Zwiebeln
1½ kg Rotkohl, in feine Streifchen geschnitten (ungefähr 12 Tassen)
1½ Tassen herber Rotwein
1½ Tassen Fleischbrühe, frisch oder aus Würfeln
2 EL Weinessig
⅛ TL gemahlene Muskatnuß
⅛ TL gemahlene Nelken
1 TL Salz
Frisch gemahlener schwarzer Pfeffer
1-kg-Dose ganze, ungewürzte Kastanien (keine *marrons glacés*), abgegossen und gewaschen

Den Backofen auf 160° vorheizen. Der Speck wird blanchiert, indem man ihn in 2 Tassen Wasser 5 Minuten schwach kocht, ihn anschließend abtropfen läßt und mit Küchenkrepp trocknet. In einer schweren, 4 bis 5 l fassenden, feuerfesten Kasserolle mit fest schließendem Deckel wird der Speck auf mäßiger Hitze so lange unter häufigem Rühren ausgebraten, bis die Würfel knusprig und goldbraun sind und all ihr Fett abgegeben haben. Mit dem Schaumlöffel nimmt man die Speckwürfel heraus und hebt sie auf. Die Zwiebeln werden in dem in der Kasserolle verbleibenden Fett etwa 5 Minuten auf mäßiger Hitze gedünstet, bis sie weich, aber nicht braun sind. Dann rührt man den Kohl darunter, deckt die Kasserolle zu und kocht auf schwacher Hitze 10 Minuten lang.

Dann werden in den Kohl gegeben: Wein, Fleischbrühe, Essig, Muskatnuß, Nelken, Speckwürfel, Salz und großzügig Pfeffer aus der

Fortsetzung nächste Seite

Mühle. Man deckt die Kasserolle wieder zu und gart auf dem mittleren Einschub des Backofens 2 Stunden. (Von Zeit zu Zeit darauf achten, daß die Flüssigkeit nicht zu schnell verkocht. Wenn das der Fall zu sein scheint, gießt man noch Brühe zu.) Vorsichtig hebt man die Kastanien unter und läßt alles noch etwa 1 Stunde garen, bis der Kohl weich und die meiste Flüssigkeit aufgesogen ist. Zum Schluß schmeckt man noch ab und serviert in der Kasserolle oder in einer vorgewärmten Schüssel.

Pommes de Terre Dauphinoises

KARTOFFELSCHÜSSEL MIT KÄSE

Für 6 Personen

- 1 Knoblauchzehe, geschält und mit der Breitseite einer Messerklinge zerquetscht
- 1 1/4 kg festkochende Kartoffeln, alte oder neue, geschält und in 3 mm dicke Scheiben geschnitten (ungefähr 8 Tassen)
- 1 1/2 Tassen geriebener Schweizer Käse
- 6 EL Butter, in 6 mm große Stückchen geschnitten
- 1 TL Salz
- 1/8 TL grob gemahlener schwarzer Pfeffer
- 1 1/4 Tassen Milch

Den Backofen auf 220° erhitzen. Den Boden und die Seiten eines feuerfesten Geschirrs von 25 bis 30 cm Durchmesser und 5 cm Tiefe reibt man mit dem zerdrückten Knoblauch aus und fettet es leicht mit Butter. Die Kartoffelscheiben werden mit Küchenkrepp getrocknet. Dann verteilt man die Hälfte von ihnen über den Boden des Geschirrs. Darüber streut man die Hälfte vom Käse und den Butterstückchen, salzt und pfeffert. Dann die zweite Hälfte der Scheiben sowie den Rest von Käse und Butter auflegen. Salzen und pfeffern. Am Rande des Geschirrs gießt man die Milch hinein, bringt alles auf schwacher Hitze leicht zum Kochen und gart dann etwa 20 Minuten im oberen Drittel des Ofens, bis die Kartoffeln fast weich sind, wenn man mit der Spitze eines scharfen Messers hineinsticht. Zu diesem Zeitpunkt entfernt man alle übriggebliebene Flüssigkeit und backt noch weitere 5 Minuten, bis die Kartoffeln weich sind, die Milch aufgesogen ist und sich die Oberfläche schön braun gefärbt hat. Sofort servieren.

Asperges au Naturel

GEKOCHTE SPARGEL

Für 6 Personen

- 1 1/2 kg frische Spargel
- 6 l Wasser
- 3 EL Salz

Man reiht die Spargelköpfe gleichmäßig nebeneinander auf und schneidet die Enden so ab, daß alle Stangen gleich lang sind. Mit einem kleinen, scharfen Messer – keinem Gemüseschäler – zieht man von jedem Spargel die Schale und das harte, äußere Fleisch ab. Am Fußende kann das Abgeschälte 1 1/2 mm dick sein, aber es soll allmählich papierdünn werden, wenn das Messer nach dem Kopf hin schält. Die vorgerichteten Stangen werden in kaltem Wasser gewaschen, dann in 5 oder 6 gleiche Bündel aufgeteilt und mit weichem Garn am Kopf- und Fußende zusammengebunden.

In einem Email- oder Edelstahlkessel – oder in einer ovalen Kasserolle, die groß genug ist, die Spargel horizontal aufzunehmen – bringt man Wasser und Salz zum Sprudeln. Dann die Hitze reduzieren und ohne Deckel 8 bis 10 Minuten lang kochen, bis die Köpfe weich, aber noch leicht widerstandsfähig sind, wenn man mit der Spitze eines scharfen Messers hineinsticht. Die Spargel dürfen nicht zu weich werden.

Mit zwei Küchengabeln hebt man die Bündel an ihrem Garn aus dem Wasser, legt sie auf Handtücher zum Abtropfen und schneidet das Garn ab. Man serviert die Spargel heiß mit zerlassener Butter oder mit Holländischer Sauce *(Seite 13)*. Man kann sie auch in den Kühlschrank stellen und dann kalt mit Vinaigrette-Sauce *(Seite 16)* oder Mayonnaise servieren *(Seite 13)*.

Tomates à la Provençale

GEBACKENE TOMATEN MIT BRÖSELN UND KNOBLAUCH

Für 6 Personen

6 feste, reife Tomaten, 7 bis 10 cm im Durchmesser
Salz
1 Tasse trockene, weiße, selbstgemachte Brösel, nicht zu fein in der Struktur
1/2 Tasse kleingeschnittene frische Petersilie
1 EL feingeschnittenes frisches Basilikum oder 2 TL getrocknetes Basilikum, zerrieben
1 große Knoblauchzehe, kleingeschnitten
Frisch gemahlener schwarzer Pfeffer
1/3 bis 1/2 Tasse Olivenöl

Die Tomaten quer halbieren. Mit dem Finger oder dem Stiel eines Teelöffels die Kerne herauskratzen, das Innere der Tomaten mit Salz bestreuen und umdrehen, damit sie auf Küchenkrepp austropfen. Den Backofen heizt man auf 180° vor.

In einer großen Rührschüssel vermischt man Brösel, Petersilie, Basilikum, Knoblauch, 1 TL Salz und etwas Pfeffer aus der Mühle miteinander. Man gibt genug Öl dazu, um die Füllung zwar anzufeuchten, aber immer noch krümelig zu lassen. Jede Tomatenhälfte füllt man mit ungefähr 2 EL der Bröselmischung, drückt sie ein und läßt sie sich in der Mitte etwas aufwerfen. Nun setzt man die Tomaten in 1 oder 2 leicht geölte, flache, feuerfeste Schalen, ohne daß sie sich gegenseitig drücken. Man gibt ein paar Tropfen Öl auf jede Hälfte und backt im oberen Drittel des Ofens etwa 20 bis 30 Minuten, bis die Tomaten gar, aber nicht zu weich sind. Mit einem breiten Metallspachtel hebt man die Tomaten auf eine angewärmte Platte und serviert sie heiß. Man kann auch die Tomaten abkühlen lassen und, mit geschnittener Petersilie bestreut, kalt reichen.

Carottes Glacées

GLASIERTE KAROTTEN

Für 4 bis 6 Personen

10 bis 12 mittelgroße Karotten, geputzt und in 5 cm große Zylinder oder olivenförmig geschnitten
$1^{1}/_{2}$ Tassen Fleisch- oder Hühnerbrühe, frisch oder aus Würfeln
4 EL Butter
2 EL Zucker
$^{1}/_{2}$ TL Salz
Frisch gemahlener schwarzer Pfeffer
2 EL feingehackte frische Petersilie

In einer schweren Pfanne von 20 bis 25 cm Durchmesser bringt man Karotten, Brühe, Butter, Zucker, Salz und etwas Pfeffer aus der Mühle auf mäßiger Hitze zum Kochen. Dann deckt man zu und läßt auf schwacher Hitze weiterköcheln, wobei man die Pfanne gelegentlich schüttelt. Wenn die Flüssigkeit zu schnell verkocht, muß man etwas mehr Brühe zugießen. In 20 bis 30 Minuten sollen die Karotten, wenn man mit der Spitze eines scharfen Messers hineinsticht, weich und die Flüssigkeit zu einer braunen, sirupartigen Glasur geworden sein. Wenn die Brühe noch nicht genug reduziert ist, so gibt man die Karotten auf einen Teller und kocht die Flüssigkeit auf großer Flamme ein. Dann schwenkt man die Karotten in der Pfanne herum, um sie mit der Glasur zu überziehen. Schließlich legt man die Karotten in eine vorgewärmte Schüssel und bestreut sie mit frischer Petersilie.

ANMERKUNG: Diese Technik kann man auch bei Pastinaken und weißen Rüben anwenden.

Oignons Glacés à Blanc

GLASIERTE WEISSE ZWIEBELN

Für 4 bis 6 Personen

$^{2}/_{3}$ Tasse Hühnerbrühe, frisch, aus Würfeln oder aus der Dose
2 EL Butter
Salz
Frisch gemahlener schwarzer Pfeffer
16 bis 24 geschälte weiße Zwiebeln, ungefähr $2^{1}/_{2}$ cm im Durchmesser

In einer schweren Pfanne von 20 bis 25 cm Durchmesser bringt man Hühnerbrühe, Butter sowie Salz und Pfeffer nach Geschmack zum Kochen. Die Zwiebeln hineinlegen, die Hitze verringern, zudecken und ganz sachte 20 bis 30 Minuten köcheln lassen, bis die Zwiebeln weich sind; man muß sie dabei gelegentlich mit dem Löffel herumdrehen. Die Schmorflüssigkeit soll zu einer sirupartigen Glasur eingekocht sein. Wenn nicht, nimmt man die Zwiebeln heraus und reduziert die Flüssigkeit. Die Zwiebeln werden dann im Topf gerollt, damit sie sich auf allen Seiten mit Glasur überziehen, ehe man sie in einer vorgewärmten Gemüseschüssel serviert.

Pommes de Terre Anna

ÜBERKRUSTETER KARTOFFELKUCHEN

Für 4 bis 6 Personen

8 EL Butter
1 1/4 kg mehlige geschälte Kartoffeln, die sich zum Backen eignen
Salz
Frisch gemahlener schwarzer Pfeffer
1 EL kleingeschnittene Petersilie

Zunächst muß man die Butter in einem kleinen, schweren Topf – oder einer Pfanne – klären, indem man sie langsam zergehen läßt und den Schaum von der Oberfläche abschöpft. Die klare Butter, die oben schwimmt, schöpft man in eine Schale, und den milchigen Bodensatz gießt man weg. Man sollte etwa 6 EL geklärte Butter bekommen.

Mit einem Gemüsehobel oder einem dünnen, scharfen Messer schneidet man die Kartoffeln in Scheiben, die nicht mehr als 3 mm dick sind. Die Scheiben weder einweichen noch ausdrücken oder trocknen. In einer schweren Pfanne von 20 cm Durchmesser und mit schrägen Seiten erhitzt man 2 EL geklärte Butter, bis sie zwar heiß ist, aber noch nicht zischt. Man schwenkt dabei die Pfanne, um Boden und Seiten gleichmäßig mit Fett zu überziehen. Dann nimmt man sie vom Feuer und legt Kartoffelscheiben in konzentrischen Kreisen auf den Boden der Pfanne, wobei sie einander leicht überlappen. Mit einem Kuchenpinsel streicht man etwas Butter oben auf die Scheiben; leicht mit Salz und Pfeffer würzen. Dann schüttelt man die Pfanne hin und her, um sicherzugehen, daß die Kartoffelscheiben zusammenhaften, ohne am Boden der Pfanne festzuhängen. Wenn sie nicht frei gleiten, löst man die Unterseite mit einem Metallspachtel und erhitzt sie auf kleiner Flamme 10 Sekunden lang, damit sich die Butter erwärmt und die Kartoffeln sich setzen.

Abseits vom Feuer arrangiert man eine zweite Lage Kartoffeln in konzentrischen Kreisen, bestreicht sie mit Butter, würzt mit Salz und Pfeffer und schüttelt die Pfanne wieder, um sicher zu sein, daß die untere Lage noch frei ist. Auf diese Weise werden weitere Kartoffelscheiben eingeschichtet; jede wird gebuttert und gewürzt, bis die Pfanne voll ist. Die verbliebene Butter gießt man über die oberste Lage Kartoffeln.

Nun setzt man die Pfanne wieder auf mäßige Hitze und brät sie so lange, bis die Butter zischt. Während dieser Zeit schüttelt man ständig, aber vorsichtig, um die Kartoffeln gemeinsam zu bewegen. Die Hitze auf Schwach reduzieren, die Pfanne fest zudecken und – von Zeit zu Zeit vorsichtig schüttelnd – etwa 30 Minuten braten, bis die oberste Lage der Kartoffeln weich ist, wenn man mit der Spitze eines scharfen Messers hineinsticht.

Sobald die Kartoffeln gar sind, nimmt man den Deckel ab und löst mit einem schmalen Metallspachtel die Kartoffeln vom Rand der Pfanne. Vorsichtig schiebt man den Spachtel, ohne das Muster zu zerstören, soweit wie möglich unter die Kartoffeln. Nun legt man eine erwärmte Platte mit der Oberseite nach unten über die Pfanne. Schnell umdrehen und dabei Platte und Pfanne zusammenhalten. Die Kartoffeln sollen einen runden, zusammenhängenden Kuchen ergeben. Falls irgendwelche Scheiben an der Pfanne hängen, löst man sie vorsichtig ab und drückt sie dort an, wo sie hingehören. Vor dem Anrichten entfernt man die Butter, die sich auf der Platte ansammelt. Die Kartoffeln werden mit geschnittener Petersilie garniert.

Ratatouille

GEMÜSEEINTOPF VOM MITTELMEER

Für 6 bis 8 Personen

- 1 1/2 kg feste, reife Tomaten
- 3/4 bis 1 kg Auberginen, geschält und in 2 cm dicke Scheiben geschnitten
- 3/4 kg Zucchini, ungeschält und in 1 cm dicke Scheiben geschnitten
- 1/4 bis 1/2 Tasse Olivenöl
- 375 g grüne Paprikaschoten, entkernt und in Quadrate von 2 1/2 cm geschnitten (ungefähr 2 Tassen)
- 2 1/2 Tassen in dünne Scheiben geschnittene Zwiebeln
- 1/2 Tasse feingeschnittene frische Petersilie
- 1 EL feingeschnittenes frisches Basilikum oder 2 TL getrocknetes Basilikum, zerrieben
- 2 TL feingehackte Knoblauchzehen
- Salz
- Frisch gemahlener schwarzer Pfeffer

Die Tomaten schälen, in Viertel schneiden und das ganze innere Fruchtfleisch und alle Kerne wegschneiden, so daß nur die Schale bleibt. Diese in 1 cm breite Streifen schneiden und auf Küchenkrepp abtropfen lassen. Die Auberginen- und Zucchinischeiben werden leicht gesalzen, in einer Lage zwischen Küchenkrepp ausgebreitet und mit einer großen, schweren Platte zugedeckt. Nach 20 bis 30 Minuten trocknet man Auberginen und Zucchini sorgfältig mit frischem Küchenkrepp.

In einer schweren Pfanne von 25 bis 30 cm Durchmesser bringt man auf mäßig großer Hitze 1/4 Tasse Olivenöl fast bis zum Rauchpunkt und brät darin die Auberginenscheiben ein oder zwei Minuten auf jeder Seite an. Hierbei muß man schnell arbeiten, um zu verhindern, daß sie zuviel Öl aufsaugen. Es schadet nichts, wenn sie nicht gleichmäßig bräunen. Sie werden anschließend auf Küchenkrepp gelegt, um abzutrocknen. In derselben Pfanne werden nacheinander Zucchini, Paprikaschoten und Zwiebeln leicht angebraten; falls nötig, mehr Öl zugeben. Die Zucchini und Paprikaschoten werden auf Küchenkrepp getrocknet, während man die Zwiebeln auf einen Teller legt. In einer Schale vermischt man Petersilie, Basilikum und Knoblauch.

Einen EL des in der Pfanne verbliebenen Öls gießt man in eine schwere, 4 bis 5 l fassende emaillierte Kasserolle. Mit einem Drittel der Auberginenscheiben belegt man den Boden, streut 1 TL Mischung aus Kräutern und Knoblauch darüber und würzt mit Salz und Pfeffer. Man schichtet nun aufeinanderfolgende Lagen von je der Hälfte der Zucchini, Paprikaschoten, Zwiebeln und Tomaten. Auf jede Lage streut man Kräuter, Salz und Pfeffer. Diesen Vorgang wiederholt man und schließt dann mit einer Lage der restlichen Auberginen ab. Man bestreut mit der verbliebenen Petersilienmischung, Salz und Pfeffer und gießt das in der Pfanne zurückgelassene Öl dazu.

Auf mittlerer Hitze bringt man den Inhalt der Kasserolle zum Kochen, deckt sie zu und verringert die Temperaturen. Alle 7 oder 8 Minuten schöpft man die Flüssigkeit, die sich inzwischen in der Kasserolle gesammelt hat, in einen kleinen Topf. Nach 20 bis 30 Minuten, sobald die Gemüse gar, aber noch etwas fest sind, nimmt man die Kasserolle vom Feuer. Die Flüssigkeit in dem Topf kocht man einige Minuten kräftig auf, um sie auf ungefähr 2 EL Saft zu reduzieren, und gießt diesen dann in die Kasserolle. Die *ratatouille* serviert man – entweder heiß oder kalt – unmittelbar in der Kasserolle.

Laitues Braisées

GEDÜNSTETER SALAT

Für 6 Personen

6 feste, 15 cm große Salatköpfe
7 l Wasser
Salz
Frisch gemahlener schwarzer Pfeffer
6 Speckscheiben, 1/2 cm dick geschnitten
1 Stück Speckschwarte, 10 cm im Quadrat (nach Belieben)
2 EL Butter
1/2 Tasse in dünne Scheiben geschnittene Zwiebeln
1/2 Tasse in dünne Scheiben geschnittene Karotten
1 Tasse Fleischbrühe oder Hühnerbrühe, frisch, aus Würfeln oder aus der Dose
6 Petersilienstengel
1 Lorbeerblatt
2 EL weiche Butter
2 EL feingeschnittene frische Petersilie

Vom Salat entfernt man die welken Außenblätter und schneidet den Stiel ab. Man spült die Köpfe in kaltem Wasser, wobei man die Blätter vorsichtig auseinanderbreitet, um jede Spur von Sand zu entfernen. In einem großen Kessel oder Suppentopf bringt man 6 l Wasser mit 3 EL Salz zu sprudelndem Kochen. Den Salat wirft man hinein und blanchiert ihn, ohne zuzudecken, 3 bis 5 Minuten, bis die äußeren Blätter weich sind. Dann nimmt man den Salat sofort mit einer Zange oder einem Schaumlöffel heraus und legt ihn für 2 oder 3 Minuten in kaltes Wasser. Danach drückt man jeden Kopf vorsichtig aus und schneidet ihn der Länge nach in Hälften. (Es ist bedeutungslos, wenn die inneren Blätter etwas braun geworden sind.) Beide Hälften würzt man mit Salz und etwas Pfeffer aus der Mühle und faltet und formt sie zu kleinen Kissen. Auf Küchenkrepp zur Seite legen.

Den Backofen auf 160° vorheizen. Die Speckscheiben und ggf. auch die Schwarte blanchiert man, indem sie 5 Minuten in 1 l kochendem Wasser ziehen; dann abtropfen lassen. In einer feuerfesten Kasserolle mit Deckel von 30 cm Durchmesser 2 EL Butter auf mäßiger Hitze schmelzen. Sobald der Schaum verschwindet, gibt man die Zwiebeln und Karotten hinein und dünstet sie unter gelegentlichem Umrühren etwa 5 Minuten, bis sie weich, aber nicht braun sind. Man nimmt die Kasserolle vom Feuer, legt den Salat auf das Gemüse und drapiert Speck sowie Schwarte darüber. Dann die Kasserolle auf dem Herd bis zum Siedepunkt erhitzen, zudecken und 1 1/2 Stunden im unteren Drittel des Ofens schmoren lassen. Zum Anrichten den Salat ansprechend auf eine vorgewärmte Platte legen und mit Speckscheiben umlegen. Schwarte und Lorbeerblatt entfernen. Die Flüssigkeit auf starker Hitze kräftig einkochen, bis sie zu etwa 1/2 Tasse reduziert ist. Dann die Kasserolle vom Feuer nehmen, 2 EL weiche Butter hineinschlagen und die Sauce über den Salat sieben. Mit Petersilie bestreuen und sofort servieren.

Desserts

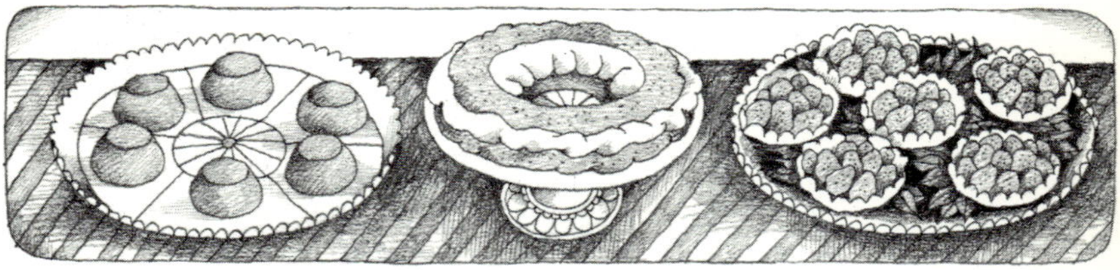

Tartes aux Fraises

ERDBEERTÖRTCHEN

Für 6 Personen

6 einzelne *pâte brisée*-Böden von 8 bis 10 cm Durchmesser oder einen Tortenboden von 20 bis 25 cm Durchmesser *(Seite 4)*
1 Ei und 1 Extra-Eigelb
1/4 Tasse Zucker
1 Prise Salz
1 Päckchen Gelatinepulver ohne Geschmack oder 6 Blatt weiße Gelatine
1 TL Vanilleextrakt
1 Tasse heiße Milch
1 Tasse süße Sahne

Den Backofen auf 200° vorheizen und die Tortenböden (oder den Tortenboden) so backen, wie im Rezept für *pâte brisée* beschrieben. Dabei noch 7 bis 10 Minuten zugeben, um den Boden leicht braun und ganz gar werden zu lassen. Die Böden (oder den Boden) aus der Form nehmen und auskühlen lassen.

In einem schweren, 2 bis 3 l fassenden Topf schlägt man – abseits vom Herd – das Ei, das Extra-Eigelb und den Zucker mit einem Schneebesen, Hand- oder Elektrorührer, bis die Mischung dick und hellgelb wird. Salz gut einrühren und Gelatinepulver sowie Vanille dazugeben. Dann die heiße Milch unter ständigem Rühren in dünnem Strahl eingießen. Auf mäßiger Temperatur heißmachen und mit dem Schneebesen schlagen, bis alles glatt und dick ist. Die Eiercreme nicht kochen lassen. Wenn sie zu heiß zu werden droht, hebt man den Topf für einige Sekunden vom Feuer und läßt sie abkühlen. Sollten Klümpchen entstehen, so schlägt man sie mit dem Schneebesen oder einem Handrührer glatt. Man gießt die Creme in eine große Rührschüssel und stellt sie in den Kühlschrank. Wenn die Eiercreme kalt ist und leicht fest zu werden beginnt, schlägt man die Sahne, bis sich weiche Spitzen halten. Mit einem Gummispachtel gründlich unter die Creme heben und vorsichtig schlagen, falls es Klümpchen gibt. Dann sofort die Eiercreme in die Tortenböden füllen.

JOHANNISBEERGLASUR

1 Tasse roter Johannisbeergelee
1 EL heißes Wasser
1 EL Kirschwasser
1–1 1/2 kg große, reife Erdbeeren, gewaschen und entstielt
Puderzucker

JOHANNISBEERGLASUR: In einem kleinen Topf läßt man den Johannisbeergelee und heißes Wasser auf kleiner Flamme unter ständigem Rühren warm werden, bis sie zu schäumen und zu dicken beginnen. Den Topf vom Feuer nehmen, das Kirschwasser einrühren und die Glasur etwas abkühlen lassen.

In der Zwischenzeit legt man die Erdbeeren, mit der Stielseite nach unten, in gleichmäßigen Kreisen auf die Eiercreme. Die warme Glasur über die Beeren schöpfen. Die Torten werden dann mindestens 2 Stunden in den Kühlschrank gestellt, bis die Eiercreme fest ist. Vor dem Servieren mit Puderzucker bestreuen.

Paris–Brest

BRANDTEIGRING MIT SCHLAGSAHNEFÜLLUNG

Für 6 Personen

PÂTE À CHOUX *(Seite 98)*
1 Ei
1/2 TL Wasser
3 EL blanchierte, gesplitterte Mandeln
2 Tassen süße Sahne
1 EL Puderzucker
2 TL Vanilleextrakt

Den Backofen auf 230° vorheizen. Ein Backblech mit Butter bestreichen, etwas Mehl darüberstäuben und die Kante auf den Tisch klopfen, um das überschüssige Mehl abzuschütteln. Dann setzt man einen Teller oder Topf von 20 cm Durchmesser auf das Blech und drückt ihn fest nach unten, um einen ringförmigen Abdruck in das Mehl zu machen. Die Platte oder den Teller entfernen.

Mittels eines Spritzbeutels mit großer glatter Tülle macht man einen Kreis oder eine Krone aus *pâte à choux,* 5 cm breit und 2 1/2 cm hoch, rings um den Abdruck im Mehl. Wenn man keinen Spritzbeutel hat, so gibt man den Teig löffelweise, Häufchen neben Häufchen entlang des Rings, dann glättet man mit einem Spachtel die Häufchen zu einem fortlaufenden Strang, der 5 cm breit und 2 1/2 cm hoch ist. Nun schlägt man das Ei zusammen mit dem Wasser und bestreicht damit die obere Seite des Teigs. Mit Mandelsplittern bestreuen und 10 Minuten lang auf dem mittleren Einschub des Ofens backen, dann die Hitze auf 180° reduzieren und weitere 10 Minuten backen. Die Hitze auf 160° verringern und 20 Minuten backen, bis der Ring zur doppelten Größe aufgegangen, goldbraun, fest und knusprig ist. Den Ofen abschalten und mit der Spitze eines scharfen Messers 3 oder 4 winzige Einschnitte nahe dem Boden machen. Den Ring noch 5 Minuten zum Austrocknen im Backofen lassen. Dann wird er waagerecht mit einem sehr scharfen oder gezackten Messer halbiert und der weiche innere Teig mit dem Löffel entfernt.

Nicht eher als 1 Stunde vor dem Servieren schlägt man die Sahne mit einem Schneebesen, Hand- oder Elektrorührer in einer großen, eisgekühlten Schüssel, bis sie steif zu werden beginnt. Zucker und Vanille zufügen und so lange weiterschlagen, bis die Sahne steif genug ist, ihre Form gut zu halten. Mit einem Spritzbeutel mit dekorativer Tülle – oder einem Löffel – füllt man den Unterteil des Rings mit Schlagsahne. Die Sahne soll gut über den Rand des Gebäcks reichen. Behutsam setzt man das Oberteil so auf, daß es auf der Schlagsahne ruht. Die Oberfläche mit Puderzucker bestreuen und den *Paris-Brest* bis zum Anrichten in den Kühlschrank stellen.

Profiteroles

WINDBEUTEL MIT CREMEFÜLLUNG

Für 8 bis 10 Personen

PÂTE À CHOUX ODER BRANDTEIG

1 Tasse Wasser

6 EL Butter, in kleine Stückchen geschnitten

2 Tassen Mehl, nach dem Messen gesiebt

1 TL Zucker

5 große Eier

1/2 TL Wasser

PÂTE À CHOUX: In einem schweren, 2 bis 3 l fassenden Topf bringt man 1 Tasse Wasser und die Butter auf mäßiger Hitze unter gelegentlichem Rühren zum Kochen. Sobald die Butter vollkommen geschmolzen ist, nimmt man den Topf vom Feuer und schüttet Mehl und Zucker auf einmal hinein. Die Mischung wird einige Sekunden lang kräftig mit einem Holzlöffel geschlagen, bis sie gut durchgerührt ist. Dann setzt man sie auf mäßige Temperatur zurück und erhitzt sie – weiter kräftig schlagend – 1 oder 2 Minuten, bis die Mischung einen Kloß bildet, der sich von den Seiten des Topfes löst und sich frei mit dem Löffel bewegt.

Sofort nimmt man den Topf vom Feuer und macht in der Mitte des Teiges mit dem Löffel eine Vertiefung. Man schlägt ein Ei hinein und rührt es in den Teig. Nachdem das erste Ei absorbiert ist, gibt man 3 weitere – eines nach dem anderen in gleicher Art – dazu und rührt kräftig nach jedem Ei. Der fertige Teig soll dick, glatt und glänzend sein.

Den Backofen auf 220° vorheizen. Zwei große Backbleche leicht mit Butter bestreichen. Die *pâte à choux* in einen Spritzbeutel füllen, der eine glatte Tülle von 1/2 bis 1 cm Durchmesser hat. Nun spritzt man den Teig in Häufchen, die etwa 2 1/2 cm im Durchmesser und 1 cm hoch sind, auf die Bleche. Man setzt die Häufchen etwa 5 cm voneinander entfernt. Sie werden beim Backen zur doppelten Größe aufgehen. Wenn man keinen Spritzbeutel hat, setzt man den Teig mit einem Teelöffel auf die Bleche, wobei man die gleichen – 5 cm – Zwischenräume einhält.

Das verbliebene Ei schlägt man mit 1/2 TL Wasser in einer kleinen Schüssel, bis beide gut miteinander vermischt sind. Mit einem Kuchenpinsel bestreicht man die Oberfläche jeder *profiterole* leicht mit der Ei-Wasser-Mischung. Man backt im oberen und/oder unteren Drittel des Ofens 6 Minuten lang, verringert dann die Hitze auf 200° und backt noch weitere 5 Minuten.

Die Hitze auf 165° reduzieren und noch 15 bis 20 Minuten backen, bis die *profiteroles* zur doppelten Größe aufgegangen und leicht goldbraun geworden sind. Sie sollen beim Berühren fest und knusprig sein. Den Ofen ausschalten und mit der Spitze eines scharfen Messers einen kleinen Einschnitt nahe am Boden jeder *profiterole* machen, um den Dampf herauszulassen. Nun läßt man die *profiteroles* einige Minuten im Ofen, um sie auszutrocknen, dann nimmt man sie von den Backblechen und läßt sie abkühlen.

FÜLLUNG

1 Tasse süße Sahne
3 EL Puderzucker
1 EL Vanilleextrakt

SCHOKOLADENSAUCE

240 g halbbittere Schokolade, in kleine Stückchen geschnitten
$^1/_2$ Tasse starker Kaffee
Puderzucker

FÜLLUNG UND SCHOKOLADENSAUCE: Nicht mehr als 1 Stunde vor dem Servieren der *profiteroles* schlägt man die Sahne mit einem Schneebesen, Hand- oder Elektrorührer in einer eisgekühlten Schüssel, bis sie beginnt, dick zu werden. Den Puderzucker und die Vanille darüberstreuen und mit dem Schlagen fortfahren, bis die Sahne fest genug ist, um starre Spitzen am Schneebesen zu bilden, wenn man diesen aus der Schüssel heraushebt.

Behutsam öffnet man die Oberseite jeder *profiterole* oder schneidet sie mit einem kleinen, scharfen Messer in zwei Hälften. Die untere Hälfte füllt man mit einem Löffel voll Sahne, setzt die obere darauf und drückt die *profiteroles* vorsichtig wieder zusammen. Die Oberseite wird leicht mit Puderzucker bestäubt. Man läßt die Schokolade zusammen mit dem Kaffee in einem kleinen, schweren Topf auf heißem Wasser unter ständigem Rühren schmelzen, bis die Mischung völlig glatt ist.

Zum Servieren gießt man ein wenig von der warmen Schokoladensauce in jeden Dessertteller und setzt zwei oder mehr *profiteroles* darauf. Man kann dieses Gebäck auch auf Desserttellern servieren und die Schokoladensauce darübergießen.

Compote de Fruits

OBST, IN VANILLESIRUP GEKOCHT

Für 4 Personen

$^3/_4$ l Wasser
225 g Zucker
1 etwa 5 cm langes Stück Vanilleschote oder $1^1/_2$ EL Vanilleextrakt
4 reife, aber feste Pfirsiche oder Birnen oder 8 Aprikosen, geschält, halbiert und entsteint oder entkernt

In einem emaillierten Topf von 30 cm Durchmesser bringt man Wasser, Zucker und Vanille auf mäßiger Hitze zum Aufwallen, wobei man ständig rührt, bis der Zucker sich auflöst. Das Obst zugeben, die Hitze verringern und ohne Deckel 15 bis 20 Minuten auf kleinster Flamme kochen, bis das Obst weich, aber nicht matschig ist, wenn man es mit der Spitze eines scharfen Messers ansticht. Man läßt das Obst 30 Minuten im Sirup abkühlen und gibt es dann mit einem Schaumlöffel in eine Servierschüssel oder Backschale. Der Sirup wird kräftig auf großer Flamme gekocht. Sobald er leicht dickt, gießt man ihn über das Obst, das man in den Kühlschrank stellt und eisgekühlt serviert mit einem Löffel voll Sirup über jeder Portion.

Diplomate

GARNIERTE EIERCREME MIT GLASIERTEN FRÜCHTEN

Für 10 bis 12 Personen

- 1/2 Tasse Kirschwasser
- 1/2 Tasse gewürfelte, gemischte kandierte Früchte
- 2 Dutzend beste (oder hausgemachte) Löffelbisquits, falls notwendig in Hälften geteilt
- 1 1/2 Päckchen Gelatinepulver oder 8 Blatt Gelatine
- 1/3 Tasse Wasser
- 1 Tasse Milch
- 5 Eigelb
- 1/4 Tasse Zucker
- 1 1/2 Tassen eisgekühlte süße Sahne
- 1/2 Tasse Aprikosenmarmelade

In eine kleine Schüssel gibt man 1/4 Tasse Kirschwasser zusammen mit den gewürfelten, kandierten Früchten und stellt sie bei Zimmertemperatur zum Weichen beiseite. Man legt ein rundes Stück Pergamentpapier auf den Boden einer 2 l fassenden Auflaufform oder irgend einer anderen glatten Form, die 2 l Inhalt hat und 8 bis 12 cm tief ist. Die Form wird nun mit Löffelbisquits ausgelegt. Erst schneidet man ein kreisförmiges Stück von etwa 1 cm Durchmesser aus einer Bisquithälfte und legt es mit der gewölbten Seite nach unten in die Mitte des Papiers. (Die zerbröckelten Abschnitte für später aufheben.) Dann schneidet man Löffelbisquits in leicht spitz zulaufende Keile, die strahlenähnlich in den Kreis passen – wie Blumenblätter in eine Rosette –, und legt sie mit der gewölbten Seite nach unten auf das Papier. Weitere Löffelbisquits stellt man dicht aneinander rings um die Innenseite der Form und schneidet alles, was über den Rand hinausragt, ab. Beiseite stellen.

In einem feuerfesten Meßbecher oder einer kleinen Schüssel streut man die Gelatine über 1/4 Tasse Wasser. Nachdem sie 2 oder 3 Minuten gequollen ist, setzt man den Becher in einen kleinen Stieltopf mit heißem Wasser und löst auf kleiner Flamme unter ständigem Rühren die Gelatine auf. Den Stieltopf vom Feuer nehmen, doch den Becher weiter darin warmhalten. In einem schweren, 2 bis 3 l fassenden Topf erhitzt man die Milch, bis sich am Topfrand Bläschen bilden, dann vom Herd nehmen. Mit dem Schneebesen, Hand- oder Elektrorührer schlägt man in einer Schüssel die Eigelb und den Zucker 3 oder 4 Minuten, bis die Eidotter hellgelb und leicht gedickt sind. Unter ständigem Rühren gießt man die heiße Milch in dünnem Strahl über die Eigelb. Wenn alles gründlich vermischt ist, schüttet man es in einen sauberen Topf. Man kocht auf kleiner Flamme unter ständigem Rühren, bis die Eiercreme zu dicken beginnt. Man darf Eiercreme nicht bis zum Siedepunkt erhitzen, da sie dann gerinnen kann.

Dann nimmt man den Topf ganz vom Feuer und rührt die aufgelöste Gelatine in die Eiercreme. Gut vermischen und die Masse durch ein feines Sieb in einen Rührbecher gießen. Mit dem Schneebesen, Hand- oder Elektrorührer schlägt man die Sahne in einer eisgekühlten Schüssel, bis sich weiche Spitzen bilden. Den Rührbecher mit der Eiercreme setzt man in einen großen Topf mit zerschlagenem Eis oder Eiswürfeln und Wasser. Die Eiercreme wird 4 oder 5 Minuten gerührt, bis sie ganz kalt ist und zu dicken beginnt. Mit einem Schneebesen durch und durch schlagen, um sicher zu sein, daß sie ganz glatt ist. Dann die Schlagsahne mit einem Gummispachtel unter die Eiercreme ziehen. Die kandierten Früchte und das Kirschwasser unterheben.

Die Aprikosenmarmelade durch ein Haarsieb in einen kleinen Topf passieren und die verbliebene 1/4 Tasse Kirschwasser zugeben und auf mäßiger Hitze unter ständigem Rühren zum Kochen bringen. Die Löffelbisquits, mit denen die Form ausgelegt ist, dünn mit der heißen Aprikosenglasur bestreichen. Die Hälfte der Eiercreme in die Form schöpfen und Löffelbisquits in einem sauberen, aber zwanglosen Muster auf der Creme verteilen. Den Rest der Eiercreme darübergeben und die Oberfläche mit dem Rest der Löffelbisquits und den Bruchstücken bedecken. Drei oder vier Stunden in den Kühlschrank stellen, bis die Creme steif ist und sich gesetzt hat.

Um die *diplomate* zu stürzen und zu servieren, fährt man mit einem scharfen Messer rings um den Innenrand der Form und taucht den Boden einige Sekunden in heißes Wasser. Dann trocknet man die Außenseite ab, legt eine eisgekühlte Platte mit der Oberseite nach unten über die Form und dreht Platte und Form, die man auf beiden Seiten festhält, zusammen herum. Die Platte stößt man auf den Tisch, und die *diplomate* sollte dann aus der Form gleiten. Tut sie das nicht sofort, so wiederholt man den ganzen Vorgang. Behutsam entfernt man das Pergamentpapier von der Oberfläche und stellt die *diplomate* vor dem Servieren in den Kühlschrank.

Poires Pochées au Vin Rouge

BIRNEN, IN ROTWEIN GEKOCHT

Für 6 Personen

1/2 l herber Rotwein
2 EL Zitronensaft
225 g Zucker
1 etwa 5 cm großes Stück Zimtstange oder 1/2 TL gemahlener Zimt
6 kleine oder 3 große reife, aber feste Birnen, geschält, entkernt und halbiert

In einem emaillierten Topf von 30 cm Durchmesser bringt man Wein, Zitronensaft, Zucker und Zimt auf mäßiger Hitze zum Kochen, wobei man rührt, bis der Zucker sich auflöst. Nun gibt man die Birnenhälften hinein, deckt lose zu und verringert die Hitze auf die unterste Stufe. Die Birnen werden ganz sacht 15 bis 20 Minuten geköchelt, bis sie weich, aber nicht matschig sind. Man läßt sie im Sirup abkühlen, bis sie lauwarm sind. Wenn man die Birnenhälften warm servieren möchte, entfernt man die Zimtstange und legt die Birnen mit einem Schaumlöffel auf Dessertteller, in kleine Schälchen oder Sektschalen. Man schöpft ein bißchen Sirup darüber. Um die Birnen kalt zu servieren, stellt man sie im Sirup in einer großen Schale oder Backschüssel in den Eisschrank, bis sie gut gekühlt sind.

Crème Caramel

KARAMELCREME

Für 6 Personen

KARAMEL

$^1/_2$ Tasse Zucker

$^1/_4$ Tasse Wasser

Eine Prise gereinigter Weinstein

EIERCREME

$^1/_2$ l Milch

1 TL Vanilleextrakt oder ein 8 cm langes Stück Vanilleschote

$^1/_4$ Tasse Zucker

3 Eier und 2 Extra-Eigelb

Um eine Metall- oder Porzellanform von 1 l Inhalt oder 6 feuerfeste, einzelne Porzellan- oder Glasförmchen mit Karamel zu überziehen, ist es nötig, schnell zu arbeiten. Man muß beim Arbeiten mit Karamel immer daran denken, daß er über 150° hat – also äußerst vorsichtig damit! Man stellt die Form (oder Formen) auf ein großes Stück Pergamentpapier. Dann bringt man Zucker und Wasser auf großer Flamme in einem kleinen, schweren Topf oder einer Pfanne zum Kochen, wobei man so lange rührt, bis sich der Zucker auflöst. Eine Prise gereinigten Weinstein einrühren und – einen Henkel in jeder Hand haltend – den Sirup auf mäßiger Hitze kochen und fast ständig den Topf dabei leicht hin und her kippen, bis der Sirup ein tiefgoldenes, teeähnliches Braun annimmt. Das kann zehn Minuten und mehr dauern. Sobald der Sirup die richtige Farbe erreicht hat, nimmt man den Topf vom Feuer und gießt den Karamelsirup vorsichtig in dünnem Strahl in die Form (oder das erste der einzelnen Förmchen). Die Form nun kippen und drehen, um den Boden und die Seiten so gleichmäßig wie möglich zu überziehen. Wenn der Sirup nicht mehr fließt, setzt man die Form mit der Oberseite nach unten auf das Pergamentpapier, damit der überschüssige Sirup herausläuft.

Für die Creme den Backofen auf 160° vorheizen. In einem 1 bis $1^1/_2$ l fassenden Topf bringt man die Milch auf mäßiger Hitze fast zum Kochen, nimmt den Topf vom Feuer und gibt den Vanilleextrakt hinein. Mit dem Schneebesen, Hand- oder Elektrorührer schlägt man Zucker, Eier und die Extra-Eigelb, bis sie gut vermischt und dick sind. Unter leichtem, ständigem Rühren gießt man die Milch in dünnem Strahl zu. Dann füllt man die Creme durch ein feines Sieb in die mit Karamel ausgegossene Form (oder Formen) und stellt sie in einem großen Topf auf den mittleren Einschub des Backofens. In den Topf wird so viel kochendes Wasser gegossen, daß es bis zur halben Seitenhöhe der Form reicht. Nun backt man die Eiercreme (die Temperatur verringern, falls das Wasser zu sprudeln beginnt) etwa 1 Stunde oder bis ein Messer, das man in der Mitte in die Creme sticht, sauber herauskommt. Die Form aus dem Wasser nehmen und die Eiercreme wenigstens 3 Stunden in den Kühlschrank stellen.

Um die große Creme zu stürzen und zu servieren, fährt man mit einem scharfen Messer die Seiten entlang und taucht den Boden der Form kurz in heißes Wasser. Dann trocknet man sie außen ab, legt eine eisgekühlte Servierplatte umgedreht darüber und dreht, beide Seiten festhaltend, Platte und Form herum. Man stößt die Platte auf den Tisch, und die Creme soll dann aus der Form gleiten. Die Einzelportionen werden behutsam aus ihren Förmchen gelöst, indem man sie, eines nach dem anderen, auf passende Teller stürzt. Den inzwischen angesammelten Karamelsaft gießt man über die Eiscreme.

Pêches Cardinal

GEKOCHTE PFIRSICHE MIT HIMBEERPÜREE

Für 8 Personen

1 1/2 l Wasser
450 g Zucker
8 große, reife, aber feste Pfirsiche, geschält, halbiert und entsteint
1 etwa 10 cm großes Stück Vanilleschote oder 3 EL Vanilleextrakt

In einem schweren, 3 bis 4 l fassenden Topf bringt man Wasser und Zucker auf großer Flamme zum Aufwallen und rührt, bis der Zucker sich auflöst. Man kocht den Sirup 3 Minuten lang sprudelnd und verringert dann die Hitze so weit wie möglich. Man fügt die geschälten Pfirsichhälften und Vanille hinzu und kocht sie auf kleiner Flamme 10 bis 20 Minuten, bis sie knapp weich sind. Die Pfirsiche läßt man in ihrem Sirup erkalten und stellt sie in den Kühlschrank.

SAUCE CARDINAL
2 225-g-Pakete tiefgefrorene Himbeeren, aufgetaut und gründlich abgetropft
2 EL sehr feiner Zucker
1 EL Kirschwasser

SAUCE CARDINAL: Mit dem Rücken eines großen Löffels passiert man die Himbeeren durch ein Haarsieb in eine kleine Schüssel. Dann rührt man 2 EL ganz feinen Zucker und das Kirschwasser in das Himbeerpüree. Fest zugedeckt in den Kühlschrank stellen.

CRÈME CHANTILLY
3/4 Tasse süße Sahne, eisgekühlt
2 EL sehr feiner Zucker
1 EL Vanilleextrakt

GARNITUR
Ganze, frische Himbeeren oder aufgetaute Tiefkühlhimbeeren (nach Belieben)

CRÈME CHANTILLY: Mit dem Schneebesen, einem Hand- oder Elektrorührer schlägt man die Sahne in einer eisgekühlten Rührschüssel, bis sie beginnt, dick zu werden. Man streut dann 2 EL Zucker und die Vanille darüber und fährt fort zu schlagen, bis die Sahne fest genug ist, um kleine Spitzen am Schneebesen zu formen, wenn man diesen aus der Schüssel hebt.

Zum Servieren legt man die Pfirsichhälften mit dem Schaumlöffel auf einzelne Dessertteller oder arrangiert sie ansprechend auf einer großen Platte. Wenn man will, kann man die Hälften aufeinandersetzen, damit sie wie ganze Pfirsiche aussehen. (Den Sirup gießt man weg, oder man bewahrt ihn auf, um wieder Obst darin zu kochen.) Jeder Pfirsich wird sorgfältig mit *sauce cardinal* überzogen, mit *crème Chantilly* garniert und mit ganzen Himbeeren dekoriert.

Crème Bavaroise à l'Orange

GESTÜRZTE CREME MIT APFELSINENGESCHMACK

Für 6 bis 8 Personen

13 g (1 Päckchen und 1 extra Teelöffel) weißes Gelatinepulver ohne Geschmack

1/3 Tasse durchgesiebter frischer Orangensaft

1 Tasse Milch

5 Eigelb

1/4 Tasse Zucker

4 EL Grand Marnier oder Cointreau

1 EL frisch abgeriebene Apfelsinenschale

1 1/2 Tassen eisgekühlte süße Sahne

2 große Navel-Orangen, zerteilt und enthäutet

1 EL Zucker

Die Innenseite einer 1 l fassenden Pudding-Ringform bestreicht man mit einem Film von Pflanzenöl und stülpt sie um, damit sie auf Küchenkrepp abtropft. Den Orangensaft gibt man in einen hitzebeständigen Meßbecher oder in eine kleine Schale und streut die Gelatine darüber. Wenn die Gelatine 2 oder 3 Minuten gequollen ist, stellt man den Becher in einen kleinen Stieltopf mit siedendem Wasser und rührt, bis die Gelatine völlig aufgelöst ist. Dann nimmt man den Topf vom Feuer, läßt aber den Becher mit Gelatine im Wasser, um ihn warmzuhalten.

In einem schweren, 2 bis 3 l fassenden Topf erhitzt man die Milch, bis sich Bläschen am Rand des Topfes zu bilden beginnen. Dann nimmt man den Topf vom Feuer. Mit einem Schneebesen, einem Handrührer oder einem Elektrorührer bearbeitet man Eigelb und Zucker 3 bis 4 Minuten in einer Rührschüssel, bis die Eigelb eine blasse Farbe annehmen und leicht dicken. Unter ständigem Schlagen gießt man die heiße Milch in dünnem Strahl darüber. Wenn alles gut vermischt ist, füllt man die Masse in einen sauberen Topf um. Auf kleiner Flamme rührt man so lange, bis die Eiercreme dick geworden ist und den Löffel wie Sahne überzieht. Man darf die Creme nicht zum Kochen kommen lassen, denn dann gerinnt sie. Wenn man das Gefühl hat, sie wird zu heiß, hebt man den Topf wiederholt vom Feuer, um sie abzukühlen. Sie muß jedoch lange genug erhitzt werden, um richtig zu dicken.

Jetzt wird der Topf vom Feuer genommen, und man rührt die aufgelöste Gelatine und den Apfelsinensaft hinein. Danach gießt man die Creme durch ein feines Sieb in eine große Rührschüssel, fügt 2 EL Grand Marnier oder Cointreau und die abgeriebene Apfelsinenschale hinzu.

Mit dem Schneebesen, einem Handrührer oder einem elektrischen Rührgerät schlägt man die Sahne in einer großen, eisgekühlten Schüssel, bis sie weiche Spitzen bildet. Mit der Eiercreme setzt man sie in eine andere, größere Schale, die mit zerschlagenem Eis oder Eiswürfeln und kaltem Wasser gefüllt ist. Die Eiercreme etwa 4 bis 5 Minuten rühren, bis sie ganz kalt ist und dick zu werden beginnt. Kräftig mit einem Schneebesen schlagen, um sicher zu sein, daß sie völlig glatt ist. Dann gibt man die Schlagsahne über die Eiercreme und bedient sich eines Küchenspachtels, um sie vorsichtig, aber gründlich unterzuheben. Die Mischung wird dann in die geölte Form geschöpft, die man fest mit Plastik oder Aluminiumfolie zudeckt und mindestens 3 Stunden in den Kühlschrank stellt, bis sie sich gesetzt hat und ganz fest ist.

Um die *crème bavaroise* zu stürzen, fährt man mit einem scharfen Messer rings um die Form und taucht den Boden für einige Sekunden in heißes Wasser. Dann reibt man die Form außen trocken, legt eine gekühlte Servierplatte umgekehrt darüber, hält beide Teile fest und wendet schnell die Form um. Wenn man die Platte auf den Tisch stößt, soll die Creme leicht aus der Form gleiten. Falls das nicht gleich geschieht, wiederholt man den ganzen Vorgang.

Um die *crème bavaroise* zu garnieren, bestreut man enthäutete Apfelsinensegmente mit Zucker, beträufelt sie mit dem restlichen Grand Marnier oder Cointreau und arrangiert sie dann ansprechend rings um das Dessert.

Clafoutis aux Cerises

KIRSCHAUFLAUF

Für 4 bis 6 Personen

1½ Tassen Milch
4 Eier
½ Tasse Mehl
¼ Tasse Zucker
2 TL Vanilleextrakt

2 bis 3 Tassen frische, schwarze süße Kirschen, entsteint; oder eingemachte, entsteinte, abgetropfte dunkle Kirschen; oder tiefgefrorene süße Kirschen, aufgetaut und abgetropft
Puderzucker

Den Backofen auf 180° vorheizen. Will man den Teig in einem Elektromixer machen, so gibt man Milch, Eier, Mehl, Zucker und Vanille zusammen in den Mixbecher und mixt sie einige Sekunden mit hoher Drehzahl. Dann den Motor abschalten, alles von den Seiten des Bechers mit einem Gummispachtel herunterkratzen und nochmals 40 Sekunden lang mixen. Will man den Teig von Hand machen, so rührt man Mehl und Eier zusammen in einer großen Schüssel und gibt langsam Milch, Zucker und Vanilleextrakt zu. Man schlägt dann mit einem Schneebesen oder einem Hand- oder Elektrorührer, bis die Mehlklümpchen verschwinden und der Teig glatt ist.

Die Kirschen tupft man mit Küchenkrepp völlig trocken und verteilt sie dann gleichmäßig in einer flachen, 5 bis 6 Tassen fassenden, etwa 5 cm tiefen Backform. Dann wird der Teig zugegossen, und man backt auf dem mittleren Einschub des Ofens 40 Minuten lang, bis die Oberseite goldbraun ist und sich fest anfühlt. Leicht mit Puderzucker bestreuen und den *clafoutis* noch warm servieren.

Crêpes Soufflées au Citron

NACHTISCH AUS DÜNNEN PFANNKUCHEN
MIT EINER FÜLLUNG AUS ZITRONENSOUFFLÉ

Für 4 bis 6 Personen
(pro Person 2 Stück)

SÜSSE PFANNKUCHEN
125 g Butter
1/2 Tasse kaltes Wasser
1/4 Tasse Milch
2 Eier und 2 Extra-Eigelb
3/4 Tasse ungesiebtes Mehl
1 EL Zucker
1 TL frisch abgeriebene Zitronenschale
1/4 TL Salz

SÜSSE PFANNKUCHEN: Zunächst klärt man die Butter, indem man sie in einem kleinen, schweren Topf auf schwacher Hitze zergehen läßt und den Schaum von der Oberfläche abschöpft. Die sich oben befindende, klare Butter schöpft man in eine Schale, und die milchigen, festen Bestandteile auf dem Boden wirft man weg. Dann bereitet man den Teig für die *crêpes* in einem Mixbecher der Küchenmaschine oder von Hand mit 2 EL der geklärten Butter gemäß den Angaben auf Seite 10. Nachdem der Teig mindestens 2 Stunden geruht hat, backt man die *crêpes* in einer *crêpes*-Pfanne oder einer Bratpfanne mit schrägen Seiten gemäß den Anweisungen auf Seite 10. Wenn die *crêpes* fertig sind, schichtet man sie auf einen Teller und stellt sie, mit einem Stück Plastikfolie zugedeckt, zur Seite.

ZITRONENSOUFFLÉ-FÜLLUNG
3 EL Butter
5 gestrichene EL gesiebtes Mehl
1/2 Tasse heiße Milch
3 Eigelb
4 EL Zucker
3 EL durchsiebter frischer Zitronensaft
1 EL frisch abgeriebene Zitronenschale
3 Eiweiß
Salz

ZITRONENSOUFFLÉ-FÜLLUNG: Den Backofen auf 200° vorheizen. In einem schweren 1- bis 2-l-Topf läßt man 3 EL Butter auf kleiner Flamme zergehen, rührt das Mehl hinein und erhitzt es unter Rühren 1 bis 2 Minuten. Dann nimmt man es vom Feuer, läßt die Masse einen Augenblick abkühlen und schlägt die Milch dazu, um *roux* und Flüssigkeit miteinander zu vermischen. Nun kochen und ständig dabei rühren, bis die Mischung aufwallt und dickt. Dann schöpft man sie sofort in eine große Schüssel und schlägt die Eigelb, eines nach dem anderen, darunter. Man fügt 3 EL Zucker, den Zitronensaft und schließlich die Zitronenschale hinzu und vermischt alle Zutaten sorgfältig miteinander. In einer anderen Schüssel schlägt man die Eiweiß und eine Prise Salz mit dem Schneebesen oder einem Handrührer, bis sie an dem Draht festhängen. Man fügt dann den verbliebenen EL Zucker hinzu und schlägt so lange, bis das Eiweiß steife, nicht mehr schwankende Spitzen bildet. Mit einem Gummispachtel rührt man einen gehäuften EL Eischnee in die Zitronensoufflé-Grundmasse und hebt behutsam den Rest des Eischnees darunter.

Vorsichtig trennt man die *crêpes* voneinander und legt sie, mit der gefleckten Seite nach oben, auf Pergamentpapier. Man setzt ungefähr 1 EL von der Zitronensoufflémischung auf die obere Hälfte einer jeden *crêpe* und schlägt die untere Hälfte darüber. Dann faltet man die *crêpes* in Viertel, wodurch kleine Dreiecke entstehen. Man legt die *crêpes* nebeneinander in eine große flache, ausgebutterte und feuerfeste Schale. Jede *crêpe* bestreut man mit ein wenig Zucker und backt alle zusammen 10 Minuten auf dem mittleren Einschub des Ofens, bis sie gut aufgegangen sind und der Zucker zu einer leichten Glasur geschmolzen ist. Die *crêpes* serviert man sofort auf einer angewärmten Platte oder auf einzelnen Desserttellern.

Soufflé au Grand Marnier

APFELSINENSOUFFLÉ

Für 4 Personen

2 EL Butter
3 EL Zucker
5 Eigelb
$^1/_3$ Tasse Zucker
$^1/_4$ Tasse Grand Marnier (2 Miniflaschen)
1 EL frisch geriebene Apfelsinenschale
7 Eiweiß
$^1/_4$ TL gereinigter Weinstein
Puderzucker

Den Backofen auf 220° vorheizen. Der Boden und die Seiten einer $1^1/_2$ l fassenden Souffléform werden mit 2 EL weicher Butter ausgefettet. Dann streut man 3 EL Zucker hinein und verteilt ihn gleichmäßig. Beiseite stellen.

Im oberen Teil eines Wasserbades schlägt man die Eigelb mit einem Schneebesen, Hand- oder Elektrorührer, bis sie gut miteinander vermischt sind. Langsam gibt man den Zucker zu und fährt mit dem Schlagen fort, bis die Eidotter sehr dick und hellgelb werden. Nun setzt man den Topf in fast kochendes Wasser und erhitzt die Eigelb unter sachtem Rühren mit einem Holzlöffel oder Gummispachtel, bis die Mischung dickt und fast zu heiß zum Anfassen wird. Man rührt den Grand Marnier und die geriebene Apfelsinenschale hinein und gießt alles in eine große Schüssel. Diese Schüssel stellt man in einen Topf, der mit zerstoßenem Eis oder Eiswürfeln und kaltem Wasser gefüllt ist, und rührt die Mischung, bis sie ganz kalt ist.

In einer großen Schüssel, möglichst aus reinem Kupfer, schlägt man Eiweiß und gereinigten Weinstein mit einem sauberen Schneebesen oder Handrührer, bis sie steife, nicht mehr zitternde Spitzen bilden. Mit einem Gummispachtel rührt man einen großen Löffel voll geschlagenem Eiweiß in die Eigelbmischung, um sie leichter zu machen, und hebt dann den restlichen Eischnee darunter. Das Soufflé wird in die ausgebutterte, gezuckerte Form geschöpft, die man bis 5 cm unter den Rand füllt. Die Oberfläche streicht man mit einem Spachtel glatt. Als Dekorationseffekt macht man eine Kappe auf das Soufflé, indem man auf der Oberfläche eine Furche, ungefähr 2 cm tief und 2 cm vom Rande entfernt, ringsum zieht.

Auf dem mittleren Einschub des Ofens 2 Minuten backen, dann die Hitze auf 200° reduzieren und weitere 20 bis 30 Minuten backen, bis das Soufflé ungefähr 5 cm über den Rand der Form hinaus aufgegangen und seine Oberfläche leicht gebräunt ist. Mit Puderzucker bestäuben und sofort servieren.

Mousse au Chocolat

SCHOKOLADENCREMESPEISE

Für 6 bis 8 Personen

4 Eigelb
1/4 Tasse sehr feiner Zucker
2 EL Weinbrand
180 g halbbittere Schokolade, in kleine Stücke geschnitten
3 EL starker Kaffee
125 g Butter, in 1 1/2 cm große Stücke geschnitten
4 Eiweiß
1/2 Tasse süße Sahne, geschlagen

Die Innenseite einer 1 l fassenden, zylindrischen, runden Backform dünn mit Pflanzenöl ausstreichen, dann die Form auf Küchenkrepp zum Abtropfen umstülpen.

In einer feuerfesten Rührschüssel schlägt man Eigelb und Zucker mit dem Schneebesen oder einem Hand- oder Elektrorührer 2 oder 3 Minuten lang, bis sie hellgelb und dick genug sind, um bandförmig abzulaufen, wenn man den Schneebesen aus der Schüssel hebt. Den Weinbrand unterziehen.

Die Rührschüssel setzt man über einen Topf mit fast kochendem Wasser und schlägt noch weitere 3 oder 4 Minuten, bis die Mischung schaumig und heiß ist. Dann setzt man die Schüssel in einen Topf mit Eiswasser und schlägt nochmals 3 oder 4 Minuten, bis die Mischung wieder abgekühlt und dick und sahnig wie Mayonnaise ist.

In einem schweren, 1 bis 1 1/2 l fassenden Topf läßt man die Schokolade mit dem Kaffee unter ständigem Rühren über heißem Wasser schmelzen. Wenn die ganze Schokolade aufgelöst ist, schlägt man die Butter Stück für Stück darunter, um eine zarte Creme zu bekommen. Dann gibt man die Schokolademischung in die Eigelb und den Zucker.

In einer anderen Schüssel schlägt man mit einem sauberen Schneebesen oder Handrührer die Eiweiß, bis sie steif genug sind, um Spitzen an den Drähten des Besens zu formen. Etwa ein Viertel davon rührt man in die Schokolademischung, um sie leichter zu machen; dann hebt man behutsam die verbliebenen Eiweiß darunter. Die Masse wird in die mit Öl ausgestrichene Form oder in Dessertschälchen geschöpft und mindestens 4 Stunden – oder bis sie fest geworden ist – in den Kühlschrank gestellt.

Um die *mousse au chocolat* zu stürzen und zu servieren, fährt man mit einem langen, scharfen Messer rings um die Seiten der Form und taucht deren Boden einige Sekunden in heißes Wasser. Dann wischt man die Außenseite der Form trocken, legt eine eisgekühlte Platte mit der Unterseite nach oben über die Form und dreht Platte und Form, indem man beide festhält, herum. Man stößt die Platte auf den Tisch, und die *mousse* soll leicht aus der Form gleiten. Falls sich die *mousse* nicht sofort stürzen läßt, wiederholt man den ganzen Vorgang.

Mit einem Schneebesen, einem Hand- oder Elektrorührer schlägt man die eisgekühlte Sahne in einer gekühlten Schüssel, bis sie fest genug ist, um ihre Form zu halten. Man garniert die *mousse* mit der Schlagsahne.

Register der Rezepte: Deutsch

Hors d'œuvre

Suppen

Fisch

Geflügel

Fleisch

Gemüse

Desserts

Register der Rezepte: Französisch

Hors d'œuvre

Suppen

Fisch

Geflügel

Fleisch

Gemüse

Desserts

Illustrationen von Lionel Kalish